高等职业教育电子信息类新形态一体化教材

信息技术基础项目化教程

XINXI JISHU JICHU XIANGMUHUA JIAOCHENG

主 编 陈维华 皇白雪 吴 刚

中国教育出版传媒集团
高等教育出版社·北京

内容提要

本书是高等职业教育电子信息类新形态一体化教材。

本书共 5 章，内容包含信息素养与信息社会、文字处理软件 Word 2016、电子表格软件 Excel 2016、演示文稿制作软件 PowerPoint 2016 以及新一代信息技术概述。本书配套提供有典型试题解析，助力学生巩固信息技术基础知识，提升应用实践能力。

为了提升学习效果，本书配套拓展阅读、操作视频和参考答案等资源，以二维码形式呈现于教材相关知识点处，可利用移动设备扫码学习。课件和教案等资源可通过配套学习资源及教学服务指南页中的联系方式获取。

本书内容详尽、结构清晰，既可作为高等职业院校信息技术公共基础课程教材，也可作为计算机等级考试的参考用书，还可用作信息技术基础培训教材。

图书在版编目（CIP）数据

信息技术基础项目化教程 / 陈维华，皇白雪，吴刚主编． -- 北京：高等教育出版社，2025.7． -- ISBN 978-7-04-065128-7

Ⅰ．TP3

中国国家版本馆 CIP 数据核字第 2025WE0604 号

| 策划编辑 | 田一彤 | 责任编辑 | 田一彤 | 封面设计 | 张文豪 | 责任印制 | 高忠富 |

出版发行	高等教育出版社	网　址	http://www.hep.edu.cn
社　　址	北京市西城区德外大街 4 号		http://www.hep.com.cn
邮政编码	100120	网上订购	http://www.hepmall.com.cn
印　　刷	上海叶大印务发展有限公司		http://www.hepmall.com
开　　本	787mm×1092mm　1/16		http://www.hepmall.cn
印　　张	9.25		
字　　数	242 千字	版　次	2025 年 7 月第 1 版
购书热线	010-58581118	印　次	2025 年 7 月第 1 次印刷
咨询电话	400-810-0598	定　价	48.00 元（含习题集）

本书如有缺页、倒页、脱页等质量问题，请到所购图书销售部门联系调换

版权所有　侵权必究

物　料　号　65128-00

配套学习资源及教学服务指南

二维码链接资源

本书配套参考答案、练习资源和课堂练习等学习资源，在书中以二维码链接形式呈现。使用手机扫描书中的二维码即可查看，随时随地获取学习内容，享受学习新体验。

打开书中附有二维码的页面　　　扫描二维码　　　查看相应资源

教师教学资源索取

本书配有与课程相关的教学资源，例如，教学课件等。选用教材的教师，可扫描以下二维码，关注微信公众号"高职智能制造教学研究"，点击"教学服务"中的"资源下载"，或在计算机端访问地址（101.35.126.6），注册认证后下载相关资源。

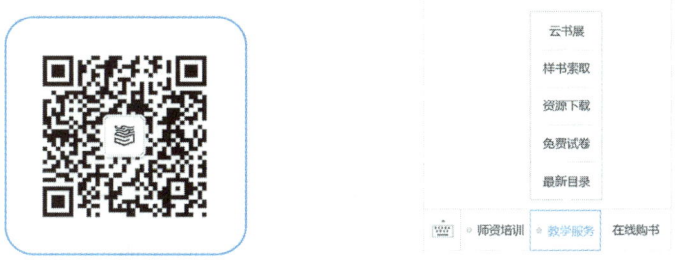

★如您有任何问题，可加入工科类教学研究中心QQ群：240616551。

二维码资源列表

章节	页码	资源类型	资源名称
1	5	拓展阅读	教育信息化2.0行动计划
1	7	参考答案	习题1参考答案
2	10	操作视频	Word 2016的基本操作
2	17	操作视频	查找和替换
2	29	操作视频	页眉和页脚
2	38	操作视频	设置表格的格式
2	46	操作视频	编辑图片
2	57	参考答案	习题2参考答案
3	60	操作视频	Excel 2016的基本操作
3	77	操作视频	常用函数简介
3	80	操作视频	数据的排序
3	83	操作视频	分类汇总
3	84	操作视频	图表的操作
3	91	参考答案	习题3参考答案
4	96	操作视频	PowerPoint 2016的基本操作
4	108	操作视频	动画的设置
4	115	参考答案	习题4参考答案
5	117	拓展阅读	深度学习
5	121	拓展阅读	大数据产业发展规划
5	135	拓展阅读	量子计算
5	136	参考答案	习题5参考答案

前言
FOREWORD

在数字化浪潮席卷全球的时代,信息技术已成为驱动经济腾飞、科技创新与社会发展的核心引擎。为契合新时代对复合型人才的需求,本教材秉持"夯实基础、强化应用、引领前沿"的编写理念,系统整合信息技术理论知识与实践技能,致力于培养既精通信息处理又具备创新思维的高素质人才。

本教材的具体特色如下。

1. 分层递进,结构清晰

本教材用 5 章内容构建知识阶梯,从信息素养理论,到办公软件操作(Word/Excel/PowerPoint),再到人工智能、大数据、物联网等前沿技术,内容层层递进,兼顾理论深度与实践广度。

2. 技能导向,案例驱动

本教材采用"任务驱动"的教学方法,通过文档排版、数据可视化等典型案例,结合习题训练,强化"学中做、做中学"。教材配套提供有典型试题解析,助力学生巩固信息技术基础知识,提升应用实践能力。

3. 立足前沿,面向未来

本教材专设章节深入浅出解析人工智能、区块链、5G 等前沿技术,剖析技术原理与社会应用,助力学生感受数字化转型的时代脉搏。

4. 伦理与安全并重

本教材引入隐私保护、知识产权等案例分析,强化信息伦理意识与网络安全素养,帮助学生塑造正确的数字价值观。

本教材适用于高等职业院校学生及参加计算机技能培训的人员,可作为信息技术基础课程教材或自学参考资料。

本教材的教学建议如下。

1. 理论教学与上机实践建议按 1∶2 比例安排,确保扎实掌握技能。

2. 新一代信息技术章节可结合DeepSeek、元宇宙等热点开展专题讨论，激发学生的学习兴趣。

3. 通过项目式学习（如制作数据报告、设计智能应用方案）整合知识体系，提升综合应用能力。

本教材由浙江宇翔职业技术学院的陈维华、皇白雪和吴刚担任主编，教材在编写过程中参考了许多国内外优秀教材及最新前沿技术动态资料，力求内容科学、实用，在此向有关书籍、文献的作者致以诚挚的敬意。另外，参与信息技术基础课程教学的老师们也对本教材的编写提供了宝贵的意见和建议，在此深表感谢。

编者希望读者在学习本教材的过程中，不仅能掌握信息技术工具，更能以技术为桥梁探索数字化时代的创新机遇。由于编者水平有限，教材中难免有疏漏之处，敬请广大读者批评指正。

编　者

目录 CONTENTS

第 1 章　信息素养与信息社会 / 1
1.1　信息技术及其发展史 / 1
1.2　信息素养 / 3
1.3　信息伦理与信息安全 / 5
习题 1 / 6

第 2 章　文字处理软件 Word 2016 / 8
2.1　Word 2016 概述 / 8
2.2　文档的基本操作 / 10
2.3　文档的基本排版 / 19
2.4　表格的操作 / 33
2.5　图形的操作 / 40
2.6　长文档处理技术 / 51
2.7　文档的输出 / 55
习题 2 / 57

第 3 章　电子表格软件 Excel 2016 / 58
3.1　Excel 2016 概述 / 58
3.2　Excel 2016 的基本操作 / 60
3.3　工作表的编辑 / 66
3.4　公式与函数 / 76
3.5　数据管理与数据分析 / 80
3.6　图表的操作 / 84
3.7　电子表格的输出 / 89
习题 3 / 91

第 4 章　演示文稿制作软件 PowerPoint 2016 / 93
4.1　PowerPoint 2016 概述 / 93
4.2　PowerPoint 2016 的基本操作 / 96
4.3　演示文稿的编排 / 99
4.4　对象的操作 / 101

目 录

    4.5 动画与超链接 / 108
    4.6 演示文稿的放映和打印 / 111
    习题 4 / 115

第 5 章　新一代信息技术概述 / 117
    5.1 人工智能 / 117
    5.2 大数据 / 120
    5.3 物联网 / 122
    5.4 区块链 / 125
    5.5 云计算 / 128
    5.6 第五代移动通信系统 / 130
    5.7 量子计算 / 132
    习题 5 / 136

主要参考文献 / 137

第 1 章　信息素养与信息社会

本章要点：
- 信息技术及其发展史；
- 信息素养；
- 信息伦理和信息安全。

本章主要围绕信息素养与信息社会，介绍信息（概念和基本特征）、信息技术（概念和发展史）、信息素养（概念、组成要素和培养途径）、信息伦理与信息安全等内容。

1.1　信息技术及其发展史

20世纪40年代计算机的发明，以及其后信息技术的广泛普及促进了信息的快速产生、传播和处理，信息和服务成为关键生产要素，人类逐步进入了信息社会。信息社会的一个显著特点就是信息的总量呈几何级数增长，有信息"爆炸"之说。信息技术是处理、传播和利用信息的手段与工具，主要以电子计算机和现代通信为主，涵盖了多个领域的技术应用。借助信息技术，信息能够以更高效、快速、精准的方式被采集、存储、加工和传输。掌握信息技术已经成为人类在信息社会中的必备技能之一。

1.1.1　信息的概念及基本特征

1. 信息的概念

什么是信息？信息是"关于客观事物的可通信的知识"。信息是客观世界中各种事物变化和特征的反映。反映各种事物的信息进入人的大脑，对人的神经细胞产生作用留下的痕迹，人们正是通过获得信息来认识事物、区别事物和改造世界的。人们要获取信息除了通过人的感官直接获取以外，大量的信息都是通过传输工具获得的，所以，信息是可以通信的。

数据和信息的区别。数据是记录下来可以被鉴别的符号，它本身并没有具体的物理意义，只是信息的载体。记录的手段可以是语言、语音、文字、数字、图形、图像、视频等各种媒体符号。这些媒体符号统称为数据。数据与信息之间的关系犹如原料与成品的关系，如图1-1所示。数据和信息之间的这种"原料"和"成品"的关系，说明信息具有相对性。同一条信息，对某个人来讲是信息，而对另外一个人来讲，可能只是一种数据。

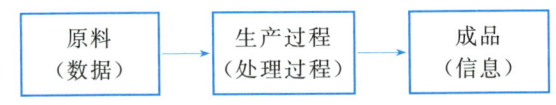

图 1-1 数据与信息之间的关系

2. 信息的基本特征

信息系统是由一组用于收集、处理、存储、传播信息的部件组成的相关联的整体。信息系统的作用是对内部或外部的数据进行收集和加工，输出所需要的信息。

信息系统中的信息具有以下基本特征。

（1）事实性

事实是信息的中心价值。事实性就是真实性，不符合事实的信息不仅会引起误会，有时还是有害的。人们常说的实事求是，要求的就是事实性。

（2）扩散性

扩散是信息的本性。信息通过各种渠道向各个方面传播。信息的扩散性存在两面性：一方面有利于知识的传播；另一方面会造成信息的贬值，不利于保密。在信息的扩散过程中，若没有很好的保密手段，就不能调动用户使用信息的积极性并造成信息的贬值。

（3）传输性

信息可以通过各种手段传输到很远的地方。信息的传输性优于物质和能源的传输性。信息的传输可以加快资源的传输。

（4）共享性

信息是可以共享的，这一点不同于物质。如果甲给了乙一张纸，甲就少了一张纸。信息则不然，甲把某个信息告诉了乙，甲的信息量不会减少。

（5）增值性

用于某种目的的信息，随着时间的推移它可能没有使用价值了，但对另一种目的而言，该信息可能又显示出其使用价值。例如，天气预报的信息，预报期一过，似乎就没有用了，但通过对各年同期天气的比较，又可以用来预报未来的天气，这种增值性可在量变的基础上引起质变。利用信息的增值性，从信息的"废品"中提炼有用的信息，已成为收集信息的重要手段。

（6）不完全性

关于客观事实的信息很难全部得到，往往也没有必要收集全部信息。要分清主次，合理地取舍，才能正确地使用信息。

（7）等级性

信息是分等级的。一般分为战略级、战术级和作业级。不同级别的信息，有不同的属性。不同级别的信息，其用途也不同。

（8）滞后性

数据经过加工后才能成为信息，这导致了信息的滞后性。

1.1.2 信息技术概述

信息技术（information technology，IT）是指用于加工、处理和管理信息所采用的各种技术的总称，一般是指与计算机、通信相关的一系列技术。信息技术是能够对巨大数据量、格式各异且变化的、分布的信息进行收集、记忆、处理、展示、发布和使用的技术；是同文本、图形、图像、声音、视频等多种媒体联系越来越紧密的技术。总之，信息技术就是用于管理和处理信息所采用的各种技术的总称。具体来讲，信息技术主要是指应用计算机技术和通信技术来设计、开发、安装和实施信息系统及应用软件。信息技术也常称为信息和通信技术(information and communications technology，ICT)，主要包括传感技术、计算机技术和通信技术等。

信息技术的应用包括计算机硬件和软件、网络和通信技术、应用软件开发工具等。随着计算机和互联网络的普及，人们已普遍使用计算机来生产、处理、交换和传播各种形式的信息(如书籍、商业文件、报刊、唱片、电影、电视节目、语音、图形、影像等)。

信息技术体系结构是一个为达成战略目标而采用和发展信息技术的综合结构，包括管理和技术。其中，管理包括使命、职能与信息需求、系统配置和信息流程；技术包括用于实现管理体系结构的信息技术标准、规则等。由于计算机是信息管理的中心，计算机部门通常被称为"信息技术部门"。也有些公司称这个部门为"信息服务"(information services，IS)或"管理信息服务"(management information service，MIS)。有些企业选择外包信息技术部门服务，以获得更好的效益。

信息技术主要包括感测与识别技术、信息传输技术、信息处理与再生技术、信息应用技术等。总之，信息技术是研究信息获取、传输和处理的技术，是计算机技术、通信技术、微电子技术的综合应用，有时也称为"现代信息技术"。也就是说，信息技术是利用计算机进行信息处理，利用现代电子通信技术从事信息采集、存储、加工、利用以及相关产品制造、技术开发、信息服务的一门新学科。

1.1.3 信息技术发展史

信息技术的演进是人类文明发展的重要主线之一，其演进历程跨越数千年，深刻改变着人类社会的面貌。在原始社会，人类通过简单的肢体语言、声音和图像等方式传递信息。随着文字的发明，人类步入全新的信息时代，信息以更稳定持久的形式保存。造纸术与印刷术的发明，极大提升了信息复制的速度与效率，推动了知识的快速传播。

19世纪，电报与电话先后问世，电报以电码形式将信息瞬间传输至远方，电话则实现了语音的实时传递，这些发明标志着信息传递进入电气时代。20世纪中叶，电子计算机的诞生开启了信息时代的新纪元。冯·诺依曼提出的计算机体系结构奠定了现代计算机的基础。早期计算机体积庞大、运算速度较慢；随着科技发展，计算机体积逐渐缩小，运算速度与性能却飞速提升，已经成为人类日常工作与生活中不可或缺的工具。

互联网的兴起是信息技术发展的又一关键节点，它将世界各地通过网络紧密相连，信息共享与交流也达到了前所未有的规模和速度。如今，以人工智能、大数据、云计算为代表的新一代信息技术蓬勃发展，它们相互融合，正重塑各行业及人类的日常生活。人工智能赋予机器模拟人类智能的能力，语音识别、图像识别、自然语言处理等技术已广泛应用于医疗、交通、金融等领域；大数据技术可处理分析海量数据并挖掘其价值，为决策提供支持；云计算则提供强大的计算资源与存储服务，助力随时随地获取足够的算力。未来，信息技术的探索与创新仍将继续，推动着人类社会向更智能化、数字化的方向迈进，开启充满机遇与挑战的新时代。

1.2 信息素养

随着大数据、人工智能等前沿信息技术的深度渗透，信息素养已从专业能力演变为个体发展的必备素质，具备良好的信息素养有助于树立正确的世界观、人生观、价值观，为实现持续性自我提升提供重要支撑。

1.2.1　信息素养的概念

信息素养这一概念伴随信息技术的发展逐步形成。信息素养是个体在信息环境中有效发现、获取、评估、利用和创造信息的综合能力。1974年,美国信息产业协会主席保罗·泽考斯基(Paul Zurkowski)率先提出了信息素养这一全新概念,并将其定义为:利用大量的信息工具及主要信息源使问题得到解答的技能。信息素养这一概念自诞生起就获得普遍认可和广泛应用。

信息素养作为一项综合性能力,广泛涵盖人文、技术、经济、法律等多个维度的内容,具有显著的跨学科特征。这种特殊能力以信息技术为基础支撑,但更强调对信息内容的处理能力,包括信息的获取、传播、分析、检索与评价等核心环节。信息素养是一种信息处理能力,而信息技术是它的一种工具。

1.2.2　信息素养的组成要素

信息素养是一个多维度的概念,它涵盖了每个人在信息时代所必须具备的核心能力,主要包括信息意识、计算思维、数字化创新与发展和信息社会责任四个维度。

1. 信息意识

信息意识是基石。信息意识体现为对信息及其相关问题的敏感程度,反映了其在信息获取、分析、判断和内化过程中的主动性与自觉性。信息意识的强弱决定了获取、判断和利用信息能力的自觉程度。从本质上看,信息意识是人类在信息实践活动中作为认知主体所形成的一系列知识体系、价值观念和思维方式的综合体现。

2. 计算思维

计算思维是指在问题求解、系统设计的过程中,运用计算机科学领域的思想与实践方法所产生的一系列思维活动。具备计算思维要求能借助计算机等智能化工具完成抽象特征、建立模型、组织数据;能综合利用各种信息资源、科学方法和信息技术工具解决问题,并将这种解决问题的思维方式迁移运用到职业岗位与生活情境中。

3. 数字化创新与发展

数字化创新与发展是指综合利用相关数字化资源与工具,完成学习任务并具备创造性地解决问题的能力。数字化创新与发展要求理解数字化学习环境的优势和局限,能从信息化角度分析问题的解决路径,并将信息技术与所学专业相融合解决实际问题;能合理运用数字化资源与工具,培养数字化学习与实践创新的习惯,开展自主学习、协同工作、知识分享与创新创业实践,实现可持续发展。

4. 信息社会责任

信息社会责任包括文化、道德和行为自律义务,在信息社会中至关重要。个体需遵守法律法规,遵循信息社会的道德伦理准则,并具备信息安全意识与防护技能,保护个人、他人和公共信息安全。同时,应关注信息技术创新引发的社会问题,并能理性分析、合理应对新观念和现象。

1.2.3　信息素养的培养路径

信息素养的培养依托信息化的教育环境与资源,结合教育部印发的《教育信息化2.0行动计划》,推进"互联网+教育"大平台建设的具体实施计划。信息素养的培养需要多维度、多层次的系统化教育模式,主要包括通识课程形态、专业融合形态和服务应用形态3种途径,以适应不同学生的需求。信息素养的教育和培养贯穿着学校教育的各个阶段。

1. 通识课程形态

通识课程是信息素养培养的基础方式,面向全体学生提供普适性的信息能力训练。在学校教育体系中,通识课程为培养学生信息素养奠定广泛基础。学校设置专门的信息素养通识课程,包括信息技术基础、数据管理、信息伦理等基础知识,以增强学生的信息意识和信息处理能力,使学生具备运用基础信息技能的素养。

2. 专业融合形态

专业融合形态是将信息素养培养有机地融入各专业学科教学和科研项目中,使信息素养与具体领域的知识体系相结合,实现信息素养与专业素养协同发展。在专业课程教学过程中,设置信息技能训练,让学生在专业实践中锻炼信息获取、利用及创新能力,使学生在未来职业发展中熟练运用信息素养解决专业领域实际问题。

3. 服务应用形态

在数字化时代背景下,信息素养中数据获取以及分析能力的重要性与日俱增,而高校图书馆在这一发展态势下所承担的角色也越发关键。2015年12月,教育部颁布的《普通高等学校图书馆规程(修订)》第三十一条明确规定"图书馆应重视开展信息素质教育,采用现代教育技术,加强信息素质课程体系建设,完善和创新新生培训、专题讲座的形式和内容"。

拓展阅读

教育信息化2.0行动计划

在日常生活中,学生也可以利用在线学习平台构建信息素养培养矩阵,如智慧职教、中国大学MOOC、网易云课堂等优质教学网站,通过在线学习信息管理、数据分析等课程,实现信息资源的最大化利用。

1.3 信息伦理与信息安全

随着信息技术快速发展,信息活动中的伦理问题日益凸显,如隐私泄露、数据滥用、算法歧视等。信息安全通过技术防护和管理制度为信息伦理要求提供实质保障,为防范数据滥用、实现技术与道德并重提供协同保障。

1.3.1 信息伦理

信息伦理,又称信息道德,指在涉及信息的开发、传播、使用和管理过程中的各种伦理关系,其核心在于调整人与人、人与社会之间信息关系的行为规范。信息伦理在信息活动中以善恶作为评价标准,依靠人们秉持的内心信念和某些社会手段维系,而不是国家强制制定法律标准执行并推行。

信息伦理是指个体和社会在信息活动中的行为规范,主要包括个人信息伦理和社会信息伦理两个方面。

个人信息伦理是个体在信息活动中通过心理活动形式展现出来的道德观念、情感、行为和品质,具体表现在多个维度。例如,隐私保护、注重信息获取的合法性、信息发布的真实性与客观性、维护知识产权、严格抵制不良信息的传播等。个体要认同信息劳动的价值,鄙视非法窃取的信息成果,在享受信息技术便利的同时守住个人道德底线。

社会信息伦理是社会信息活动中人与人之间的关系以及反映这种关系的行为准则与规范,主要涉及公共信息环境的治理和伦理约束。例如,新闻媒体等传播机构应该承担社会责任,保证报道事件的客观公正;社交媒体平台需要建立并完善审核机制,抵制不良信息,营造健康的交流环境;政府、企业等工作机构应该采取有效措施防止信息泄露,保护公民数据安全;国家需要制定合理的法律法规,推动信息伦理教育,倡导信息共享公平,促进社会均衡发展等。社会信息伦理需要各组织机构互相合作,共同构建健康、公正、安全的信息社会环境。

目前以人工智能、大数据为主的新一代智能化信息技术的革新正在带动国家全方位、宽领域、多层次的发展。习近平总书记提出"要整合多学科力量,加强人工智能相关法律、伦理、社会问题研究,建立健全保障人工智能健康发展的法律法规、制度体系、伦理道德"。面对信息技术的迅猛发展,需要深入研究思考并牢固树立正确的道德观、价值观和法治观,有效应对信息技术带来的伦理挑战。

1.3.2 信息安全

信息既是一种资源,也是一种财富。随着信息技术的深度发展,信息安全问题越发凸显,成为不容忽视的严峻挑战。从个人信息泄露到企业商业机密被盗,从网络诈骗频发至关键信息基础设施遭受攻击,各类安全隐患严重威胁着个人权益、企业发展乃至国家安全。如何预防并消除信息安全隐患已成为广泛关注的焦点。

计算机作为信息处理的主要工具,存储着大量信息,这些信息有着不可估量的价值。保证信息安全就是要保护计算机硬件、软件、数据等不因偶然的或恶意的因素而遭到破坏和修改。通常从专业技术、法律法规和道德规范三个方面来保证信息安全。

1. 专业技术

通过各种专业技术,如数据备份技术、加密技术、数字签名技术、防火墙入侵检测技术、计算机病毒防治技术等,来保护信息不被破坏和修改。

2. 法律法规

如果单纯从技术角度来保证信息安全,只能解决某一方面的问题,而不能从根本上解决问题。通过法律法规,充分利用法律的规范性、稳定性、强制性,加强对犯罪行为的打击力度,才能更有效地保护信息活动中当事人的合法权益。

在此背景下,我国相继出台并实施了《中华人民共和国网络安全法》《中华人民共和国数据安全法》和《中华人民共和国个人信息保护法》等相关法律法规。这些法律法规从不同层面构建起信息安全防护网,通过明确责任、规范行为、设置惩处措施等,为信息技术健康发展保驾护航,促使信息活动在安全、合法的轨道上持续推进。

3. 道德规范

信息社会,人们每天都在面临各种信息媒体,如报纸、杂志、广播、电视、多媒体、计算机、网络等,其中包含着海量的信息。为了迅速、主动地挖掘有用信息,收集、整理并加工信息,而不是迷失在信息的海洋中,应自觉抵制信息污染,培养信息道德,提高信息素质,应树立正确的信息意识,构建理想的信息社会环境。

习题1参考答案

习 题 1

单选题

1. 下列选项中不属于信息的是(　　)。

    A. 公路两侧张贴的"绿水青山就是金山银山"宣传标语

B. 电视中的计算机产品广告

C. 计算机

D. 班级各科成绩

2. 下列选项对信息技术的叙述,不正确的是(　　　)。

A. 信息技术可以扩展人的信息功能

B. 信息技术专门指借助计算机加工、处理信息的技术

C. 信息技术是管理和处理信息所采用的各种技术的总称

D. 信息技术是对信息进行采集、存储、加工、检索和传输的技术

3. 下列选项不属于信息素养的是(　　　)。

A. 信息意识　　　B. 信息能力　　　C. 信息伦理道德　　　D. 信息职业素质

4. 关于信息素养,下列说法不正确的是(　　　)。

A. 在信息素养的定义中体现了终身学习的理念

B. 信息素养是一种基于信息解决问题的综合能力和基本素质

C. 信息知识,信息伦理,信息意识是信息素养的重要基础

D. 信息素养属于信息检索的重要能力之一

5. 下列行为不属于信息伦理范畴的是(　　　)。

A. 在检索信息过程中利用合适的检索方法与技巧

B. 在信息交流的过程中,注意保护他人的隐私

C. 在获取与利用信息的时候尊重知识产权

D. 不使用信息暴力,尊重他人的知识成果

6. 下列行为不属于信息安全范畴的是(　　　)。

A. 防止个人信息泄露

B. 保护计算机不受病毒侵害

C. 避免使用电子邮件

D. 确保网络交易安全

第 2 章　文字处理软件 Word 2016

本章要点：
- Word 2016 概述；
- Word 2016 文档的基本操作；
- Word 2016 文档的基本排版；
- Word 2016 表格的操作；
- Word 2016 图形的操作；
- Word 2016 长文档处理技术；
- Word 2016 文档的输出。

本章主要讲述 Word 2016 的基本概念（启动与退出及操作界面）、文档的基本操作（文档的创建、打开、保存、关闭以及相关编辑）、基本排版（字符格式设置、段落格式设置、项目符号和编号、边框和底纹、首字下沉、页眉和页脚、脚注和尾注、样式等）、文档中表格、图形的相关操作、长文档处理技术（超链接、题注、分页和分节、分栏、修订）以及文档的输出等内容。

2.1　Word 2016 概述

Word 2016 是微软公司推出的 Office 2016 办公自动化套装软件中的一个重要组件，它是目前应用最广泛的文字处理软件之一，具有丰富的文字处理功能，在其中可以对文字、图片和表格的格式进行各种设置，学习和使用都非常方便。它不仅适合一般工作人员，而且适合专业排版人员。随着版本的不断升级，功能不断增强和完善，Word 越来越受广大用户的欢迎。

2.1.1　Word 2016 的启动与退出

1. Word 2016 的启动

启动 Word 2016 的常用方法主要有以下三种：

① 选择"开始→所有程序→Word 2016"选项即可。

② 若计算机桌面上有 Word 2016 的快捷图标 ，则直接双击该图标即可；若计算机桌面上无 Word 2016 的快捷图标，可进入软件的安装目录中，找到对应的图标双击亦可。

③ 双击任意一个已经建立的 Word 文档。

2. Word 2016 的退出

退出 Word 2016 的常用方法主要有以下三种：

① 在 Word 2016 窗口中，右击标题栏，在弹出的菜单中单击"关闭"。

② 单击 Word 2016 窗口右上方的"关闭"按钮 ×。

③ 按下组合键 Alt+F4。

2.1.2 Word 2016 的窗口组成

Word 2016 的窗口主要由快速访问工具栏、标题栏、窗口控制按钮、功能区、文档编辑区、标尺、滚动条、状态栏、视图快速切换按钮等组成，如图 2-1 所示。

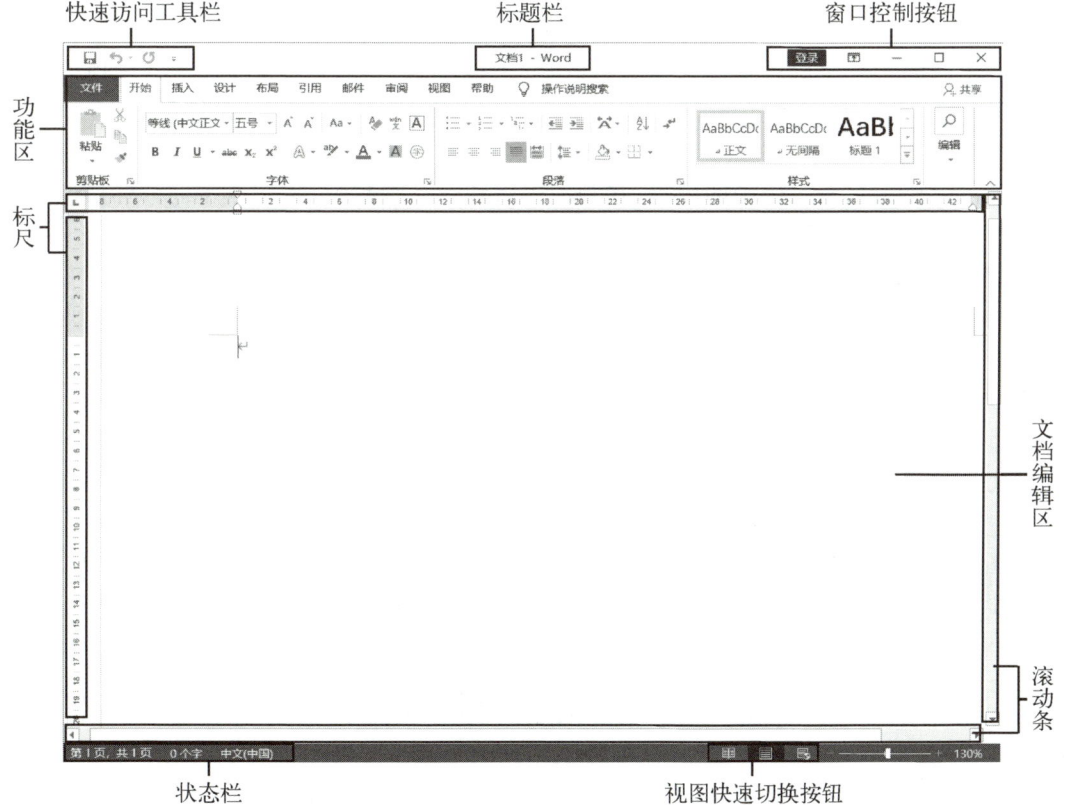

图 2-1 Word 2016 的窗口

1. 快速访问工具栏

快速访问工具栏位于窗口的左上角，用于放置常用的命令按钮，使用户快速执行经常使用的命令。默认情况下，快速访问工具栏中只有少量的按钮，用户可以根据需要添加多个自定义命令按钮。

2. 标题栏

标题栏位于窗口顶部，用于显示当前文档的文件名。

3. 窗口控制按钮

窗口控制按钮位于窗口的右上角，包括"登录""功能区显示选项""最小化""最大化/向下还原"及"关闭"按钮。单击"登录"按钮，输入用户名（电子邮件地址）和密码，可以登录 Office 账户。单击"功能区显示选项"按钮，会出现三个选项："自动隐藏功能区"可以隐藏功能区以最佳视图查看文档,并且仅在单击顶部边框或按 Alt 键时显示功能区;"显示选项卡"仅显示功能区选项卡,因此可看更多文档内容;"显示选项卡和命令"可以始终显示功能区选项卡和命令,但文档可视内容最少。单击"最小化"按钮,可以将当前文档最小化为系统任务栏中的一个按钮。在文档处于最大化状态下,可以单击"向下还原"按钮,将文档窗口缩小。在文档处于非最大化状态时,可以单击"最大化"按钮,将文档窗口最大化。单击"关闭"按钮,可以关闭当前文档。

4. 功能区

功能区位于标题栏的下方,由多个选项卡组成,包括"文件""开始""插入""设计""布局""引用""邮件""审阅""视图""帮助"10 个内置的默认选项卡。单击选项卡标签,可以在选项卡之间切换,用户还可根据需要增加或减少显示的选项卡,以方便使用。

5. 文档编辑区

窗口中间的大片空白区域是文档编辑区,可进行文本的输入、文档的修改、文档的排版等操作。

6. 标尺

标尺可以用于对齐文档中的内容,在制作表格和对齐图片时,特别有帮助。标尺位于文档编辑区的上方和左侧。Word 2016 中,如果标尺隐藏起来了,可以通过勾选"视图"选项卡"显示"组的"标尺"复选框来恢复显示。

7. 滚动条

Word 2016 中提供了垂直滚动条和水平滚动条,分别位于文档编辑区的右侧和下方。通过单击滚动条两边的小箭头或者拖动滚动块可改变文档的可视区域。

8. 状态栏

状态栏位于窗口的底部,显示当前文档的状态,如页面和字数等信息。

9. 视图快速切换按钮

视图快速切换按钮位于状态栏的右侧。Word 2016 中的视图包括阅读视图、页面视图、Web 版式视图、大纲视图、草稿等。通过单击各个视图按钮,可以实现视图之间的快速切换。

2.2 文档的基本操作

学习使用 Word 2016 时,只有从基本操作入手,才能更有效地掌握该软件。用户在进行文档处理的时候,常常需要创建一个新的文档或者打开一个已经存在的文档,同时对修改的文档进行保存。

操作视频

Word 2016
的基本操作

2.2.1 文档的创建、打开、保存及关闭

1. 文档的创建

启动 Word 2016 软件后,在开始界面单击"空白文档"即可创建一个名为"文档 1"的空白文档,然后即可在该空白文档的文档编辑区进行相应的操作。

如果还需要建立更多新的文档,常用的方法如下。

● 单击"文件"选项卡中的"新建"命令,并选择一种模板(如不使用任何模板,可以选择空白文档),如图 2-2 所示。双击选中的模板创建或者单击模板弹出该模板介绍页面,如图 2-3 所示,再单击"创建"按钮。

2.2 文档的基本操作

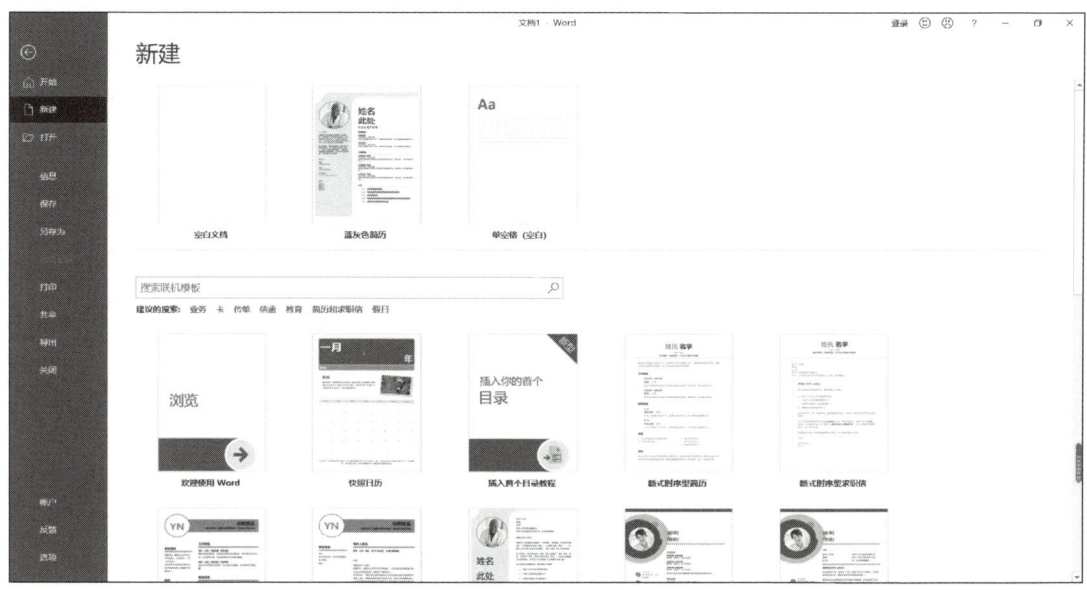

图 2-2 "新建"命令

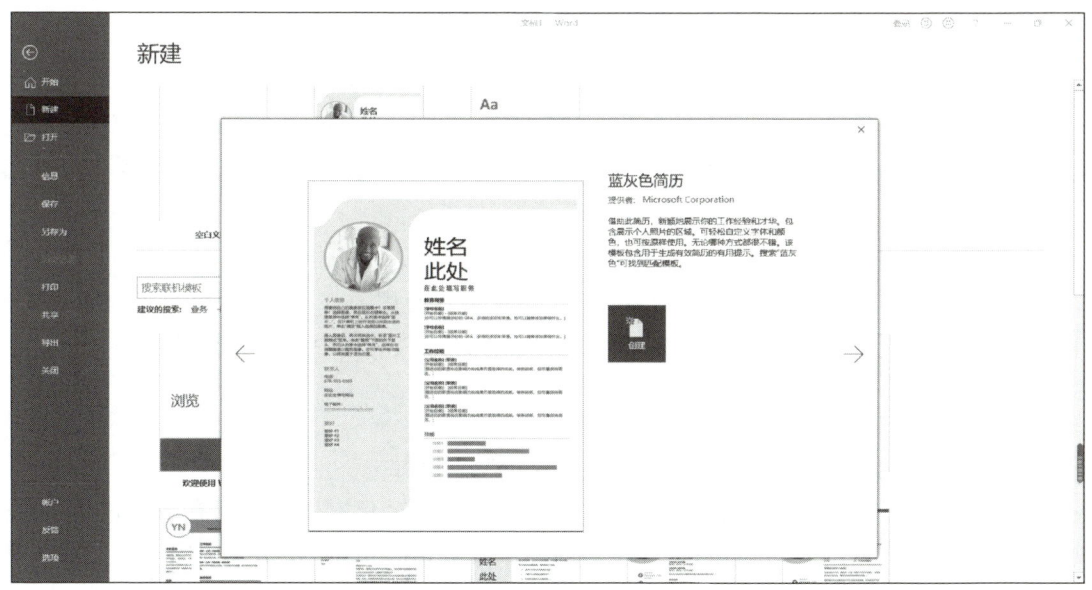

图 2-3 模板介绍页面

- 按组合键 Ctrl+N,创建一个新的空白文档,并以默认的标题和文件名命名。
- 依次按组合键 Alt+F 和 N 键,出现如图 2-2 所示的窗口,根据需要创建新的文档。

2．文档的打开

如果用户需要编辑一个已经存在的文档,首先就需要打开相应的文档。

（1）打开单个文档

- 如果需要打开最近使用过的文档,只需要单击"文件"选项卡中的"打开"命令,在右侧的"最近"文件列表中单击需要打开的文档名即可。
- 如果文档没有显示在"最近"文件列表中,则单击"文件"选项卡中的"打开"命令,或者按组合键 Ctrl+O,单击"浏览"按钮,此时弹出"打开"对话框,如图 2-4 所示,进入相应的存储位置,然后双击需要打开的文档,或者先单击选择需要打开的文档再单击"打开"按钮。

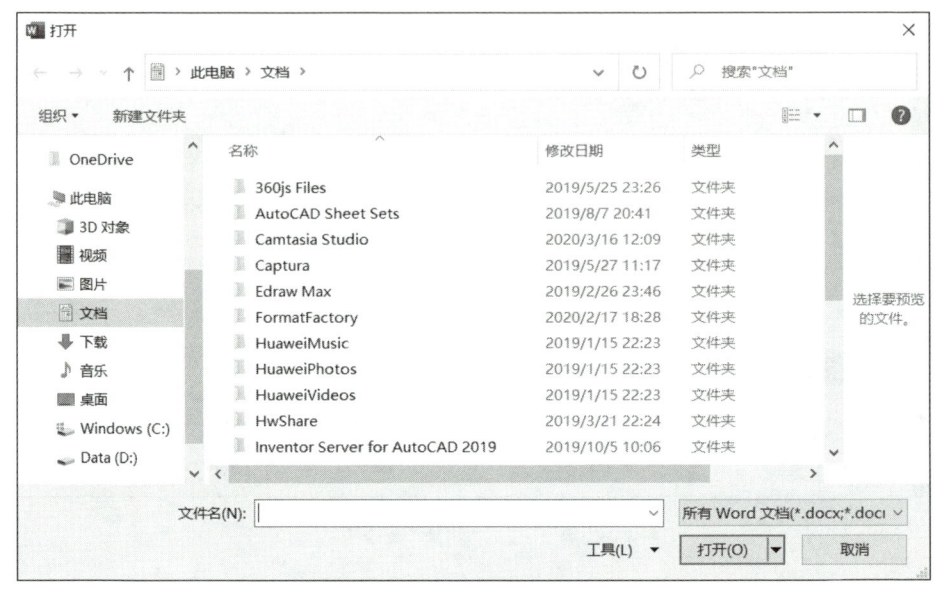

图 2-4 "打开"对话框

(2) 打开多个文档

如果用户需要一次打开多个已经存在的文档,则单击"文件"选项卡中的"打开"命令,单击"浏览"按钮,此时弹出"打开"对话框,进入相应的存储位置,然后选择需要打开的多个文档,再单击"打开"按钮。

3. 文档的保存

当用户编辑完一个文档后,常常需要保存,以便今后使用。在编辑过程中,做好保存工作还可以避免因停电等外界因素造成的内容丢失。因此,文档的保存是很重要的。

(1) 保存单个文档

常用的保存文档方法如下。

● 单击"文件"选项卡中的"保存"或者"另存为"命令。

如果保存的是一个新的文档,则单击"文件"选项卡中的"保存"或者"另存为"命令,再单击"浏览"按钮,弹出"另存为"对话框,选择文档的存储位置,在"文件名"组合框中输入文件名称,在"保存类型"下拉列表框中选择文件保存的类型,如图 2-5 所示。

如果当前编辑的文档是已经保存过的,那么单击"文件"选项卡中的"保存"命令后将以最新编辑的文档替换旧的文档。

快速保存文档的方法如下。

● 单击快速访问工具栏中的"保存"按钮,将直接用最新编辑的文档替换旧文档。

● 按下组合键 Ctrl+S,同样用最新编辑的文档替换旧文档。

(2) 保存多个文档

如果需要一次保存多个打开的文档,则单击"快速访问工具栏"中的"全部保存"按钮即可。

4. 文档的关闭

结束对文档的操作或不再使用文档时,就可以关闭相应的文档。

2.2 文档的基本操作

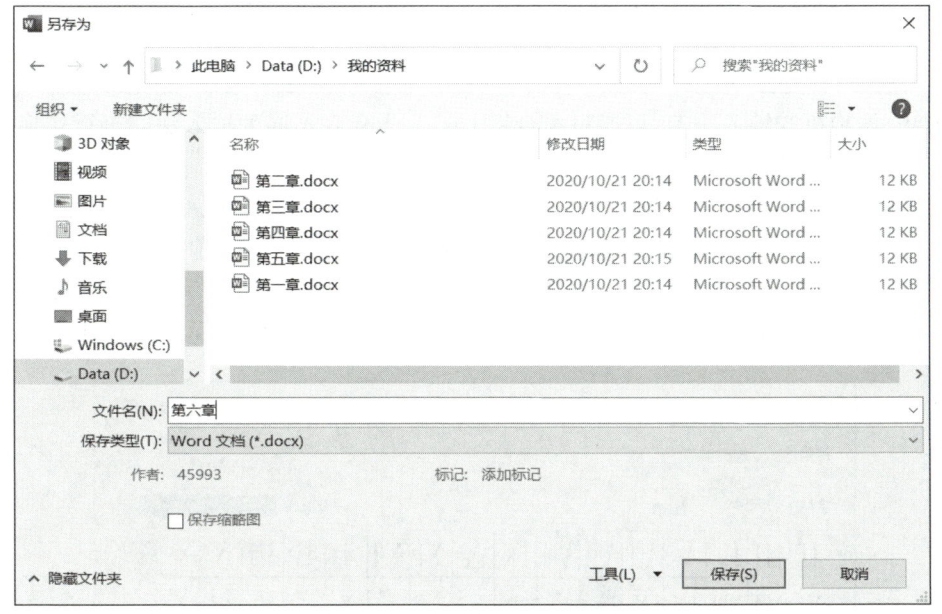

图 2-5 "另存为"对话框

(1) 关闭单个文档
- 单击"文件"选项卡中的"关闭"命令。
- 单击标题栏右侧的"关闭"按钮。
- 按下组合键 Ctrl+F4。

(2) 关闭多个文档

按住 Shift 键,单击"快速访问工具栏"中的"关闭/全部关闭"按钮即可。

关闭文档的同时,如果用户没有对文档进行保存,Word 会弹出是否保存更改提示框,如图 2-6 所示,从而避免内容的丢失。

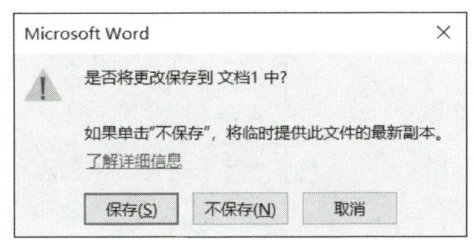

图 2-6 是否保存更改提示框

2.2.2 文档的编辑

文档编辑是 Word 2016 的一个重要功能,只有有效地进行文档的编辑,才能实现所需的效果。

1. 文本的输入

Word 2016 具有"即点即输"的功能,若想要输入文本,首先需要确定插入点。光标定位插入点的方法:单击需要输入文本的位置,或者通过键盘上的方向键将插入点光标移动到需要的位置。常用的光标定位的快捷键有以下几个。
- Home:将光标移至行首。
- Ctrl+Home:将光标移至整篇文档的开头。
- End:将光标移至行尾。
- Ctrl+End:将光标移至整篇文档的末尾。

文本的输入主要包括英文或拼音、汉字、标点符号、特殊符号的输入。

(1) 输入英文或拼音

启动 Word 2016 后,将输入法切换至英文输入状态,即可通过键盘输入英文或拼音,若需要输入大写字母,则按下键盘上的 Caps Lock 键或 Shift+对应的字母键即可。

(2) 输入汉字

要输入汉字,首先必须选择对应的中文输入法,如微软拼音输入法、五笔字型输入法、智能 ABC 输入法、搜狗拼音输入法等,可通过组合键 Ctrl+Shift 在不同的输入法间进行切换。

(3) 输入标点符号

常用的标点符号,如逗号、句号、顿号、引号等,可直接通过键盘输入。非常用的标点符号,则可通过对应输入法的软键盘进行输入;也可单击"插入"选项卡中"符号"组的"符号"按钮,在弹出的符号列表中选择所需的符号,若所需符号不在列表中,则单击"其他符号"命令,此时弹出"符号"对话框,如图 2-7 所示,找到并单击所需的符号,再单击"插入"按钮即可。

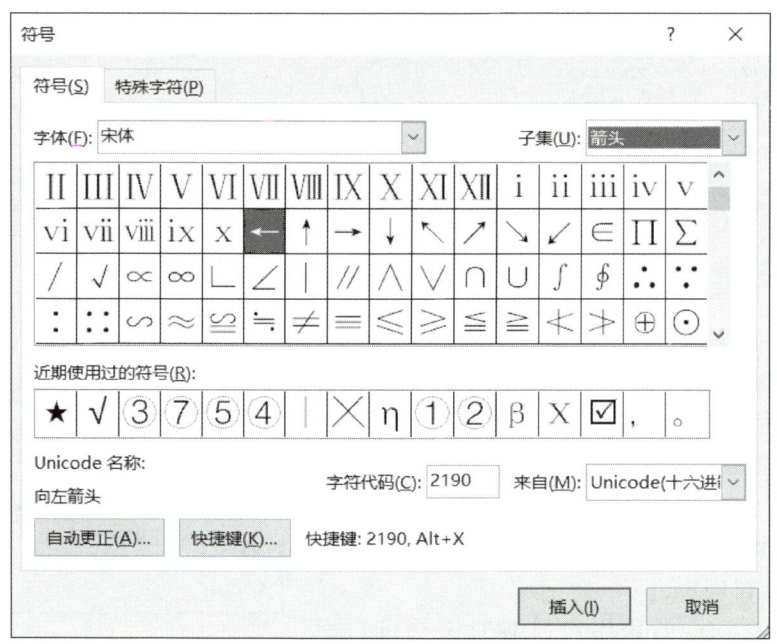

图 2-7 "符号"对话框

(4) 输入特殊符号

单击"插入"选项卡中"符号"组的"符号"按钮,在弹出的符号列表中单击"其他符号"命令,弹出"符号"对话框,单击"特殊字符"选项卡,如图 2-8 所示,选择需要的符号,单击"插入"按钮即可。

2. 文本的选定

无论需要进行什么操作,首先都必须选择对应的操作对象,对于文本也不例外。在 Word 2016 中,被选定的文本将反相显示(阴影底纹)。

文本的选定可利用鼠标、键盘或者扩展功能来实现。

(1) 利用鼠标选定文本

① 选定一个词。

用鼠标指向要选定的词,双击即可将其选中。

② 选定一句。

按住 Ctrl 键,同时在需要选择的句子中任意位置单击即可。

③ 选定一行。

2.2 文档的基本操作

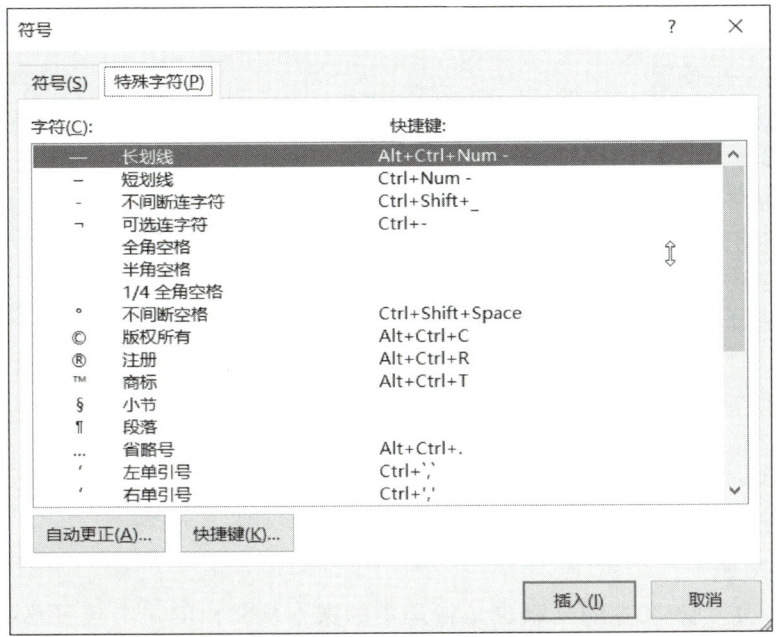

图 2-8 "特殊字符"选项卡

常用方法有以下两种。
- 将鼠标移至该行左边的文本选定区,当鼠标指针形状变为指向右上方的箭头时单击鼠标左键。
- 按下鼠标左键从行首拖动至行尾,再放开鼠标左键。

④ 选定一段。
在需要选定段落内的任意位置三击鼠标左键。

⑤ 选定全部文档。
常用方法有以下两种。
- 在"开始"选项卡的"编辑"组中,单击"选择"按钮,在弹出的列表中单击"全选"命令。
- 按下组合键 Ctrl+A。

⑥ 选定多行。
将鼠标移至首行左边的文本选定区,当鼠标指针形状变为指向右上方的箭头时,按下鼠标左键向下拖至尾行。

⑦ 选定垂直一块区域。
按下 Alt 键,同时再按下鼠标左键向右下方拖曳,绘制一个蓝色矩形,矩形内的内容即被选定。

(2) 利用键盘选定文本

利用键盘选定文本时,首先将光标定位于起点,然后在按住 Shift 键的同时按相应的方向键即可。常用的方法如下。
- Shift+→:从光标插入点开始,连续向后选定文本。
- Shift+↑:从光标插入点开始,连续向上选定一行文本。
- Shift+↓:从光标插入点开始,连续向下选定一行文本。
- Shift+←:从光标插入点开始,连续向前选定文本。

3. 文本的移动与复制

在文本的编辑中，移动与复制是很常见的操作。所谓移动，就是将所选择的文本内容从一个位置移动到另一个位置。

（1）文本的移动

实现文本移动的常用方法有以下两种。

① 利用鼠标移动文本。

选定需要移动的文本，按下鼠标左键将选定的文本拖曳至目标位置。

② 利用命令移动文本。

- 选定需要移动的文本。
- 单击"开始"选项卡"剪贴板"组中的"剪切"按钮，或者按组合键 Ctrl+X，或者单击鼠标右键并选择"剪切"命令。
- 将光标定位到要插入文本的位置。
- 单击"开始"选项卡"剪贴板"组中的"粘贴"按钮，或者按组合键 Ctrl+V，或者单击鼠标右键并选择"粘贴"命令，即可完成文本的移动。

（2）文本的复制

与文本的移动类似，文本的复制也是将选定的文本从文档的一个位置移到另一个位置。不同的是，移动完文本后，原来位置的文本不复存在；而复制完文本后，原来位置的文本依然存在。实现文本复制的常用方法有以下两种。

① 利用鼠标复制文本。

选定需要复制的文本，按住 Ctrl 键的同时按下鼠标左键将选定的文本拖曳至目标位置。

② 利用命令复制文本。

- 选定需要复制的文本。
- 单击"开始"选项卡"剪贴板"组中的"复制"按钮，或者按组合键 Ctrl+C，或者单击鼠标右键并选择"复制"命令。
- 将光标定位到要插入文本的位置。
- 单击"开始"选项卡"剪贴板"组中的"粘贴"按钮，或者按组合键 Ctrl+V，或者单击鼠标右键并选择"粘贴"命令，即可完成文本的复制。

4. 文本的删除

在进行文档编辑的过程中，文本内容的删减是大多数用户经常遇到的。实现文本删除的常用方法有以下两种。

（1）选定需要删除的文本，按 Delete 键即可。

（2）选定需要删除的文本，单击"开始"选项卡"剪贴板"组中的"剪切"按钮，或者单击鼠标右键并选择"剪切"命令即可。

5. 撤销与恢复

（1）撤销

在文档编辑过程中，如果用户对自己的操作不满意或者执行了错误的操作，可以通过撤销功能回到先前的状态。常用的撤销方法有以下两种：

- 单击"快速访问工具栏"中的"撤销"按钮。
- 按组合键 Ctrl+Z。

（2）恢复

执行了撤销操作后，如果用户又感觉不应该进行撤销操作，可以将其恢复。常用的恢复方

2.2 文档的基本操作

法有以下两种。
- 单击"快速访问工具栏"中的"恢复"按钮。
- 按组合键 Ctrl+Y。

6. 查找与替换

查找与替换功能便于用户对文档的内容进行查找或替换。Word 2016 提供的强大的文档搜索功能可对指定的内容进行查找,还可将查找到的内容进行替换,尤其是在编辑长文档时,非常方便。

(1) 查找

要执行查找功能,首先需要打开"查找和替换"对话框,如图 2-9 所示。打开该对话框的常用方法有以下两种。

操作视频

查找和替换

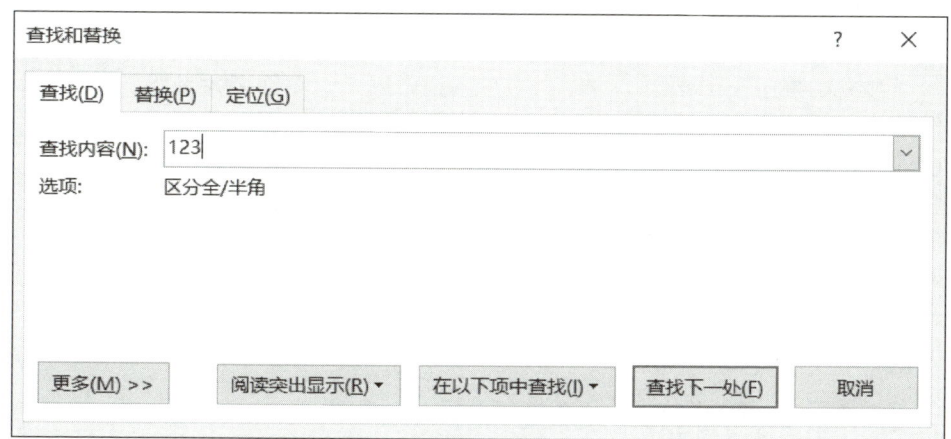

图 2-9 "查找和替换"对话框

- 单击"开始"选项卡"编辑"组中的"查找"按钮,在弹出的下拉列表框中选择"高级查找"命令。
- 按组合键 Ctrl+F,在文档编辑区左侧弹出"导航"面板,在"搜索文档"文本框中输入需要查找的内容,再单击文本框右侧的下拉按钮,在弹出的列表中选择"高级查找"命令。

在"查找内容"组合框中输入需要查找的内容,然后单击"查找下一处"按钮,这时,Word 2016 就会将查找到的内容反相显示,表明找到。如果还需要查找,再单击"查找下一处"按钮,当整个文档查找完后,Word 2016 会弹出一个提示框,告诉用户已经完成查找。

如果用户需要查找一些具有特定格式、符号的内容,可单击"更多"按钮,展开查找高级选项,如图 2-10 所示,然后根据需要设置搜索选项及查找选项即可。

(2) 替换

所谓替换就是将查找的内容用其他的内容代替。

在图 2-9 所示的"查找和替换"对话框中,单击"替换"选项卡,如图 2-11 所示。也可通过以下两种方法直接打开"替换"选项卡。

- 单击"开始"选项卡"编辑"组中的"替换"按钮。
- 按组合键 Ctrl+H。

在"查找内容"组合框中输入需要替换的内容,在"替换为"组合框中输入新的内容,单击"全部替换"按钮,Word 2016 会将所有找到的内容替换为新的内容。如果只需要替换一部分

图 2-10 展开后的查找高级选项

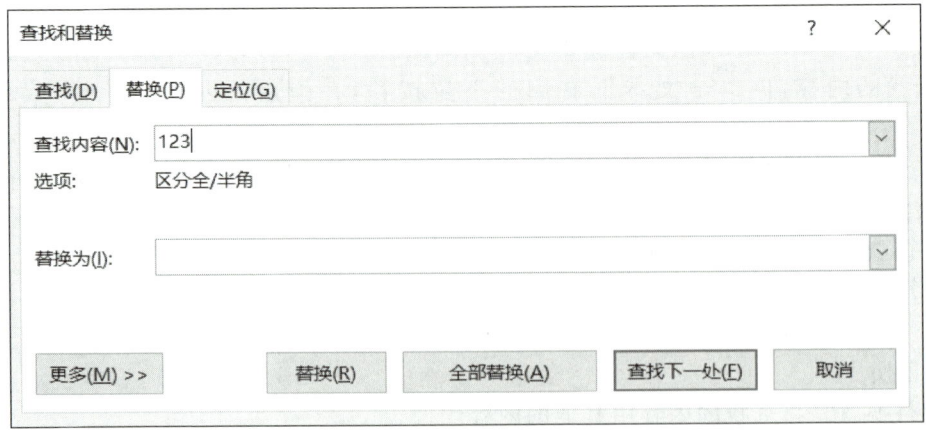

图 2-11 "替换"选项卡

内容,可以先单击"查找下一处"按钮,如果需要替换,则单击"替换"按钮;如果不需要,就继续单击"查找下一处"按钮进行内容的查找。

如果用户需要替换一些包含特定格式、符号的内容,可单击"更多"按钮,展开替换高级选项,如图 2-12 所示,然后根据需要设置搜索选项及替换选项即可。

图 2-12　替换高级选项

2.3　文档的基本排版

　　文档的基本排版是指对文本外观的一种美化和处理。文档编辑完成后,为了方便阅读,常常需要对字体、段落等进行一定的设置。本节介绍文档排版的一些基本方法。

2.3.1　设置字符格式

　　在 Word 2016 文档中,字符包括汉字、英文、数字和各种符号等,字符的格式包括字体、字形、字号、字体颜色、下划线、字符间距、文字效果以及对字符的各种修饰等。

　　1. 字体的设置

　　文字的各种形体称为字体。在 Word 2016 的字体中,常用的中文字体有宋体、楷体、黑体、隶书等,英文、数字和符号的常用字体有 Times New Roman、Arial 等。

　　在 Word 2016 中,设置字体的常用方法有以下两种:

　　● 选定文本,单击"开始"选项卡"字体"组中"字体"下拉列表框,从弹出的下拉列表中选择需要的字体。

　　● 选定文本,单击鼠标右键,在弹出的快捷菜单中选择"字体"命令,或单击"开始"选项卡

"字体"组右下角的对话框启动器 ，弹出"字体"对话框,如图 2-13 所示,然后根据需要在"中文字体"和"西文字体"下拉列表框中选择需要的字体。

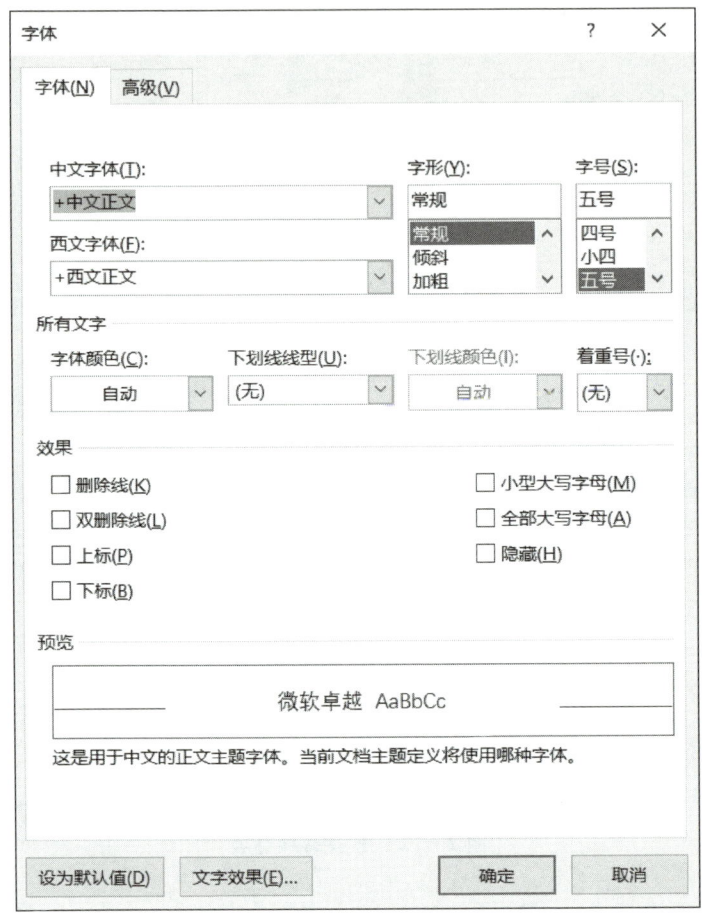

图 2-13 "字体"对话框

2. 字号的设置

字符的字号是指字符的字体大小。在 Word 2016 文档中,默认的字号为五号。

在 Word 2016 中,设置字号的常用方法有以下三种。

- 选定文本,单击"开始"选项卡"字体"组中的"字号"下拉列表框,从弹出的下拉列表中选择需要的字号。
- 选定文本,单击鼠标右键,在弹出的快捷菜单中选择"字体"命令,或单击"开始"选项卡"字体"组右下角的对话框启动器 ,弹出"字体"对话框,如图 2-13 所示,然后根据需要在"字号"列表框中选择需要的字号。
- 选定文本,按下组合键 Ctrl+]或 Ctrl+[,此时字号以 1 点为增量增大或减小。

3. 字形的设置

字符的字形设置主要包括加粗、倾斜、下划线、边框、底纹及缩放等。

(1) 加粗

在 Word 2016 中,将字符加粗的常用方法有以下三种。

- 选定文本,单击"开始"选项卡"字体"组中"加粗"按钮 **B** 。

● 选定文本,单击鼠标右键,在弹出的快捷菜单中选择"字体"命令,或单击"开始"选项卡"字体"组右下角的对话框启动器,弹出"字体"对话框,如图 2-13 所示,然后根据需要在"字形"列表框中选择"加粗"。

● 选定文本,按下组合键 Ctrl+B。

(2) 倾斜

在 Word 2016 中,将字符倾斜的常用方法有以下三种。

● 选定文本,单击"开始"选项卡"字体"组中"倾斜"按钮。

● 选定文本,单击鼠标右键,在弹出的快捷菜单中选择"字体"命令,或单击"开始"选项卡"字体"组右下角的对话框启动器,弹出"字体"对话框,如图 2-13 所示,然后根据需要在"字形"列表框中选择"倾斜"。

● 选定文本,按下组合键 Ctrl+I。

(3) 下划线

在 Word 2016 中,为字符添加下划线的常用方法有以下三种。

● 选定文本,单击"开始"选项卡"字体"组中的"下划线"按钮,或者单击该按钮右侧的下拉按钮,弹出"下划线"下拉列表,如图 2-14 所示,然后根据需要设置下划线的线型和颜色。

● 选定文本,单击鼠标右键,在弹出的快捷菜单中选择"字体"命令,或单击"开始"选项卡"字体"组右下角的对话框启动器,弹出"字体"对话框,如图 2-13 所示,然后根据需要在"下划线线型"下拉列表框中选择下划线的线型,在"下划线颜色"下拉列表框中选择下划线的颜色。

● 按下组合键 Ctrl+U,为选定文本按照默认的下划线线型和下划线颜色添加下划线。

(4) 着重号

在 Word 2016 中,为字符添加着重号的方法如下。

选定文本,单击鼠标右键,在弹出的快捷菜单中选择"字体"命令,或单击"开始"选项卡"字体"组右下角的对话框启动器,弹出"字体"对话框,如图 2-13 所示,然后根据需要在"着重号"下拉列表框中选择着重号。

图 2-14 "下划线"下拉列表

(5) 字符边框

在 Word 2016 中,为字符添加边框的常用方法有以下两种。

● 选定文本,单击"开始"选项卡"字体"组中的"字符边框"按钮,此时为选定文本添加默认的边框。

● 选定文本,单击"布局"选项卡"页面设置"组中的"页边距"按钮,从弹出的下拉列表中选择"自定义边距"命令,在弹出的"页面设置"对话框中单击"版式"选项卡,再单击"边框"按钮,弹出"边框和底纹"对话框,如图 2-15 所示;在"边框"选项卡中,可根据需要设置边框的样式、颜色、宽度、预览及应用范围,以添加不同样式的边框。

(6) 字符底纹

在 Word 2016 中,为字符添加底纹的常用方法有以下两种。

● 选定文本,单击"开始"选项卡"字体"组中的"字符底纹"按钮,此时为选定文本添加默认的灰色底纹。

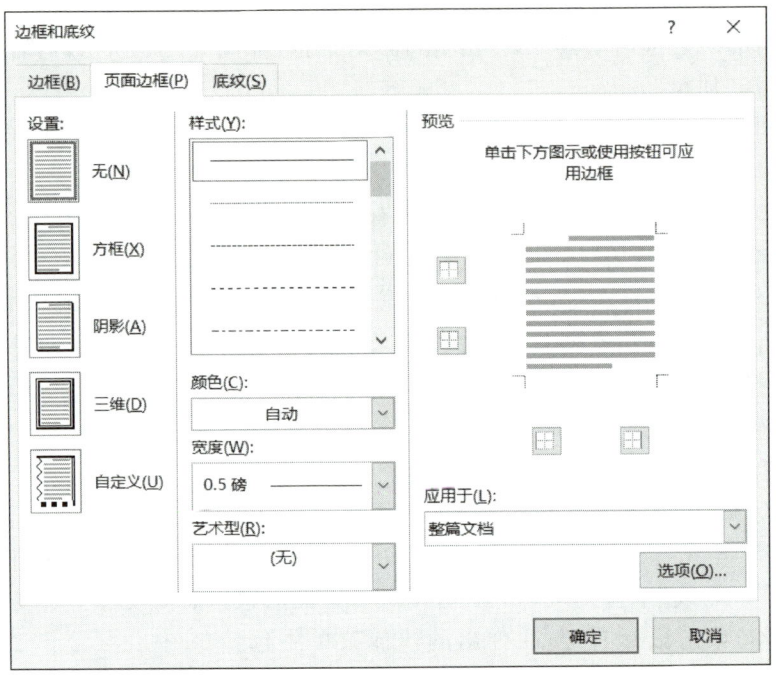

图 2－15 "边框和底纹"对话框

- 选定文本,单击"布局"选项卡"页面设置"组中的"页边距"按钮,从弹出的下拉列表中选择"自定义边距"命令,在弹出的"页面设置"对话框中单击"版式"选项卡,再单击"边框"按钮,弹出"边框和底纹"对话框,如图 2－15 所示;选择"底纹"选项卡,如图 2－16 所示,然后根据需要设置底纹的填充颜色、图案样式及应用范围,以添加不同样式应用范围的底纹。

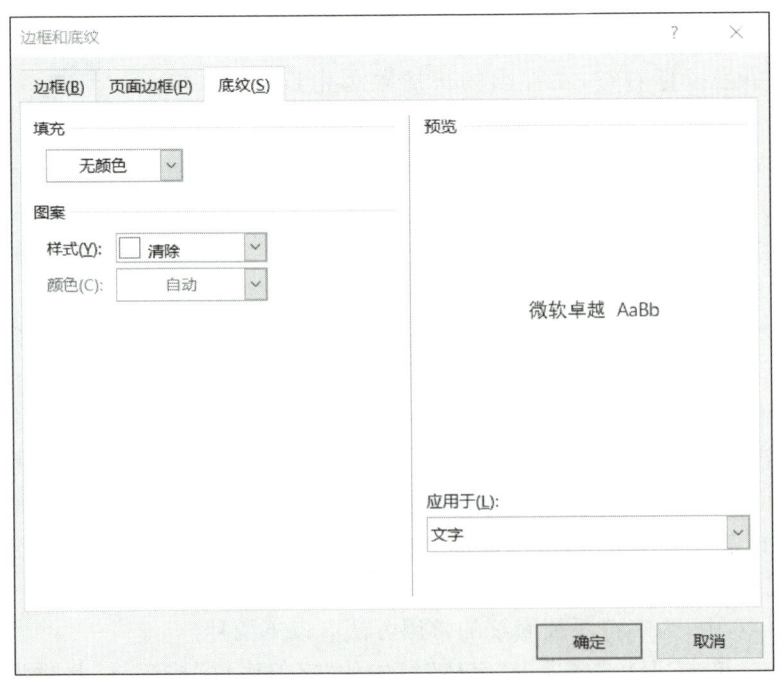

图 2－16 "底纹"选项卡

2.3 文档的基本排版

（7）字符缩放

在 Word 2016 中,对字符进行缩放的常用方法有以下两种。

● 选定文本,单击"开始"选项卡"段落"组中"中文版式"按钮,在弹出的下拉列表中选择"字符缩放"命令,弹出如图 2-17 所示的字符缩放比例列表,然后根据需要选择相应的缩放比例。

● 选定文本,单击鼠标右键,在弹出的快捷菜单中选择"字体"命令,或单击"开始"选项卡"字体"组右下角的对话框启动器 ,此时弹出"字体"对话框,如图 2-13 所示;选择"高级"选项卡,如图 2-18 所示,在"缩放"下拉列表框中选择所需的缩放比例。

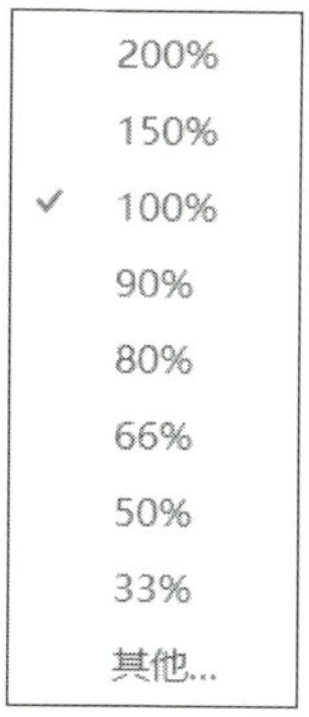

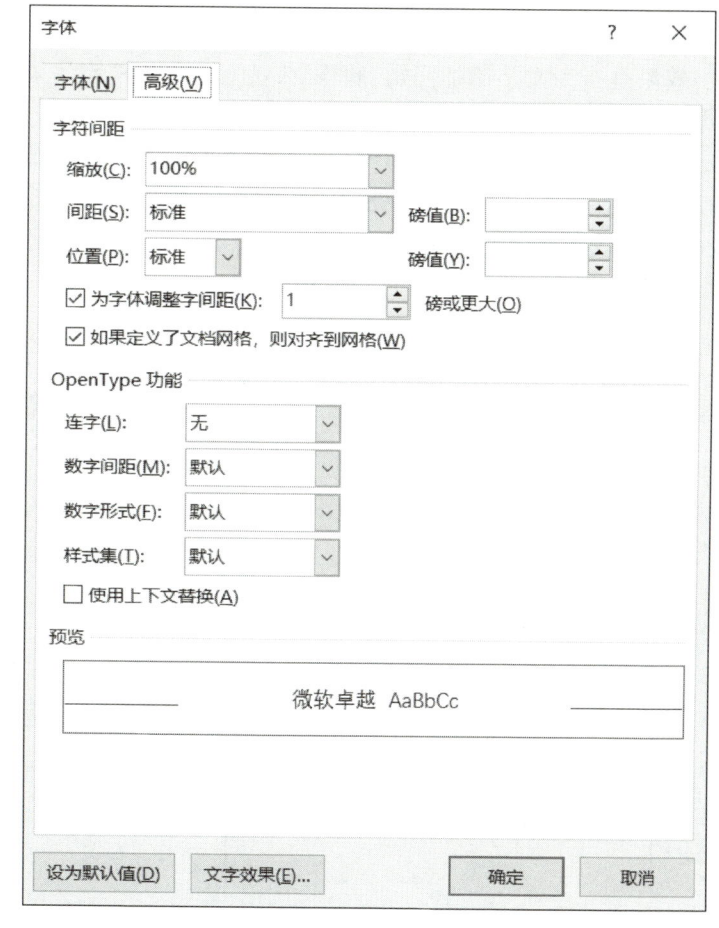

图 2-17 字符缩放
比例列表

图 2-18 "高级"选项卡

4. 字体颜色的设置

在 Word 2016 文档中,默认情况下字体颜色为黑色。

在 Word 2016 中,设置字体颜色的常用方法有以下两种。

● 选定文本,单击"开始"选项卡"字体"组中的"字体颜色"下拉按钮,从弹出的下拉列表中选择需要的颜色;也可单击"其他颜色"命令,以选择非标准颜色。

● 选定文本,单击鼠标右键,在弹出的快捷菜单中选择"字体"命令,或单击"开始"选项卡"字体"组右下角的对话框启动器 ,弹出"字体"对话框,如图 2-13 所示,然后根据需要在"字体颜色"下拉列表框中选择需要的颜色;也可单击"其他颜色"命令,以选择非标准颜色。

5. 字符间距的设置

所谓字符间距是指字符之间的间隔距离。在 Word 2016 中,设置字符间距的方法如下。

选定文本,单击鼠标右键,在弹出的快捷菜单中选择"字体"命令,或单击"开始"选项卡"字体"组右下角的对话框启动器 ,此时弹出"字体"对话框,如图 2-13 所示;选择"高级"选项卡,如图 2-18 所示,在"间距"下拉列表框中可选择"标准""加宽"或"紧缩",在其右侧的"磅值"数值选择框中调整间距大小或输入间距大小。

6. 文字效果的设置

文字效果是指为文字添加阴影、映像、发光、三维格式等效果,让文字看起来更有立体感。在 Word 2016 中,设置文字效果的方法如下。

选定文本,单击鼠标右键,在弹出的快捷菜单中选择"字体"命令,或单击"开始"选项卡"字体"组右下角的对话框启动器 ,弹出"字体"对话框,如图 2-13 所示;单击"文字效果"按钮,弹出"设置文本效果格式"对话框,如图 2-19 所示,然后根据需要对文本填充与轮廓(图 2-19a)、文字效果(图 2-19b)进行相应设置即可。

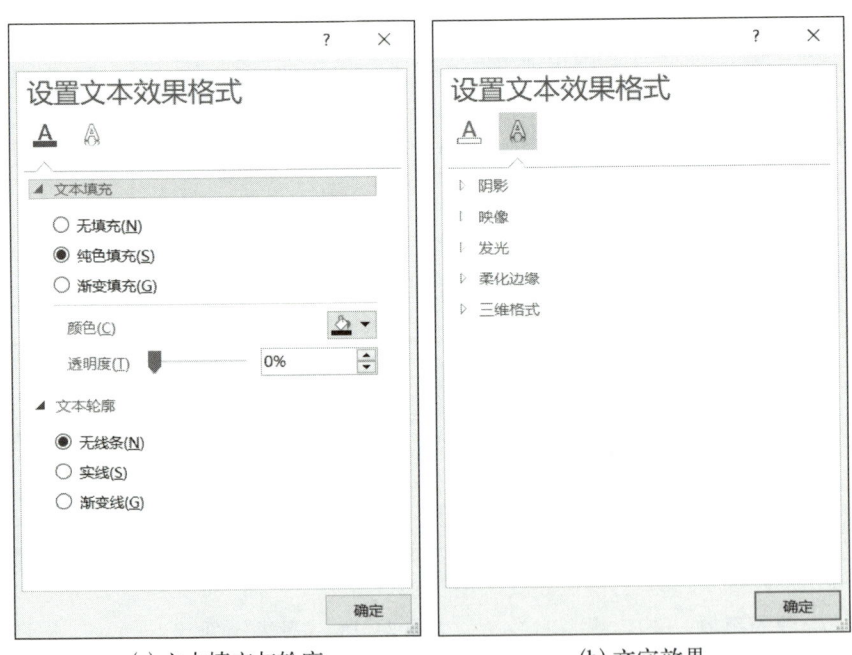

(a) 文本填充与轮廓　　　　(b) 文字效果

图 2-19　"设置文本效果格式"对话框

7. 其他效果设置

(1) 其他效果的设置

在 Word 2016 中,还可为文字设置删除线、双删除线、上标、下标、小型大写字母、全部大写字母、隐藏等效果。设置此类效果的方法如下。

选定文本,单击鼠标右键,在弹出的快捷菜单中选择"字体"命令,或单击"开始"选项卡"字体"组右下角的对话框启动器 ,弹出"字体"对话框,如图 2-13 所示,在"字体"选项卡的"效果"选项组中选择需要设置的效果,如图 2-20 所示。

(2) 中文版式的设置

在 Word 2016 中,还可对字符进行拼音指南、带圈字符、中文简繁转换、双行合一等中文版式效果的设置。

① 拼音指南。

添加拼音指南的方法如下。

选定文本,单击"开始"选项卡"字体"组中的"拼音指南"按钮,弹出"拼音指南"对话框,如图 2-21 所示,然后根据需要进行输入并设置即可。

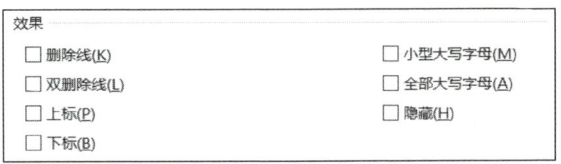

图 2-20 "效果"选项组

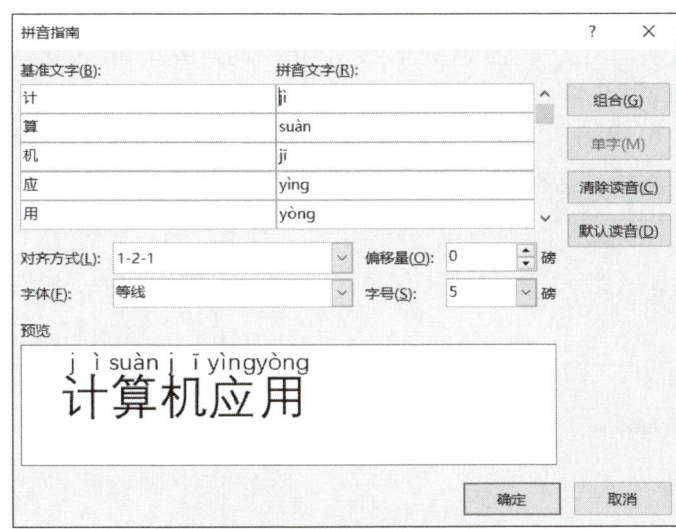

图 2-21 "拼音指南"对话框

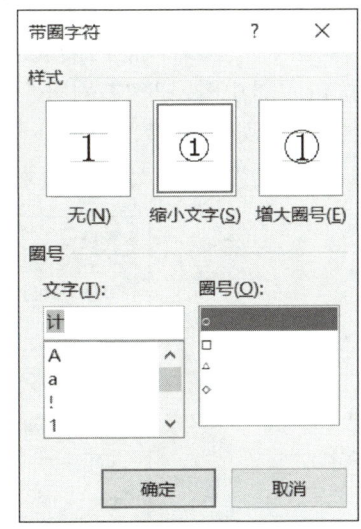

图 2-22 "带圈字符"对话框

② 带圈字符。

设置带圈字符的方法如下。

选定文本,单击"开始"选项卡"字体"组中的"带圈字符"按钮,弹出"带圈字符"对话框,如图 2-22 所示,然后根据需要对各个选项进行设置。

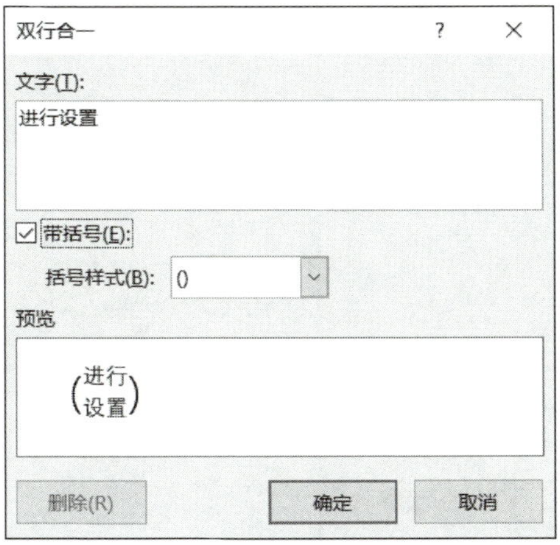

③ 中文简繁转换。

设置中文简繁转换的方法如下:

选中文本,单击"审阅"选项卡"中文简繁转换"组中的"简转繁"或"繁转简"按钮即可完成转换。

④ 双行合一。

双行合一是指将两行文字合并为一行,可以像处理一行文字一样同时处理这两行文字。双行合一的方法如下:

单击"开始"选项卡"段落"组中的"中文版式"按钮,从下拉列表中选择"双行合一"命令,弹出"双行合一"对话框,如图 2-23 所示,在"文字"文本输入框中输入需要双行合一的文字(也可以先选定文本,再执行"双行合一"命令),并且可以选择合一后的文字是否加

图 2-23 "双行合一"对话框

括号以及括号的样式,"预览"框中可以展示设置的效果。

2.3.2 设置段落格式

在 Word 文档中,段落不仅是指按 Enter 键后产生的一段文本,而且包括后面跟有段落标记的图形或其他对象。当段落作为排版对象时,指的就是两个段落标记之间的内容。

文档是由许多段落组成的,要想使已经编辑好的段落更美观,就必须对段落进行格式设置。段落的格式主要包括段落的对齐方式、缩进、行间距和段落间距等。

1. 段落的对齐方式

Word 2016 中提供的段落对齐方式有:左对齐、右对齐、居中、两端对齐和分散对齐。

在 Word 2016 中,设置段落对齐方式的常用方法有以下两种。

- 光标定位到段落内的任意位置,单击"开始"选项卡"段落"组中的对齐按钮(包括"左对齐"按钮、"居中"按钮、"右对齐"按钮和"分散对齐"按钮)。
- 光标定位到段落内的任意位置,单击鼠标右键,在弹出的快捷菜单中选择"段落"命令,或单击"开始"选项卡"段落"组右下角的对话框启动器 ,弹出"段落"对话框,如图 2-24 所

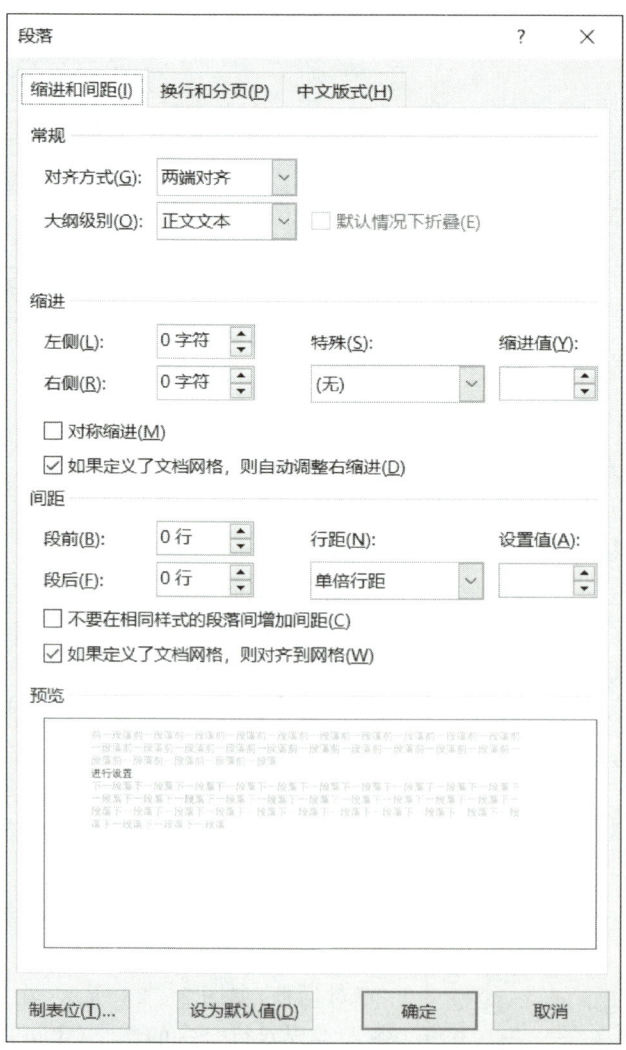

图 2-24 "段落"对话框

示,选择"缩进和间距"选项卡,在"对齐方式"下拉列表框中选择相应的对齐方式。

2. 段落的缩进

段落的缩进是指段落两侧与页边的距离,是很常用的排版操作之一。段落缩进的方式有四种:首行缩进、悬挂缩进、左缩进和右缩进。

在 Word 2016 中,设置段落缩进的常用方法有以下三种:

- 光标定位到段落内的任意位置,单击"开始"选项卡"段落"组中的"增加缩进量"按钮 或"减小缩进量"按钮 ,每单击一次,可使选定的段落向右(增加缩进量)或向左(减小缩进量)移动一个汉字的位置。

- 光标定位到段落内的任意位置,单击鼠标右键,在弹出的快捷菜单中选择"段落"命令,或单击"开始"选项卡"段落"组右下角的对话框启动器 ,此时弹出"段落"对话框,选择"缩进和间距"选项卡,在"缩进"选项组中可对左缩进、右缩进、特殊格式(即首行缩进、悬挂缩进)、缩进值进行设置。

- 光标定位到段落内的任意位置,用鼠标拖动标尺上相应缩进标记(首行缩进、左缩进、右缩进)向左或向右移动到合适的位置。

3. 行间距和段落间距

行间距是指段落中行与行之间的间隔距离;段落间距是指段落与段落之间的间隔距离。

在 Word 2016 中,设置行间距和段落间距的方法如下:

光标定位到段落内的任意位置,单击鼠标右键,在弹出的快捷菜单中选择"段落"命令,或单击"开始"选项卡"段落"组右下角的对话框启动器 ,此时弹出"段落"对话框,选择"缩进和间距"选项卡,在"间距"选项组中分别设置段前间距、段后间距及行距。

2.3.3 项目符号和编号

在利用 Word 2016 进行文章的排版时,通常会涉及章节的划分,需要使用项目符号和编号。利用项目符号和编号可使文档条理清楚、重点突出,提高文章的可读性。

1. 项目符号

项目符号用于创建无序列表,适用于列举没有特定顺序的内容,通常以圆点、方块等符号标记每一项。

在 Word 2016 中,设置项目符号的操作方法如下:

光标定位到段落内的任意位置,单击"开始"选项卡"段落"组中的"项目符号"下拉按钮,在下拉列表中选择所需要的符号或单击"定义新项目符号"命令,弹出"定义新项目符号"对话框,如图 2-25 所示,然后可根据需要单击"符号"按钮,弹出"符号"对话框,如图 2-26 所示,可以选择设置新的项目符号。

2. 编号

编号用于创建有序列表,适用于有明确顺序或步骤的内容,通常以数字、字母等顺序标记每一项。

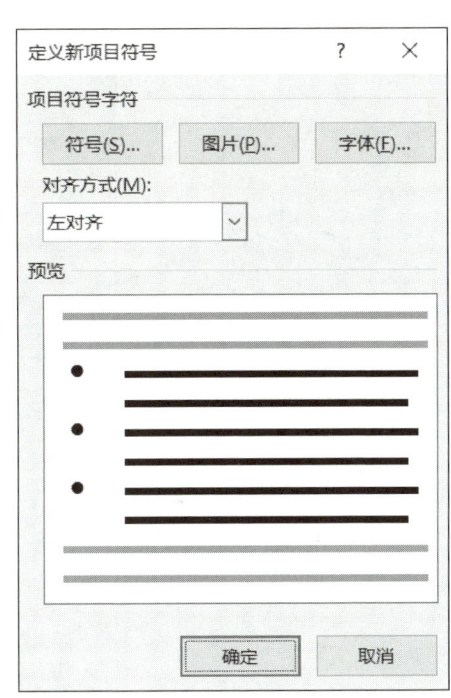

图 2-25 "定义新项目符号"对话框

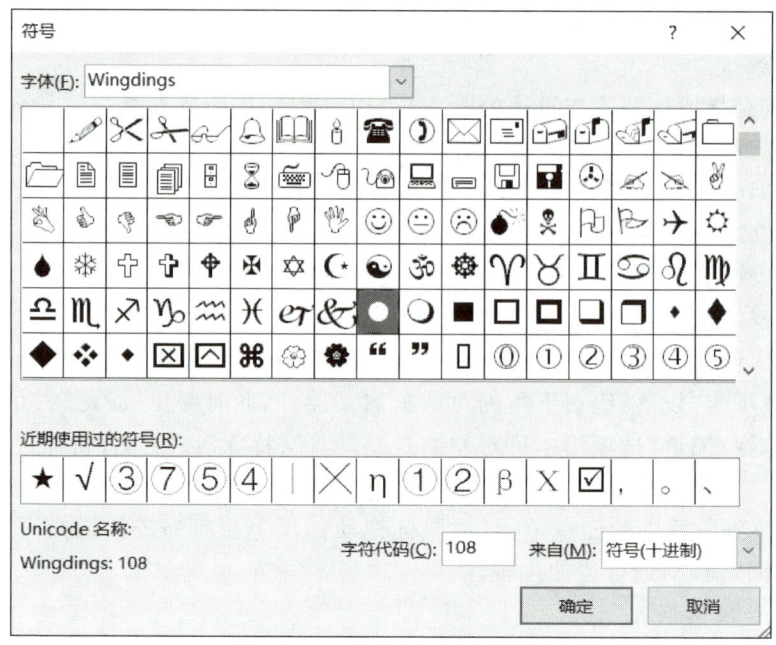

图 2-26 "符号"对话框

在 Word 2016 中,设置编号的操作方法如下。

光标定位到需要编号的段落,单击"开始"选项卡"段落"组中的"编号"下拉按钮,在下拉列表中选择所需要的编号样式,如图 2-27 所示。若需自定义编号格式,可选择"定义新编号格式"进行个性化设置。

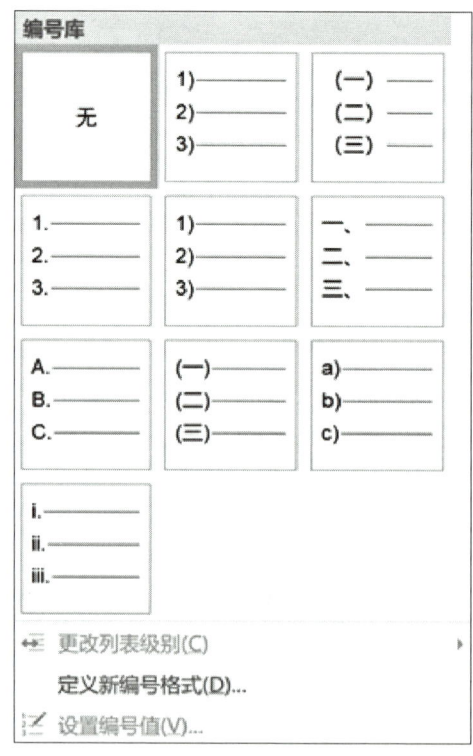

图 2-27 "编号库"下拉列表

2.3.4 边框和底纹

在 Word 文档中,可以通过添加边框将当前所选择的内容与其他内容区分开,也可以通过添加底纹来突出显示当前所选择的内容。为选择的内容添加边框和底纹,可以起到强调和突出的作用。

在 Word 2016 中,不仅可以为文字、段落或整篇文档添加边框和底纹,还可以为表格或表格的单元格添加边框和底纹,其操作方法与添加字符边框和字符底纹相同,此处不再赘述。

2.3.5 首字下沉

所谓首字下沉就是使段落首行的第一个字符的字体变大,并且向下移动一定的距离,段落的其余部分保持原样。

在 Word 2016 中,设置首字下沉的操作方法如下:

光标定位到需要设置首字下沉的段落内的任意位置,单击"插入"选项卡"文本"组中的"首字下沉"按钮,从下拉列表中选择下沉的位置;若需要设置更多的选项,则单击"首字下沉选项"命令,弹出"首字下沉"对话框,如图 2-28 所示,可根据需要选择首字下沉的位置、字体、下沉行数、距正文的距离等。

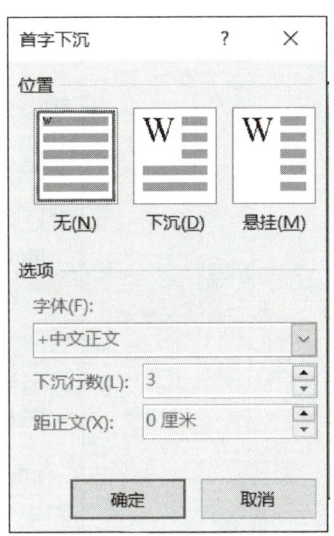

图 2-28 "首字下沉"对话框

2.3.6 页眉和页脚

页眉和页脚通常用来显示文档的附加信息,如时间、日期、页码、单位名称、徽标等。其中,页眉在页面的顶部,页脚在页面的底部。

操作视频

页眉和页脚

1. 设置页眉页脚

单击"插入"选项卡"页眉和页脚"组中的"页眉"或"页脚"按钮,在弹出的下拉列表中选择内置的一些页眉或页脚样式;若内置的样式无法满足要求,可单击"编辑页眉"或"编辑页脚"命令,出现"页眉和页脚工具"栏"设计"选项卡,如图 2-29 所示。

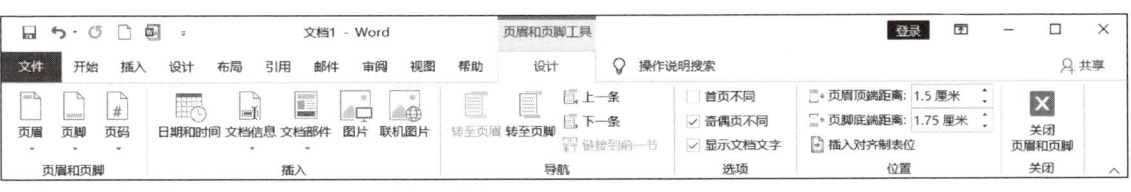

图 2-29 "页眉和页脚工具"栏"设计"选项卡

根据需要可在页眉和页脚中插入页码、页数、图片、日期和时间等,也可以设置页码、页眉和页脚的格式等,还可以在页眉和页脚之间切换。

2. 设置奇偶页不同的页眉和页脚

在实际的应用过程中,如果用户需要设置奇偶页不同的页眉和页脚,则只需要单击"布局"选项卡"页面设置"组右下角的对话框启动器,弹出"页面设置"对话框,选择"布局"选项卡,在"页眉和页脚"选项组中勾选"奇偶页不同"复选框,如图 2-30 所示;或者勾选"页眉和页脚工具"栏"设计"选项卡"选项"组中的"奇偶页不同"复选框即可。

3. 设置首页不同的页眉和页脚

如果用户需要设置首页不同的页眉和页脚,则只需要进入"页面设置"对话框的"布局"选项卡,在"页眉和页脚"选项组中勾选"首页不同"复选框,或者勾选"页眉和页脚工具"栏"设计"选项卡"选项"组中的"首页不同"复选框即可。

4. 设置互不相同的页眉和页脚

① 光标定位到上一页的页尾或下一页的页首。

② 单击"布局"选项卡"页面设置"组中的"分隔符"按钮,在下拉列表中选择"下一页"选项。

③ 单击"页眉和页脚工具"栏"设计"选项卡中的"链接到前一条页眉"按钮 ![链接到前一条页眉] 即可取消页眉和页脚的链接,在不同节之间设置不同的页眉和页脚。

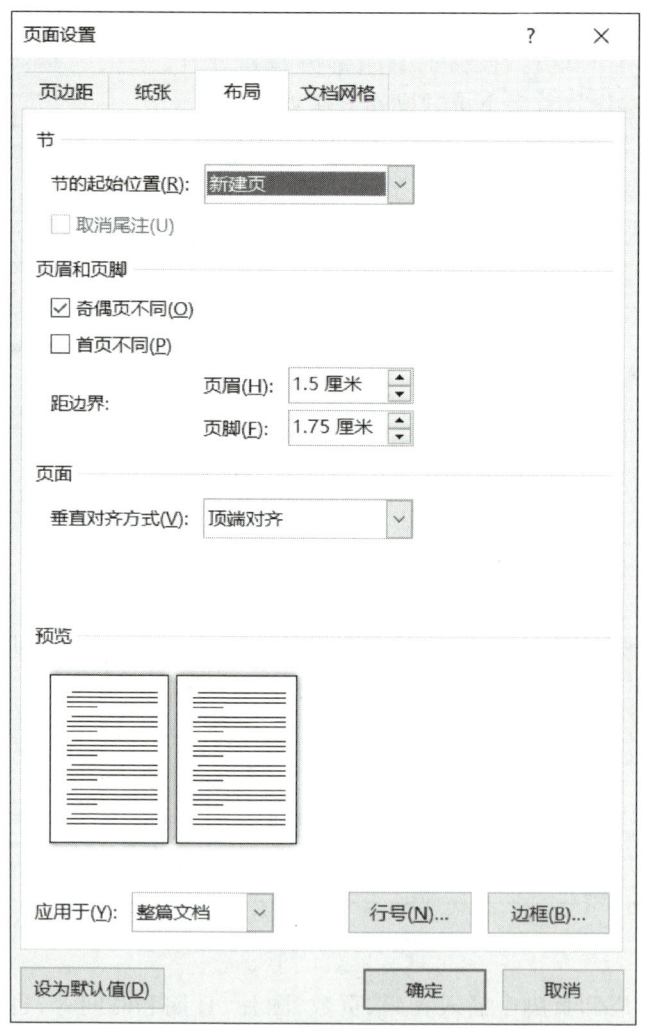

图 2-30 "布局"选项卡

5. 设置页码

页码主要用于标识文档页面的顺序,帮助用户快速定位内容,尤其适用于长文档的管理。在 Word 2016 中,设置页码的操作方法如下。

单击"插入"选项卡"页眉和页脚"组中的"页码"下拉按钮。在弹出的下拉列表中选择插入页码的位置(如"页面顶端""页面底端"或"页边距")。用户还可通过"设置页码格式"自定义"起始页码"或"编号格式"。设置完成后,页码会自动应用于整个文档,若需调整页码的位置或格式,可双击页眉或页脚区域进行编辑。

2.3.7 脚注和尾注

脚注和尾注用于为文档中的文本提供注释及相关参考资料。脚注一般位于页面底部,用于对当前页内容进行简短解释或标注引用来源;尾注一般位于文档末尾,用于说明引用的文献。Word 2016 中用一条短横线将文档正文与脚注和尾注分隔开,这条线称为注释分隔符,添加脚注或尾注可以将光标置于需要注释的位置,单击"引用"选项卡"脚注"组的"插入脚注"或"插入尾注"按钮,然后在页面底部或文档末尾输入注释内容。

2.3.8 样式

样式是多个格式排版命令的组合,它规定了一个段落的总体格式,包括段落中的字体字形、段落格式等。使用样式可以自动编排段落格式,既快速又准确,而且修改起来也很方便,避免了手工编排既费时费力、又不方便修改的不足。例如,一篇文章中有许多相同格式的段落,那么就可以将这些段落排成同一个样式,若以后需要改变这些段落的格式,只需重新定义一下此样式的格式即可。

1. 创建样式

① 单击"开始"选项卡"样式"组右下角的"样式"按钮 ,弹出"样式"任务窗格,如图 2-31 所示。

② 单击"新建样式"按钮 ,弹出"根据格式化创建新样式"对话框,如图 2-32 所示。

图 2-31 "样式"任务窗格

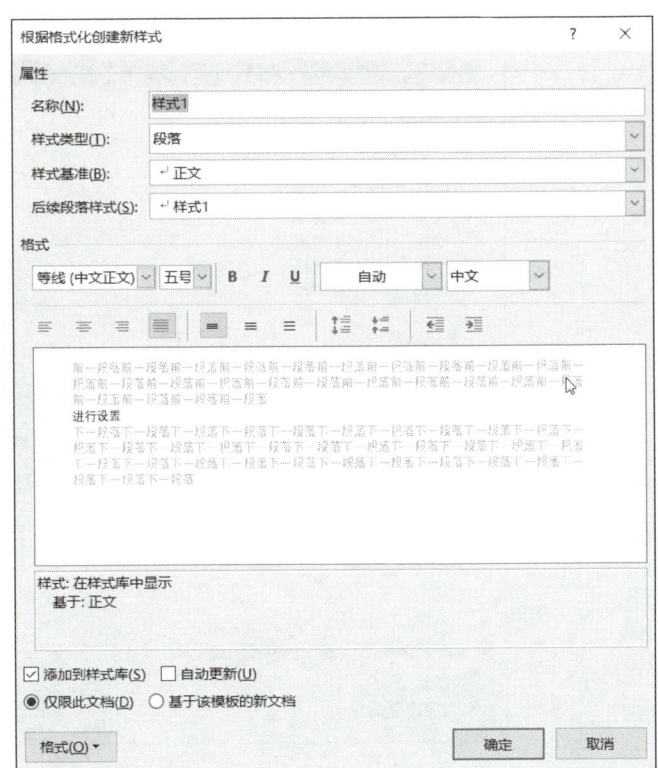
图 2-32 "根据格式化创建新样式"对话框

③ 用户根据需要设置样式的名称、样式类型、样式基准、后续段落样式及对应的字体、字号、字形等。

2. 应用样式

样式定义好之后,就可以在实际的文档中用于排版。在 Word 2016 中,应用样式的方法如下。

① 选择需要应用样式的操作对象;
② 在"开始"选项卡"样式"组的样式列表中,单击所需的样式即可。

3. 修改样式

样式定义好之后,用户可以随时对已定义好的样式进行修改,修改后 Word 2016 会自动更新文档中应用此样式的对象。在 Word 2016 中,修改样式的方法如下。

① 单击"开始"选项卡"样式"组右下角的"样式"按钮 ,弹出"样式"任务窗格,如图 2-31 所示。

② 单击"管理样式"按钮 ,弹出"管理样式"对话框,如图 2-33 所示;选择要编辑的样式,单击"修改"按钮,弹出"修改样式"对话框,如图 2-34 所示,根据需要设置新的格式即可。

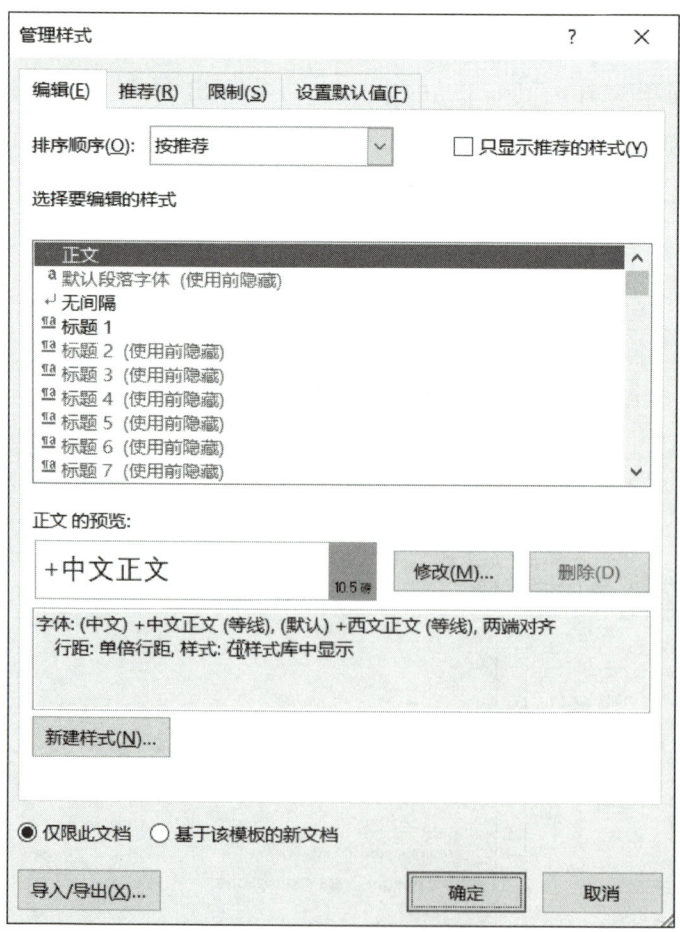

图 2-33 "管理样式"对话框

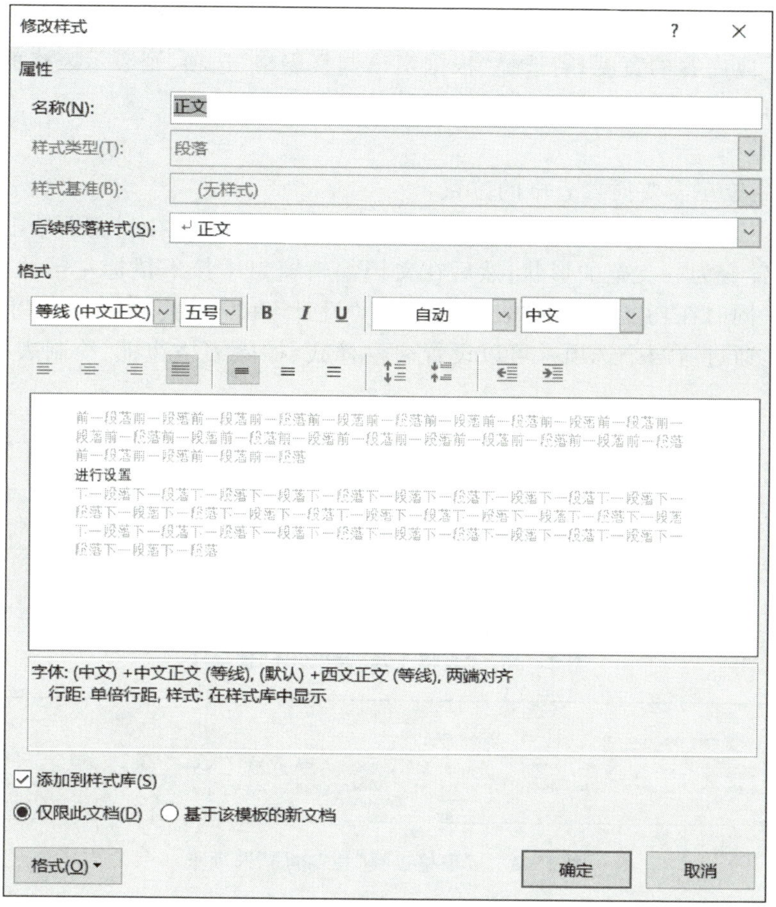

图 2-34 "修改样式"对话框

2.4 表格的操作

在文档中，常常需要用表格来展示一些数据，使文本内容更直观。使用 Word 2016 可以在文档中快速地插入表格，并对表格进行编辑和排版。

2.4.1 创建表格

创建表格的方法通常有以下几种。

1. 通过"插入表格"命令创建表格

① 将光标定位在需要插入表格的位置。

② 在"插入"选项卡"表格"组中单击"表格"按钮，在弹出的下拉列表中单击"插入表格"命令，弹出"插入表格"对话框，如图 2-35 所示，根据需要在"列数""行数"文本框中输入相应的列数和行数，在"'自动调整'操作"选项组中选定一种操作选项。如果选择"固定列宽"选项，则可以在其

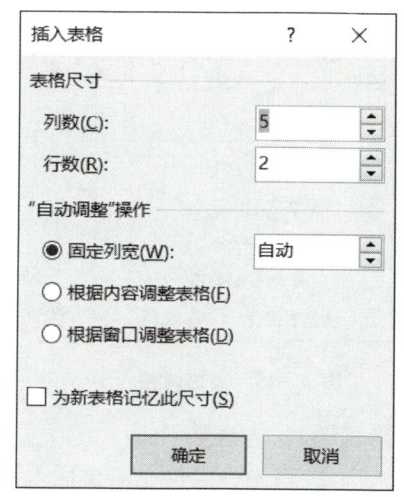

图 2-35 "插入表格"对话框

右侧的组合框中输入指定的列宽值或由软件自动分配列宽;若选择"根据内容调整表格"选项,则列宽会自动适应内容的宽度;若选择"根据窗口调整表格"选项,则表示表格的宽度与窗口的宽度一致,当窗口的宽度改变时,表格宽度同时改变。

2. 绘制表格

① 将光标定位在需要插入表格的位置。

② 在"插入"选项卡"表格"组中单击"表格"按钮,在弹出的下拉列表中单击"绘制表格"命令,此时鼠标指针变为一支笔的形状,然后在文档编辑窗口中按下鼠标左键并拖曳,即可根据需要绘制表格。同时在功能区出现"表格工具"栏"设计"和"布局"选项卡,分别如图 2-36 和图 2-37 所示。通过这两个选项卡可以设置表格样式、擦除表格边框、绘制表格、实现表格数据排序等。

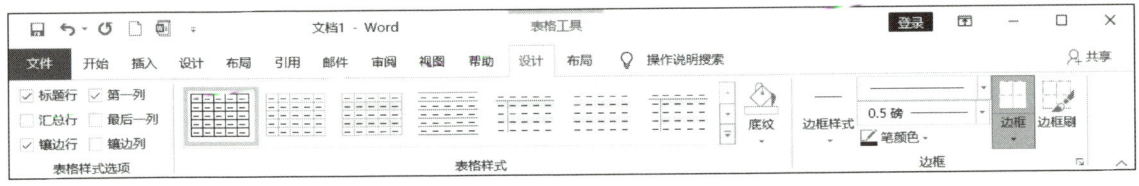

图 2-36 "表格工具"栏"设计"选项卡

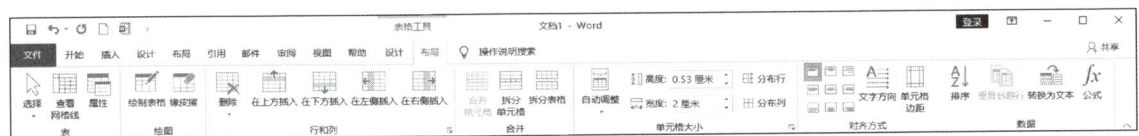

图 2-37 "表格工具"栏"布局"选项卡

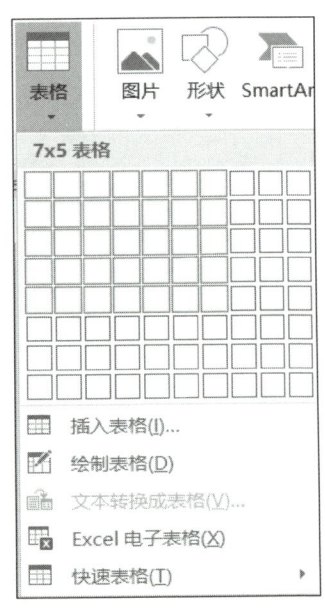

图 2-38 表格网格

3. 通过"表格"菜单创建表格

① 将光标定位在需要插入表格的位置。

② 在"插入"选项卡"表格"组中单击"表格"按钮,在弹出的下拉列表中有一个表格网格,如图 2-38 所示。

③ 鼠标指针移至表格网格区域,移动鼠标指针选择所需的行数和列数(在表格网格上方会显示所选表格的行数与列数),同时在文档编辑区光标定位处会动态插入相应的表格,然后单击"确定"即可。

4. 插入 Excel 电子表格

① 将光标定位在需要插入表格的位置。

② 在"插入"选项卡"表格"组中单击"表格"按钮,在弹出的下拉列表中单击"Excel 电子表格"命令,在光标所在位置出现一个 Excel 电子表格,如图 2-39 所示。根据需要在单元格中输入内容,输入完毕后在文档空白处单击即可。

5. 插入快速表格

在 Word 文档中可插入一些预先设定好行列数及样式的表格,其操作方法如下:

① 将光标定位在需要插入表格的位置;

② 在"插入"选项卡"表格"组中单击"表格"按钮,在弹出的下拉列表中单击"快速表格"命

2.4 表格的操作

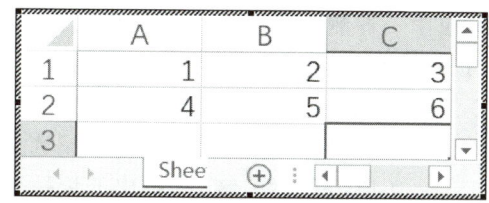

图 2-39 Excel 电子表格

令,在弹出的列表中单击符合要求的表格样式即可。

2.4.2 编辑表格

创建表格之后,可根据需要对表格进行一些编辑处理。

1. 输入表格内容

表格创建之后,就可在每个单元格中输入内容,输入时需要先将插入点定位在对应的单元格中,再输入内容。当一个单元格的内容输入完成后,可通过按 Tab 键使插入点移动到下一个单元格(如果已经为最后一个单元格,那么 Word 会自动为表格添加一行)。如果要回到上一个单元格,可以按组合键 Shift+Tab。

如果用户不习惯使用键盘操作,直接单击所需的单元格,即可开始输入内容。

2. 选定表格元素

对表格的编辑处理和其他文本一样,仍然需要先选定,再处理。选定表格元素的方法如下。

● 选定单元格:将鼠标指针移动到单元格的左边框处,当鼠标指针变为指向右上方的小实心箭头时单击,即可选定此单元格。

● 选定列:将鼠标指针移动到一列的顶部,当鼠标指针变为指向下方的小实心箭头时单击,即可选定此列。

● 选定行:将鼠标指针移动到一行左边的选定区,当鼠标指针变为指向右上方的大空心箭头时单击,即可选定此行。

● 选定整个表格:在页面视图中,将鼠标指针移动到表格上停留片刻,此时表格左上角会出现一个移动图柄,单击它即可选定整个表格。

● 选定单元格区域:按住鼠标左键并拖曳,即可选中鼠标指针经过的单元格区域。

3. 插入/删除单元格、行列

(1) 插入/删除单元格

① 插入单元格

● 将光标定位到插入位置的单元格中。

● 单击鼠标右键,在弹出的快捷菜单中选择"插入"→"插入单元格"命令,弹出"插入单元格"对话框,如图 2-40 所示。

● 在对话框中提供了四种插入后其他单元格位置的调整方式,根据需要选择一种,单击"确定"按钮即可。

② 删除单元格

● 选定要删除的单元格。

● 单击鼠标右键,在弹出的快捷菜单中选择"删除单元格"命令或单击"表格布局"选项卡"行和列"组中的"删除"按钮,在弹出的下拉列表中选择"删除单元格"命令,"删除单元格"对话

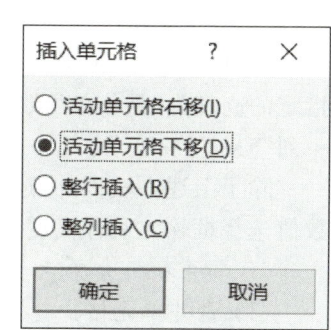

图 2-40 "插入单元格"对话框

框如图2-41所示,根据需要选择一种删除单元格后其他单元格位置的调整方式,单击"确定"按钮即可。

(2) 插入/删除行列

① 将光标定位于单元格内,或选择某行/某列。

② 单击鼠标右键,在弹出的快捷菜单中选择"插入"子菜单中的"在左侧插入列""在右侧插入列""在上方插入行"或"在下方插入行"命令,或单击"表格布局"选项卡"行和列"组中的"在上方插入""在下方插入""在左侧插入"或"在右侧插入"命令即可插入行或列。若要删除行或列,则单击"表格布局"选项卡"行和列"组中的"删除"按钮,在弹出的下拉列表中选择"删除列"/"删除行"命令即可。

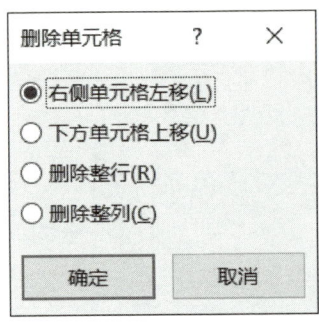

图2-41 "删除单元格"对话框

4. 移动/复制行列

表格的行列,也可以像文本一样,进行复制和移动。操作方法如下:

① 选定要复制或移动的行或列。

② 单击"开始"选项卡"剪贴板"组中的"剪切"或"复制"按钮,或单击鼠标右键,在弹出的快捷菜单中选择"剪切"或"复制"命令。

③ 将插入点定位到要复制或移动到的位置,单击"开始"选项卡"剪贴板"组中的"粘贴"按钮,或单击鼠标右键,在弹出的快捷菜单中选择"粘贴"命令,即可完成移动或复制。

对于单元格也可以采用这样的方法进行移动和复制。

5. 调整表格的行高与列宽

在Word文档中,表格的行高与列宽并不是固定不变的,可以进行一定的调整。

(1) 鼠标移动法

将鼠标指针移动到需改变行高(列宽)表格的垂直(水平)标尺处的行线(列线)上,当鼠标指针变为双向箭头状时,按住鼠标左键并拖曳到满意的位置即可。

(2) 利用命令法

有时对表格的行高和列宽,有一定具体的精度要求,这时就可以采用命令进行调整。操作方法如下:

① 选定要调整的行(列)或将光标定位在该行(列)的单元格中。

② 单击"表格工具"栏"布局"选项卡的"表"组中的"属性"命令,此时弹出"表格属性"对话框,如图2-42所示。选择"行"或"列"选项卡,在"尺寸"选项组中选中"指定高度"或"指定宽度"复选框,在后面的数值选择框中输入具体的值,在"行高值是"下拉列表框中根据需要选择指定的高度为"最小值"或"固定值"。如果还需要对其他行(列)调整,可以单击"上一行"("前一列")或"下一行"("后一列")按钮。

除了上述方法以外,还可直接在"表格布局"选项卡"单元格大小"组中的"高度"或"宽度"数值选择框输入具体高度值或宽度值来进行调整。

6. 合并和拆分单元格

(1) 合并单元格

合并单元格,是指将多个单元格合并为一个单元格。操作方法如下。

① 选定需要合并的所有单元格。

② 单击"表格布局"选项卡"合并"组中的"合并单元格"按钮,或单击鼠标右键并在弹出的快捷菜单中选择"合并单元格"命令。

2.4 表格的操作

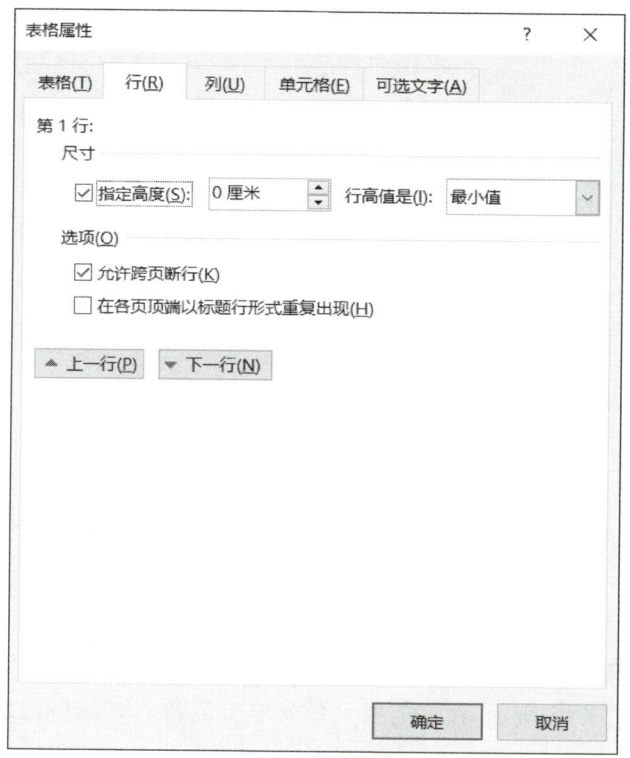

图 2-42 "表格属性"对话框

（2）拆分单元格

拆分单元格是合并的逆过程，是指将一个单元格拆分为多个单元格。操作方法如下。

① 选定需拆分的单元格。

② 单击"表格布局"选项卡"合并"组中的"拆分单元格"按钮，或单击鼠标右键并在弹出的快捷菜单中选择"拆分单元格"命令，弹出"拆分单元格"对话框，如图 2-43 所示。在"拆分单元格"对话框中输入拆分后的行数和列数，如果选中的是多个单元格，可选中"拆分前合并单元格"复选框，这样就会先将多个单元格合并后再拆分。否则，系统会将所有选定的单元格全部单独进行拆分。

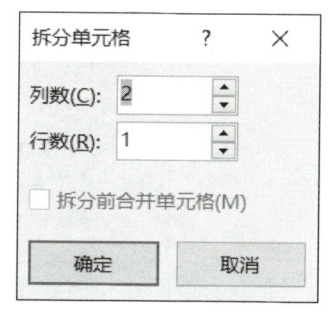

图 2-43 "拆分单元格"对话框

7. 将文本转换为表格

用户编辑好文本内容后，如果觉得用表格表现出来会更直观，可以将文本转换为表格，操作方法如下。

① 选定需转换的文本。

② 单击"插入"选项卡"表格"组中的"表格"按钮，在弹出的下拉列表中单击"文本转换成表格"命令，出现"将文字转换成表格"对话框，如图 2-44 所示。

③ 在"将文字转换成表格"对话框中设定列数、自动调整表格的方式以及文字的分隔位置。

④ 设置完成后，单击"确定"按钮，便可将文本转换为表格形式。

8. 将表格转换为文本

用户也可以将制作好的表格转换为文本的形式，其操作方法如下：

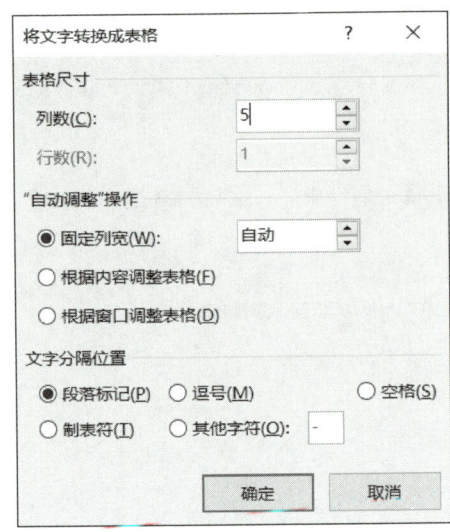

图 2-44 "将文字转换成表格"对话框

① 选定表格。

② 单击"表格工具"栏"布局"选项卡的"数据"组中的"转换为文本"按钮,弹出"表格转换成文本"对话框,如图 2-45 所示,根据需要选择文字分隔符,然后单击"确定"按钮即可。

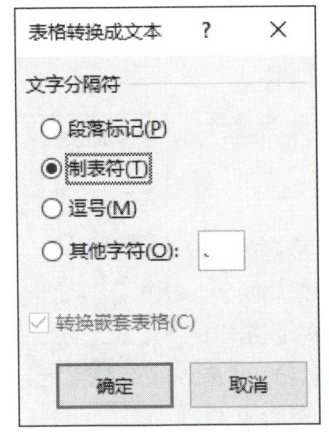

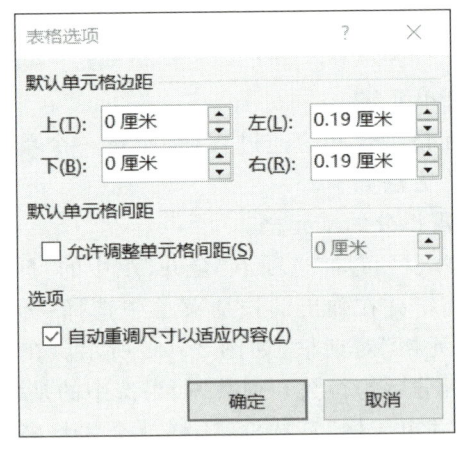

图 2-45 "表格转换成文本"对话框　　　图 2-46 "表格选项"对话框

设置表格的格式

2.4.3　设置表格的格式

表格创建好之后,可以对表格的内容格式及表格的外观进行设置,使表格看起来更加美观。表格的内容格式设置主要涉及对齐方式、字体、字号等,只需像设置文本段落格式一样进行设置;对于表格外观的修饰,主要涉及表格的边框和底纹、单元格边距、单元格间距、行高以及列宽等。表格边框和底纹的设置同字符的边框和底纹设置,此处不再赘述。下面介绍一下表格选项的设置,操作方法如下。

① 选择要设置的表格。

② 单击鼠标右键并在弹出的快捷菜单中选择"表格属性"命令,弹出"表格属性"对话框,在"表格"选项卡中,单击"选项"按钮,弹出"表格选项"对话框,如图 2-46 所示,根据需要进行

相应设置,单击"确定"按钮即可;单击"边框和底纹"按钮,弹出"边框和底纹"对话框,如图 2-47 所示,利用该对话框可设置表格或单元格的边框和底纹。

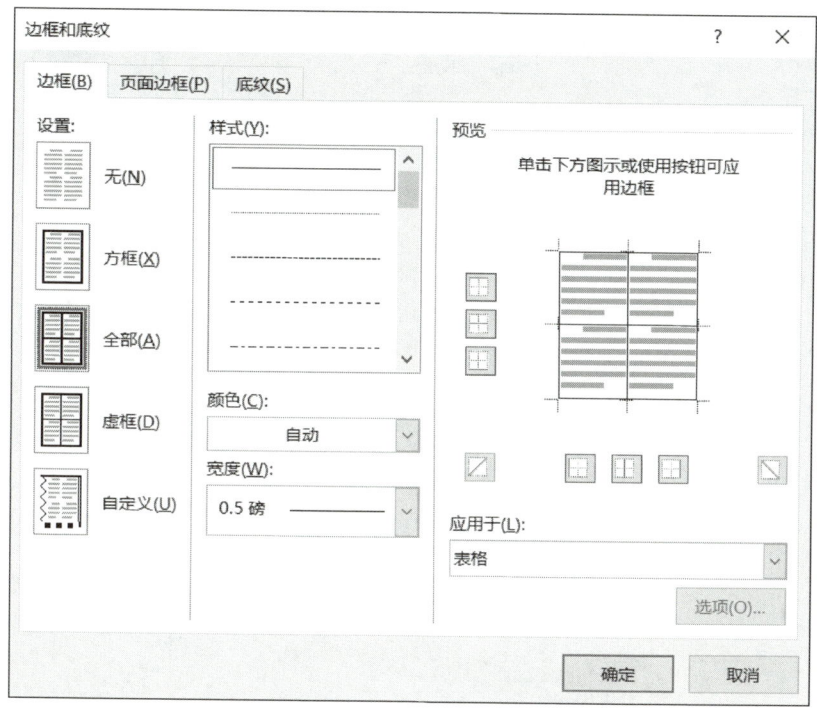

图 2-47 "边框和底纹"对话框

2.4.4 表格内数据的排序与计算

在日常工作和生活中,常常需要对表格内的数据进行排序与计算。下面对表格内数据的排序与计算作具体的介绍。

1. 排序

对于表格内的数据可根据列的内容按升序或降序进行排列。操作步骤如下:

① 将插入点光标停留在表格中的任何位置(或者选择需排序的列)。

② 单击"表格布局"选项卡"数据"组中的"排序"按钮,弹出"排序"对话框,如图 2-48 所示。

③ 在"排序"对话框的"主要关键字"下拉列表框中选择排序的依据;当内容有并列的情况时,可选择设置次要关键字,对并列的内容再次进行排序;若仍有并列的情况,可选择设置第三关键字,第三次进行排序。在"类型"下拉列表框中可以选择关键字的数据类型,例如数字、日期、拼音等。最后可选择按升序或降序排列。

④ 单击"确定"按钮,即可完成排序。

2. 计算

同样,也可以对表格中的数据进行计算。操作方法如下。

① 将光标插入点置于需要存放计算结果的单元格中。

② 单击"表格布局"选项卡"数据"组中的"公式"按钮,弹出"公式"对话框,如图 2-49 所示。

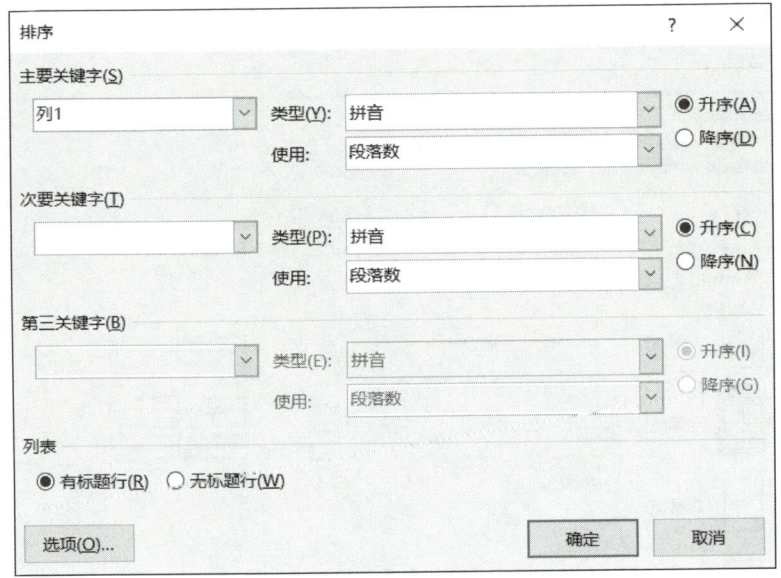

图 2-48 "排序"对话框

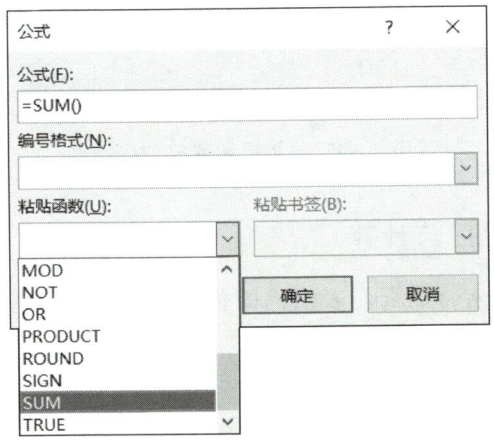

图 2-49 "公式"对话框

③ "公式"文本框用于输入计算所用的公式,"粘贴函数"下拉列表框中罗列了许多常用的公式,可以从中选择并同步粘贴至"公式"文本框中;计算的对象可以用单元格表示(若列用字母 A,B,C,…表示,行用数字 1,2,3,…表示,则单元格即是 A1,A2,…)。"编号格式"下拉列表框则用于设置计算结果的格式,例如百分比、小数位数等。

④ 单击"确定"按钮,即可完成计算。

2.5 图形的操作

在 Word 文档中,不仅可以编辑文本、表格,还可以对图形进行编辑,进一步提高文档的可读性。

2.5.1 插入图片

用户可以方便地将图片插入到文档的任何位置,达到图文并茂的效果。

1. 插入图片文件

Word 文档中,可以插入的图片文件类型有:".cgm"".bmp"".wmf"". pict"". jpg"等。插入图片文件的操作步骤如下。

① 将光标置于需插入图片的位置。

② 单击"插入"选项卡"插图"组中的"图片"按钮,弹出"插入图片"对话框,如图 2-50 所示。

③ 在左侧的导航窗格中定位到需插入图片的目录位置。

④ 在右侧的内容窗格中选择所需的图片文件。

⑤ 单击"插入"按钮即可。

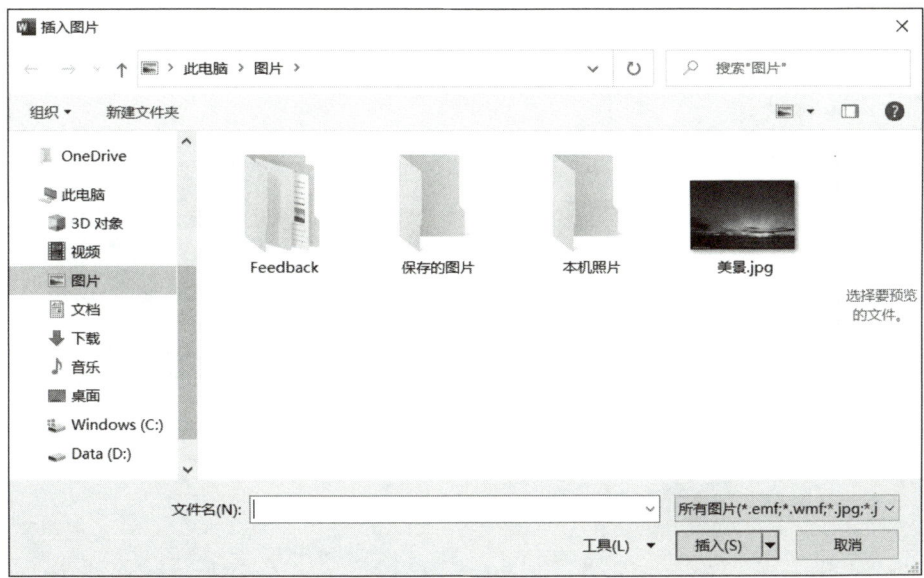

图 2-50 "插入图片"对话框

2. 插入屏幕截图

用户还可将屏幕截图插入到文档中,其操作方法如下:

① 将光标置于需插入图片的位置。

② 单击"插入"选项卡"插图"组中的"屏幕截图"按钮,在弹出的列表中单击"屏幕剪辑"命令,此时鼠标指针变为十字形,按下鼠标左键绘制截图区域,释放鼠标左键,此时对应区域的截图便插入到光标所在的位置。若想取消此操作,按 Esc 键即可。

2.5.2 绘制形状

在 Word 文档中,除了可以插入已有的图片外,还可利用 Word 2016 提供的绘图功能绘制图形。

1. 绘制形状

当用户需要在指定区域绘制形状时,可按如下方法进行操作。

① 将光标置于需要插入形状的位置。

② 单击"插入"选项卡"插图"组中的"形状"按钮,在弹出的下拉列表中列出了各种不同类型的形状,其中包括"线条""矩形""基本形状""箭头总汇""公式形状""流程图"等类别,每一类别下列出了该类别的各种形状按钮,单击需要绘制的形状按钮,鼠标指针便会变为十字形。在文本编辑区中按住鼠标左键并拖曳,即可绘制出相应的形状。

2. 绘制 SmartArt 图形

SmartArt 图形是信息和观点的视觉表示形式,可以通过从多种不同布局中进行选择来创建 SmartArt 图形,从而快速、轻松、有效地传达信息。Word 2016 为用户提供了插入 SmartArt 图形的功能。

在 Word 文档中插入 SmartArt 图形的操作方法如下。

① 将光标置于需要插入图形的位置。

② 单击"插入"选项卡"插图"组中的"SmartArt"按钮,弹出"选择 SmartArt 图形"对话框,如图 2-51 所示,根据需要在左侧的列表框中选择一种图形类型,在中间的列表中选择一种图形,单击"确定"按钮,即可插入对应的 SmartArt 图形。

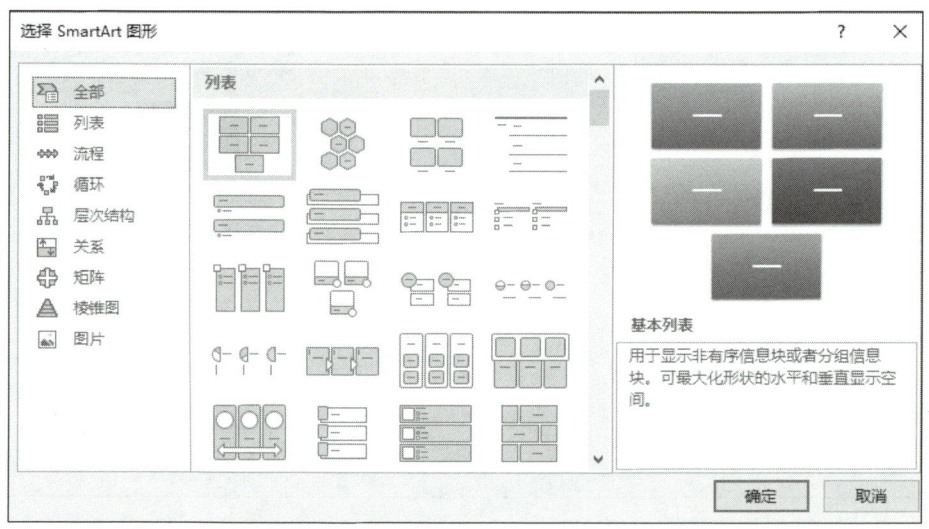

图 2-51 "选择 SmartArt 图形"对话框

3. 设置形状样式

绘制图形后,还可以根据需要对图形进行一些修饰,例如,为图形设置内部填充效果或让图形产生立体的效果。在 Word 2016 中,这些效果统称为形状样式,主要包括形状填充、形状轮廓和形状效果等。下面以绘制的形状为例,讲解如何设置其形状样式。

在选择形状后,会出现"绘图工具"栏"格式"选项卡,利用该选项卡中的"形状样式"组可直接应用预设的一些形状样式,此时只需单击形状样式列表中的样式即可。若对预设样式不满意,可进行自定义设置。

(1) 设置形状填充

① 选定需设置形状填充的形状,单击"绘图工具"栏"格式"选项卡"形状样式"组中的"形状填充"按钮,在弹出的下拉列表中可以选择设置主题颜色、标准色、无填充颜色或其他填充颜色;当单击"其他填充颜色"命令时,弹出"颜色"对话框,如图 2-52 所示,用户可根据需要选择对应的颜色,再单击"确定"按钮即可。

② 若需要用图片进行填充,可单击"图片"命令,弹出"插入图片"对话框,根据需要选择对应的图片即可。

③ 若需要用渐变色进行填充,可选择"渐变"命令,在弹出的列表中选择需要的渐变类型选项或单击"其他渐变"命令,弹出"设置形状格式"窗格,选择"填充"组中的"渐变填充"单选按钮,如图 2-53 所示,根据需要可选择预设渐变并对渐变类型、方向、角度、渐变光圈、颜色、位置、透明度、亮度进行设置;若旋转图形时希望渐变效果与图形同时进行旋转,则勾选"与形状一起旋转"复选框。

④ 若需要用纹理进行填充,可选择"纹理"命令,在弹出的列表中选择相应的纹理图案即可。

(2) 设置形状轮廓

① 选定需设置形状轮廓的形状,单击"绘图工具"栏"格式"选项卡"形状样式"组中的"形状轮廓"按钮,在弹出的下拉列表中可以选择设置主题颜色、标准色、无轮廓或其他轮廓颜色;当单击"其他轮廓颜

图 2-52 "颜色"对话框

色"命令时,弹出"颜色"对话框,如图 2-52 所示,根据需要选择对应的颜色,再单击"确定"按钮即可。

② 单击"粗细"命令,在弹出的下拉列表中选择需要的轮廓线条粗细;若单击"其他线条"命令,弹出"设置形状格式"窗格,选择"线条"选项,如图 2-54 所示,然后根据需要设置轮廓颜色、透明度、宽度、复合类型、短划线类型、线端类型、连接类型、箭头设置等选项即可。

③ 单击"虚线"命令,在弹出的下拉列表中选择相应的虚线线条;若单击"其他线条"命令,之后的操作同步骤②。

④ 单击"箭头"命令,在弹出的下拉列表中选择相应的箭头形状;若单击"其他箭头"命令,之后的操作同步骤②。

(3) 设置形状效果

形状效果是指为形状添加阴影、映像、发光等效果,可使形状呈现立体感。

① 选定需设置形状效果的形状,单击"绘图工具"栏"格式"选项卡"形状样式"组中的"形状效果"按钮,在弹出的下拉列表中可选择"预设""阴影""映像""发光"等效果选项。

② 单击"阴影"效果选项,在弹出的列表中选择相应的阴影样式,若单击"阴影选项"命令,弹出"设置形状格式"窗格,显示"阴影"选项,如图 2-55 所示,根据需要设置阴影的"预设""颜色""透明度""大小""模糊""角度""距离"即可。

③ 单击"映像"效果选项,在弹出的列表中选择相应的映像样式;若单击"映像选项"命令,弹出"设置形状格式"窗格,显示"映像"选项,如图 2-56 所示,可根据需要设置"预设""透明度""大小""模糊""距离"。

④ 单击"发光""柔化边缘""棱台"或"三维旋转"效果选项,在弹出的下拉列表中选择相应的样式;若单击"发光选项"命令,弹出"设置形状格式"对话框,显示"发光"选项,如图 2-57 所示;若单击"柔化边缘选项"命令,弹出"设置形状格式"对话框,将显示"柔化边缘"选项,如图 2-58 所示;若单击"三维选项"命令,弹出"设置形状格式"对话框,显示"三维格式"选项,如图

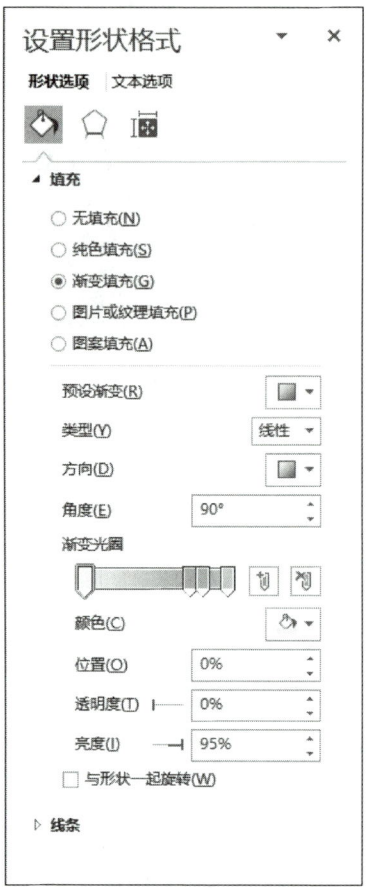

图 2-53 "设置形状格式"窗格　　　　图 2-54 "线条"选项

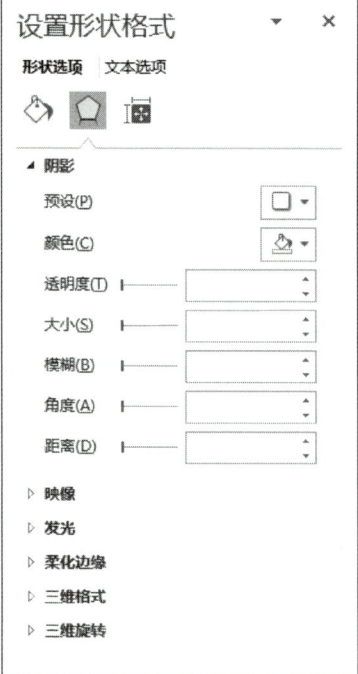

图 2-55 "阴影"选项　　　　图 2-56 "映像"选项

2.5 图形的操作

图 2-57 "发光"选项

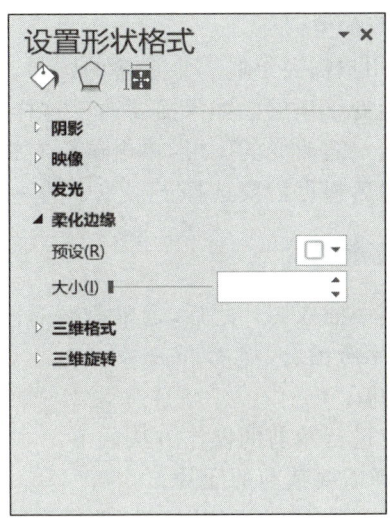

图 2-58 "柔化边缘"选项

2-59 所示;若单击"三维旋转选项"命令,弹出"设置形状格式"对话框,显示"三维旋转"选项,如图 2-60 所示。用户根据需要对各选项进行设置即可。

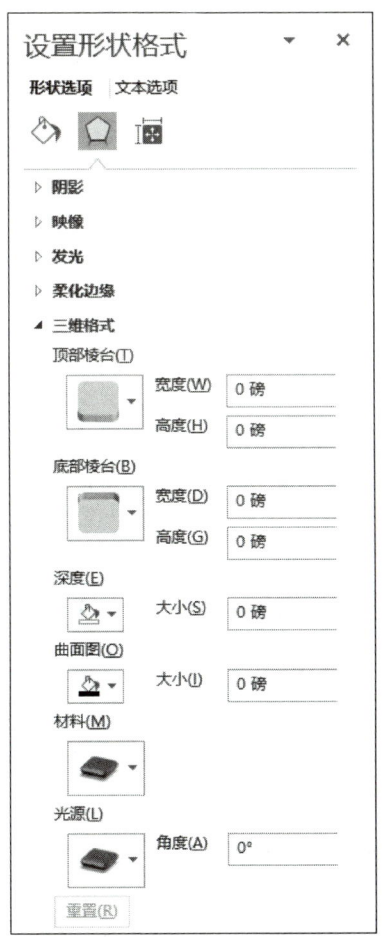

图 2-59 "三维格式"选项

图 2-60 "三维旋转"选项

4. 图形的叠放

有时，用户需要绘制多个重叠的图形。一般的重叠顺序是最先绘制的图形处于底层，最后绘制的图形处于顶层。如果需要改变这样的重叠顺序，可以利用快捷菜单中"叠放次序"命令来实现。选定需改变的图形，单击鼠标右键，在弹出的快捷菜单中选择"置于顶层"或"置于底层"命令，然后根据需要选择子菜单中的一项命令即可。

2.5.3 编辑图片

在文档中插入图片之后，通常需要对图片进行一些编辑处理。

1. 图片的缩放、裁剪和旋转

（1）裁剪

对图片进行裁剪的操作方法如下：

① 选择需要裁剪的图片。

编辑图片

② 单击"图片工具"栏"格式"选项卡"大小"组中的"裁剪"下拉按钮，在弹出的下拉列表中可选择"裁剪""裁剪为形状""纵横比""填充"或"适合"命令。当单击"裁剪"命令时，图片出现黑色裁剪线，拖曳黑色裁剪线可调整图片所需的裁剪区域，然后按 Enter 键即可完成裁剪；当单击"裁剪为形状"命令时，会弹出形状列表，单击所需形状即可将图片裁剪为对应的形状；当单击"纵横比"命令时，会弹出纵横比列表，可根据需要选择纵横比；当单击"填充"命令时，保持原始纵横比，对图片大小进行调整，从而填充整个图片区域；当单击"适合"命令时，保持原始纵横比，对图片大小进行调整，从而让整个图片在图片区域中显示。

（2）缩放

① 选择需要缩放的图片。

② 在"图片工具"栏"格式"选项卡"大小"组中的"高度""宽度"数值选择框中输入所需的高度和宽度值，或单击微调按钮来调整高度和宽度，从而实现图片的缩放；另外也可以利用鼠标左键拖曳图片上的控制柄来实现图片的缩放。

③ 若要对图片进行精确缩放，可单击"图片工具"栏"格式"选项卡"大小"组的对话框启动器 ，弹出"布局"对话框并显示"大小"选项卡，如图 2-61 所示，根据需要设置缩放选项即可。

（3）旋转

① 选择需要旋转的图片。

② 单击"图片工具"栏"格式"选项卡"排列"组中的"旋转"按钮，在弹出的下拉列表中可以选择"向右旋转 90°""向左旋转 90°""垂直翻转""水平翻转"命令，使图片按规定动作进行旋转。

③ 若要对图片进行其他角度的旋转，则单击"旋转"下拉列表中的"其他旋转选项"命令，弹出"布局"对话框并显示"大小"选项卡，如图 2-61 所示，根据需要设置旋转选项即可。

2. 图片的调整

对于插入文档中的图片可进行更正、颜色设置，还可以添加艺术效果，从而让图片变得更加符合主题，更有艺术感。

（1）图片的更正

图片的更正实际是调整图片的亮度、对比度或清晰度。其操作方法如下。

① 选择需要更正的图片。

② 单击"图片工具"栏"格式"选项卡"调整"组中的"校正"按钮，在弹出的下拉列表中选择预设的更正效果；若对效果不满意，可单击"图片更正选项"命令，弹出"设置形状格式"对话框，

2.5 图形的操作

图 2-61 "大小"选项卡

显示"图片校正"选项,如图 2-62 所示,根据需要对各选项进行设置即可。

(2) 图片的重新着色

更改图片的颜色是为了提高图片的质量或匹配文档内容。其操作方法如下:

① 选择需要重新着色的图片。

② 单击"图片工具"栏"格式"选项卡"调整"组中的"颜色"按钮,在弹出的下拉列表中选择颜色饱和度、色调、重新着色等预设的颜色效果;若效果不满意,则可单击其他命令。单击"其他变体"命令,在弹出的颜色列表中选择需要的颜色;单击"设置透明色"命令,此时鼠标指针变为设置透明色图标,在图片需要透明的颜色上单击即可使该颜色透明;单击"图片颜色选项"命令,弹出"设置形状格式"对话框并显示"图片颜色"选项,如图 2-63 所示,根据需要对各选项进行设置即可。

(3) 图片的艺术效果

为图片添加艺术效果是为了让图片更像草图或油画,更具有艺术感。其操作方法如下:

① 选择需要添加艺术效果的图片。

② 单击"图片工具"栏"格式"选项卡"调整"组中的"艺术效果"按钮,在弹出的下拉列表中选择预设的艺术效果;若效果不满意,则单击"艺术效果选项"命令,弹出"设置形状格式"对话框并显示"艺术效果"选项,如图 2-64 所示,在"艺术效果"下拉列表框中选择一种艺术效果,

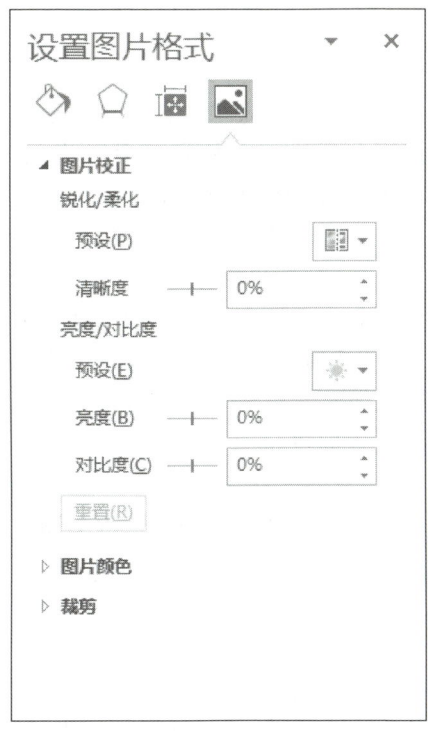

图 2-62 "图片校正"选项

47

然后再对相应的透明度或粒度大小选项进行自定义即可。

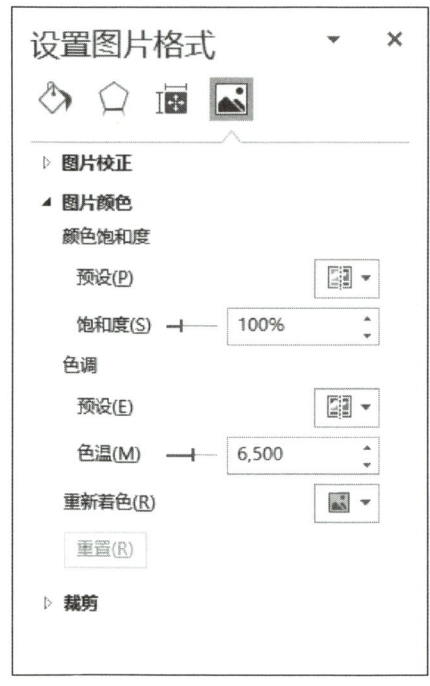
图 2-63 "图片颜色"选项

图 2-64 "艺术效果"选项

3. 图片的样式

图片的样式主要包括图片边框、图片效果和图片版式,图片边框是为图片添加指定粗细、线型和颜色的轮廓线;图片效果是为图片添加阴影、棱台、发光、映像等三维效果;图片版式是将图片与 SmartArt 图形联系起来的样式。

要为图片添加样式,其操作与设置形状效果类似,此处不再赘述。

4. 图片的环绕方式

如果需要在图片的周围环绕文字,可单击"图片工具"栏"格式"选项卡"排列"组中的"环绕文字"按钮,在弹出的下拉列表中选择需要的环绕方式;若需要进行自定义,则单击"其他布局选项"命令,弹出"布局"对话框并显示"文字环绕"选项卡,如图 2-65 所示,根据需要进行选项的设置即可。

5. 文本框的使用

文本框就是文档中包含了图片、表格、文字等内容的局部文档,可以根据需要将其放置在文档中的任何位置。

(1)插入文本框

① 插入内置文本框。

单击"插入"选项卡"文本"组中的"文本框"按钮,在弹出的下拉列表中单击"内置"列表中的文本框样式,此时在文档中光标所在位置便插入了相应样式的文本框,然后将其中的内容更改为所需内容即可。

② 插入空白的文本框。

单击"插入"选项卡"文本"组中的"文本框"按钮,在弹出的下拉列表中单击"绘制文本框"命令,此时鼠标指针变为黑色十字形,按住鼠标左键并拖曳即可绘制一个文本框。若要绘制一

图 2-65 "文字环绕"选项卡

个空白的竖排文本框,可在弹出的下拉列表中单击"绘制竖排文本框"命令,按住鼠标左键并拖曳即可进行绘制。

③ 将所选内容保存到文本框库。

对于一些需要重复使用的内容,可以将其保存到文本框库,使用时只需单击"文本框"按钮,从"常规"列表中选择已保存的文本框样式即可。具体操作方法如下:

● 选择需要保存的文本内容,单击"插入"选项卡"文本"组中的"文本框"按钮,在弹出的下拉列表中选择"将所选内容保存到文本框库"命令,弹出"新建构建基块"对话框,如图 2-66 所示,根据需要对对话框中各选项进行设置,然后单击"确定"按钮。

● 在需要插入已保存内容的位置,单击"文本框"按钮,从"常规"列表中选择包含此内容的文本框即可。

图 2-66 "新建构建基块"对话框

(2) 编辑文本框

插入文本框之后,用户还可以改变文本框的大小、位置或者为文本框做一些修饰。

① 改变文本框的大小、位置。

要改变文本框的大小、位置,只需直接按住鼠标左键并拖曳即可。选中文本框(此时鼠标指针变为四方向箭头形状,文本框周围有 8 个控制柄),可以按住鼠标并拖曳文本框至任意位置;当鼠标指针变为两方向箭头时就可以改变文本框的大小,在满足用户需要后,释放鼠标即可。

② 文本框的修饰。

如果需要对文本框的轮廓、颜色等进行编辑,可在"绘图工具"栏"格式"选项卡"形状样式"组中进行文本框样式的设置,其操作方法与设置形状样式相同,此处不再赘述。

(3) 文本框的链接

在 Word 文档中,还可以建立多个文本框,并且可以将这些文本框链接起来。创建文本框链接的操作方法如下。

① 在文档中插入多个文本框,并输入相应的内容。

② 选定一个文本框,单击"绘图工具"栏"格式"选项卡"文本"组中的"创建链接"按钮,此时鼠标指针变成一个带向下箭头的杯子形状,将鼠标指针移动到需要链接的文本框中,鼠标指针变为一个带指向右下角箭头的倾斜的杯子形状,此时单击鼠标左键便可将两个文本框链接起来。

需要链接多个文本框时,只需重复上面的步骤即可。文本框链接好之后,一个文本框中溢出的内容就会自动移到下一个链接的文本框中。

需要断开链接时,只需选定被链接的文本框,然后单击"绘图工具"栏"格式"选项卡"文本"组中的"断开链接"按钮即可。

6. 艺术字

艺术字是指具有各种特殊形状和图形效果的文字。

(1) 插入艺术字

① 将光标置于需要插入艺术字的位置。

② 单击"插入"选项卡"文本"组中的"艺术字"按钮,在弹出的下拉列表中单击所需要的艺术字样式,此时该艺术字文本框便插入到文档对应位置上。

③ 将艺术字文本框中的文本更改为所需要的文本即可。

(2) 编辑艺术字

当插入艺术字之后,可以对艺术字的样式进行自定义,其操作方法如下。

① 选择需要编辑的艺术字。

② 在"绘图工具"栏"格式"选项卡"艺术字样式"组中编辑艺术字,其中包括可设置为预设的艺术字样式,若预设的艺术字样式不满足要求,则可自定义文本填充、文本轮廓和文本效果。其操作方法与设置形状样式类似,此处不再赘述。

7. 插入公式

Word 2016 提供的公式编辑器可以让用户方便地在文档中建立复杂的数学公式。

插入公式的操作方法如下:

① 将光标定位在需插入公式的位置。

② 单击"插入"选项卡"符号"组中的"公式"下拉按钮,在弹出的下拉列表中单击"内置"列表中需要的公式,此时文档需插入公式的位置会出现一个公式占位符,其中内容为内置列表中所选的公式。

③ 若所需公式不在"内置"列表中,则单击"插入新公式"命令,此时出现"公式工具"栏"设计"选项卡,如图 2-67 所示,并且在需插入公式的位置会出现一个提示内容为"在此处键入公式"的公式占位符。

④ 根据需要在功能区上选择相应的模板和符号来构建新公式,文档中的公式占位符中即同步插入所选内容。

图 2‑67 "公式工具"栏"设计"选项卡

⑤ 公式建立好之后,在文档空白处的任意位置单击鼠标,即可退出公式编辑状态完成插入公式的操作。

建立好公式后,如果需要修改公式,可单击该公式,出现该公式的占位符,并重新打开"公式工具"栏"设计"选项卡,根据需要进行修改即可。

2.6 长文档处理技术

Word 2016 除了提供基本的文档编辑、排版功能外,还提供了许多适用于长文档的技术,如超链接、题注、分页和分节、分栏、修订等。

2.6.1 超链接

在编辑文档时,可以将应用程序、文件、Web 页、当前文档中的位置、电子邮件地址、书签等作为超链接插入到 Word 文档内。通过超链接,文档可以与其他文档、文档部分内容或应用程序之间建立联系,实现自由跳转。

根据链接对象的不同,超链接分为同一文档内的超链接、不同文档间或文档与网页间的超链接、电子邮件超链接等。

1. 同一文档内的超链接

同一文档内的超链接,是指超链接的目标对象位于同一文档中的某个位置。在 Word 文档中,通过书签及目录均可实现同一文档内的超链接。

(1) 通过书签实现同一文档内的超链接

① 将光标定位到文档超链接的目标位置。

② 单击"插入"选项卡"链接"组中的"书签"按钮,弹出"书签"对话框,如图 2‑68 所示。在"书签名"文本框中输入书签名称,并根据需要设置"排序依据"(按名称或位置排序)以及是否"隐藏书签",之后单击"添加"按钮。

③ 选择超链接对象。单击"插入"选项卡"链接"组中的"超链接"按钮,或单击鼠标右键并在弹出的快捷菜单中单击"超链接"命令,或按组合键 Ctrl+K,弹出"插入超链接"对话框,如图 2‑69 所示。在"链接到"列表框中选择"本文档中的位置"选项,在"请选择文档中的位置"列表中单击"书签",然后选择已命名的书签,最后单击"确定"按钮即可。

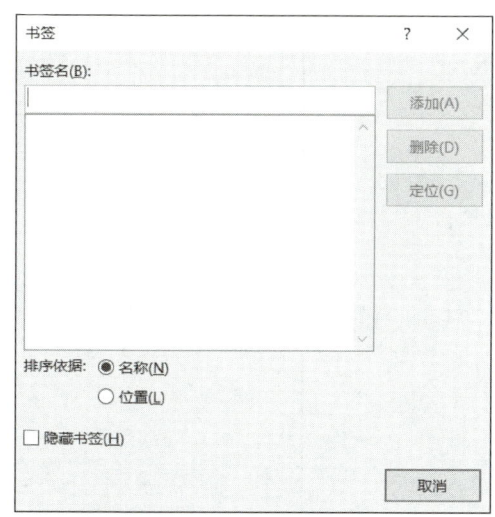

图 2‑68 "书签"对话框

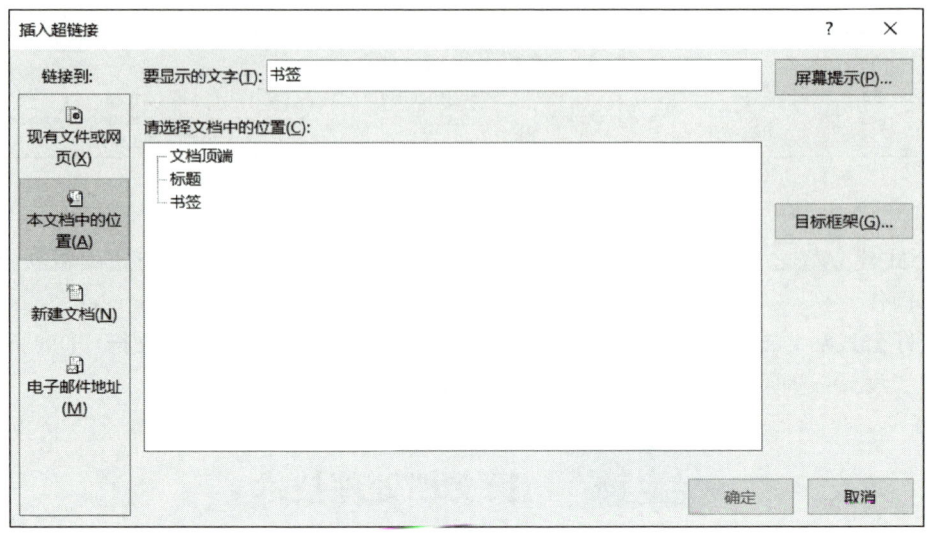

图 2-69 "插入超链接"对话框

（2）通过目录实现目录项与正文间的链接

① 输入文档标题，然后将光标分别定位在文档标题所在的段落中，根据标题的等级不同，依次为标题设置"标题1""标题2"或"标题3"等样式。

② 将光标定位在需要输入目录的位置，单击"引用"选项卡"目录"组中的"目录"按钮，在弹出的下拉列表中选择需要的目录样式；若下拉列表中的目录样式不能满足要求，则选择下拉列表中的"自定义目录"选项，弹出"目录"对话框，如图 2-70 所示。用户根据需要设置各项参数，再单击"确定"按钮即可。

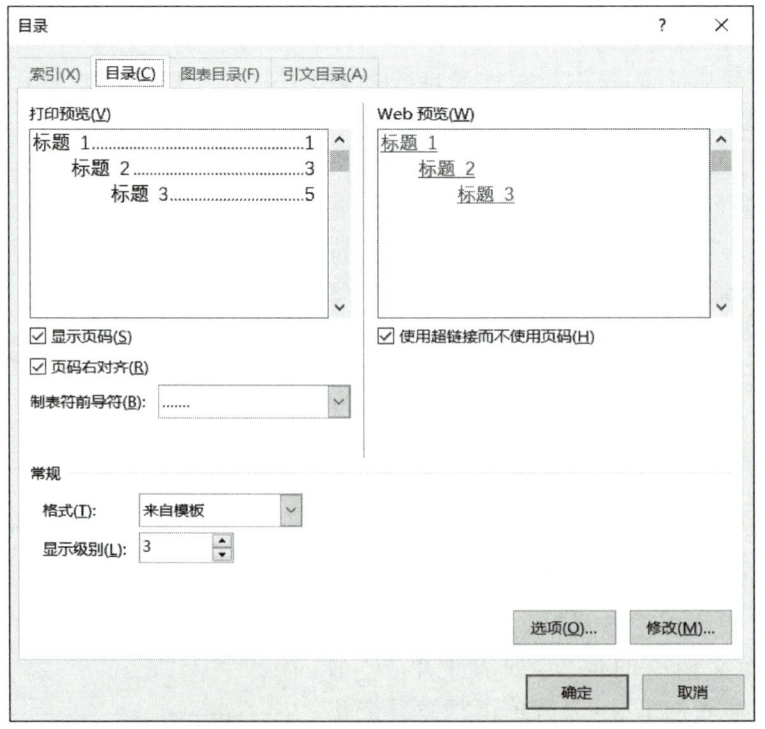

图 2-70 "目录"对话框

2.6 长文档处理技术

2. 不同文档间或文档与网页间的超链接

不同文档间或文档与网页间的超链接是指超链接的目标对象是当前文档之外的其他文档或网页。实现不同文档间或文档与网页间的超链接的操作方法如下。

① 选择链接对象。

② 单击"插入"选项卡"链接"组中的"超链接"按钮,或单击鼠标右键并在弹出的快捷菜单中单击"超链接"命令,或按组合键 Ctrl+K,弹出"插入超链接"对话框。在"链接到"列表中选择"现有文件或网页"选项,根据需要定位到目标对象所在目录,单击选中目标对象或在"地址"组合框中输入网页地址,再单击"确定"按钮即可。

3. 电子邮件超链接

实现电子邮件超链接的操作方法如下:

① 选择链接对象。

② 单击"插入"选项卡"链接"组中的"超链接"按钮,或单击鼠标右键并在弹出的快捷菜单中单击"超链接"命令,或按组合键 Ctrl+K,弹出"插入超链接"对话框。在"链接到"列表中选择"电子邮件地址"选项,如图 2-71 所示,在"电子邮件地址"文本框中输入电子邮件地址,此时 Word 会自动在邮件地址前加上前缀"mailto:",再单击"确定"按钮即可。

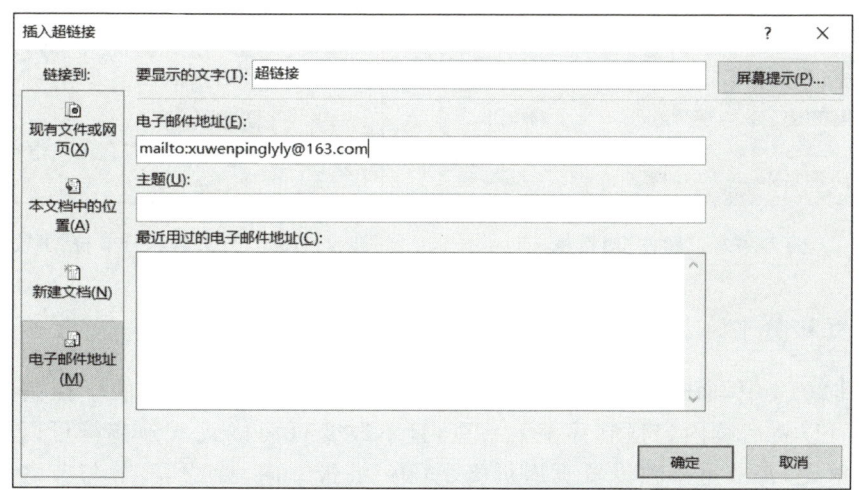

图 2-71 "电子邮件地址"选项

4. 超链接的编辑、打开、复制和取消

需要对已设置的超链接进行编辑、选择、复制及取消时,可按如下方法进行操作。

① 将光标定位到超链接中的任意位置。

② 单击鼠标右键,在弹出的快捷菜单中分别选择"编辑超链接""打开超链接""复制超链接"或"取消超链接"命令即可。

2.6.2 题注

题注一般用于为图片、表格等对象添加编号和简短说明,方便文档引用和查找。选中需要添加题注的图片,然后单击"引用"选项卡"题注"组的"插入题注"按钮,弹出"题注"对话框,如图 2-72 所示。在"标签"下拉列表框中可以选择标签类型,或单击"新建标签"按钮自定义标签,在"题注"文本框中输入题注内容后单击"确定"按钮,即可实现题注的插入。

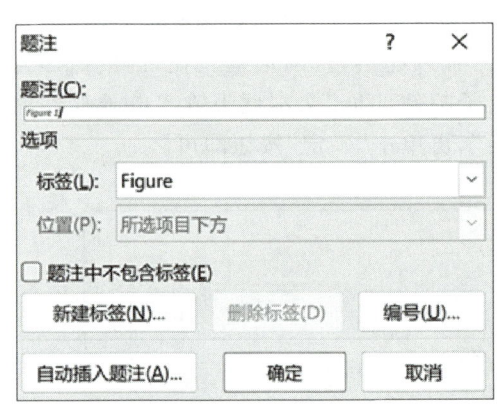

图 2-72 "题注"对话框

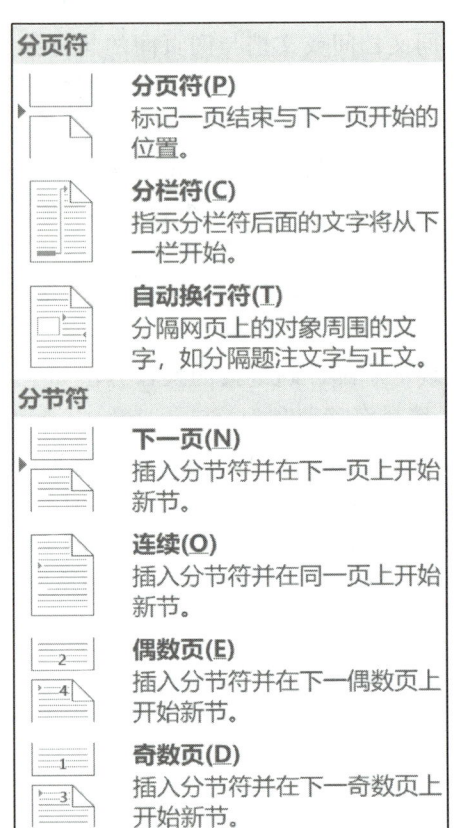

图 2-73 "分页符和分节符"下拉列表

2.6.3 分页和分节

在 Word 2016 中,通过插入分页符和分节符来实现分页和分节,便于控制长文档的布局。分页符可以将后续内容强制移至下一页,且不改变页面格式。分节符可以将文档划分为独立排版单元,每节可单独设置页眉页脚、页码、纸张方向、栏数等,节与节之间格式完全独立。

在 Word 2016 中,设置分页或分节的操作方法如下:

将光标定位到需要插入分页符或者分节符的位置,单击"布局"选项卡"页面设置"组"分隔符"下拉按钮,弹出的下拉列表如图 2-73 所示。用户根据需要选择列表中相应的选项进行设置即可。

2.6.4 分栏

所谓分栏就是将页面在横向上分为两栏或多栏,文档内容在每栏中逐行排列。在日常工作和生活中,经常会碰到一些采用分栏排版的文章,比如说报纸、杂志等。

在 Word 2016 中,设置分栏的操作方法如下:

选定需要分栏的内容,单击"布局"选项卡"页面设置"组中的"分栏"按钮,从下拉列表中选择预设的分栏。若预设的分栏无法满足要求,可单击"更多分栏"命令,弹出"分栏"对话框,如图 2-74 所示,根据需要设置栏数、分隔线、宽度和间距及应用范围等。

2.7 文档的输出

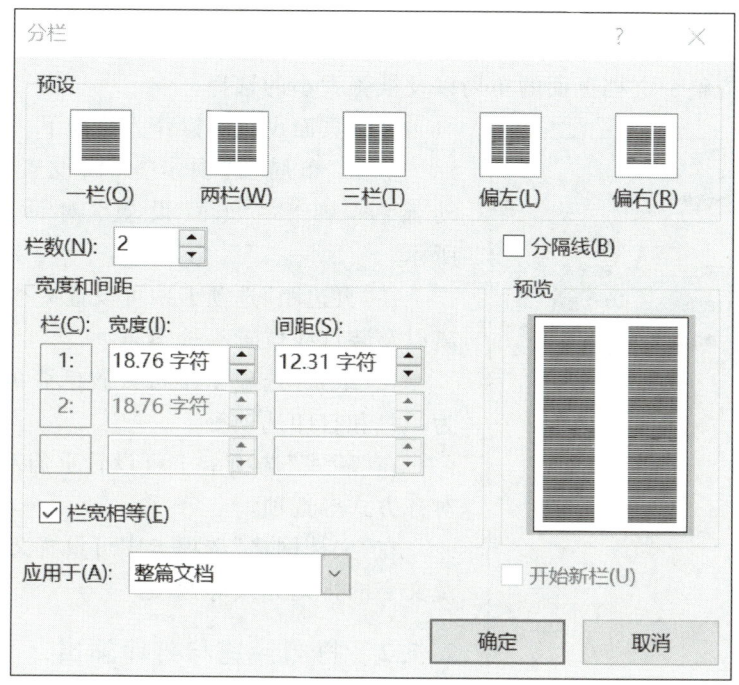

图 2-74 "分栏"对话框

2.6.5 修订

用户在"修订"状态下可以将文档中插入、删除及修改过的文本以特殊的颜色标记显示,便于以后再对修订过的内容进行审阅。

在 Word 2016 中,修订文档的操作方法如下:

用户可以选中需要进行修改的内容,单击"审阅"选项卡"修订"组中的"修订"按钮(图 2-75),即可以使用修订功能;单击"审阅"选项卡"更改"组中的"接受"或"拒绝"下拉按钮,即可在下拉列表中设置接受或拒绝修订的范围。

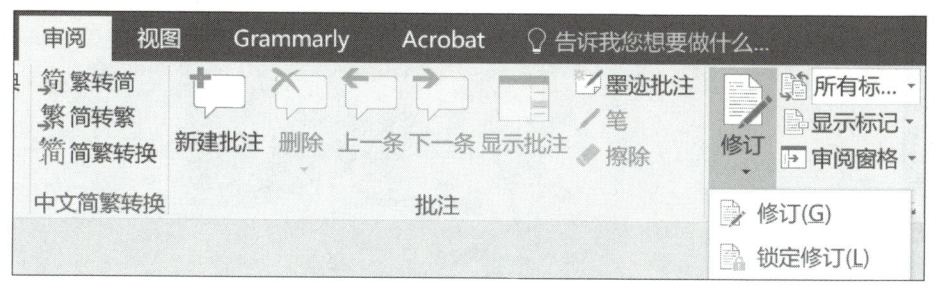

图 2-75 "修订"按钮

2.7 文档的输出

建立 Word 文档的主要目的是保存和阅读,因此文档建立后,要将文档输出。

2.7.1 页面设置

页面设置是指整个文档页面的布局以及纸张大小的选择。

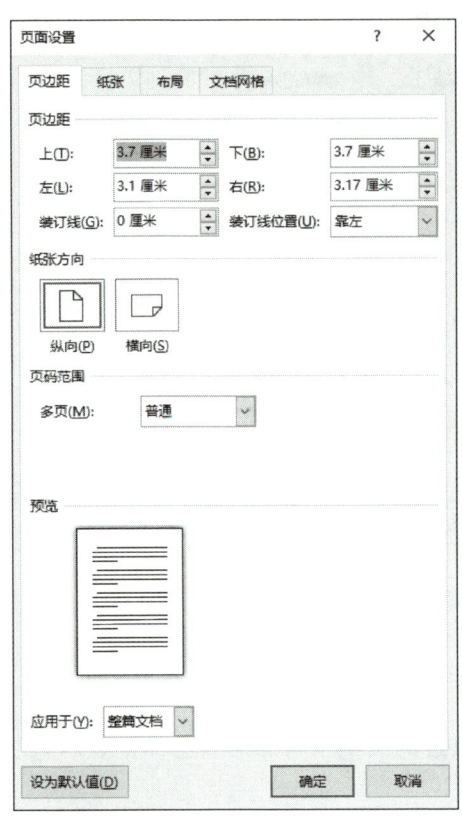

图 2-76 "页面设置"对话框

进行页面设置的操作方法如下。

单击"布局"选项卡"页面设置"组的对话框启动器 ，弹出"页面设置"对话框，如图 2-76 所示。

在"页边距"选项卡中可设置文本与纸张边界的距离以及装订线位置等选项。

在"纸张"选项卡中可设置纸张的大小（一般默认为 A4）和打印选项等。

在"版式"选项卡中可设置页眉和页脚、页面垂直对齐方式等选项。

在"文档网格"选项卡中可设置文档是否有网格以及文字的排列方式等选项。

2.7.2 打印预览与打印输出

Word 2016 将打印预览和打印设置合并在了一起，操作方法如下：

单击"文件"选项卡中的"打印"命令，此时中间窗格为打印设置，右侧窗格为打印预览，如图 2-77 所示。用户根据需要可对打印纸张、打印页数、页边距等选项进行设置。设置完成后单击"打印"按钮即可打印输出。

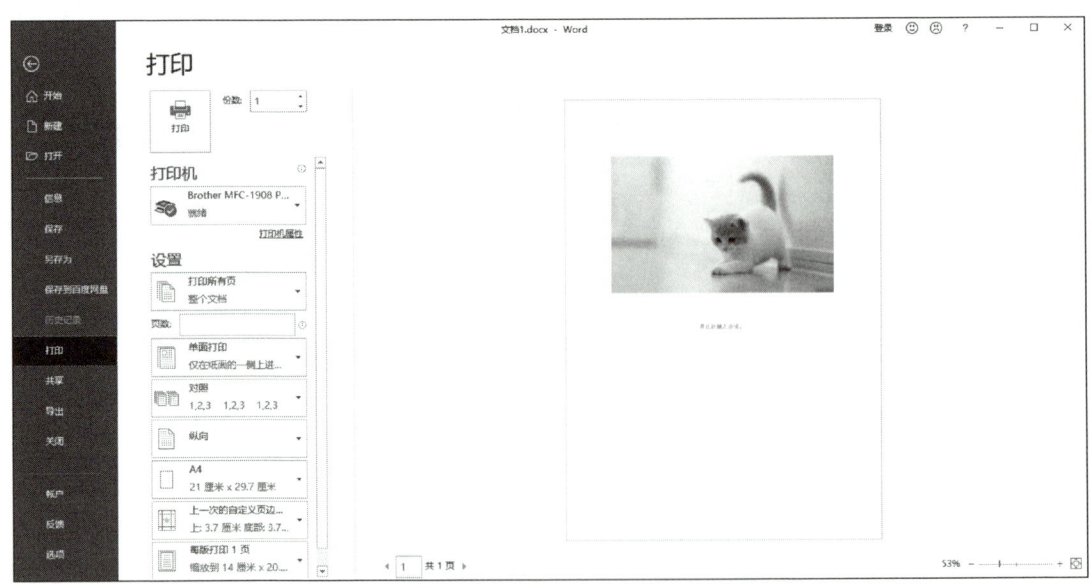

图 2-77 "打印"命令选项

习 题 2

单选题

1. 下列选项中不能用于启动 Word 2016 的操作是（　　）。
   A. 单击"开始"→"所有程序"→"Microsoft Office"→"Microsoft Word 2016"
   B. 单击任务栏中的 Word 快捷方式图标
   C. 双击 Windows 桌面上的 Word 快捷方式图标
   D. 单击 Windows 桌面上的 Word 快捷方式图标

2. Word 2016 主窗口的标题栏右边显示的按钮  是（　　）。
   A. "关闭"按钮　　　　　　　　　　B. "最小化"按钮
   C. "最大化"按钮　　　　　　　　　D. "还原"按钮

3. 在 Word 2016 编辑状态下，对于选定的文本（　　）。
   A. 可以移动，不能复制　　　　　　B. 可以复制，不能移动
   C. 可以同时进行移动和复制　　　　D. 可以进行移动或复制

4. 下列选项不属于 Word 2016 窗口组成部分的是（　　）。
   A. 对话框　　　B. 标题栏　　　C. 菜单栏　　　D. 状态栏

5. 启动 Word 后，打开了一个已有文档 W1.docx，又进行了"新建"操作，则（　　）。
   A. W1.docx 被关闭　　　　　　　　B. W1.docx 和新建文档均处于打开状态
   C. "新建"操作失败　　　　　　　　D. 新建文档被打开但 W1.doc 被关闭

6. 在 Word 2016 的编辑状态下，"复制"操作的组合键是（　　）。
   A. Ctrl+A　　　B. Ctrl+C　　　C. Ctrl+V　　　D. Ctrl+X

7. 在 Word 2016 的编辑状态下，统计文档的字数，需要使用的选项卡是（　　）。
   A. 文件　　　B. 开始　　　C. 插入　　　D. 审阅

8. 在 Word 2016 的编辑状态下，对于选定的文字不能进行的设置是（　　）。
   A. 动态效果　　　B. 自动版式　　　C. 下划线　　　D. 着重号

9. 在 Word 2016 中，下述关于分栏操作的说法中，正确的是（　　）。
   A. 任何视图下均可看到分栏效果
   B. 设置的各栏宽度和间距与页面宽度无关
   C. 可以将选定的段落分成指定宽度的两栏
   D. 栏与栏之间不可以设置分隔线

10. 在 Word 2016 的编辑状态下，当前正在编辑一个新建文档"文档1"，当执行"文件"菜单中的"保存"命令时（　　）。
    A. 自动以"文档1"为名存盘　　　　B. 弹出"另存为"对话框，供进一步操作
    C. 该"文档1"被存盘　　　　　　　D. 不能以"文档1"存盘

11. Word 2016 不具有的功能是（　　）。
    A. 表格处理　　　B. 绘制图形　　　C. 自动更正　　　D. 添加动画效果

12. 在 Word 2016 的文档中，选定文档某行内容后，使用拖曳方法将其移动时，配合的键盘操作是（　　）。
    A. 按住 Esc 键　　　B. 按住 Ctrl 键　　　C. 不做操作　　　D. 按住 Alt 键

第 3 章　电子表格软件 Excel 2016

本章要点：
- Excel 2016 概述；
- Excel 2016 的基本操作；
- Excel 2016 工作表的编辑；
- Excel 2016 的公式与函数；
- Excel 2016 的数据管理与数据分析；
- Excel 2016 图表的操作；
- Excel 2016 电子表格的输出。

本章主要讲述 Excel 2016 的基本操作、工作表的编辑及格式设置、工作表中公式和函数的基本概念及使用、工作表中数据的管理与分析(包括筛选、排序等)、根据工作表中的数据创建图表并对图表进行格式设置、电子表格的输出等内容。

3.1　Excel 2016 概述

Excel 2016 是微软公司开发的办公软件 Office 2016 的套件之一，是 Office 2016 的重要组成部分，广泛地应用于管理、统计财经、金融等众多领域，使用它可以进行各种数据的处理、统计分析和辅助决策操作。Excel 中包含大量的公式和函数，可以实现许多快速的计算功能，给使用者带来了极大的方便。

3.1.1　Excel 2016 的启动与退出

1. Excel 2016 的启动

启动 Excel 2016 的常用方法主要有以下三种。

- 选择"开始"→"Excel 2016"选项。
- 若计算机桌面有 Excel 2016 的快捷图标，则直接双击该图标；若计算机桌面无 Excel 2016 的快捷图标，可进入软件的安装目录中，找到可执行文件 EXCEL.EXE 并双击对应的图标。
- 双击任意一个已经建立的 Excel 工作簿文件。

2. Excel 2016 的退出

退出 Excel 2016 的常用方法主要有以下三种：
- 在 Excel 2016 窗口中，右击标题栏，在弹出的菜单中单击"关闭"按钮；
- 单击 Excel 2016 窗口右上方的"关闭"按钮×；
- 按下组合键 Alt+F4。

3.1.2 Excel 2016 的窗口组成

Excel 2016 窗口主要由快速访问工具栏、标题栏、窗口控制按钮、功能区、编辑栏、编辑区、状态栏等组成，如图 3-1 所示。

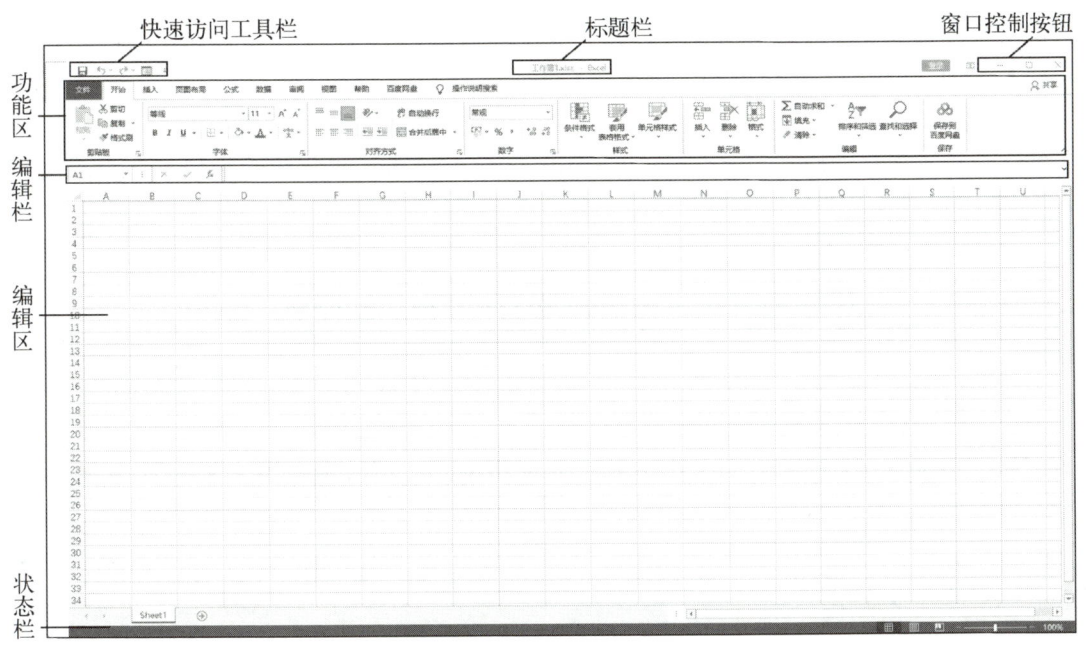

图 3-1　Excel 2016 窗口

1. 快速访问工具栏

快速访问工具栏位于窗口左上角，用于放置常用的命令按钮，使用户能够快速执行常用的命令。默认情况下，"快速访问工具栏"中只有数量较少的命令，用户可以根据需要添加多个自定义命令，操作步骤与 Word 2016 相同，此处不再赘述。

2. 标题栏

标题栏位于窗口的顶部，用于显示当前工作簿文件的名称和软件名称。

3. 窗口控制按钮

窗口控制按钮位于窗口的右上角，包括"登录""功能区显示选项""最小化""最大化/向下还原"及"关闭"三个按钮。"登录"和"功能区显示选项"按钮的功能同 Word 2016，此处不再赘述。单击"最小化"按钮，可以将当前文档最小化为系统任务栏上的一个按钮。在 Excel 2016 窗口处于最大化状态时，可以单击"向下还原"按钮，将 Excel 2016 窗口缩小。在 Excel 2016 窗口处于非最大化状态时，可以单击"最大化"按钮，将 Excel 2016 窗口最大化。单击"关闭"按钮，可以退出 Excel 2016。

4. 功能区

功能区位于标题栏的下方，由多个选项卡组成，包括"文件""开始""插入""页面布局""公式""数据""审阅""视图""帮助"9个内置的默认选项卡。每个选项卡包含若干个组，每个组由一些功能相近的命令按钮组成。用户可以根据需要添加自定义选项卡和自定义组。

5. 编辑栏

编辑栏位于功能区的下方。编辑栏分为两部分，左侧为名称框，用来显示当前选中单元格的名称，通过名称框还可以选择单元格或单元格区域；在 Excel 2016 中输入和编辑数据时，可以直接在单元格中完成，也可以在编辑栏中进行。

6. 编辑区

编辑栏下方的大片窗口区域称为编辑区或文档窗口，主要由单元格、行号列标、工作表标签和标签滚动条等组成，是输入和处理各种数据的主要区域。

7. 状态栏

状态栏位于窗口的底部，用于显示有关执行过程中的选定命令和操作信息。当选定命令后，状态栏将显示该命令的简单描述。

3.2 Excel 2016 的基本操作

3.2.1 工作簿的基本操作

操作视频

Excel 2016 的基本操作

一个工作簿就是一个 Excel 2016 文件。在使用 Excel 2016 制作电子表格时，首先要建立一个工作簿。一个工作簿可以包含多个工作表，各个工作表是输入、处理数据的主要区域，是主要的操作对象。若将工作簿比作一本书，工作表就相当于书中的每一页。下面就来了解关于这本"书"的基本操作。

1. 创建工作簿

创建工作簿是用 Excel 2016 处理、编辑数据的第一步。用户可以创建一个空白工作簿，也可以利用模板创建具有固定格式的工作簿，或根据已有工作簿来创建工作簿。在启动 Excel 2016 时，在开始界面单击"空白工作簿"即可创建一个名为"工作簿1"的空白工作簿；在 Excel 2016 已经启动的情况下，创建一个新的工作簿的操作方法如下。

① 单击"文件"选项卡中的"新建"命令，如图 3-2 所示。

② 如果需要创建一个空白工作簿，则单击"空白工作簿"，或按下组合键 Ctrl+N 来创建。若需要创建其他类型的工作簿，则根据需要选择相应的模板，再双击选中的模板创建或单击模板，弹出该模板介绍页面，再单击"创建"按钮。若需要创建其他模板，可在"搜索联机模板"搜索框内进行搜索，然后创建。

2. 保存工作簿

在使用 Excel 2016 进行了数据处理之后，及时保存文件是很有必要的，这样能够防止因为意外情况丢失数据。

（1）保存新建的工作簿

保存新建的工作簿文件，方法有以下三种：

① 单击"文件"选项卡中的"保存"命令；

3.2 Excel 2016 的基本操作

图 3-2 单击"新建"命令

② 单击"文件"选项卡中的"另存为"命令；
③ 按下组合键 Ctrl+S。

执行以上操作后，均会切换到"文件"选项卡中的"另存为"命令，单击"浏览"按钮，弹出"另存为"对话框，如图 3-3 所示。首先选择文件存储的位置，再在"文件名"组合框中输入文件名，单击"保存"按钮即可。此时，系统默认的文件保存类型是"Excel 工作簿（*.xlsx）"，其扩展名为".xlsx"。

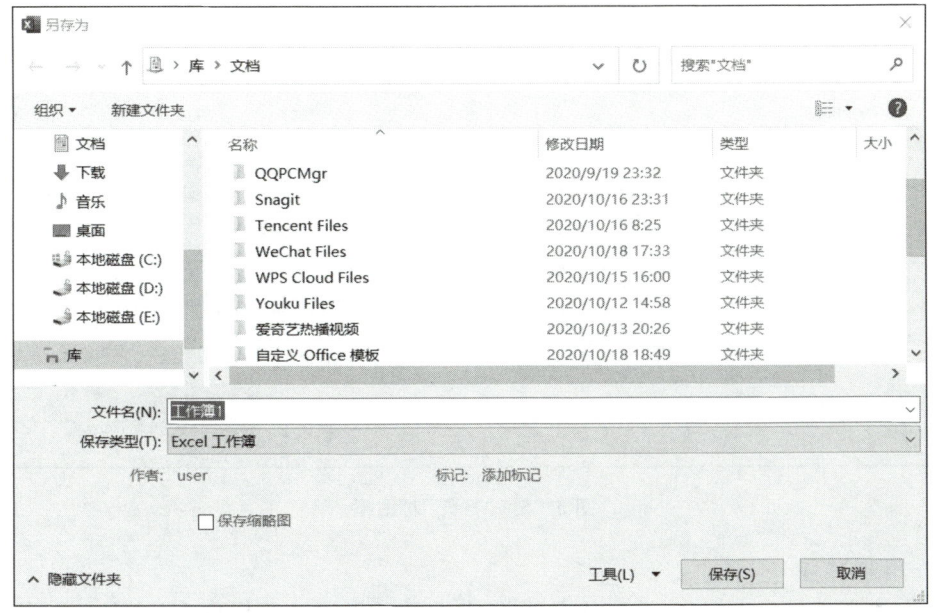

图 3-3 "另存为"对话框

(2) 保存已命名的工作簿

对一个已经执行过保存操作的工作簿进行数据修改后,为了把修改后的内容保存下来,可以执行以下几种操作。

① 单击"文件"选项卡中的"保存"命令或按下组合键 Ctrl+S,此时不会弹出任何对话框,以修改后的工作簿替换原来的工作簿。

图 3-4 "确认另存为"对话框

② 单击"文件"选项卡中的"另存为"命令,单击"浏览"按钮,此时弹出"另存为"对话框,用户如果需要将修改后的工作簿保存为一个新的文件,则在对话框中选择保存位置,输入文件名,单击"保存"按钮即可;如果需要替换原来的工作簿,则选择原文件,单击"保存"按钮,此时弹出"确认另存为"对话框,如图 3-4 所示,单击"是"按钮则执行文件替换操作,单击"否"按钮则取消替换操作。

3. 打开工作簿

对已经保存的工作簿文件进行修改编辑时,必须先打开该文件。打开已有工作簿的常用方法有以下两种。

① 在 Windows 资源管理器中直接双击要打开的工作簿文件,该文件会随着 Excel 2016 的打开而自动打开。

② 启动 Excel 2016 后,单击"文件"选项卡中的"打开"命令,或者按组合键 Ctrl+O,单击"浏览"按钮,此时弹出"打开"对话框,如图 3-5 所示,选择要打开的工作簿文件,单击"打开"按钮即可。

图 3-5 "打开"对话框

4. 关闭工作簿

对工作簿文件操作完毕之后,应该及时将其关闭以节省计算机内存空间。常用的关闭工作簿的方法有以下三种:

① 单击"文件"选项卡中的"关闭"命令。如果在关闭之前没有保存修改过的内容,则系统会弹出一个保存更改确认对话框,如图3-6所示,用户根据实际情况进行选择。

② 按下组合键 Ctrl+F4。

③ 单击窗口右上角的"关闭"按钮。

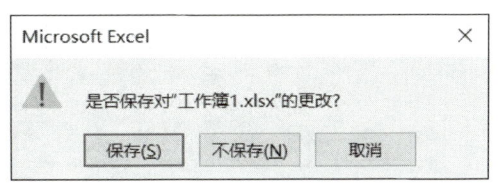

图3-6 保存更改确认对话框

3.2.2 工作表的基本操作

一个工作表是工作簿文件这本"书"的一页,一个工作簿可以有很多个工作表,Excel 2016 中的操作主要是对每一个工作表的操作。

1. 工作表的选定

首先应该了解如何选定所需的工作表,只有先选定了要进行数据处理的工作表,才能进行后续操作。

① 选定单个工作表最常用的方法有以下两种。

● 用鼠标单击工作簿窗口左下角的工作表标签。如果当前工作表个数较多,所需工作表标签没有显示出来,则可以单击工作表标签左侧的标签滚动按钮 ◁ ▷ … ,使其显示出来。

● 按组合键 Ctrl+PgUp 或 Ctrl+PgDn。按组合键 Ctrl+PgUp 可以选定前一个工作表,按组合键 Ctrl+PgDn 可以选定后一个工作表。

② 选定多个连续的工作表的操作方法如下。

● 单击需要选定的第一个工作表标签。

● 按下 Shift 键,再单击最后一个需要选定的工作表标签。

③ 选定多个不连续的工作表的操作方法如下:

● 单击需要选定的第一个工作表标签。

● 按下 Ctrl 键,单击其他需要选定的工作表标签。

2. 工作表的插入

默认情况下,一个工作簿有一个工作表,它的名称是 Sheet1。如果不够用,需添加工作表,操作方法如下:

① 选定当前工作表以确定插入位置。

② 单击鼠标右键,在弹出的快捷菜单中选择"插入"命令,弹出"插入"对话框,如图3-7所示;在"常用"选项卡中选择"工作表",再单击"确定"按钮即可插入工作表。单击"开始"选项卡"单元格"组中的"插入"下拉按钮,在弹出的下拉菜单中选择"插入工作表"命令,或单击工作表标签右侧的"新工作表"图标 ⊕ ,亦可插入新的工作表。

3. 工作表的删除

删除工作表的操作方法如下:

① 选定需要删除的工作表。

② 单击"开始"选项卡"单元格"组中的"删除"下拉按钮,在弹出的下拉菜单中选择"删除工作表"命令;或者在需要删除的工作表标签上单击鼠标右键,在弹出的快捷菜单中选择"删除"命令。

4. 工作表的移动和复制

工作表的移动和复制一般用鼠标操作完成。选定想要移动的一个或多个工作表,拖曳工

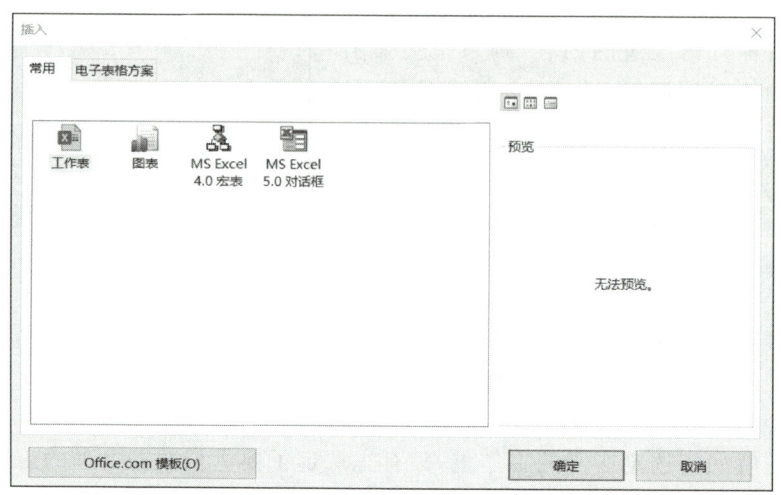

图 3-7 "插入"对话框

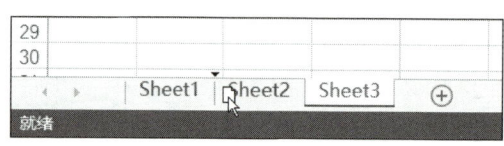

图 3-8 移动工作表

作表标签到目标位置即可移动工作表,如图 3-8 所示。

在拖曳工作表的同时按住 Ctrl 键,可以复制工作表。

5. 工作表的重命名

每一个工作表都有一个默认的名字。当工作表中存放了数据之后,应该根据其数据的内容和含义取一个有意义的名字,做到"见名知义"。

常用的重命名工作表的方法如下:
- 双击工作表标签。
- 选择工作表标签,单击鼠标右键,在弹出的快捷菜单中选择"重命名"命令。
- 选择工作表标签,单击"开始"选项卡"单元格"组中的"格式"按钮,在弹出的下拉菜单中选择"重命名工作表"命令。

执行以上任一操作,工作表标签会呈阴影显示并处于可编辑状态,直接输入新的名称,按 Enter 键即可。

6. 工作表数据的输入

数据输入是 Excel 2016 最基本的操作,是进行数据处理分析的前提。在输入数据时,可以用键盘直接输入,也可以采用 Excel 2016 的自动填充功能。Excel 2016 支持多种数据类型,不同类型数据的输入格式有所区别。但不管是哪种数据类型,输入前都应先选定单元格,输入完成后一般按 Enter 键确认或移动到下一个单元格。在这里,重点掌握三种数据类型的输入方法:文本、数值、日期和时间。

(1) 文本的输入

Excel 2016 的文本类型数据包括汉字、英文字母、数字符号、空格等各种能从键盘输入的符号。工作表的每一个单元格都有默认的数据格式:"常规"格式,它支持各种数据类型的输入。文本数据输入到单元格中时,默认左对齐。如果在一个单元格中输入的文本数据超过了默认的单元格长度,而右边的单元格中没有数据,则多出的部分延伸到右边的单元格(注意:并没有占据右边单元格的空间);若右边的单元格中有数据,则超出部分不显示。不论是哪种情况,都可以通过调整单元格宽度等方法让单元格内容显示完整。

(2) 数值的输入

把数值数据输入到单元格中时,默认右对齐,并且一般情况下采用整数或者带小数位数的格式来显示。当数值数据长度超过 12 位时,会自动采用科学计数法表示。如输入"984375142645",则显示为"9.84375E+11"。因此,手机号码、身份证号码等一些由数字组成的数据不要以数值类型输入,而应该以文本类型数据输入,具体操作方法是在输入这些数据之前,先在单元格中加英文单引号,如"'13086645864"。

(3) 日期和时间的输入

输入日期类型数据时应按年月日的顺序输入,年月日之间用"/"或"-"作为分隔符,如 2005/3/20、2005-5-21 等。如果省略年份,则系统默认为当前年份。

时间类型数据的输入格式为:hh:mm:ss [am/pm],如 6:45:50 表示上午 6 点 45 分 50 秒。一般情况下,系统采用 24 小时制。如果想表示下午 6:45:50,则输入 6:45:50 pm 或 18:45:50。

日期和时间类型数据默认也是右对齐。

3.2.3 单元格的基本操作

Excel 2016 的工作表由很多规则的矩形格子组成,这些格子称为单元格,它是工作表的最小单位,是实际输入数据的空间。要进行数据输入,首先必须选定单元格。选定单元格包括选定单个单元格、选定多个连续单元格和选定多个不连续单元格等。在选定的多个单元格中只有一个单元格是激活的,称为活动单元格。

1. 选定单个单元格

用鼠标左键单击目标单元格。

2. 选定多个连续单元格

选定整行(列)时,单击行号(列标)。

选定整个工作表时,单击工作表窗口左上角的全选按钮 。

选定多个连续单元格的常用方法有以下两种:

- 在编辑区按住鼠标左键并拖曳,鼠标指针经过的区域即被选中;
- 用鼠标单击要选择区域的起始单元格,按住 Shift 键,再单击该区域结束单元格。

3. 选定多个不连续单元格

按住 Ctrl 键不放,依次单击需要选定的单元格或按住鼠标左键并拖曳来选定需要的单元格区域。

4. 取消选定

单击任意一个单元格即可。

5. 单元格的插入与删除

在工作表中插入或删除单元格时会引起相邻单元格的移动,即相邻单元格的地址会发生变化,在操作时应注意。

(1) 插入单元格

插入单元格的常用方法有以下两种:

- 鼠标右键单击要插入单元格的位置,在弹出的快捷菜单中选择"插入"命令。
- 单击"开始"选项卡"单元格"组中的"插入"下拉按钮,在弹出的下拉菜单中选择"插入单元格"命令。

执行以上任一操作均会弹出"插入"对话框,如图 3-9 所示,用户根据需要选择相应的选项,再单击"确定"按钮即可。同样的操作方法也可插入整行或整列。

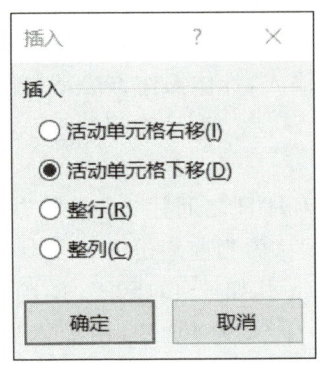

图 3-9 "插入"对话框

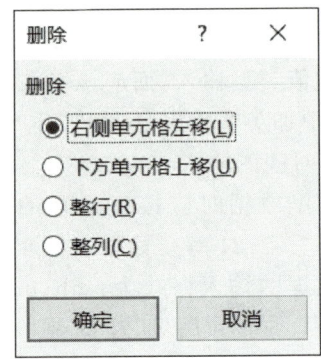

图 3-10 "删除"对话框

(2) 删除单元格

删除单元格的常用方法有以下两种:

- 鼠标右键单击要删除的单元格,在弹出的快捷菜单中选择"删除"命令。
- 选定要删除的单元格,单击"开始"选项卡"单元格"组中的"删除"下拉按钮,在弹出的下拉菜单中选择"删除单元格"命令。

执行以上任一操作后均会弹出"删除"对话框,如图 3-10 所示,根据需要选择相应的选项,再单击"确定"按钮即可。同样的操作方法也可删除对应的行或列。

3.3 工作表的编辑

3.3.1 自动填充与序列的输入

如果输入的数据是有规律的,那么可以采用 Excel 2016 的自动填充功能,提高工作效率。

自动填充和序列的输入只能在一行或一列的连续单元格中实现。自动填充是根据初始值决定下面填充数据的。单击初始值所在的单元格并将鼠标指针移到该单元格的右下角(也就是填充柄的位置),这时鼠标指针会变成实心十字形,按住鼠标左键并拖曳到想要填充的最后一个单元格,即可完成自动填充。在实际操作中,根据初始单元格中数据内容的不同,其表现形式会有所差异。

1. 使用填充柄填充单元格数据

使用填充柄填充单元格数据只能在连续的单元格中进行,其操作方法如下。

① 选定一个单元格或单元格区域。

② 将鼠标移至选中单元格或单元格区域的右下角小方块(即为填充柄)处,鼠标指针变为实心十字形,此时按住鼠标左键并拖曳填充柄即可实现数据的自动填充。

在实际操作中,根据初始单元格中数据内容的不同,填充的方式也有所差异。下面分别来介绍。

- 初始值为数字时,直接拖曳填充柄相当于复制操作,如果在按住鼠标左键并拖曳的同时按住 Ctrl 键不放,则数字会依次递增。

- 初始值为纯字符时,不管按不按住 Ctrl 键,拖曳填充柄时都将实现复制操作。
- 初始值为文字和数字的组合时,则拖曳填充柄时字符保持不变,数字依次递增。例如,初始值为 X1,自动填充为 X2,X3,X4,…

2. 使用对话框填充数据序列

(1) 填充已定义数据序列

① 在需要填充数据序列的单元格区域的第一个单元格中输入序列的第一个数值或文字。

② 选定需要填充数据序列的单元格区域。

③ 单击"开始"选项卡"编辑"组中的"填充"下拉按钮,在弹出的下拉菜单中选择"序列"命令,弹出"序列"对话框,如图 3-11 所示,根据需要选择序列产生的位置与类型等选项。

(2) 填充自定义数据序列

① 首先必须定义所需要的数据序列,其操作方法如下。

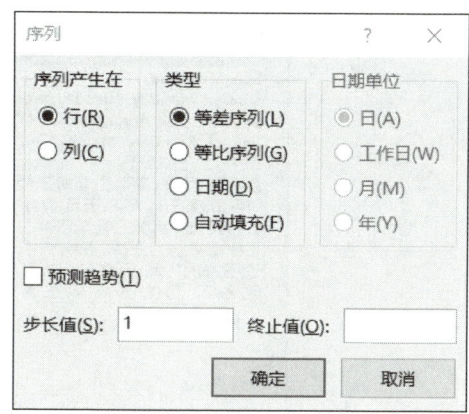

图 3-11 "序列"对话框

- 单击"文件"选项卡中的"选项"命令,弹出"Excel 选项"对话框。
- 在左侧的列表框中选择"高级"选项卡,然后单击右侧列表框"常规"组中的"编辑自定义列表"按钮,如图 3-12 所示,弹出"自定义序列"对话框,如图 3-13 所示。

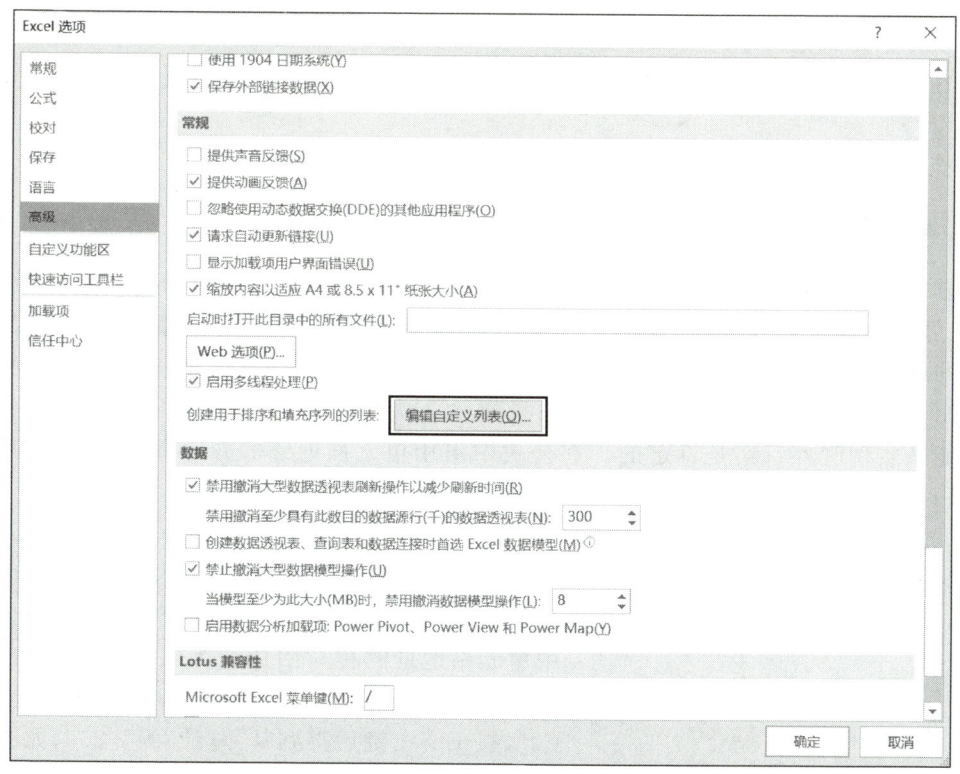

图 3-12 "编辑自定义列表"按钮

- 在"输入序列"列表框中输入所需要的序列(如星期一、星期二、星期三、星期四、星期五),每输入一个序列项之后按 Enter 键,然后再输入下一序列项,输入完成后单击"添加"按

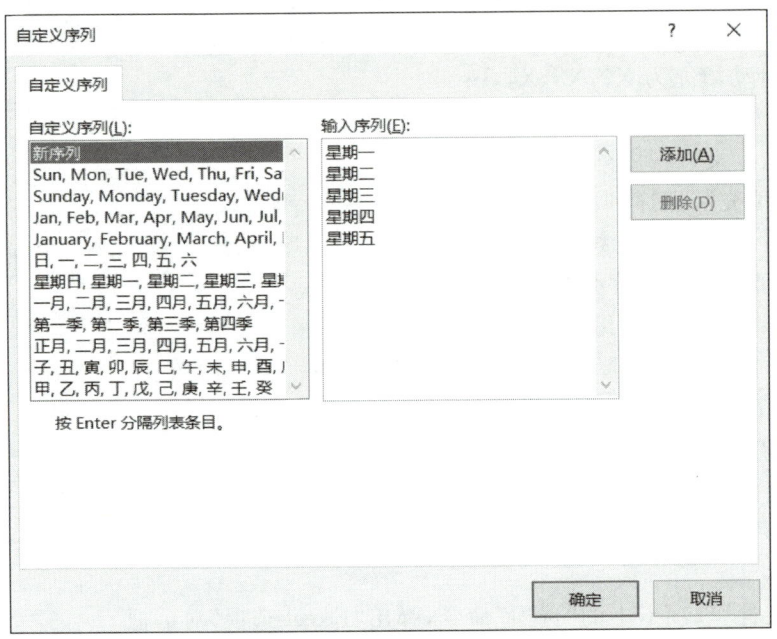

图 3-13 "自定义序列"对话框

钮,最后单击"确定"按钮,完成自定义序列。

② 填充自定义数据序列的操作方法如下:

● 在需要填充数据序列的单元格区域的第一个单元格中输入自定义序列的第一项。

● 拖曳填充柄便可完成自定义序列的填充。

3.3.2 单元格地址的引用

在公式中经常会引用单元格地址,实质上是为了引用单元格中的数据,这样做能给用户分析、处理数据提供方便,因为单元格中的数据发生改变时,并不会影响所使用的公式,但公式的计算结果会随之变化。在 3.3.1 节中讲到,为了快捷方便地输入有规律的数据,可以使用 Excel 的自动填充功能,那么,如果要输入大量有规律的公式时,能不能也用自动填充功能来实现呢? 答案是肯定的。在公式中引用单元格地址的方式有两种: 相对引用和绝对引用。

1. 相对引用

相对引用就是在用鼠标拖曳公式所在单元格的填充柄时,公式中引用的单元格地址相应地发生变化。以统计员工的工资总计为例讲解公式中单元格地址的相对引用。为了得到第一个员工的工资总计,可以在 D2 单元格中输入公式"=B2+C2",按 Enter 键后得到其"总计"为 2 200,如图 3-14 所示。对于以下员工,因为所使用的公式具有相同的规律,所以不必再一一输入,只需用鼠标拖曳 D2 单元格右下角的填充柄至最后一个员工的"总计"单元格即可,操作完成后如图 3-15 所示。请注意观察如图

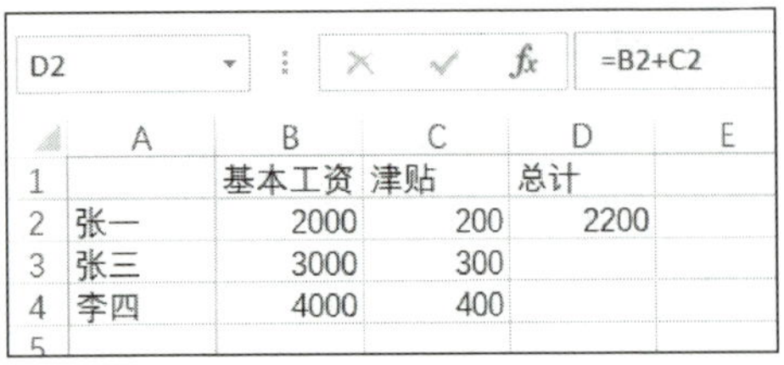

图 3-14 输入计算第一个员工工资"总计"的公式

3-16 所示 D4 单元格显示在编辑栏中的公式信息,并与图 3-14 中 D2 单元格显示在编辑栏中的公式信息相比较。

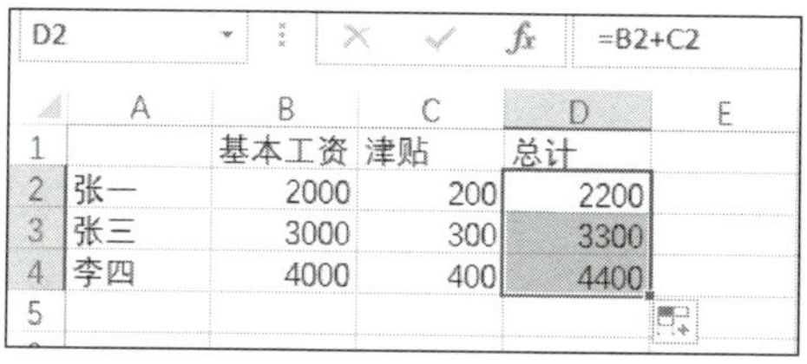

图 3-15　拖曳填充柄进行自动填充

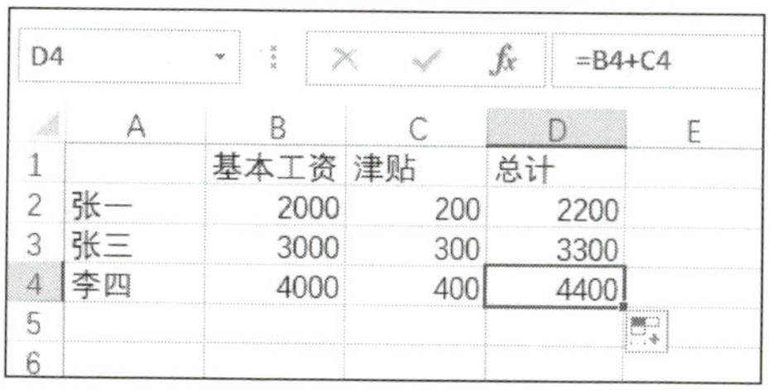

图 3-16　观察公式信息

2. 绝对引用

绝对引用就是鼠标拖曳公式所在的单元格时,公式中引用的单元格地址的行号和列标分别用 $ 符号锁定,不随之发生变化。以计算学生平时成绩(假设平时成绩为总成绩的 30%)为例讲解公式中单元格地址的绝对引用。在 D2 单元格中输入公式"=B2*$C$2"后,操作过程与相对引用一样,读者通过观察如图 3-17、图 3-18 所示编辑栏中的公式信息变化,领会绝对引用的作用和实质。特别是要注意 $ 符号在绝对引用中所起的作用。思考:如果只在行号或列标前加 $ 符号会出现什么样的情况?

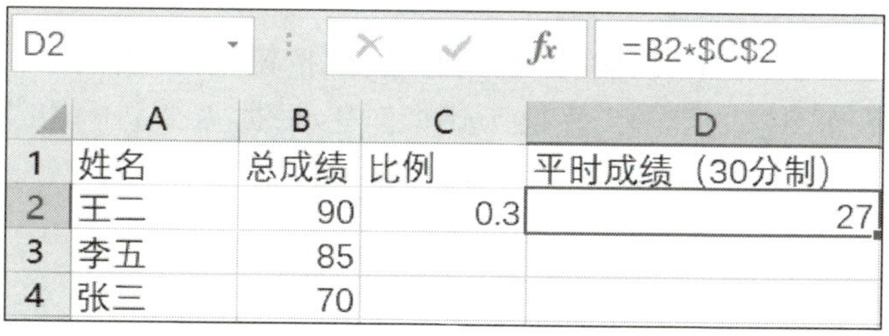

图 3-17　绝对引用图(一)

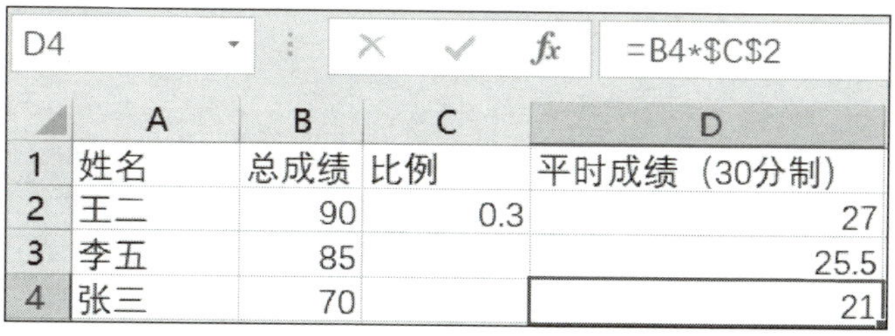

图 3-18　绝对引用图(二)

3.3.3　查找与替换

查找功能可以使用户在工作表中快速查看到所需的数据,替换功能可以在找到数据后将其替换成用户设定的数据。

为了快速或批量地修改数据的格式或内容,常常需要应用查找与替换功能。

1. 单元格数据的查找

对单元格数据进行查找的操作方法如下:

① 选定数据查找区域(如果查找区域是整张工作表,只需单击其中任意一个单元格即可)。

② 单击"开始"选项卡"编辑"组中的"查找和选择"下拉按钮,在弹出的下拉菜单中选择"查找"命令,弹出"查找和替换"对话框,在"查找"选项卡中,根据需要进行相关选项的设置,如图 3-19 所示。

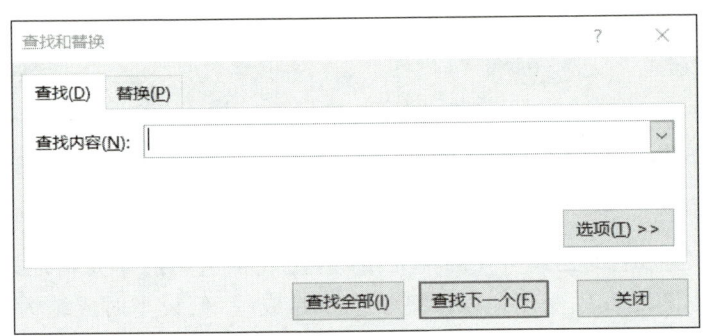

图 3-19 "查找"选项卡

2. 单元格数据的替换

① 选定数据查找区域(如果查找区域是整张工作表,只需单击其中任意一个单元格即可)。

② 单击"开始"选项卡"编辑"组中的"查找和选择"按钮,在弹出的下拉菜单中选择"替换"命令,弹出"查找和替换"对话框,在"替换"选项卡中,根据需要进行相关选项的设置,如图 3-20 所示。

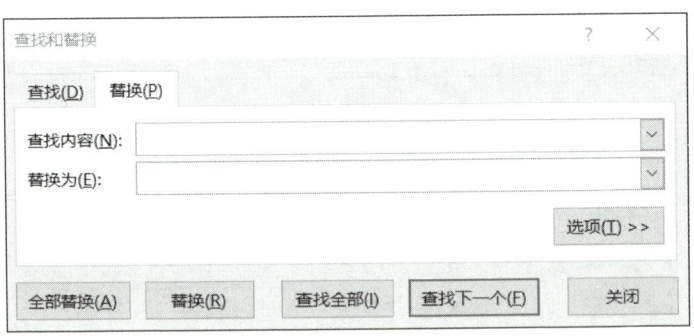

图 3-20 "替换"选项卡

3.3.4 行高和列宽的设置

在新建的工作簿文件中,工作表的单元格有默认的行高和列宽,但其大小并不能满足所有的需求,因此单元格的行高和列宽可能会根据实际情况进行调整。

1. 设置行高

① 选定需设置行高的行。

② 单击"开始"选项卡"单元格"组中的"格式"下拉按钮,在弹出的下拉菜单中选择"行高"命令,弹出"行高"对话框,如图 3-21 所示。

③ 在"行高"文本框中输入要设定的行高数值,单击"确定"按钮。

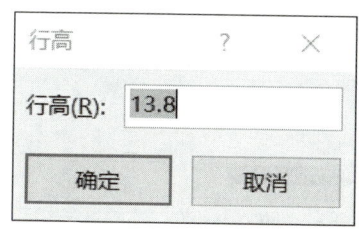
图 3-21 "行高"对话框

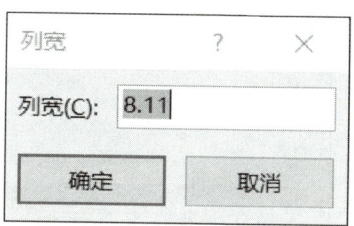
图 3-22 "列宽"对话框

2. 设置列宽

① 选定需设置列宽的列。

② 单击"开始"选项卡"单元格"组中的"格式"下拉按钮,在弹出的下拉菜单中选择"列宽"命令,弹出"列宽"对话框,如图 3-22 所示。

③ 在"列宽"文本框中输入要设定的列宽数值,单击"确定"按钮。

3. 利用鼠标设置行高和列宽

也可以用拖曳鼠标的方法实现行高和列宽的调整,操作方法如下。

① 将鼠标指针移动到需改变行高(列宽)的行(列)的下(右)分隔线处,这时鼠标指针会变成"✛"或"✛"状。

② 向下拖曳行高增加,向上拖曳行高减小;向右拖曳列宽增加,向左拖曳列宽减小。用这种方法拖曳鼠标到合适位置即可。

3.3.5　单元格数据格式的设置

单元格中数据的格式设置主要针对最常见的三种数据类型:字符、数字、日期和时间。

1. 字符格式设置

① 选定单元格或单元格区域。

② 单击"开始"选项卡"单元格"组中的"格式"下拉按钮,在弹出的下拉菜单中选择"设置单元格格式"命令,在弹出的"设置单元格格式"对话框中选择"字体"选项卡,如图 3-23 所示。在该对话框中可分别选择设置"字体""字形""字号""颜色"等格式,单击"确定"按钮。

2. 数字格式设置

数字格式设置实际上是将一个数字用不同的形式来表示,如科学计数法、分数等,操作方法如下。

① 选定单元格或单元格区域。

② 单击"开始"选项卡"数字"组的对话框启动器,弹出"设置单元格格式"对话框并显示"数字"选项卡,如图 3-24 所示。

③ 在"分类"列表框中选择"数值""货币"等数字格式,再在右边的选项中进行详细的设置,单击"确定"按钮。

3.3.6　自动套用格式

在 Excel 2016 中,除了能根据需要设置格式,还可以套用 Excel 2016 提供的多种定义好的工作表格式,并且在套用格式时,可以整个套用,也可以部分套用。套用格式的操作方法如下。

① 选定单元格区域。

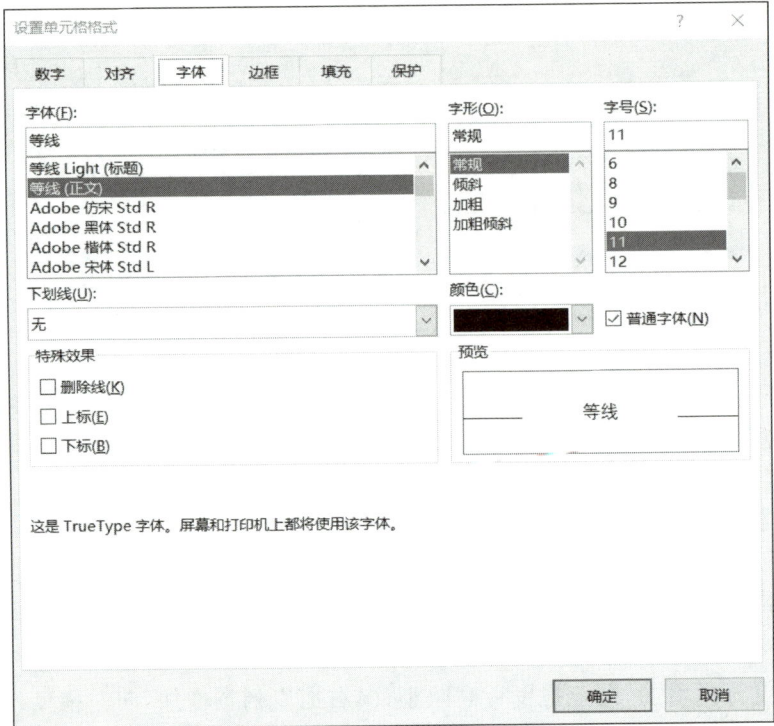

图 3-23 "字体"选项卡

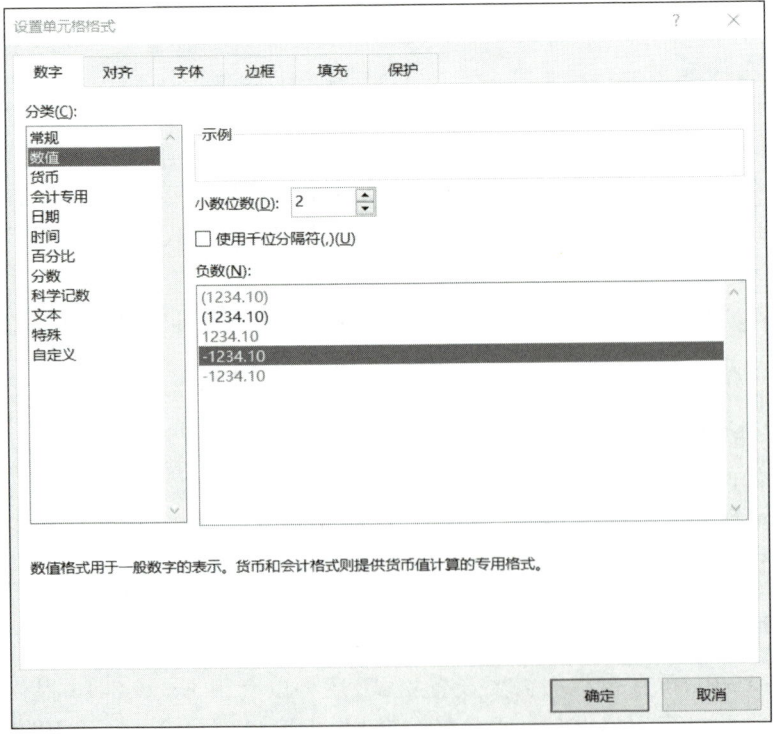

图 3-24 "数字"选项卡

② 单击"开始"选项卡"样式"组中的"套用表格格式"下拉按钮,在弹出的下拉列表中单击需要应用的样式。

③ 若对已有样式不满意,可在下拉列表中单击"新建表格样式"命令,弹出"新建表样式"对话框,如图 3-25 所示。根据需要输入样式"名称",选择对应的"表元素",单击"格式"按钮,打开"设置单元格格式"对话框,如图 3-26 所示,用户根据需要进行相应格式的设置,单击两次"确定"按钮。

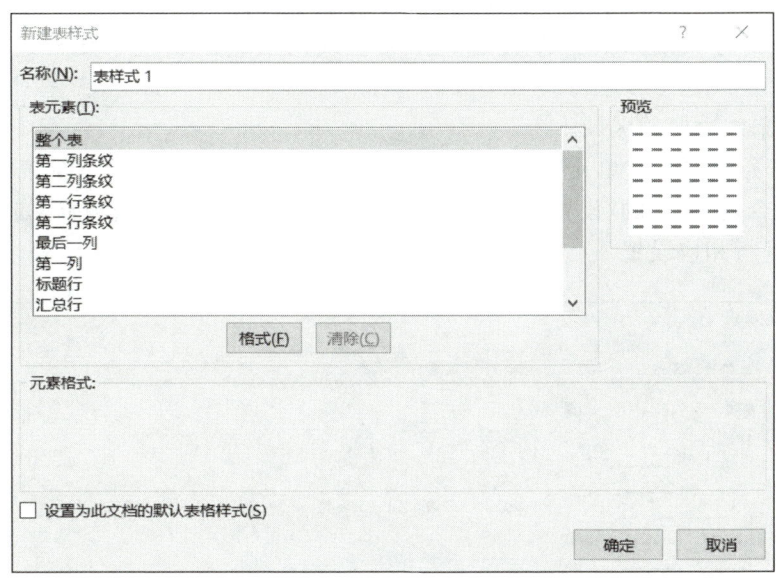

图 3-25 "新建表样式"对话框

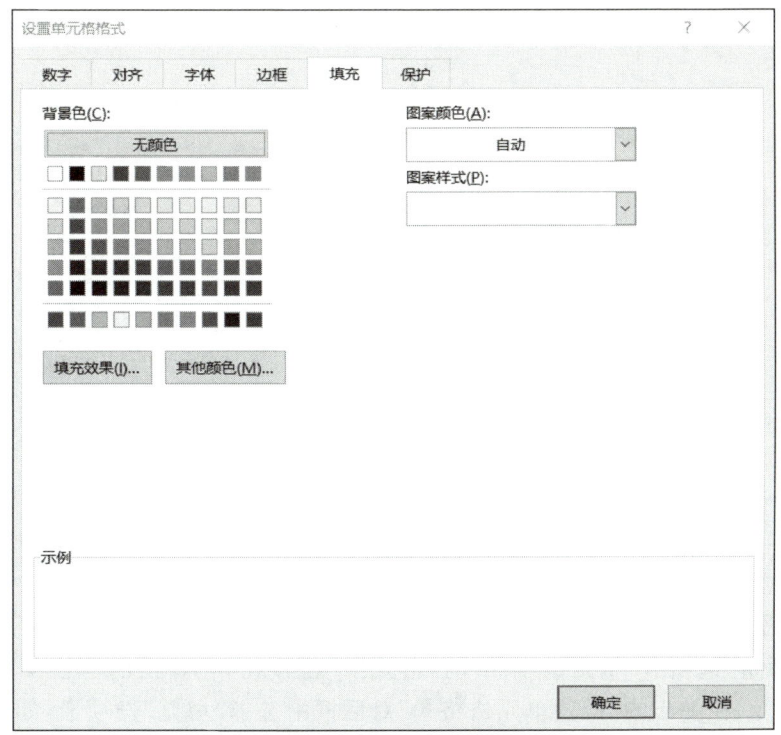

图 3-26 "设置单元格格式"对话框

3.3.7 编辑工作表

本小节主要介绍工作表其他格式的设置方法,通过这些格式的设置可以使用户在操作 Excel 2016 时更方便快捷,也能进一步满足用户的实际需要。

1. 设置单元格边框

在 Excel 2016 窗口中显示的网格线是为了方便用户输入、编辑数据而预设的,实际上并不存在,也就是说当用户打印工作表时,这些网格线不会被打印出来,用户必须自己为工作表设置边框,否则打印出来的工作表是一张无框线的表格。设置单元格边框的操作方法如下。

① 选定要添加边框的区域。

② 单击"开始"选项卡"单元格"组中的"格式"下拉按钮,在弹出的下拉菜单中选择"设置单元格格式"命令,在弹出的"设置单元格格式"对话框中选择"边框"选项卡,如图 3-27 所示,用户根据需要进行相应设置。

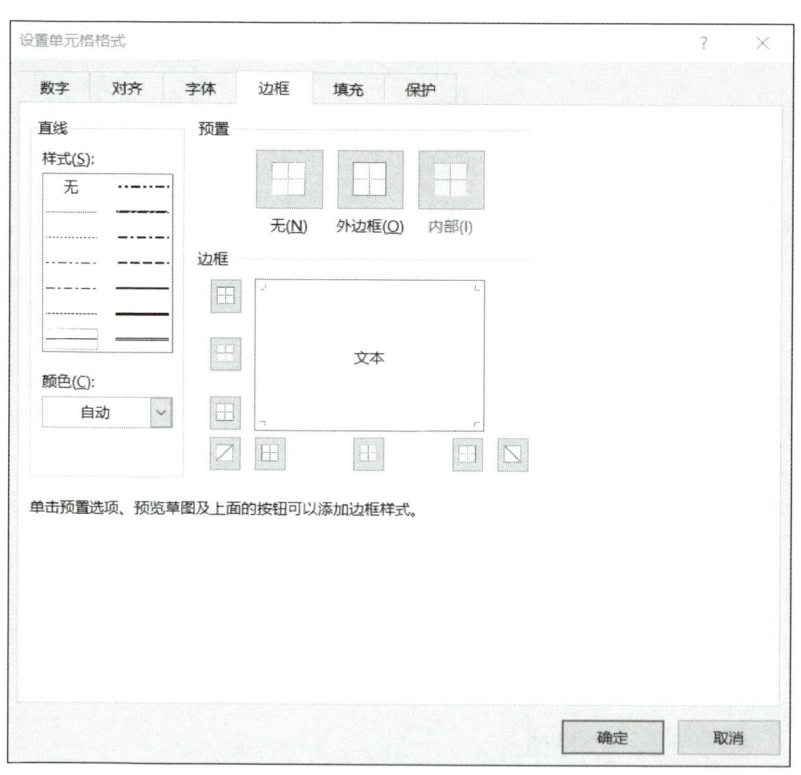

图 3-27 "边框"选项卡

2. 设置单元格底纹

如果想使自己设计的表格更加美观,更具有特色,可以适当加上一些底纹或图案。操作方法如下。

① 选定要添加底纹的单元格区域。

② 单击"开始"选项卡"单元格"组中的"格式"下拉按钮,在弹出的下拉菜单中选择"设置单元格格式"命令,在弹出的"设置单元格格式"对话框中选择"填充"选项卡,如图 3-28 所示,然后根据需要进行相应设置。

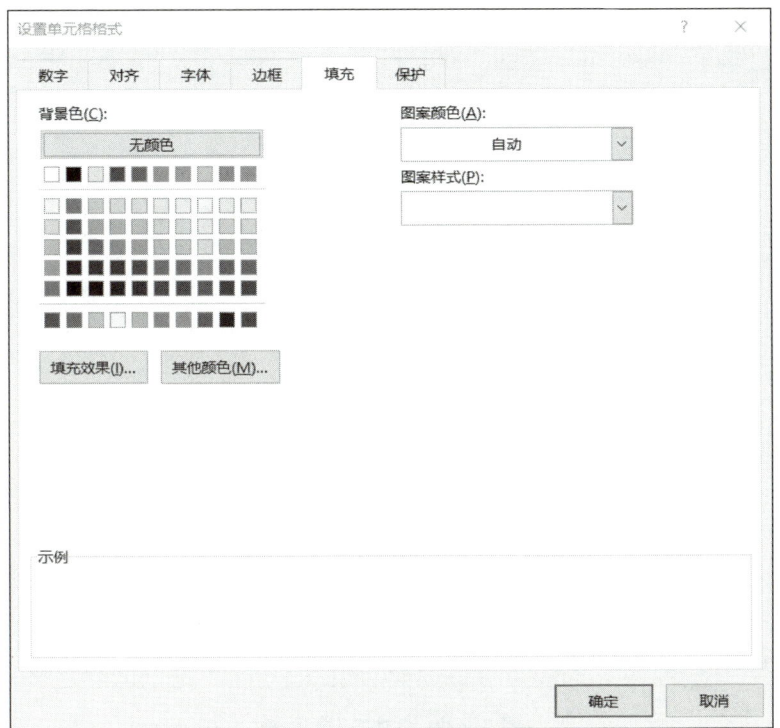

图 3-28 "填充"选项卡

3. 数据对齐方式

根据用户的需要,有时需要改变数据在单元格中的对齐方式。对齐方式分为水平对齐和垂直对齐两种。水平对齐是指单元格内容相对于单元格左边或右边对齐,垂直对齐是指单元格内容相对于单元格顶部或底部对齐。

设置单元格数据对齐方式的操作方法主要有以下两种:

● 先选定要重新设置对齐方式的单元格或单元格区域,然后根据用户需要单击"开始"选项卡"对齐方式"组中的相应对齐按钮。

● 先选定要重新设置对齐方式的单元格或单元格区域,单击"开始"选项卡"单元格"组中的"格式"下拉按钮,在弹出的下拉菜单中选择"设置单元格格式"命令,在弹出的"设置单元格格式"对话框中选择"对齐"选项卡,如图 3-29 所示,用户根据需要进行相应设置。

4. 合并及居中

合并及居中是指将选定单元格区域合并成一个单元格,并将单元格区域左上角的单元格内容放置在合并后的单元格中间。操作方法如下:

① 选定要合并的单元格区域。

② 单击"开始"选项卡"对齐方式"组中的"合并后居中"按钮；或单击鼠标右键,在弹出的快捷菜单中选择"设置单元格格式"命令,此时弹出"设置单元格格式"对话框,选择"对齐"选项卡,勾选"文本控制"组中的"合并单元格"复选框,并分别设置"水平对齐"和"垂直对齐"选项。

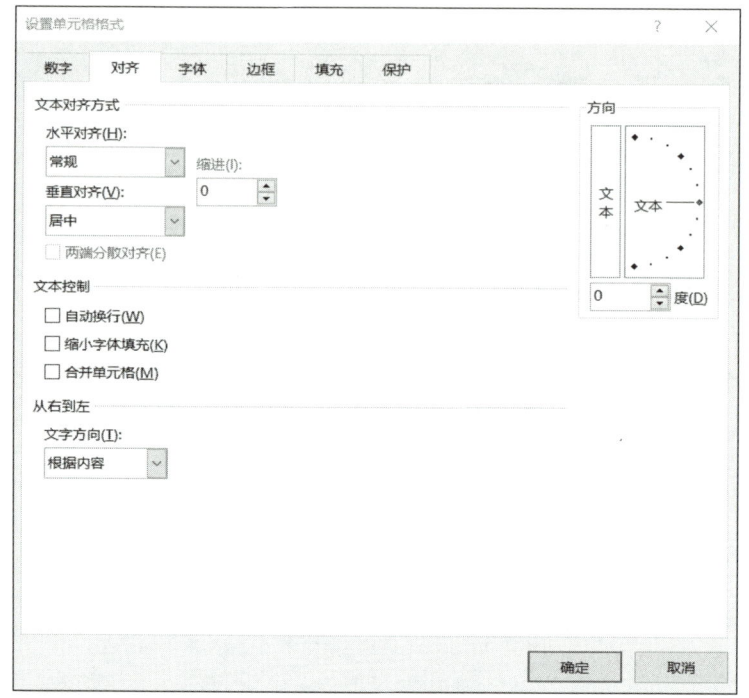

图 3-29 "对齐"选项卡

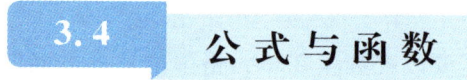

Excel 2016 提供了强大的计算功能,而公式与函数便是其中非常重要的组成部分,通过公式与函数,让数据分析和处理变得更加方便简单。

3.4.1 公式

通常公式是单个或多个函数的结合运用。使用公式时必须以等号"="开始,其后由函数、数据、运算符等组成。

以公式"=AVERAGE(A1:D1)*5-E2"为例,它要以等号"="开始,其右侧可以包括函数、引用、运算符和常量。上式中的"AVERAGE(A1:D1)"是函数,"E2"是对单元格 E2 的引用(使用其中存储的数据),"5"是常量,"*"和"-"是算术运算符(另外还有比较运算符、文本运算符和引用运算符)。

举例:若要计算 A1、A2、B1、B2、C1、C2 共 6 个单元格内数据的算术平均值,并将平均值存入 D2 单元格中,则可在 D2 单元格中输入公式"=AVERAGE(A1:C2)"或"=SUM(A1:C2)/6"。

3.4.2 函数

Excel 中的函数其实是一些预定义的公式,它们使用一些称为参数的特定数值按特定的顺序或结构进行计算。用户可以直接用它们对某个区域内的数值进行一系列运算,如求和、计算平均

3.4 公式与函数

值、排序显示和运算文本数据等。例如,SUM 函数对单元格或单元格区域进行求和运算。

1. 函数的插入

在 Excel 中,插入函数常用的方法有直接输入法及粘贴函数法。

① 采用直接输入法插入函数的操作如下。

● 选定需要插入函数的单元格。

● 在单元格中首先输入等号"=",然后再输入相应的函数及函数参数。例如"=MAX(A1:A10)"表示取 A1 至 A10 共 10 个单元格中的最大值。

● 完成输入后,按 Enter 键。

② 采用粘贴函数法插入函数的操作如下。

● 选定需要插入函数的单元格。

● 单击编辑栏上的"插入函数"按钮 f_x,或单击"公式"选项卡"函数库"组中的"插入函数"按钮,弹出"插入函数"对话框,如图 3-30 所示。

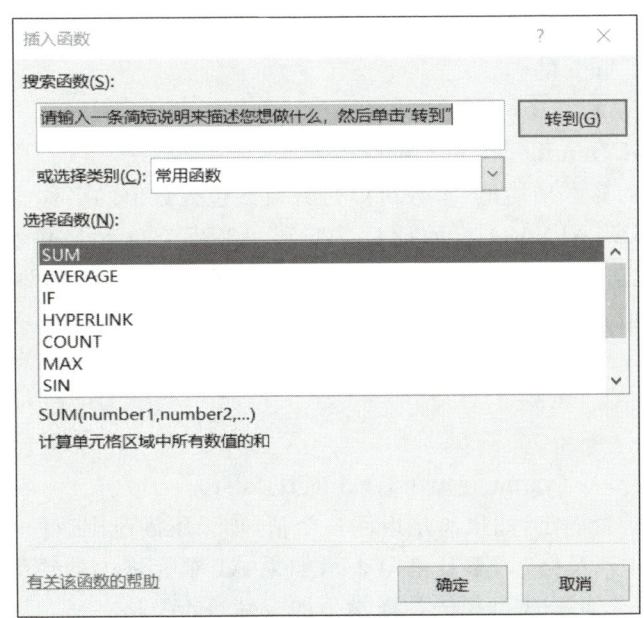

图 3-30 "插入函数"对话框

● 在"选择函数"列表框中找到需要的函数(以 SUM 函数为例),单击"确定"按钮,弹出"函数参数"对话框,如图 3-31 所示。

● 分别在对应参数的文本框中输入参数,单击"确定"按钮。每个参数都可以是单元格区域、单元格引用、数组、常量、公式或另一个函数的结果。

2. 常用函数简介

Excel 2016 提供了大量的函数,下面主要介绍其中的一些常用函数的含义及其用法。

(1) SUM 函数

语法:SUM(number1,number2,...)

功能:计算单元格区域中所有数值的和。

举例:SUM(A1,A3)表示计算 A1 和 A3 两个单元格中数值的和,SUM(A1:A3)表示计算 A1、A2、A3 三个单元格(即 A1 开始、A3 结束的单元格区域中所有单元格)中数值的和,

操作视频

常用函数简介

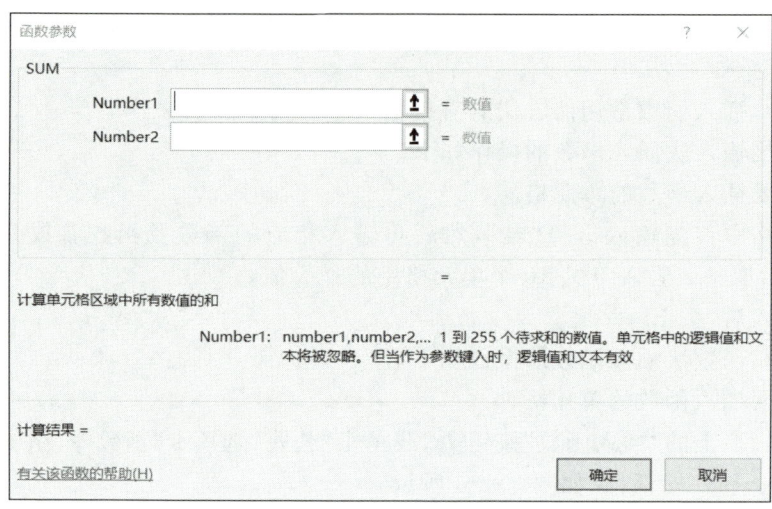

图 3-31 "函数参数"对话框

SUM(3,5)表示计算 3 和 5 的和。

(2) AVERAGE 函数

语法：AVERAGE(number1,number2,…)

功能：计算参数的算术平均值，参数可以是数值或包含数值的名称、数组或引用。

举例：AVERAGE(A1,A3)表示计算 A1 和 A3 两个单元格中数值的算术平均值；AVERAGE(A1:A3)表示计算 A1、A2、A3 三个单元格(即 A1 开始到 A3 结束的单元格区域中所有单元格)中数值的算术平均值；AVERAGE(3,5)表示计算 3 和 5 的算术平均值；AVERAGE(SUM(A1:A3),D4)表示计算 A1、A2、A3 三个单元格的总和与 D4 单元格的算术平均值，等同于(A1+A2+A3+D4)/2。

(3) IF 函数

语法：IF(logical_test, value_if_true, value_if_false)

功能：判断条件是否满足，如果满足返回一个值，如果不满足则返回另一个值。

举例：IF(A1>60,"及格","不及格")表示如果 A1 单元格中的数值大于 60，则返回"及格"，否则返回"不及格"，此公式可用于判断学生的成绩是否及格。

(4) COUNT 函数

语法：COUNT(value1,value2,…)

功能：计算包含数字的单元格及参数列表中的数字的个数。

举例：若工作表中数据如图 3-32 所示，则函数 COUNT(A1:B3)表示计算从 A1 开始到 B3 结束的单元格区域内单元格中值为数字的单元格个数，结果为 2，即只有 A1 和 B2 两个单元格的数值为数字；函数 COUNT(A1:B3,10,你好)的返回值为 3。

(5) MAX 函数

图 3-32 COUNT 函数举例图

语法：MAX(number1,number2,…)

功能：返回一组数据中数值的最大值，忽略逻辑值、文本等非数值参数。

举例：以图 3-32 为例，MAX(A1:B3)的运行结果为 3，此时忽略了 A2、A3、B1、B3 四个单元格中的文本；MAX(A1:B3,15)的运行结果为 15，表示返回 1、3、15 三个数值中的最大值。

(6) MIN 函数

语法：MIN(number1，number2，…)

功能：返回一组数据中数值的最小值，忽略逻辑值、文本等非数值数据。

(7) COUNTIF 函数

语法：COUNTIF(range，criteria)

功能：计算某个区域中满足给定条件的单元格数目。其中 range 表示要计算其中非空单元格数目的区域；criteria 表示以数字、表达式或文本形式定义的条件。

举例：若工作表中数据如图 3-33 所示，则函数 COUNTIF(B2:B6,">20")表示计算 B2 至 B6 单元格区域中"人数"满足">20"条件的单元格数目，结果为 4。

(8) COUNTIFS 函数

语法：COUNTIFS(criteria_range，criteria，…)

功能：统计一组给定条件所指定的单元格数。其中 criteria_range 表示要为特定条件计算的单元格区域；criteria 表示数字、表达式或文本形式的条件，它定义了单元格统计的范围。

举例：若工作表中数据如图 3-33 所示，则函数 COUNTIFS(B2:B6,">20",B2:B6,"<32")表示计算 B2 至 B6 单元格区域中"人数"满足">20"且"<32"条件的单元格数目，结果为 3。

(9) SUMIF 函数

语法：SUMIF(range，criteria，sum_range)

功能：对满足条件的单元格求和。其中 range 表示要进行条件判断的单元格区域；criteria 表示以数字、表达式或文本形式定义的条件；sum_range 表示用于求和计算的实际单元格，如果省略，将使用进行判断的单元格区域中的单元格进行求和计算。

举例：若工作表中的数据如图 3-33 所示，则 SUMIF(A2:A6,"计算机应用",B2:B6)表示计算 A2 至 A6 单元格区域中"专业名称"为"计算机应用"的"人数"总和，即 B2+B4+B6，结果为 79。

(10) RANK.EQ 函数

语法：RANK.EQ(number，ref，order)

	A	B
1	专业名称	人数
2	计算机应用	30
3	计算机信息管理	5
4	计算机应用	25
5	计算机软件	40
6	计算机应用	24

图 3-33 SUMIF 函数举例图

功能：返回某数字在一列数字中相对于其他数值的大小排名；如果多个数值排名相同，则返回该组数值的最佳排名。其中 number 表示指定的数字；ref 表示一组数或对一个数据列表的引用，非数字值将被忽略；order 表示指定排名的方式，如果为 0 或忽略表示降序，如果为非零值表示升序。

举例：若工作表中数据如图 3-34 所示，在 G3 单元格输入函数=RANK.EQ(F3,$F$3:$F$7,0)，则表示 F3 单元格值在 F3 至 F7 单元格区域值的排名，对 F3 至 F7 单元格区域使用绝对引用地址，结果为 3。

	A	B	C	D	E	F	G
1	成绩表						
2	学号	姓名	语文	数学	英语	总分	排名
3	2025001	黄一帆	87	76	85	248	
4	2025002	陈玉	90	92	95	277	
5	2025003	张丽华	85	82	88	255	
6	2025004	王帅	65	69	65	199	
7	2025005	李秋月	78	75	80	233	

图 3-34 RANK.EQ 函数举例图

Excel 2016 提供的函数还有很多,限于篇幅,本书中只是介绍其中一部分,其余函数的使用方法请参阅 Excel 2016 的帮助文档。

3.5 数据管理与数据分析

3.5.1 数据管理与数据分析概述

数据管理是指对数据进行排序、筛选、分类汇总等操作。合理运用数据管理功能,用户可以很容易地对工作簿文件中的大量数据进行符合自己需要的各种操作。比如,当前工作表中存放的是大量学生的期末考试成绩,而用户现在需要了解各科成绩的第一名是哪些学生,怎么办呢？利用 Excel 2016 提供的排序功能,只需对每门课程的成绩按降序排列即可,而不必花费大量的时间和精力在如此多的数据中一个一个地找。因此,数据管理功能是 Excel 2016 必不可少的组成部分,也是用户很有必要掌握的知识。

数据分析是指用适当的统计方法对收集来的大量数据进行分析,以求最大化地利用数据资料的价值,是为了提取有用信息和形成结论而对数据加以详细研究和概括总结的过程。

3.5.2 数据的排序

排序是进行数据管理的重要功能之一,Excel 2016 中的排序主要有两种,这里分别予以介绍。

1. 简单排序

简单排序是将某一列的值按升序或降序排列,操作方法如下。

① 选定需要排序列中的任一单元格。

② 单击"数据"选项卡"排序和筛选"组中的"升序"按钮 或"降序"按钮 即可。例如,要对图 3-35 所示的原始记录单中的记录按总计降序排列,可先选定"总计"列中的任一单元格,然后单击"降序"按钮,简单排序结果如图 3-36 所示。

操作视频
数据的排序

	A	B	C	D
1	姓名	基本工资	津贴	总计
2	王五	2400	180	2580
3	张一	2000	200	2200
4	李四	1500	150	1650
5	张一	2200	200	2400

图 3-35 原始记录单

	A	B	C	D
1	姓名	基本工资	津贴	总计
2	王五	2400	180	2580
3	张一	2200	200	2400
4	张一	2000	200	2200
5	李四	1500	150	1650

图 3-36 简单排序结果

如图3-35所示,对数值型数据排序是根据其数值的大小关系,而对文本型数据排序是根据其拼音字母的排列顺序。

2. 复杂排序

如果排序涉及两列或两列以上的数据,比如对图3-35所示的记录单需要先按姓名升序排列,在姓名相同时,再按基本工资的降序排列,此时就不能使用简单排序实现了。要达到上述排序要求,可以通过菜单命令完成,操作方法如下。

① 选定记录单中任一单元格。

② 单击"数据"选项卡"排序和筛选"组中的"排序"按钮,弹出"排序"对话框,在该对话框"列"的"主要关键字"下拉列表框中选择"姓名","排序依据"下拉列表框中选择"单元格值","次序"下拉列表框中选择"升序";单击"添加条件"按钮,在"次要关键字"下拉列表框中选择"基本工资","排序依据"下拉列表框中选择"单元格值","次序"下拉列表框中选择"升序",如图3-37所示,排序结果如图3-38所示。

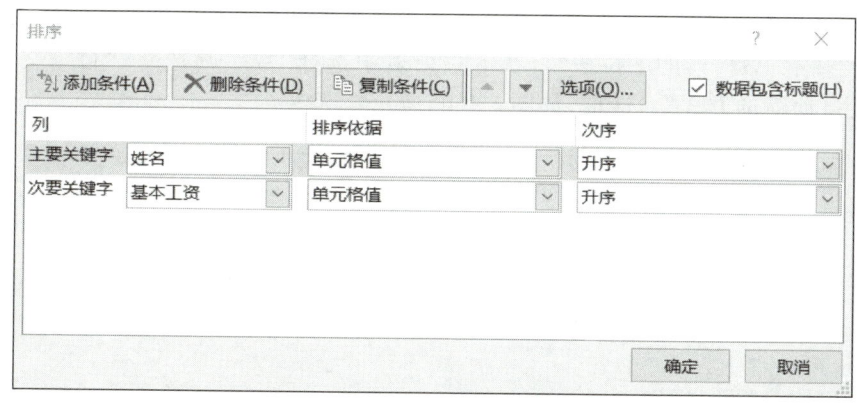

图3-37 "排序"对话框

图3-38 复杂排序结果

3. 自定义排序

如果用户对数据的排序有特殊要求,可在如图3-37所示的"排序"对话框内"次序"下拉列表框中选择"自定义序列…"选项,在弹出的对话框中进行相应设置。

3.5.3 数据的筛选

数据的筛选是按照指定的条件将记录单中不满足条件的记录暂时隐藏起来,这样可以大大提高用户浏览数据的效率。数据的筛选分为简单筛选、自定义筛选和高级筛选。

1. 简单筛选

若需要显示如图3-35所示记录单中的所有姓名为"张一"的数据,操作方法如下。

① 选定记录单中任一单元格。

② 单击“数据”选项卡“排序和筛选”组中的“筛选”按钮，这时每列标题右侧都会出现一个下拉按钮。单击“姓名”列的下拉按钮，并从下拉列表中选择“张一”即可，简单筛选结果如图 3 - 39 所示。

	A	B	C	D
1	姓名	基本工	津贴	总计
4	张一	2000	200	2200
5	张一	2200	200	2400

图 3 - 39　简单筛选结果

2. 自定义筛选

筛选条件可根据用户的需要自行定义，而且定义方式灵活方便。例如，如果想知道如图 3 - 35 所示的记录单中哪些人员的基本工资在 1 800 以上、3 000 以下，操作方法如下：

① 单击“基本工资”列的下拉按钮，在下拉列表中选择“数字筛选”→“自定义筛选”命令，弹出“自定义自动筛选方式”对话框，如图 3 - 40 所示。

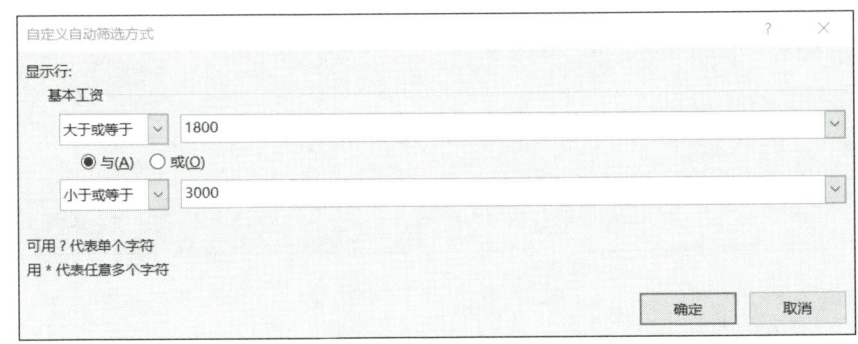

图 3 - 40　“自定义自动筛选方式”对话框

② 在左侧上边的下拉列表框中选择“大于或等于”，在其右边组合框中输入“1 800”；选择“与”单选按钮；在左侧下边的下拉列表框中选择“小于或等于”，在其右边的组合框中输入“3 000”，最后单击“确定”按钮即可。

3. 高级筛选

相对于自动筛选，高级筛选可以根据复杂条件进行筛选，而且可以把筛选的结果复制到指定的地方，更方便进行对比。

高级筛选中，可以使用通配符作为筛选条件。其中，通配符“?”代表单个字符，“ * ”代表任意多个字符。

要筛选如图 3 - 35 所示的记录单中姓张的人员的记录，操作方法如下。

① 在空白单元格区域中输入高级筛选的条件，如图 3 - 41 所示。

姓名
张*

图 3 - 41　高级筛选的条件

② 选定源数据中的任意一个单元格。

③ 单击“数据”选项卡“排序和筛选”组中的“高级”按钮，弹出“高级筛选”对话框，如图 3 - 42 所示；“方式”选项组用于确定筛选结果的显示方式，用户可根据需要进行设置，此处选择“将筛选结果复制到其他位置”；“列表区域”“条件区域”及“复制到”文本框中分别输入或选择相应的区域。

④ 设置完成后,单击确定按钮,记录单中姓张的人员记录即被筛选并复制到"复制到"文本框中设置的区域中。

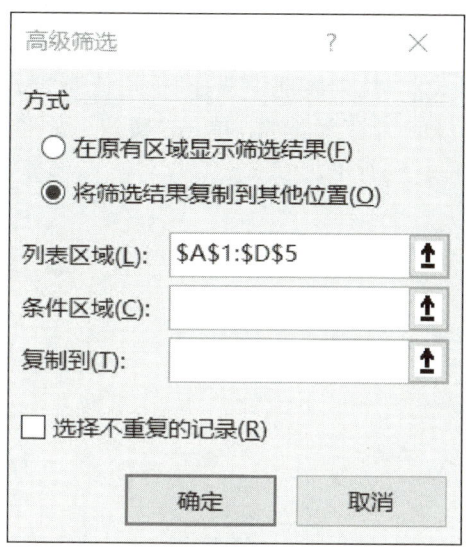

图 3-42 "高级筛选"对话框

3.5.4 条件格式

条件格式指用户可以在指定的单元格范围内,为满足指定条件的单元格设置特定的格式,使其区别于其他的单元格。为了直观地显示如图 3-35 所示表格中"基本工资"大于 2 000 的单元格,操作方法如下。

① 选中 B2 至 B5 单元格区域。
② 在"开始"选项卡"样式"组中的"条件格式"下拉列表框中单击"突出显示单元格"→"大于"选项。
③ 弹出"大于"对话框,在条件框中输入"2 000","设置为"下拉列表框中选择"浅红填充色深红色文本",如图 3-43 所示。

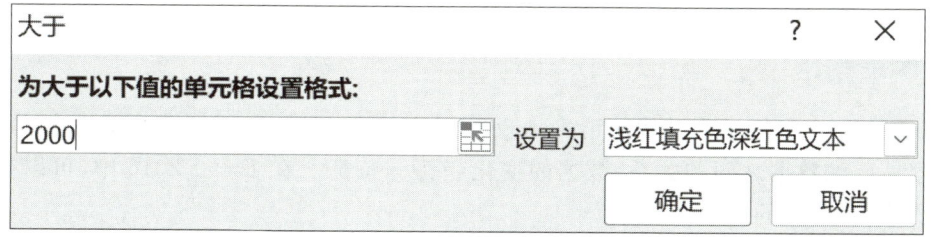

图 3-43 "大于"对话框

3.5.5 分类汇总

分类汇总是对数据进行统计计算,灵活运用分类汇总功能,可以避免多次求和运算,从而提高工作效率。要统计如图 3-44 所示表格中男女同学分别的平均年龄,操作方法如下。

① 选定记录单中任一单元格。

操作视频

分类汇总

第 3 章 电子表格软件 Excel 2016

姓名	性别	年龄
张一	女	18
张二	男	19
张三	女	17
张四	女	16
张五	男	17

图 3-44 分类汇总源数据

② 按照排序的方法首先将数据按性别的升序排序。

③ 单击"数据"选项卡"分级显示"组中的"分类汇总"按钮,弹出"分类汇总"对话框,如图 3-45 所示。在该对话框的"分类字段"下拉列表框中选择"性别","汇总方式"下拉列表框中选择"平均值","选定汇总项"列表框中勾选"年龄"复选框,单击"确定"按钮,分类汇总结果如图 3-46 所示。

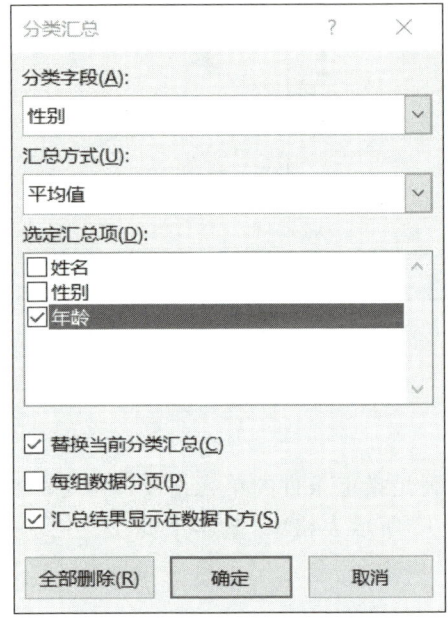

图 3-45 "分类汇总"对话框

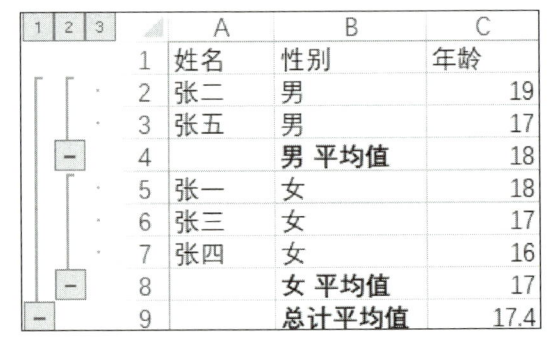

图 3-46 分类汇总结果

3.6 图表的操作

3.6.1 图表概述

在 Excel 2016 中记录单虽然能精确地反映现实情况,但如果用图表方式来展示,将更加直观,更容易反映数据之间的关系、数据的变化趋势等特征。在 Excel 2016 中,可以采用数据的图表化来达到此目的。

数据的图表化是将工作表中的数据以各种统计图表的形式显示,使那些显得杂乱无章的抽象、复杂的数据更易于理解和交流。图表与工作表中的原始数据相链接,更新工作表中的数据时,图表中对应项的数据也随之变化,自动更新。

Excel 2016 提供了多种图表类型,每种类型都包含一些子图表类型,但不管是何种图表类型,其基本组成元素是相同的。

图表的基本组成元素又称为图表项,一般包括图表区、绘图区、分类轴、数值轴、图例、图表标题、数据表、系列线、数据标志等。用鼠标单击图表的不同部分,可以选择图表的各个图表

操作视频

图表的操作

项,选定其中一个之后,该图表项的名称就会出现在名称栏中,此时如果执行"格式"菜单中的对应选项就可以更改图表项的格式。

3.6.2 图表的形式

Excel 2016 中的图表形式有两种:一种是将图表直接插入数据所在的工作表中,称为嵌入式图表;嵌入式图表与数据处于同一个工作表中,位于数据层的上方,因此它有可能将数据区中的数据挡住,此时只需用鼠标拖曳的方式将图表移开即可。另一种是专门为图表建立一个工作表,这样的工作表没有单元格,没有数据,没有行列标题,只有图标和图形,称为图表工作表。

3.6.3 创建图表

根据图表的形式和建立过程的不同,进行图表创建。

1. 创建图表工作表

① 选定要建立图表的数据区域。

② 按功能键 F11,就会立即得到如图 3-47 所示的图表工作表。该表建立在另外的工作表中,默认的工作表名为 Chart1、Chart2 等。

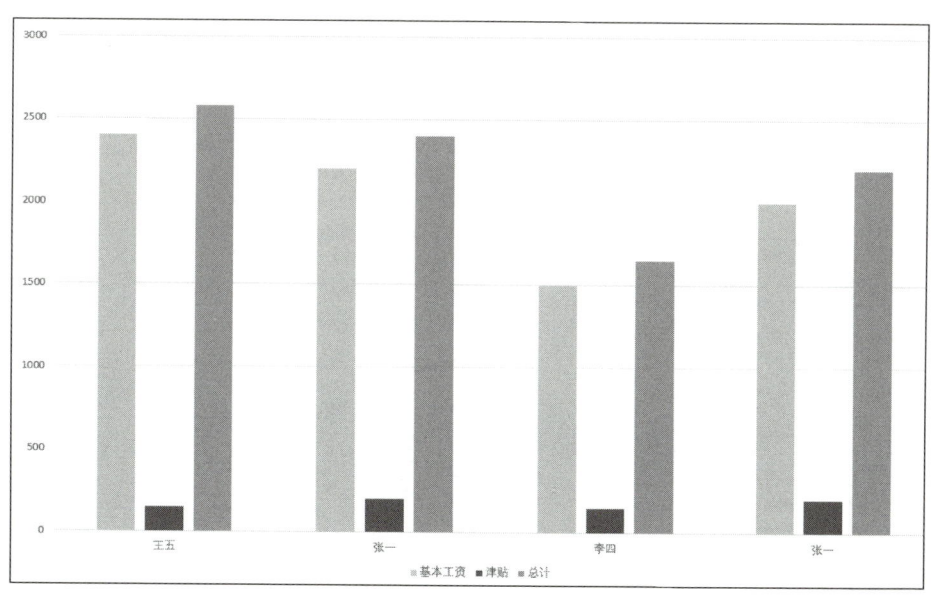

图 3-47 图表工作表

2. 使用图表向导创建图表

无论嵌入式图表还是图表工作表,都可以利用 Excel 2016 提供的图表向导来创建,具体操作步骤如下:

① 选定要建立图表的数据区域。

② 单击"插入"选项卡"图表"组的对话框启动器,弹出"插入图表"对话框,如图 3-48 所示。

③ 选择需要插入的图表类型后,单击"确定"按钮,此时 Excel 即插入所选择类型的图表;单击"图表工具"栏"设计"选项卡"数据"组中的"选择数据"按钮,弹出"选择数据源"对

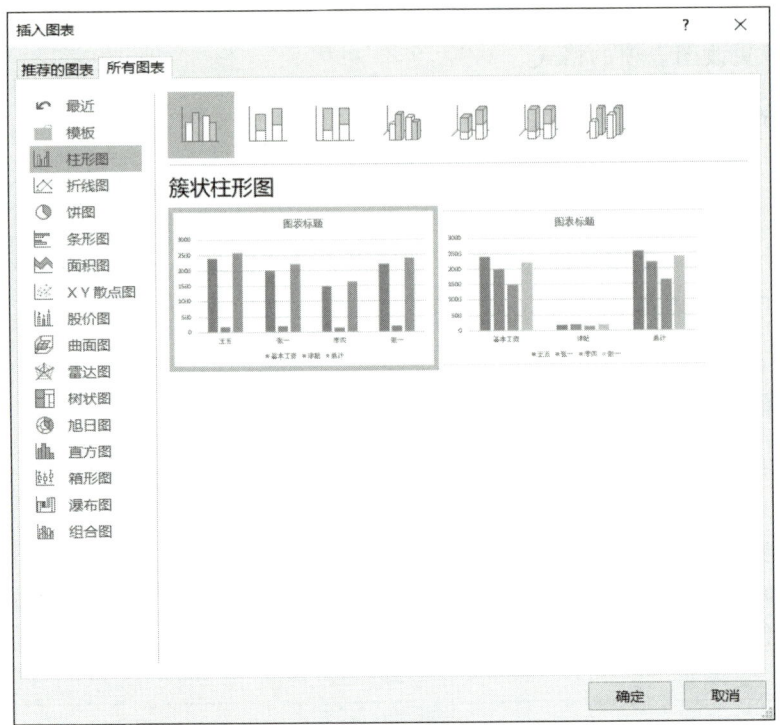

图 3-48 "插入图表"对话框

话框,如图 3-49 所示,可根据需要对图例项(系列)及水平(分类)轴标签进行添加、编辑及删除操作。

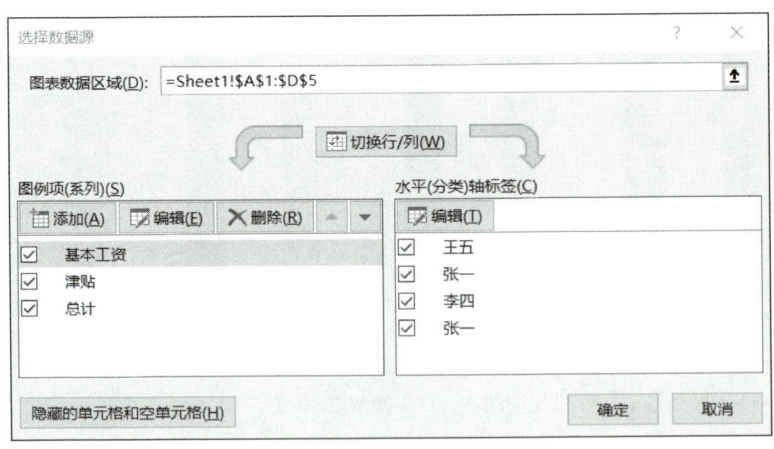

图 3-49 "选择数据源"对话框

④ 若要添加图表标题,可选择图表,单击"图表工具"栏"设计"选项卡"图表布局"组中的"添加图表元素"下拉按钮,在弹出的下拉列表中选择"图表标题"选项,在弹出的下级菜单中选择需要的图表标题位置,然后在图表中更改标题文字。

⑤ 其余图表元素的添加操作步骤同图表标题,如"图例""坐标轴标题"等元素的添加。

设置完成后的工资表图表如图 3-50 所示。

3.6 图表的操作

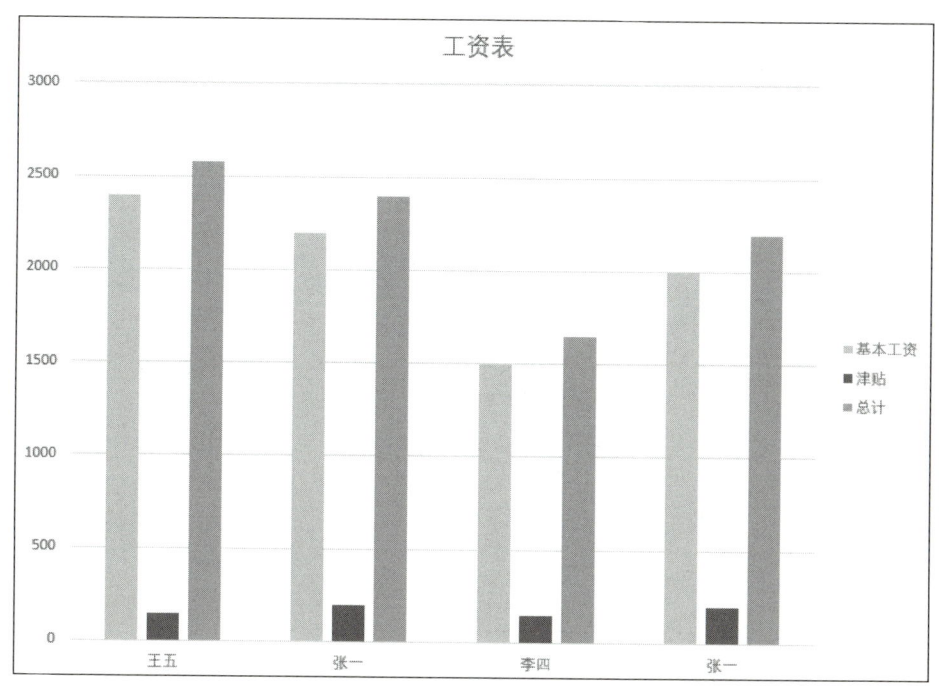

图 3-50 设置完成后的工资表图表

3.6.4 编辑图表

图表创建完成后,如果发现有不满意的地方,还可以进行修改,直到满意为止。编辑图表实际上就是修改图表中各个对象,包括增加、删除、修改数据,更改图表类型,设置数据格式等。在 Excel 2016 中,单击图表即可选定图表,选定之后再进行具体的编辑操作。

图表的编辑可以通过命令按钮来实现,但最方便快捷的方法是直接用鼠标双击要修改的图表项,打开图表项所对应的设置格式窗格,然后在设置格式窗格中设置该图表项的格式。

对于整个图表的移动、复制、缩放和删除操作与 Word 2016 中对图形的处理方法是一样的,此处不再赘述。

3.6.5 设置图表的格式

完成图表建立后,可以对图表进行格式设置,包括设置图表区、绘图区、图例及坐标轴的格式,从而让图表更加美观。

1. 设置图表区格式

① 选定图表。

② 单击鼠标右键,在弹出的快捷菜单中选择"设置图表区域格式"命令,弹出"设置图表区格式"窗格,如图 3-51 所示。在该窗格中可设置图表的填充颜色、图案等,边框颜色与样式,效果,大小,属性及可选文字等,只需选择相应的选项进行设置即可。

2. 设置绘图区的格式

① 选定图表的绘图区。

图 3-51 "设置图表区格式"窗格

② 单击鼠标右键,在弹出的快捷菜单中选择"设置绘图区格式"命令,弹出"设置绘图区格式"窗格,如图 3-52 所示,只需选择相应的选项进行设置即可。

图 3-52 "设置绘图区格式"窗格

图 3-53 "设置图例格式"窗格

3. 设置图例的格式

① 选定图表的图例。

② 单击鼠标右键,在弹出的快捷菜单中选择"设置图例格式"命令,弹出"设置图例格式"窗格,如图 3-53 所示,只需选择相应的选项进行设置即可。

4. 设置坐标轴的格式

① 选定图表的坐标轴。

② 单击鼠标右键,在弹出的快捷菜单中选择"设置坐标轴格式"命令,弹出"设置坐标轴格式"窗格,如图 3-54 所示,只需选择相应的选项进行设置即可。

图 3-54 "设置坐标轴格式"窗格

3.7 电子表格的输出

3.7.1 页面设置

在页面设置中可以对要打印的工作表进行页面布局和格式的安排,使打印输出的表格更加合理、美观。要进行页面设置,可按如下方法进行操作:

① 单击"页面布局"选项卡"页面设置"组的对话框启动器 ,弹出"页面设置"对话框,如图 3-55 所示。

② 该对话框包含"页面""页边距""页眉/页脚""工作表"四个选项卡,它们的作用分别是:在"页面"选项卡中可以设置打印的方向、纸张的大小等选项;在"页边距"选项卡中可以设置表

格与打印纸边缘的距离；在"页眉/页脚"选项卡中可以添加每页顶部/底部的页眉/页脚；在"工作表"选项卡中可以设置打印区域、打印顺序等。

图 3-55 "页面设置"对话框

3.7.2 打印输出

1. 打印预览

页面设置工作完成后，先不要急于打印输出，应先对要打印的工作表进行打印预览，以查看打印效果。如果不满意，可以返回工作表进行修改、设置，完成后再进行打印预览。可多次反复，直到满意为止，再打印输出。

打印预览可以显示电子表格的打印效果。在打印预览中，电子表格的打印预览效果与实际打印结果基本一致，用户可及时改正不足之处，以减少纸张和油墨的浪费。

单击"文件"选项卡中的"打印"命令，即可在右侧窗格中显示打印预览效果。

2. 打印输出

① 所有的设置完成后，就可以将电子表格打印出来。在打印之前需要确定打印机已经连接到主机上，并且已经开启，打印纸也准备好。

② 单击"文件"选项卡中的"打印"命令，在中间窗格中显示"打印"按钮以及打印机相关设置等打印选项，如图 3-56 所示，根据需要完成设置后单击"打印"按钮即可将电子表格打印输出。

图 3-56 打印选项

习 题 3

单选题

1. Microsoft Excel 是处理（　　）的软件。
A. 图像效果　　　B. 文字编辑排版　　C. 图形设计方案　　D. 电子表格
2. 以下操作中不属于 Excel 的操作是（　　）。
A. 自动求和　　　B. 自动填充数据　　C. 自动筛选　　　　D. 自动排版
3. 以下单元格引用中,属于相对引用的有（　　）。
A. ＄A＄2　　　　B. ＄A2　　　　　　C. A2　　　　　　　D. A＄2
4. 在 Excel 中,对工作表的数据进行一次排序,排序关键字是（　　）。
A. 任意多　　　　B. 只能一列　　　　C. 只能两列　　　　D. 最多三列
5. Excel 中单元格的地址是由（　　）来表示的。
A. 列标　　　　　B. 行号　　　　　　C. 任意确定　　　　D. 列标和行号

参考答案

习题 3 参考答案

6. Excel中如果单元格中的数太大不能显示时,一组(　　)符号会显示在单元格内。
   A. *　　　　　　　　B. ?　　　　　　　　C. #　　　　　　　　D. ERROR!

7. & 表示(　　)。
   A. 文字运算符　　　B. 引用运算符　　　C. 比较运算符　　　D. 算术运算符

8. 下列关于Excel单元格的高度与宽度叙述中错误的是(　　)。
   A. 单元格的宽度可以改变,高度是固定的　　B. 可用菜单命令改变单元格的高度
   C. 单元格的默认宽度为8个字符　　　　　　D. 可用鼠标改变单元格的宽度

9. 选中工作表中的某一行,按Delete键后(　　)。
   A. 该行被清除,同时该行所设置的格式也被清除
   B. 该行被清除,但下一行的内容不上移
   C. 该行被清除,同时下一行的内容上移
   D. 以上都不正确

10. 在Excel中当鼠标移到自动填充柄上时,鼠标指针变为(　　)。
    A. 双十字形　　　　B. 双箭头形　　　　C. 黑十字形　　　　D. 黑矩形

11. 在Excel工作表中,A1至A8单元格的数值都为1,A9单元格的数值为0,A10单元格的数据为"Excel",则函数AVERAGE(A1:A10)的结果是(　　)。
    A. 0.8　　　　　　B. 1　　　　　　　C. 8/9　　　　　　D. ERROR

第 4 章　演示文稿制作软件 PowerPoint 2016

本章要点：
- PowerPoint 2016 概述；
- PowerPoint 2016 的基本操作；
- PowerPoint 2016 演示文稿的编排；
- PowerPoint 2016 对象的操作；
- PowerPoint 2016 动画与超链接；
- PowerPoint 2016 演示文稿的放映和打印。

本章主要讲述 PowerPoint 2016 的基本操作、演示文稿的格式设置、对象（图形、艺术字、多媒体对象、表格、图表等）的基本操作、动画和超链接、演示文稿的放映和打印等内容。

4.1　PowerPoint 2016 概述

PowerPoint 2016 是 Office 2016 组件之一。通过它可以制作出具有专业水准的演示文稿、35 毫米彩色幻灯片及投影胶片，并可以在演示文稿中加入声音、图形、图像、动画等多媒体对象，通过计算机或大屏幕投影呈现给观众一个声、情、景俱佳的多彩世界。另外，为了能够直接在幻灯片中加入更多、更丰富的图片或文件，它还提供了强大的网络支持功能。

通常把用 PowerPoint 制作出来的文档称为"演示文稿"。所谓"演示文稿"就是指人们在组织情况、阐述计划和实施方案时，向观众展示的一系列材料。演示文稿由若干张按一定顺序组织起来的页面组成，这些页面称为"幻灯片"。

4.1.1　PowerPoint 2016 的启动与退出

1. PowerPoint 2016 的启动

启动 PowerPoint 2016 的常用方法主要有以下三种。

- 选择"开始"→"PowerPoint 2016"选项即可。
- 若计算机桌面有 PowerPoint 2016 的快捷图标，则直接双击该图标即可；若计算机桌面无 PowerPoint 2016 的快捷图标，可进入软件的安装目录中，找到对应的图标双击即可。

- 双击任意一个已经建立的 PowerPoint 演示文稿文件。

2. PowerPoint 2016 的退出

退出 PowerPoint 2016 的常用方法主要有以下三种。
- 在 PowerPoint 2016 窗口中,右击标题栏,在弹出的菜单中单击"关闭"按钮。
- 单击 PowerPoint 2016 窗口右上方的"关闭"按钮 。
- 按下组合键 Alt+F4。

4.1.2 PowerPoint 2016 的窗口组成

PowerPoint 2016 演示文稿软件的窗口主要由快速访问工具栏、标题栏、窗口控制按钮、功能区、幻灯片导航窗格、幻灯片窗格、备注窗格、状态栏等组成,如图 4-1 所示。

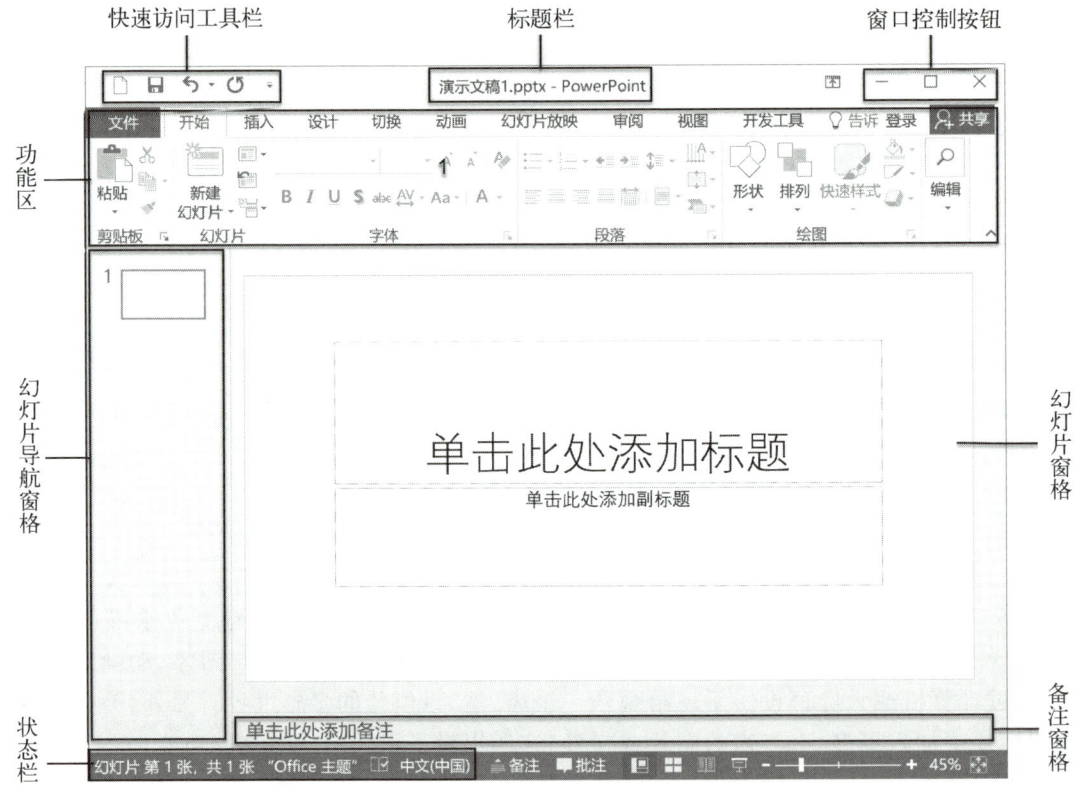

图 4-1 PowerPoint 2016 窗口

1. 快速访问工具栏

PowerPoint 2016 的"快速访问工具栏"位于窗口左上角,用于放置常用的命令按钮,使用户能够快速执行常用的命令。默认情况下,"快速访问工具栏"中只有数量较少的命令,用户可以根据需要添加多个自定义命令,操作步骤与 Word 2016 相同,此处不再赘述。

2. 标题栏

标题栏位于窗口的顶部,显示当前演示文稿的名称和软件名称。

3. 窗口控制按钮

窗口控制按钮位于窗口的右上角,包括"功能区显示选项""最小化""向下还原/最大化"和"关闭"按钮。"功能区显示选项"按钮的功能同 Word 2016,此处不再赘述。单击"最小化"按钮,可以将当前窗口最小化为系统任务栏上的一个按钮。在窗口处于最大化状态下,可以单击"向下还原"按钮,可将窗口缩小。在窗口处于非最大化状态时,可以单击"最大化"按钮,将窗口最大化。单击"关闭"按钮,可以退出 PowerPoint 2016。

4. 功能区

功能区位于标题栏的下方,由多个选项卡组成,包括"文件""开始""插入""设计""切换""动画""幻灯片放映""审阅""视图""开发工具"等,选项卡之间可以相互切换,以方便用户操作。每个选项卡由多个组构成。用户可以根据需要添加自定义选项卡和自定义组。

5. 幻灯片导航窗格

幻灯片导航窗格中显示各张幻灯片的缩略图,所显示的幻灯片缩略图的数量随显示比例的不同而变化;单击某张幻灯片缩略图时,在幻灯片窗格中将显示该张幻灯片的内容;另外,在幻灯片导航窗格中,亦可轻松完成对幻灯片的排列、添加和删除操作。

6. 幻灯片窗格

幻灯片窗格用于显示幻灯片的内容,可直接在该窗格中编辑选定幻灯片的内容。

7. 备注窗格

备注窗格位于幻灯片窗格下方,用于显示对幻灯片的解释、说明等备注信息,可直接在该窗格中输入、编辑备注信息。备注窗格如果隐藏,可以通过单击"视图"选项卡"显示"组的"备注"按钮来显示。

8. 状态栏

状态栏位于窗口底部,用于显示与当前演示文稿相关的一些信息,如演示文稿中幻灯片的总页数、当前幻灯片的页数、应用的设计模板名称等。

4.1.3 PowerPoint 2016 的常用视图

PowerPoint 2016 提供了 6 种视图方式:普通视图、大纲视图、幻灯片浏览视图、备注页视图、阅读视图、母版视图(幻灯片母版、讲义母版和备注母版)。默认情况下为普通视图。

1. 普通视图

普通视图如图 4-1 所示。在这种视图中能够全面展示演示文稿中各张幻灯片的名称、标题、排列顺序等。要修改某张幻灯片时,在幻灯片导航窗格中单击该张幻灯片的缩略图就可以在幻灯片窗格中迅速切换到该张幻灯片。"幻灯片"导航窗格中显示的是每张幻灯片的外观。在备注窗格中可以添加对幻灯片的注释说明。拖曳窗格边框可以调整各窗格的大小。

2. 大纲视图

要切换到大纲视图,可单击"视图"选项卡"演示文稿视图"组中的"大纲视图"按钮。在这种视图中,左侧大纲窗格显示各个幻灯片的大纲信息。要修改某张幻灯片时,在大纲窗格中单击该张幻灯片的图标或标题即可迅速切换到该张幻灯片。

3. 幻灯片浏览视图

要切换到幻灯片浏览视图,可单击状态栏上的"幻灯片浏览"按钮 或单击"视图"选项卡"演示文稿视图"组中的"幻灯片浏览"按钮。在这种视图方式下每张幻灯片都按顺序组织在一起,能够很方便地选定、添加、删除和移动幻灯片。

4. 备注页视图

要切换到备注页视图,可单击"视图"选项卡"演示文稿视图"组中的"备注页"按钮。在这种视图方式下,页面上方是幻灯片,页面下方是备注区,可以在备注区中输入说明性文字。

5. 阅读视图

要切换到阅读视图,可单击"视图"选项卡"演示文稿视图"组中的"阅读视图"按钮。

在该视图下,只保留幻灯片窗格、标题栏和状态栏,其他编辑功能被屏蔽,目的是在 PowerPoint 窗口中播放幻灯片放映,以查看动画和切换效果,无须切换到全屏幻灯片放映。通常是从当前幻灯片开始播放,单击可以切换到下一张幻灯片,播放到最后一张幻灯片后退出阅读视图。放映过程中按 Esc 键可退出阅读视图,也可单击状态栏右侧的其他视图按钮,退出阅读视图并切换到相应视图。

6. 母版视图

母版中包含可出现在每一张幻灯片上的显示元素,如文本占位符、图片、动作按钮等。幻灯片母版上的显示元素将出现在每张幻灯片的相同位置上。使用母版可以方便地统一幻灯片的风格。

PowerPoint 2016 提供了幻灯片母版、备注母版、讲义母版,要切换到对应的母版视图,可单击"视图"选项卡"母版视图"组中的"幻灯片母版""备注母版"或"讲义母版"按钮。

4.2 PowerPoint 2016 的基本操作

PowerPoint 2016 的基本操作

演示文稿是由多张幻灯片构成的,PowerPoint 2016 的基本操作主要涉及演示文稿的创建、保存、关闭及幻灯片的插入、复制、移动、删除等。本节主要对这些基本操作进行介绍。

4.2.1 演示文稿的基本操作

1. 创建演示文稿

创建演示文稿文件是进行 PowerPoint 2016 软件操作的第一步。可以创建空白演示文稿,也可以根据相应的模板创建演示文稿。启动 PowerPoint 2016 后,在开始界面单击"空白演示文稿"即可创建一个名为"演示文稿1"的空白演示文稿。

在已经打开现有演示文稿的情况下,创建新的演示文稿的操作方法如下。

① 单击"文件"选项卡中的"新建"命令,此时在右侧出现"新建"选项。

② 根据需要选择对应的模板或空白演示文稿,单击"空白演示文稿"可直接创建空白演示文稿;双击需要的模板创建或单击该模板,弹出模板介绍页面,再单击"创建"按钮。

2. 打开演示文稿

打开演示文稿常用的方法有以下两种。

● 单击"文件"选项卡中的"打开"命令,或按下组合键 Ctrl+O,再单击"浏览"按钮,弹出"打开"对话框,用户在相应的保存位置找到需要打开的文件,再单击"打开"按钮,或者直接双击要打开的演示文稿。

● 在 Windows 资源管理器中直接双击要打开的演示文稿文件,该文件会随着 PowerPoint 2016 的打开而自动打开。

3. 保存与关闭演示文稿

PowerPoint 2016 演示文稿的默认扩展名为".pptx",保存与关闭演示文稿的操作方法与 Word 2016、Excel 2016 方法相同,此处不再赘述。

4.2.2 幻灯片的基本操作

一个演示文稿通常有多张幻灯片,可以通过编辑幻灯片(复制、移动幻灯片等)对它们进行结构调整,以便更好地表现主题。

1. 选定幻灯片

在普通视图中,可以单击幻灯片导航窗格中的某一幻灯片的图标来选定一张幻灯片,或者同时按住 Shift 键,选定连续的多张幻灯片。

在幻灯片浏览视图中,可用鼠标单击选定幻灯片;若按住 Ctrl 键,可以选定不连续的多张幻灯片;若按住 Shift 键,可以选定连续的多张幻灯片。

2. 复制幻灯片

复制幻灯片的常用方法有以下两种:

- 选定要复制的幻灯片,单击"开始"选项卡"剪贴板"组中的"复制"按钮。将插入点定位到要复制到的目标位置,单击"开始"选项卡"剪贴板"组中的"粘贴"按钮,即完成复制幻灯片的操作。
- 在幻灯片浏览视图中,按住鼠标左键并拖曳幻灯片的同时按下 Ctrl 键可实现幻灯片的复制。

3. 删除幻灯片

在普通视图中,可以单击幻灯片导航窗格中的某一幻灯片的图标来选定一张幻灯片,按 Delete 键即可将其删除。

在幻灯片浏览视图中,只需选定要删除的幻灯片,按 Delete 键,或者单击鼠标右键并在弹出的快捷菜单中选择"删除幻灯片"命令,即可删除该幻灯片。

4. 插入幻灯片

在 PowerPoint 2016 中插入幻灯片的方式有三种:插入新幻灯片、插入当前幻灯片的副本、插入其他演示文稿中的幻灯片。插入新幻灯片是指由用户插入空白的幻灯片;插入当前幻灯片的副本是指复制当前幻灯片,即保留当前幻灯片的格式和内容;插入已经存在演示文稿中的幻灯片是指将外部演示文稿中的幻灯片插入到当前演示文稿中。

(1) 插入新幻灯片

① 在幻灯片导航窗格中单击需要插入新幻灯片位置的上一张幻灯片(默认是在当前选定幻灯片之后插入新幻灯片)。

② 单击"开始"选项卡"幻灯片"组中的"新建幻灯片"下拉按钮,在弹出的下拉列表中选择一种主题即可。

(2) 插入当前幻灯片的副本

① 选定要复制的幻灯片。

② 单击"开始"选项卡"幻灯片"组中的"新建幻灯片"下拉按钮,在弹出的下拉列表中选择"复制选定幻灯片"命令,此时在当前幻灯片之后插入与当前幻灯片完全相同的幻灯片。

(3) 插入其他演示文稿中的幻灯片

① 在幻灯片导航窗格中单击需要插入新幻灯片位置的上一张幻灯片(默认是在当前选定幻灯片之后插入新幻灯片)。

② 单击"开始"选项卡"幻灯片"组中的"新建幻灯片"下拉按钮,在弹出的下拉列表中选择"重用幻灯片"命令,此时幻灯片窗格右侧出现"重用幻灯片"窗格,如图 4-2 所示,单击"浏览"按钮,在弹出的"浏览"对话框中选择需要的演示文稿文件,单击"打开"按钮,此时在"重用幻灯

图 4-2 "重用幻灯片"窗格

片"窗格中出现该演示文稿文件中的所有幻灯片,单击需要插入当前演示文稿中的幻灯片即可。

5. 移动幻灯片

① 选定需要移动的幻灯片。

② 单击"开始"选项卡"剪贴板"组中的"剪切"按钮,然后在目标位置单击"粘贴"按钮,完成幻灯片的移动;或者拖曳当前幻灯片至目标位置后即可。

6. 隐藏幻灯片

隐藏幻灯片功能用于在演示文稿中暂时隐藏某些幻灯片,使其在幻灯片放映时不显示。用户可以选择需要隐藏的幻灯片,在"幻灯片放映"选项卡,单击"设置"组中的"隐藏幻灯片"按钮即可。设置完成后,导航窗格中被隐藏幻灯片的缩略图会显示为灰色并带有斜线标记。

7. 调整幻灯片的内容层次

一般来说多数幻灯片都含有一些文字,这些文字根据表达的需要又分为标题和正文。有时候,一些标题和正文的层次可能需要调整,此时在大纲视图中改变幻灯片上标题和正文的层次是非常方便的。下面以一个实例来说明此应用。

① 打开一个已经制作好的演示文稿,切换到大纲视图,如图 4-3 所示。

② 此时将光标定位到需要升级或降级的标题文本处,单击鼠标右键,在弹出的快捷菜单中选择"升级"或"降级"命令。

③ 快捷菜单中的"上移""下移"命令用于移动文本内容在幻灯片中的位置。

8. 输入文本

编辑演示文稿时,一般在幻灯片上有一些虚线框,在虚线框中单击,即可输入文本。

若要在虚线框外输入文本,就需要添加文本框,然后在添加的文本框中可输入文本。添加文本框操作方法如下。

① 单击"插入"选项卡"文本"组中的"文本框"下拉按钮,在下拉菜单中选择"横排文本框"或"竖排文本框"命令。

② 然后将鼠标移至幻灯片中,在幻灯片中按住鼠标左键并拖曳,绘制一个矩形区域即可。

9. 调整文本框或虚线框的位置与大小

文本框或虚线框的位置及大小都可以通过按住鼠标左键并拖曳的方式来调整,操作方法如下。

① 调整文本框或虚线框的位置。单击文本框中的文字,在文字的周围会出现文本框或虚线框,并且在边框上带有 8 个控制柄。把鼠标移至文本

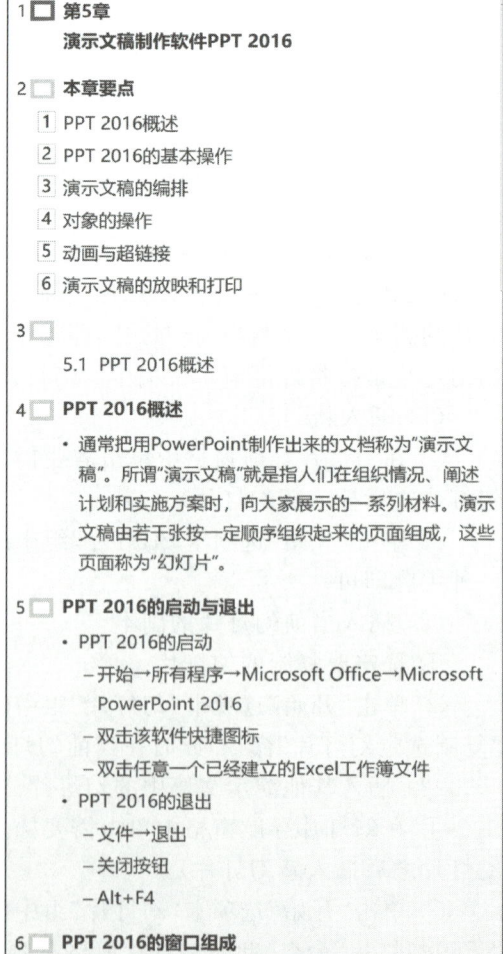

图 4-3 大纲视图实例

框或虚线框的边框上,当鼠标指针变为十字箭头状时,按住鼠标左键并拖曳可移动文本框或虚线框的位置。

② 调整文本框或虚线框的大小。拖曳文本框或虚线框四边的控制柄,可以调整文本框或虚线框的宽度或高度;拖曳文本框或虚线框四角的控制柄,可以同时调整文本框或虚线框的宽度和高度。

10. 插入页眉和页脚

在演示文稿中,插入页眉和页脚可为幻灯片添加统一标识,提升演示文稿的专业性和规范性。在"插入"选项卡,单击"文本"组中的"页眉和页脚"按钮,在弹出的对话框中可自行设置日期和时间、幻灯片编号或页脚文本等内容。若需跳过封面页,可勾选"标题幻灯片中不显示"复选框。最后,单击"应用"或"全部应用"按钮完成设置。

4.3 演示文稿的编排

4.3.1 设置演示文稿的格式

在 PowerPoint 2016 中,文本格式(字体大小、颜色、对齐方式等)的设置方法与在 Word 2016 中设置文本格式的方法一样,在此不再赘述。

在 PowerPoint 2016 中可以对幻灯片的版式、配色方案、背景等进行格式设置。

1. 设置幻灯片的版式

在每次新建或插入新幻灯片时,都要为幻灯片选择一种版式。若用户对某一幻灯片的版式不满意,可以重新选择该幻灯片的版式,操作方法如下。

① 选定要设置版式的幻灯片。

② 单击"开始"选项卡"幻灯片"组中的"版式"按钮,在弹出的下拉列表中选择新的幻灯片版式即可。

2. 设置幻灯片的主题颜色

有时候为了强化效果,需要对某些幻灯片或全部幻灯片的颜色进行调整。调整幻灯片主题颜色的操作方法如下。

① 单击"设计"选项卡"变体"组中的"其他"下拉按钮,在弹出的下拉菜单中选择"颜色",在下级菜单中可以选择预设的主题颜色或者单击"自定义颜色"命令。

② 在弹出的"新建主题颜色"对话框中设置各种元素的颜色,如图 4-4 所示。

3. 设置幻灯片的背景样式

有时候为了美化幻灯片,可以对幻灯片的背景样式进行设置。设置幻灯片背景样式的操作方法如下:

① 选定需要设置背景样式的幻灯片。

② 单击"设计"选项卡"变体"组中的"其他"下拉按钮,在弹出的下拉菜单中选择"背景样式",在下级菜单中单击内置的背景样式即可。

4. 设置幻灯片的背景格式

如果觉得幻灯片的背景样式过于简单,不能表达相应的主题,用户可以自己设置背景格式。调整幻灯片背景格式的操作方法如下。

① 选定需要设置背景格式的幻灯片。

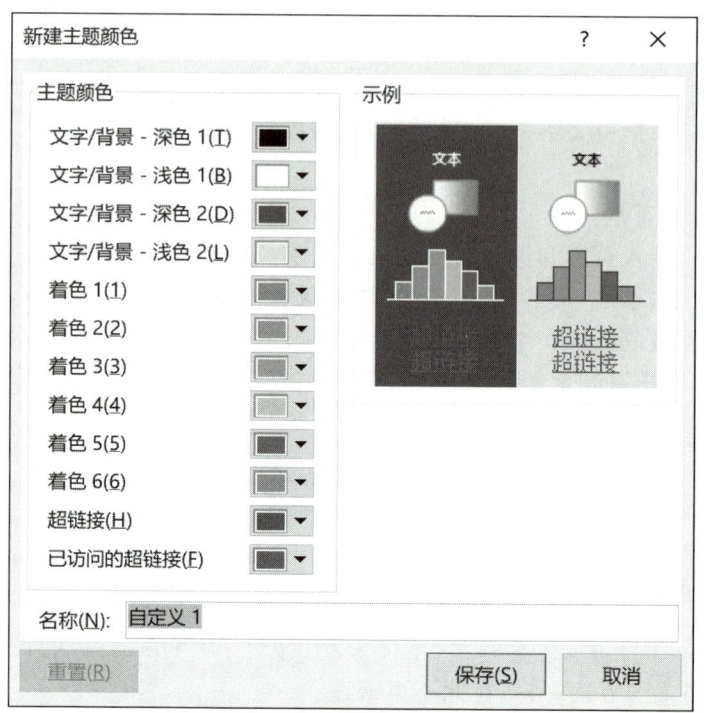

图 4-4 "新建主题颜色"对话框

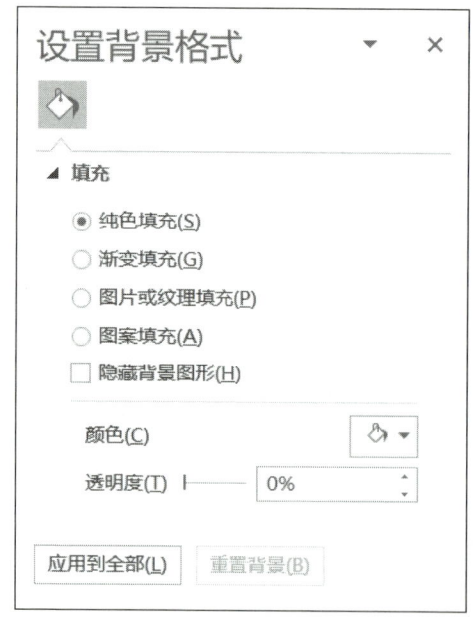

图 4-5 "设置背景格式"窗格

② 单击"设计"选项卡"自定义"组中的"设置背景格式"按钮,此时幻灯片窗格右侧出现"设置背景格式"窗格,如图 4-5 所示,根据需要进行相关选项的设置即可。

5. 设置主题

PowerPoint 2016 中,用户可以单击"设计"选项卡"主题"组中"其他"下拉按钮,在弹出的下拉菜单中单击选择内置的模板主题,即可将选中的主题应用到演示文稿中,此时,演示文稿中所有幻灯片的颜色、背景、标题的布局等都会发生相应的变化。

4.3.2 母版的基本操作

1. 母版概述

PowerPoint 2016 中有一类特殊的幻灯片,称为幻灯片母版。幻灯片母版控制了某些文本特征(如字体、字号和颜色等)、背景色和某些特殊效果(如阴影和项目符号样式)。这些幻灯片母版都可以修改。

如果要修改多张幻灯片的外观,不必一张张地进行修改,只需在幻灯片母版上做一次修改即可。PowerPoint 2016 将自动更新已有的幻灯片,并对以后新添加的幻灯片应用这些更改。例如,母版上的艺术图形或文本(如公司名称或徽标)等对象会出现在每张幻灯片上,且出现在每张幻灯片的相同位置上。

2. 母版的基本操作

PowerPoint 2016 中的母版包括幻灯片母版、讲义母版及备注母版,这些母版的基本操作是相同的。

打开一个演示文稿,再打开对应的母版。对母版进行编辑的操作方法如下。

① 单击"视图"选项卡"母版视图"组中的"幻灯片母版"或"讲义母版"或"备注母版"按钮,将打开该演示文稿的幻灯片母版或讲义母版或备注母版。

② 在母版中按照普通幻灯片的编辑方式对幻灯片母版中的字体、项目符号等进行设置。

③ 设置完成后,单击"幻灯片母版"或"讲义母版"或"备注母版"选项卡中的"关闭母版视图"按钮即可关闭母版视图。

4.4 对象的操作

在幻灯片中插入图片、声音、影片等不仅可以使幻灯片在视觉上更为精美,还可以使幻灯片有听觉上的享受;此外还可以插入表格、图表等对数据进行可视化处理。

4.4.1 图片的基本操作

图片不仅可以来自联机图片,还可以来自本地文件或屏幕截图。

1. 插入联机图片

在幻灯片中插入联机图片的操作方法如下:

① 选定需要插入联机图片的幻灯片。

② 单击"插入"选项卡"图像"组中的"联机图片"按钮,弹出"插入图片"对话框,如图 4-6 所示,用户根据需要在"搜索必应"文本框中输入关键字,单击"搜索必应"按钮,跳转到必应图像搜索页面,在图片列表框中显示了按输入的关键字搜索出的相关联机图片。

③ 选择需要插入的联机图片,单击"插入"按钮,即可将该联机图片插入幻灯片中。

图 4-6 联机图片"插入图片"对话框

2. 插入本地图片

① 选定需要插入图片的幻灯片。

② 单击"插入"选项卡"图像"组中的"图片"按钮,弹出"插入图片"对话框,如图 4-7 所

示,找到需要的图片,单击"插入"按钮即可。

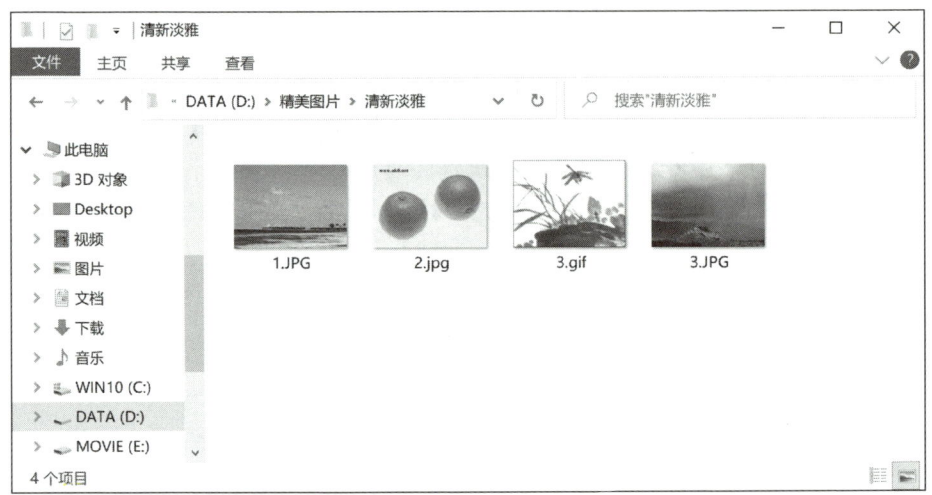

图 4-7 本地图片"插入图片"对话框

3. 插入屏幕截图

① 选定需要插入屏幕截图的幻灯片。

② 单击"插入"选项卡"图像"组中的"屏幕截图"下拉按钮,在弹出的下拉菜单中选择"屏幕剪辑"命令,此时鼠标指针变为黑色十字形,按住鼠标左键并拖曳鼠标来选择截图区域,松开鼠标左键后,则对应区域的屏幕截图即可插入到幻灯片中。

4. 修饰图片

对图片进行修饰的操作方法如下:

① 选定图片,出现"图片工具"栏的"格式"选项卡,如图 4-8 所示,利用其中的各种命令可对图片进行各种修饰。

图 4-8 "图片工具"栏的"格式"选项卡

② 选定图片,单击鼠标右键,在弹出的快捷菜单中选择"设置图片格式"命令,在右侧出现"设置图片格式"窗格,如图 4-9 所示,根据需要选择不同的选项,再对各个选项的属性进行相应的设置即可完成对图片的修饰。

4.4.2 形状的基本操作

形状是系统提供的一组图形,可以直接使用,用户亦可根据需要进行图形的组合,从而通过图形更加直观地表现内容的主题。PowerPoint 2016 中提供的可用形状有线条、矩形、基本形状、箭头总汇、公式形状、流程图、星与旗帜、标注、动作按钮等。

1. 绘制形状

① 选定需要插入形状的幻灯片。

② 单击"插入"选项卡"插图"组中的"形状"下拉按钮,在弹出的下拉列表中单击选择需要

插入的形状,此时鼠标指针变为十字形,按住鼠标左键并拖曳即可绘制出相应的形状。

2. 在形状中添加文本

有时需要在形状中添加相应的文字说明,从而使含义表达得更加清晰。在形状中添加文本的操作方法如下。

① 选定相应的形状。

② 单击鼠标右键,在弹出的快捷菜单中选择"编辑文字"命令,此时在形状中出现光标,用户根据需要可进行文本的输入。

3. 更改形状

形状插入后,若发现不适合,可以将其删除后重新插入新的形状,也可以采用以下方法更改形状,其操作方法如下。

① 选定相应的形状。

② 单击"绘图工具"栏"格式"选项卡"插入形状"组中的"编辑形状"下拉按钮,在弹出的下拉菜单中选择"更改形状"命令,在弹出的形状列表中单击新的形状即可。

4. 组合形状

插入多个形状后,有时需要将多个形状组合成一个整体,方便进行移动、复制等操作。组合形状操作方法如下。

① 选定需要组合的多个形状。

② 单击"绘图工具"栏"格式"选项卡"排列"组中的"组合"下拉按钮,在弹出的下拉菜单中选择"组合"命令即可。

若要取消形状的组合,则选择组合后的形状,单击"绘图工具"栏"格式"选项卡"排列"组中的"组合"下拉按钮,在弹出的下拉菜单中选择"取消组合"命令即可。

5. 设置形状的格式

① 选定相应的形状。

② 在"绘图工具"栏的"格式"选项卡(图 4-10)中,可根据需要对相应的形状格式进行设置;或者单击鼠标右键,在弹出的快捷菜单中选择"设置形状格式"命令,此时弹出"设置形状格式"窗格,如图 4-11 所示,用户根据需要对相关选项的相关属性进行设置即可。

图 4-9 "设置图片格式"对话框

图 4-10 "绘图工具"栏的"格式"选项卡

4.4.3 艺术字的基本操作

将演示文稿的文字(如标题等)设置成艺术字,可增加演示文稿的艺术性。

图 4-11 "设置形状格式"窗格　　　　图 4-12 "位置"选项

1. 插入艺术字

① 选定需要插入艺术字的幻灯片。

② 单击"插入"选项卡"文本"组中的"艺术字"下拉按钮,在弹出的艺术字样式列表中选择一种需要的艺术字样式,此时在幻灯片中即出现指定样式的艺术字该文本框,在该文本框中删除原有提示文字,输入所需要的文字即可。

2. 艺术字的编辑与格式设置

（1）艺术字的格式设置

① 选择相应的艺术字。

② 在"绘图工具"栏的"格式"选项卡（图 4-10）中,根据需要对艺术字的样式、效果进行修饰。

（2）艺术字的编辑

若需要编辑艺术字文本,只需在编辑框中单击,便可直接进行编辑。

若需要旋转艺术字,则选择艺术字,拖曳艺术字文本框的旋转控制柄即可。

若需要精确定位艺术字,可按如下方法进行操作。

① 选择相应的艺术字。

② 单击鼠标右键,在弹出的快捷菜单中选择"设置形状格式"命令,弹出"设置形状格式"窗格,单击"大小与属性"按钮,选择"位置"选项,在下方可对位置进行精确的设置,如图 4-12 所示。

3. 将普通文本转换为艺术字

如果想将幻灯片中已经存在的文本转换为艺术字,可按如下方法进行操作。

① 选择相应的文本。

② 在"绘图工具"栏"格式"选项卡"艺术字样式"组中,单击"其他"按钮,在弹出的艺术字样式列表中选择一种艺术字样式即可。

4.4.4 多媒体对象的基本操作

多媒体对象包括音频、视频等,它们不仅可以来自本地文件,也可以录制。

1. 音频的基本操作

(1) 插入本地音频

① 插入本地音频

● 选定需要插入音频的幻灯片。

● 单击"插入"选项卡"媒体"组中的"音频"下拉按钮,在弹出的下拉菜单中选择"PC 上的音频"命令,弹出"插入音频"对话框,如图 4-13 所示,选择需要的音频文件,单击"插入"按钮,此时在幻灯片中出现音频图标 。

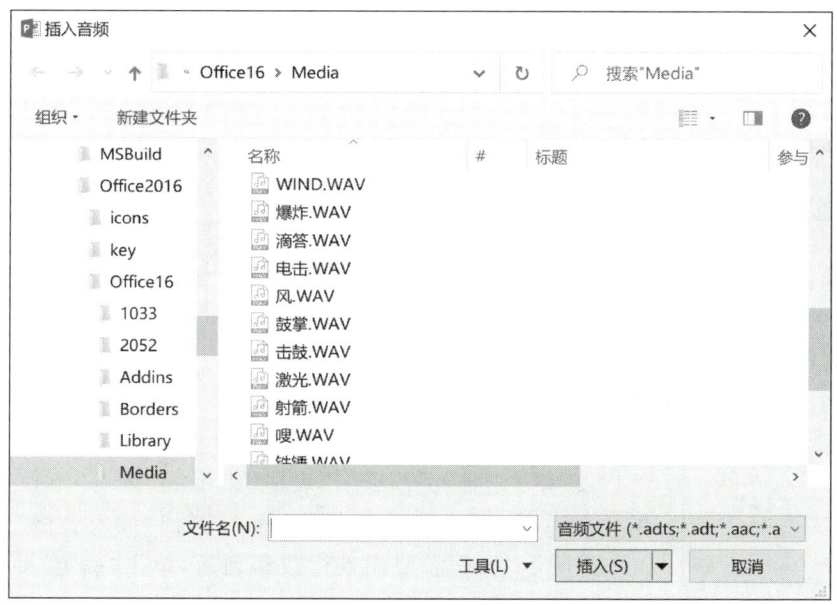

图 4-13 "插入音频"对话框

② 在幻灯片中插入录制的音频

● 选定需要插入音频的幻灯片。

● 单击"插入"选项卡"媒体"组中的"音频"下拉按钮,在弹出的下拉菜单中选择"录制音频"命令,弹出"录制声音"对话框,如图 4-14 所示,通过该对话框中的录制操作按钮完成音频的录制后,单击"确定"按钮,此时在幻灯片中出现音频图标 。

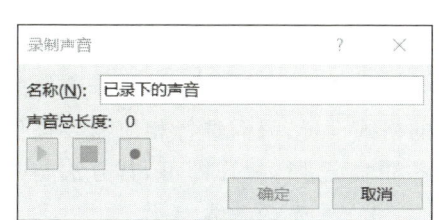

图 4-14 "录制声音"对话框

(2) 设置音频图标的格式

① 选择音频图标。

② 单击鼠标右键,在弹出的快捷菜单中选择"设置图片格式"命令,此时在窗口右侧出现"设置图片格式"窗格,如图 4-15 所示,根据需要选择相应的选项,可以对音频图标的格式进行设置。

2. 视频的基本操作

对于在幻灯片中插入视频以及设置视频格式的操作与音频类似,区别仅仅是选择"视频"

图 4-15 "设置图片格式"窗格

下拉菜单中的相关命令,此处不再赘述。

4.4.5 表格和图表对象的基本操作

如果制作的幻灯片中带有大量的统计数据,这时使用表格和图表会更有说服力。

1. 表格的基本操作

(1)插入表格

插入表格的操作方法如下:

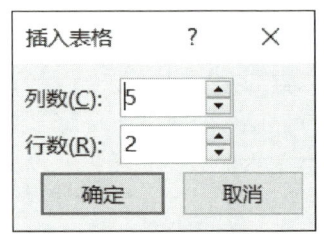

图 4-16 "插入表格"对话框

① 选定需要插入表格的幻灯片。

② 单击"插入"选项卡"表格"组中的"表格"下拉按钮,在弹出的下拉菜单中选择"插入表格"命令,弹出"插入表格"对话框,如图 4-16 所示,根据需要输入行数和列数,单击"确定"即可。

如果插入的表格的行列数较少时,也可以通过插入表格按钮以及绘制表格的形式插入表格,其操作方法与在 Word 2016 中插入表格的方法相同,此处不再赘述。

(2)设置表格的格式

当表格创建完成后,对于表格的编辑(表格大小、行高、列宽、单元格合并与拆分等)及表格的格式设置,只需选择相应需要操作的表格,利用"表格工具"栏的"设计"与"布局"选项卡中的各种命令进行操作即可,其方法与 Word 2016 中的操作相同,此处不再赘述。

2. 图表的基本操作

(1)插入图表

① 选定需要插入图表的幻灯片。

② 单击"插入"选项卡"插图"组中的"图表"按钮,弹出"插入图表"对话框,如图 4-17 所示,根据需要选择相应类型的图表,单击"确定"按钮。

③ 此时自动打开 Excel 2016,根据需要对电子表格中的源数据进行修改,修改的结果实时地显示在 PowerPoint 图表中,如图 4-18 所示。完成数据修改后,退出 Excel 2016。

(2)更改图表数据

若发现图表数据有误,需要修改时,可按如下方法进行操作。

4.4 对象的操作

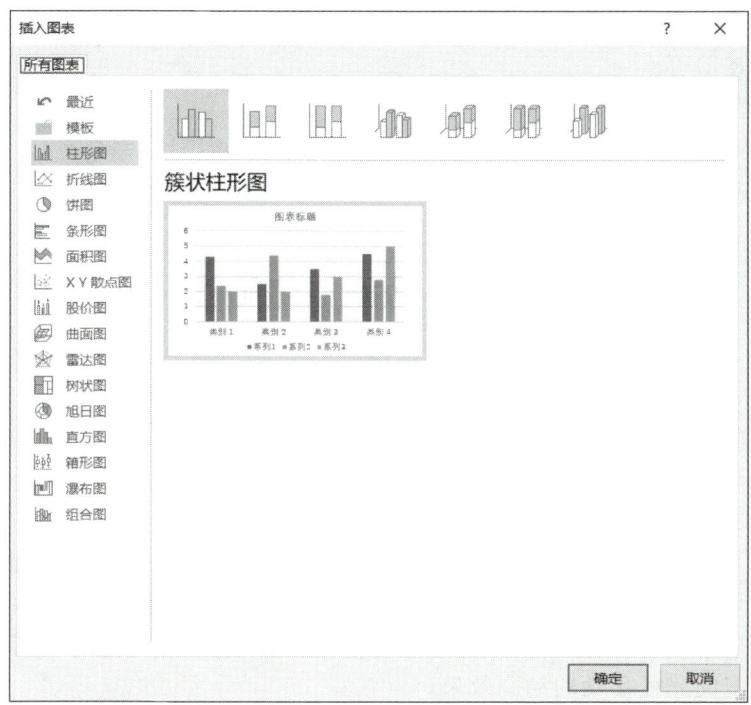

图 4-17 "插入图表"对话框

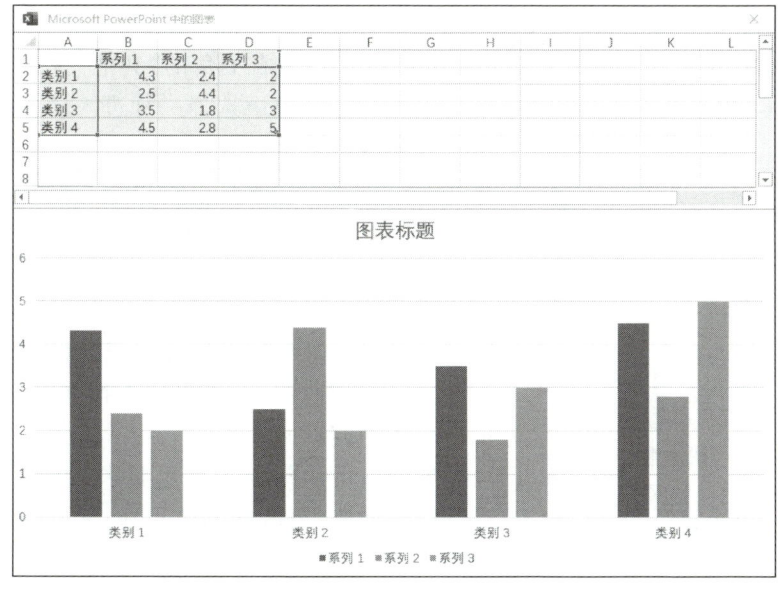

图 4-18 图表及其源数据

① 选择图表。

② 单击"图表工具"栏"设计"选项卡"数据"组中的"编辑数据"按钮,或单击鼠标右键并在弹出的快捷菜单中选择"编辑数据"按钮,均会打开 Excel 2016,用户根据需要进行数据修改即可。

（3）更改图表类型

① 选择图表。

② 单击"图表工具"栏"设计"选项卡"类型"组中的"更改图表类型"按钮,或单击鼠标右键

并在弹出的快捷菜单中选择"更改图表类型"命令,弹出"更改图表类型"对话框,用户根据需要选择新的图表类型即可。

(4) 设置图表格式

① 选择图表中需要进行格式设置的部分(如:坐标轴、绘图区、系列等)。

② 通过"图表工具"栏的"设计"和"格式"选项卡进行相应的设置即可。

4.5 动画与超链接

PowerPoint 演示文稿创建完成后,还需要为幻灯片中的对象添加相应的动画并且将演示文稿与其他文件联系起来,这样可以让幻灯片更加丰富多彩。

4.5.1 幻灯片中对象的动画设置

PowerPoint 2016 提供了四类动画,分别是进入动画、强调动画、退出动画和动作路径动画。进入动画是指对象从外部进入到幻灯片中的动画效果;强调动画是指为了突出、强调对象而设置的动画效果;退出动画是指幻灯片中的对象离开播放画面时的动画效果;动作路径动画是指对象按照设定的路径移动的动画效果。

操作视频
动画的设置

1. 添加动画

(1) 添加进入动画

① 选择对象。

② 单击"动画"选项卡"动画"组中单击动画样式列表右下角的"其他"按钮,在弹出的下拉列表中的"进入"组中选择一种进入动画效果。

若列表中的动画不满足要求,可选择"更多进入效果"命令,弹出"更改进入效果"对话框,如图 4-19 所示,根据需要进行动画效果的选择。

(2) 添加强调动画

① 选择对象。

② 单击"动画"选项卡"动画"组中动画样式列表右下角的"其他"按钮,在弹出的下拉列表中的"强调"组中选择一种强调动画效果。

若列表中的动画不满足要求,可选择"更多强调效果"命令,弹出"更改强调效果"对话框,根据需要进行动画效果的选择。

(3) 添加退出动画

① 选择对象。

② 单击"动画"选项卡"动画"组中动画样式列表右下角的"其他"按钮,在弹出的下拉列表中的"退出"组中选择一种退出动画效果。

若列表中的动画不满足要求,可选择"更多退出效果"命令,弹出"更改退出效果"对话框,根据需要进行动画效果的选择。

图 4-19 "更改进入效果"对话框

4.5　动画与超链接

(4) 添加动作路径动画

① 选择对象。

② 单击"动画"选项卡"动画"组中动画样式列表右下角的"其他"按钮,在弹出的下拉列表中的"动作路径"组中选择一种动作路径动画。

若列表中的动画不满足要求,可选择"其他动作路径"命令,此时弹出"更改动作路径"对话框,根据需要进行动作路径动画的选择。

2. 动画的相关设置

(1) 设置动画效果选项

动画效果选项是动画的方向和形式,不同动画的效果选项不同。设置动画效果选项的操作方法如下。

① 选择设置了动画的对象。

② 单击"动画"选项卡"动画"组中的"效果选项"按钮,在弹出的下拉列表中选择相应的效果即可。

(2) 动画计时

动画计时主要涉及动画的开始方式、持续时间和延迟时间。动画的开始方式是指动画开始播放的操作方式;持续时间是指动画从开始播放到结束播放所需要时间;延迟时间是指播放操作完成后多长时间动画才开始播放。

动画的开始方式有三种:单击时、与上一动画同时、上一动画之后。"单击时"是指单击鼠标时开始播放动画;"与上一动画同时"是指前一动画与当前动画同时播放;"上一动画之后"是指前一动画播放完后开始播放当前动画。

设置动画计时的操作方法如下。

① 选择设置了动画的对象。

② 在"动画"选项卡"计时"组中,单击"开始"下拉列表框,在弹出的下拉列表中可选择三种动画的开始方式;持续时间和延迟时间可在相应数值选择框中直接输入,也可通过调整按钮进行调整。

(3) 调整动画的播放顺序

默认情况下,动画的播放顺序是按照预先设置的顺序进行播放的,若对于播放顺序不满意,可根据需要进行调整。其操作方法如下。

① 单击"动画"选项卡"高级动画"组中的"动画窗格"按钮,此时在窗口右侧显示"动画窗格"窗格。

② 选择需要调整顺序的动画,单击右上角的"重新排序"按钮 ▲ ▼,或者直接按下鼠标左键拖曳即可改变动画的播放顺序。

(4) 自定义动作路径

对于动作路径,可以直接采用系统提供的路径,也可以自己绘制路径,其操作方法如下。

① 选择需要设置动作路径的对象。

② 单击"动画"选项卡"动画"组中动画样式列表右下角的"其他"按钮,在弹出的下拉列表中的"动作路径"组中选择"自定义路径",回到幻灯片中,按下鼠标左键绘制一条自定义动作路径,绘制完成后释放鼠标并按下 Esc 键即可。

自定义动作路径绘制完成后,会出现红色箭头 ◄ 和绿色箭头 ▼,其中绿色箭头代表起点,红色箭头代表终点。

若要交换起点和终点,可选择路径,单击鼠标右键,在弹出的快捷菜单中选择"反转路径方向"命令即可。

若要编辑路径的顶点,可选择路径,单击鼠标右键,在弹出的快捷菜单中选择"编辑顶点"命令,然后鼠标拖曳需要移动的顶点便可对该顶点进行移动操作;也可在某顶点上单击鼠标右键,在弹出的快捷菜单中选择所需要的操作(如添加顶点、删除顶点、开放路径、关闭路径等)。

(5) 删除动画

若需要删除动画,可打开"动画窗格"窗格,选择需要删除的动画,然后按 Delete 键即可。

(6) 预览动画效果

动画设置完成后,可以预览动画效果。通过单击"动画"选项卡"预览"组中的"预览"按钮或单击"动画窗格"窗格中的"播放自"按钮,即可预览动画效果。

4.5.2 幻灯片切换动画

幻灯片切换动画是指在放映幻灯片过程中退出和进入播放画面时的动画效果。

1. 设置幻灯片切换动画

为幻灯片设置切换动画的操作方法如下:

① 选择对应的幻灯片(单张或多张)。

② 在"切换"选项卡"切换到此幻灯片"组中的列表中选择所需要的切换动画;如果希望切换效果应用于全部幻灯片,则单击"计时"组中的"应用到全部"按钮。

2. 幻灯片切换动画的相关设置

幻灯片切换动画的属性主要包括效果选项、声音、持续时间、换片方式等,均可通过"切换"选项卡来进行设置,此处不再赘述。

4.5.3 超链接

可以在演示文稿中的任何对象(包括文本、图形和图片、表格等)上创建超链接,然后通过超链接跳转到不同的位置:其他幻灯片、另一个演示文稿或某个网页地址。

1. 创建超链接

① 选择需要创建超链接的对象。

② 单击"插入"选项卡"链接"组中的"链接"按钮,弹出"插入超链接"对话框,根据需要选择跳转的位置,如图 4-20 所示,单击"确定"按钮即可。

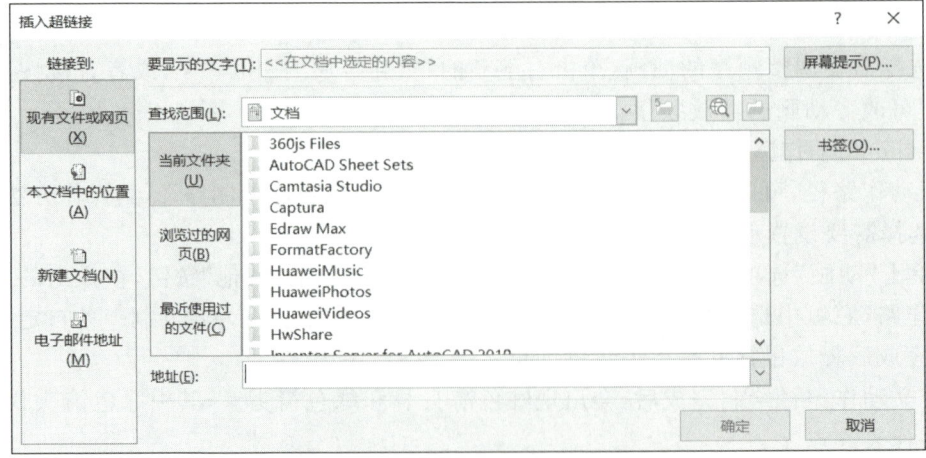

图 4-20 "插入超链接"对话框

2. 编辑、复制、取消与打开超链接

① 选择创建了超链接的对象。

② 单击鼠标右键,在弹出的快捷菜单中根据需要选择"编辑链接""打开链接""复制链接""删除链接"命令即可。

3. 添加动作

通过添加动作也可实现类似触发器的功能,可触发超链接、运行程序、运行宏等,其操作方法如下。

① 选择需要添加动作的对象。

② 单击"插入"选项卡"链接"组中的"动作"按钮,弹出"操作设置"对话框,然后根据需要进行操作设置,如图 4-21 所示。

图 4-21 "操作设置"对话框

4.6 演示文稿的放映和打印

演示文稿制作完成后,最终是要将幻灯片播放给观众看,而不同的场合,演示文稿的放映方式可以不同。

4.6.1 设置放映方式

PowerPoint 2016 提供了三种演示文稿放映方式:演讲者放映(全屏幕)、观众自行浏览(窗口)、在展台浏览(全屏幕)。

演讲者放映(全屏幕)可运行全屏显示的演示文稿,这是最常用的方式。在该方式下放映时,演讲者有完全的控制权。

观众自行浏览(窗口)可运行小规模的演示。在该方式下演示文稿出现在小型窗口中,它允许观众利用窗口命令控制放映进程。

在展台浏览(全屏幕)可自动运行演示文稿,用于展览会场或会议中。该方式下,其他菜单和命令都不可用,并在每次放映完毕后重新启动,按 Esc 键可以中止放映。采用这种方式的演示文稿应事先进行排练计时。

为演示文稿设置放映方式的操作方法如下。

① 单击"幻灯片放映"选项卡"设置"组中的"设置幻灯片放映"按钮。

② 在弹出的"设置放映方式"对话框中根据需要进行相应选项的设置,如图 4 – 22 所示。

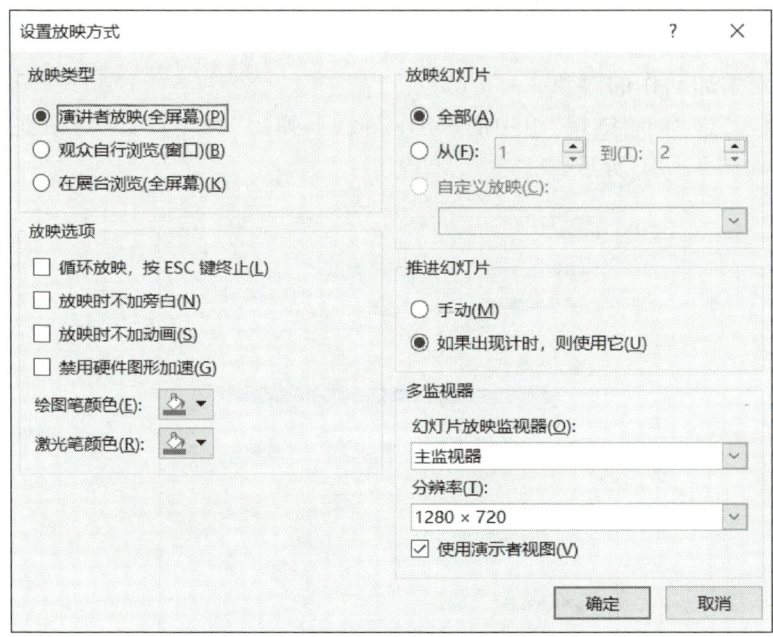

图 4 – 22 "设置放映方式"对话框

4.6.2 自定义幻灯片放映

由于场合和对象的不同,可能只需要选择性地播放演示文稿的部分幻灯片,此时可通过自定义幻灯片放映来实现。自定义幻灯片放映不会改变原演示文稿。自定义幻灯片放映的操作方法如下。

① 打开需要自定义幻灯片放映的演示文稿。

② 单击"幻灯片放映"选项卡"开始放映幻灯片"组中的"自定义幻灯片放映"按钮,在弹出的下拉菜单中选择"自定义放映"命令,弹出"自定义放映"对话框,如图 4 – 23 所示。

图 4 – 23 "自定义放映"对话框

4.6 演示文稿的放映和打印

③ 单击"新建"按钮,弹出"定义自定义放映"对话框,选择"在演示文稿中的幻灯片"列表中的幻灯片,通过"添加"按钮添加到"在自定义放映中的幻灯片"列表中;选择"在自定义放映中的幻灯片"列表中的幻灯片,通过调整顺序按钮 、 可调整幻灯片的播放顺序,如图 4-24 所示,然后单击"确定"按钮。

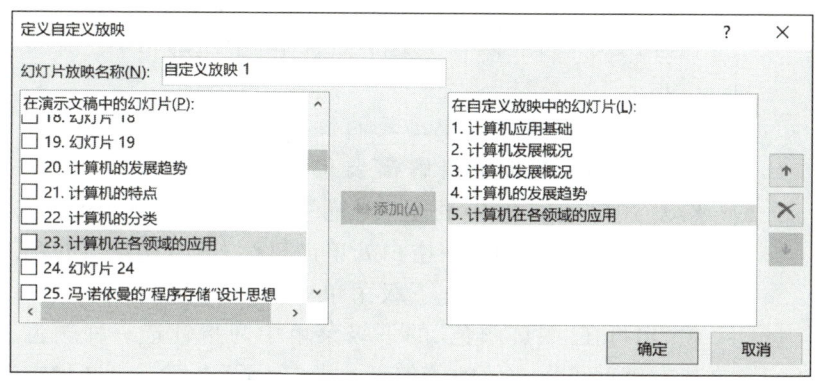

图 4-24 "定义自定义放映"对话框

④ 最后回到"自定义放映"对话框,根据需要单击"关闭"或"放映"按钮。

4.6.3 排练计时

在设置幻灯片的动画效果及设置幻灯片切换动画时,都涉及时间的设置。通过设置排练计时,可以使演示文稿按设置好的时间和速度进行放映。设置排练计时的操作方法如下。

① 打开需要设置排练计时的演示文稿。

② 单击"幻灯片放映"选项卡"设置"组中的"排练计时"按钮,此时幻灯片开始放映,并弹出"录制"对话框,如图 4-25 所示。

图 4-25 "录制"对话框

③ 准备播放下一张幻灯片时,请单击"下一项"按钮 。

④ 放映结束时,弹出操作提示对话框,如图 4-26 所示。单击"是"按钮,保留排练时间;或者单击"否"按钮,取消该排练结果。

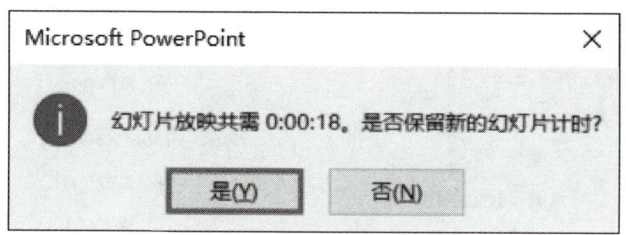

图 4-26 操作提示对话框

4.6.4 放映幻灯片

1. 放映幻灯片

放映幻灯片的常用方法有以下几种。

- 单击状态栏右侧的"幻灯片放映"按钮 。

- 单击"幻灯片放映"选项卡"开始放映幻灯片"组中的"从头开始"或"从当前幻灯片开始"按钮。
- 按 F5 键或组合键 Shift+F5,前者表示从第一张幻灯片开始放映,后者表示从当前选择的幻灯片开始放映。

在放映过程中,若要跳转到某一幻灯片放映,可单击鼠标右键,在弹出的快捷菜单中选择"查看所有幻灯片"命令,如图 4-27 所示。

图 4-27 "查看所有幻灯片"命令

2. 幻灯片放映中画笔的使用

犹如在黑板上讲解需要借助粉笔勾画一些内容一样,在放映幻灯片时也可以借助于"画笔"进行讲解。其操作方法如下。

幻灯片放映时,在空白处单击鼠标右键,在弹出的快捷菜单中选择"指针选项"命令,再在下级菜单中选择"激光指针""笔"或"荧光笔"选项,也可在"墨迹颜色"的下级菜单中为指针选一种颜色。这样按住鼠标左键就可以在放映的幻灯片上"勾画"讲解了。这种方式不会改变幻灯片。

3. 结束放映

按 Esc 键,或右击鼠标并在弹出的快捷菜单中选择"结束放映"命令,即结束幻灯片的放映。

4.6.5 演示文稿的打印

在打印演示文稿前,应进行页面设置,如设置幻灯片的大小和打印方向等。

1. 页面设置

单击"设计"选项卡"自定义"组中的"幻灯片大小"按钮,在弹出的下拉菜单中选择"自定义幻灯片大小"命令,弹出"幻灯片大小"对话框,如图 4-28 所示,根据需要设置相关选项。

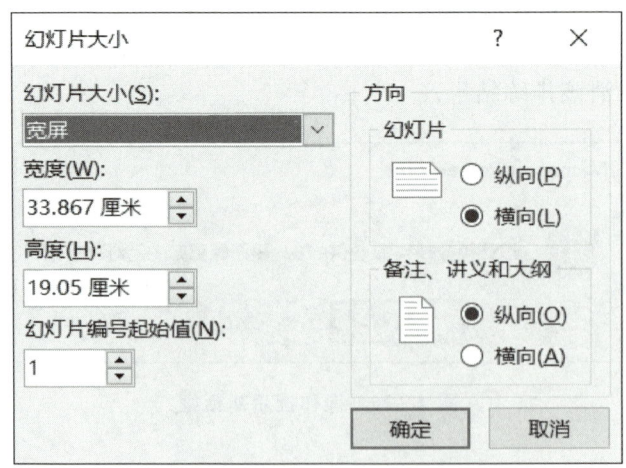

图 4-28 "幻灯片大小"对话框

2. 打印设置

① 单击"文件"选项卡中的"打印"选项,在中间窗格中可进行相关选项的设置,如图 4-29 所示,在右侧窗格中可以显示打印预览效果。

② 设置完毕后,单击"打印"按钮即可。

图 4-29 "打印"窗格

习 题 4

单选题

1. PowerPoint 2016 演示文稿的扩展名是(　　)。
   A. .docx　　　　　B. .ps　　　　　C. .pptx　　　　　D. .xlsx
2. 在 PowerPoint 2016 中,使用(　　)可以使幻灯片的外观保持一致。
   A. 背景　　　　　B. 幻灯片视图　　C. 母版　　　　　D. 模板
3. 在 PowerPoint 2016 中,空白幻灯片中不可以直接插入(　　)。
   A. 文字　　　　　B. 艺术字　　　　C. 表格　　　　　D. 文本框
4. 在 PowerPoint 2016 中,"开始"选项卡中的(　　)命令可以用来改变某一幻灯片的布局。
   A. 幻灯片版式　　B. 幻灯片配色方案　C. 字体　　　　　D. 背景

参考答案

习题 4 参考答案

5. 在 PowerPoint 2016 的幻灯片浏览视图下,不能完成的操作是(　　)。

A. 删除幻灯片 B. 复制幻灯片

C. 调整幻灯片的位置 D. 编辑幻灯片内容

6. 在 PowerPoint 2016 中,要使每张幻灯片的标题具有相同的字体格式和相同的图标,应通过(　　)快速地实现。

A. 单击"视图"选项卡"母版视图"组中的"幻灯片母版"按钮

B. 单击"设计"选项卡"主题"组中的按钮

C. 单击"设计"选项卡"自定义"组中的按钮

D. 单击"设计"选项卡"主题"组中的按钮

7. 在 PowerPoint 2016 中,下列关于幻灯片页面版式的叙述中不正确的是(　　)。

A. 幻灯片上的对象大小可以改变

B. 同一演示文稿中允许使用多种母版格式

C. 同一演示文稿中不同幻灯片的配色方案可以不同

D. 幻灯片应用模板一旦选定,就不可以改变

第 5 章　新一代信息技术概述

本章要点：
- 人工智能；
- 大数据；
- 物联网；
- 区块链；
- 云计算；
- 第 5 代移动通信系统（5G）；
- 量子计算。

在当今数字化时代，新一代信息技术正以前所未有的速度改变着我们的生活方式、工作方式和学习方式。从智能手机的普及到智能家居的兴起，从电商平台的繁荣到远程办公的常态化，这些技术已经深入到社会的方方面面，成为推动经济发展和社会进步的重要力量。了解和掌握新一代信息技术，不仅是顺应时代潮流的需要，更是培养创新思维和实践能力的关键。

5.1　人工智能

5.1.1　人工智能定义与基本原理

人工智能（artificial intelligence，AI），是一门通过计算机模拟人类智能的技术。它基于数学模型、算法和大量的数据，使计算机能够自动学习、推理和解决问题。机器学习是人工智能的核心技术之一，通过数据训练模型，让计算机自动从数据中发现模式和规律。例如，常见的监督学习算法基于给定的有标记数据，训练模型以预测未知数据的类别或数值。图 5-1 给出了人工智能发展的三次浪潮。

5.1.2　机器学习基础

机器学习：机器学习是人工智能的核心领域之一，它让计算机通过数据学习模式和规律，从而对新数据进行预测或决策，机器学习原理如图 5-2 所示。

监督学习：监督学习是机器学习中的一个重要分支，它主要基于有标记的数据进行学习和预测。监督学习按任务类型可分为：分类任务、回归任务；按学习方法可分为：批量学习、

拓展阅读

深度学习

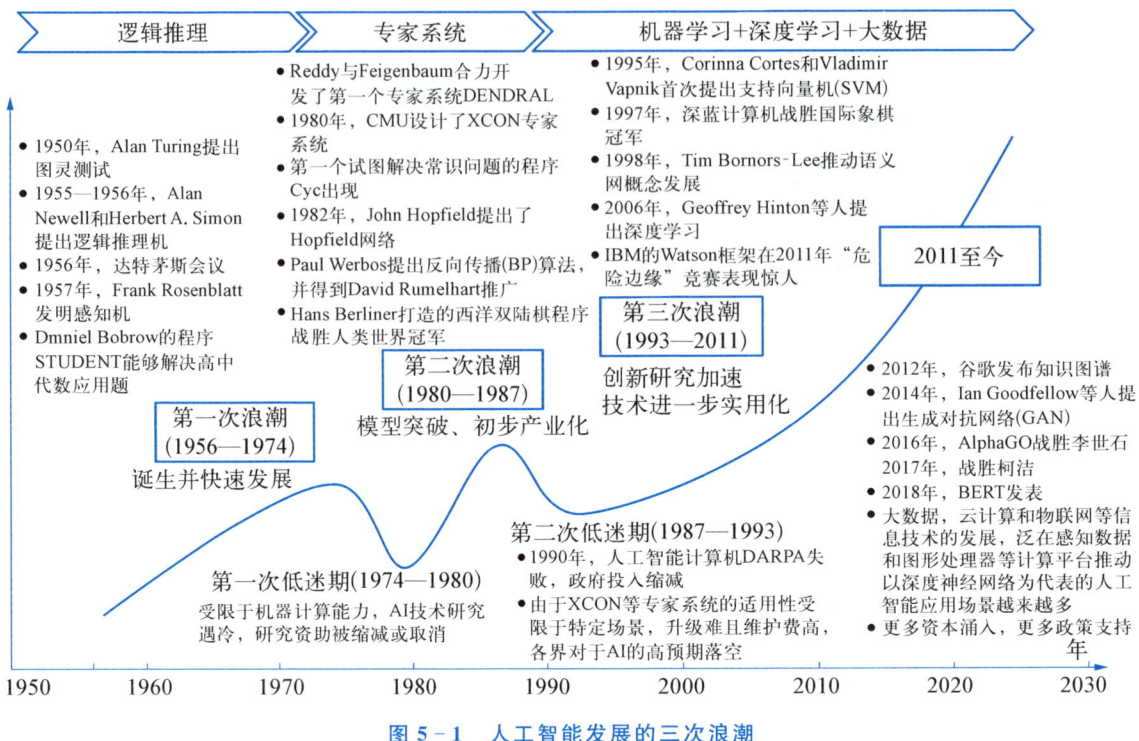

图 5-1 人工智能发展的三次浪潮

在线学习、小批量学习；按模型类型可分为：线性模型、树模型、神经网络模型。

无监督学习：无监督学习是指在没有给定明确标签或目标值的数据集上进行学习的方法。它旨在发现数据中的内在结构、模式或规律，无须事先知晓数据的预期输出。常见的无监督学习任务有聚类、降维、异常点检测等。无监督学习的特点为有数据无标签要求、灵活性、结果解释。

强化学习：强化学习是智能体（agent）通过与环境进行交互，根据环境反馈的奖励信号来学习最优行为策略的过程。智能体在环境中采取一系列行动，环境根据智能体的行动给出相应的奖励或惩罚，智能体的目标是通过不断尝试和学习，最大化长期累积奖励。强化学习的基本要素包括：智能体、环境、状态、行动、奖励。智能体从初始状态开始，根据当前策略选择行动并执行，环境根据智能体的行动转移到新的状态，并给予相应的奖励。智能体再根据新的状态和奖励信息，不断调整自己的策略，以期望在未来获得更多的奖励。这个过程不断重复，直到智能体学习到能够在给定环境中获得最大长期奖励的最优策略。强化学习在许多领域都有广泛的应用，如机器人控制、自动驾驶、游戏、资源管理等。

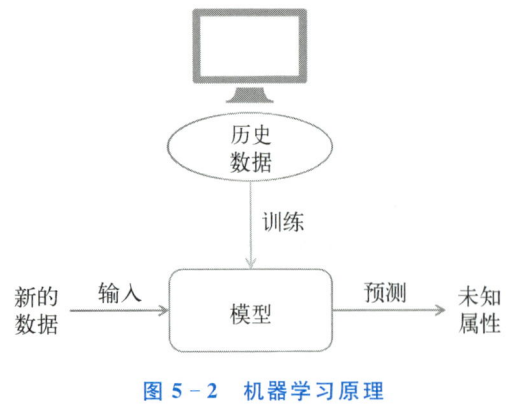

图 5-2 机器学习原理

5.1.3 自然语言处理

自然语言处理（natural language processing，NLP）是计算机科学与语言学的交叉领域，旨在让计算机理解并处理人类自然语言。它涉及将人类语言转化为计算机能够理解和处理的形式,以及将计算机处理的结果转化为人类能够理解的自然语言形式。自然语言处理的主要任务包括文本分类、信息检索、问答系统、机器翻译、情感分析。技术方法包括基于规则的方法、基于统计的方法、基于深度学习的方法。

自然语言处理在众多领域有着广泛应用,包括但不限于智能客服、信息抽取、文本生成、语音识别与合成等。例如,智能客服系统可以自动理解用户咨询的问题并给出回答;信息抽取系统能从大量文本中提取出关键信息,例如人物、时间、地点等。

5.1.4 计算机视觉

计算机视觉基础:计算机视觉是让计算机理解和解释图像或视频信息,包括图像分类、目标检测、图像分割、人脸识别等任务。图像的基本单位为像素,计算机将图像表示为一个二维或三维的矩阵,矩阵中的元素对应图像中的像素值,操作方式包括:图像滤波、图像变换。图像特征提取的方法包括尺度不变特征变换(SIFT)、加速稳健特征(SURF)和方向梯度直方图(HOG)等。

5.1.5 人工智能应用实践

智能家居:借助智能语音助手、智能家电等,实现家居设备互联互通与智能控制,提升家庭生活便捷舒适程度。例如,通过智能音箱语音指令控制灯光开关、调节空调温度等。

智慧医疗:利用图像识别辅助疾病诊断和治疗方案制定;自然语言处理实现病历自动分析整理;深度学习预测疾病发病趋势和流行病传播路径。例如,通过CT影像识别肺癌病灶,用算法分析病历文本提取关键信息。

辅助驾驶:在交通领域,通过感知、决策、执行等环节智能控制,实现车辆辅助驾驶和交通管理,提高交通效率与驾驶安全性。例如,汽车依靠传感器感知路况,通过算法决策行驶策略。

金融风控:运用智能风控系统实时监测分析金融交易数据,识别潜在风险和欺诈行为,保障客户资产与金融机构利益。例如,监测信用卡交易异常情况,防范盗刷风险。

智慧教育:依托智能教学系统和个性化学习平台,为学生提供精准学习建议与资源,提升教学和学习效率,还能辅助教师批改作业、评估成绩。例如,在线学习平台根据学生答题情况推送针对性学习内容。

5.1.6 人工智能前景展望

1. 经济领域

就业结构的变革:自动化和人工智能正在替代一些重复性、规律性的工作岗位,例如流水线工人和数据录入员。与此同时,它也催生了许多新的职业,如人工智能训练师和数据标注员等。这种变化要求劳动者提升数字技能和创新能力,以适应新的就业市场。

产业升级与转型:人工智能推动传统产业向智能化转型,显著提高生产效率和产品质量。在制造业中,智能生产系统可以自动检测和优化生产流程,减少人为错误。在物流领域,智能调度系统能够根据实时数据优化运输路线,提高运输效率。同时,人工智能还促进了新兴产业的发展,如智能医疗和智能家居,这些领域正成为新的经济增长点。

2. 社会生活

提升生活便捷性:智能语音助手和智能家居等技术让日常生活变得更加便利。例如,智能语音助手可以回答问题、设置提醒、控制家电等;智能家居系统可以自动调节温度、照明等,提高居住舒适度;智能交通系统则优化了出行效率,通过实时交通数据分析,减少交通拥堵,提高出行体验。

影响社交模式：社交平台的推荐算法正在改变人们获取信息和社交的方式，但可能会出现"信息茧房"现象。算法会根据用户的兴趣和行为推送相似内容，使人们接触到的信息变得单一，社交范围受到限制。例如，用户在社交平台上长期只看到与自己观点一致的内容，可能会影响其对不同观点的包容和理解。

教育与医疗的变革：在教育领域，人工智能实现了个性化学习，智能辅导系统能够根据学生的特点进行因材施教。例如，智能学习软件可以根据学生的学习进度和弱点提供定制化的学习计划。在医疗领域，人工智能辅助疾病诊断和治疗方案的制定，提高了诊断的效率和准确性。例如，医学影像分析系统可以快速识别病灶，帮助医生做出更准确的诊断。

3. 文化层面

创新文化创作：人工智能在音乐、绘画、文学作品等领域的创作丰富了文化创作的形式和内容。例如，AI 作曲软件可以生成独特的音乐作品，AI 绘画工具可以创造出新颖的艺术风格，但是这也带来了版权界定等新的难题。

冲击文化传统：算法推荐平台流行的文化内容，可能使小众文化和传统文化受到冷落，影响文化的多样性传承。例如，一些传统手工艺或地方戏曲可能因为缺乏足够的曝光而逐渐被遗忘。

4. 公共安全与治理

安防监控的助力：结合视频监控和人工智能技术，可以对异常行为进行实时监测和预警，从而提升公共安全防范能力。例如，在公共场所安装的智能监控系统。

网络安全挑战：人工智能可能被恶意利用，用于发起网络攻击或制造虚假信息，例如利用深度伪造技术进行诈骗或传播虚假新闻。同时，人工智能系统本身也存在安全漏洞，需要加强网络安全防护。

伦理治理的需求：人工智能引发了一系列伦理问题和社会风险，因此需要建立健全的伦理治理框架和监管机制，以确保人工智能的使用符合公共利益和伦理准则。例如，制定相关法律法规来规范 AI 在多种不同领域中的应用。

5.2 大数据

5.2.1 大数据基本概念

大数据指的是无法在一定时间范围内用常规软件工具进行捕捉、管理和处理的数据集合，具有海量性（volume）、高增长性（velocity）、多样性（variety）、价值性（value）四大特点。数据量从 TB 级别跃升至 PB、EB 甚至 ZB 级别，且数据产生速度极快，来源和格式丰富多样，包括结构化数据（如数据库中的数据）、半结构化数据（如 XML 文件）和非结构化数据（如文本、图像、视频等）。虽然大数据的数据价值密度低，但其整体价值巨大。

5.2.2 数据采集

数据采集是大数据处理的第一步，其来源广泛，可涵盖互联网、传感器、企业业务系统等。例如，网络爬虫是常用的采集互联网数据的工具，能按照一定规则自动抓取网页信息；传感器则实时采集物理世界中的各种数据，如温度、湿度、位置等；企业业务系统产生的交易记录、用户信息等也是重要的数据来源。在采集过程中,需要考虑数据的准确性、完整性和合法性。

5.2.3 数据存储

随着数据量的爆发式增长,传统的存储方式难以满足需求。分布式文件系统应运而生,如Hadoop分布式文件系统(HDFS),它将数据分散存储在多个节点上,具有高容错性和高扩展性。此外,还有基于键值对存储的NoSQL数据库,如Redis,适用于处理海量的非结构化数据,而且能快速读写,满足大数据场景下对数据存储和访问的性能要求。

5.2.4 数据清洗

采集到的数据往往存在噪声、重复、缺失值等问题,数据清洗就是对这些"脏数据"进行处理。通过去重算法去除重复数据,利用数据插值法填补缺失值,依据业务规则和统计方法识别并纠正错误数据,提高数据质量,为后续分析提供可靠基础。

5.2.5 数据分析与挖掘

数据分析是从数据中提取有价值信息的过程,常用的方法包括描述性统计分析,用于了解数据的基本特征;相关性分析,找出变量之间的关联关系。数据挖掘则运用更复杂的算法,如聚类分析将数据分成不同类别,关联规则并挖掘发现数据项之间的潜在关系。决策树算法常用于分类和预测等。

5.2.6 数据可视化

将数据分析结果以直观的图表、图形等形式呈现,能帮助用户更好地理解数据。常见的数据可视化工具包括Tableau、Power BI等,它们支持创建柱状图、折线图、散点图、地图等多种可视化类型,将复杂的数据转化为易于理解的视觉信息,便于决策者快速获取关键信息并做出决策。

5.2.7 大数据隐私与安全

大数据环境下,数据隐私和安全至关重要。数据加密技术是指对敏感数据进行加密处理,确保数据在传输和存储过程中的安全性;访问控制机制是指严格限制不同用户对数据的访问权限,防止数据泄露;匿名化技术通过对数据进行处理,隐藏个人身份信息,在保护隐私的同时,仍能对数据进行分析。

5.2.8 大数据应用实践

电商领域:以淘宝为例,每天产生数以亿计的用户浏览、搜索、购买等行为数据。通过大数据分析,淘宝构建用户画像,可以精准掌握用户的兴趣偏好、消费能力和购买习惯。基于这些分析,平台为用户提供个性化推荐,据统计推荐商品的点击率相比普通推荐提升了30%以上,有效提高了用户购买转化率,增加了平台销售额。同时,大数据分析还能帮助商家优化库存管理,根据历史销售数据和趋势预测,合理安排商品库存。

交通领域:滴滴出行利用大数据实现智能派单。通过收集海量的乘客出行需求数据、车辆位置数据以及路况信息,滴滴的算法能够实时分析并预测不同区域的出行需求。在高峰时段,系统会根据大数据分析结果,将司机优先派往需求热点区域,平均接单时间缩短了2~3 min,有效提高了出行效率,减少乘客等待时间,同时也提高了司机的运营收入。

拓展阅读

大数据产业发展规划

医疗领域：某知名医院利用大数据进行疾病预测和预防。医院收集了大量患者的病历数据、检查报告、基因数据等，运用机器学习算法构建疾病预测模型。以糖尿病为例，通过分析患者的年龄、家族病史、生活习惯、血糖监测数据等多维度信息，模型能够提前预测患者患糖尿病的风险，据统计准确率达到85%以上。基于预测结果，医院为高风险人群制定个性化的健康干预方案，有效降低了疾病发生率。

5.3 物联网

5.3.1 物联网概述

物联网是通过射频识别（RFID）、传感器、全球定位系统等信息传感设备，按约定的协议，把任意物体与互联网相连接，进行信息交换和通信，以实现对物体的智能化识别、定位、跟踪、监控和管理。物联网的核心是物物相连，让物品具备"智慧"，实现人与物、物与物之间的高效交互。

回顾物联网的起源，从早期简单的物体通信概念萌芽，到1999年正式提出"物联网"概念，再到如今5G、人工智能等技术推动下的飞速发展。物联网与互联网、大数据、人工智能、云计算等技术具有紧密联系。物联网是互联网的延伸和拓展，互联网为物联网提供了网络基础；大数据是物联网发展的关键要素，物联网产生的海量数据需要大数据技术进行存储、分析和处理；人工智能赋予物联网智能决策能力，使物联网设备能够根据数据分析结果自动执行任务；云计算为物联网提供强大的计算和存储资源，支撑物联网应用的运行。

5.3.2 物联网体系架构

感知层：感知层是物联网的底层基础，如同物联网的"皮肤和五官"。它通过传感器、RFID标签、摄像头等设备，识别物体并采集温度、湿度、位置等物理信息。感知层涉及传感器、射频识别等关键技术，解决数据获取问题，并将采集信息经短距离传输，为后续网络层传输和应用层处理提供原始数据，感知层的性能影响物联网整体效能。

网络层：网络层是物联网的神经中枢，负责将感知层采集的数据传输到应用层。有线传输技术方面，以太网在工业物联网中被广泛应用，具有高速、稳定的特点；光纤通信以其大容量、长距离传输的优势，成为物联网骨干网络的重要选择。无线传输技术方面，Wi-Fi、蓝牙等短距离无线通信技术，适用于智能家居、智能穿戴设备等场景。

应用层：应用层是物联网的顶层，直接面向用户。它将经过网络层传输、处理后的感知数据，结合行业需求进行深度应用开发。应用层涵盖智能家居、智能交通、智慧医疗等诸多领域，通过各类应用程序和服务，为用户提供具体功能，如智能家居中远程控制家电、智能交通里实时路况导航、智慧医疗的远程诊断等，实现物联网的价值落地，满足不同场景下人们对智能化、便捷化生活与生产的需求，是物联网与用户交互的关键环节。物联网产业技术链体系如图5-3所示。

5.3.3 物联网关键技术

1. 传感器技术

传感器的选型原则，包括根据测量对象选择合适的传感器类型，考虑测量精度、量程、响应

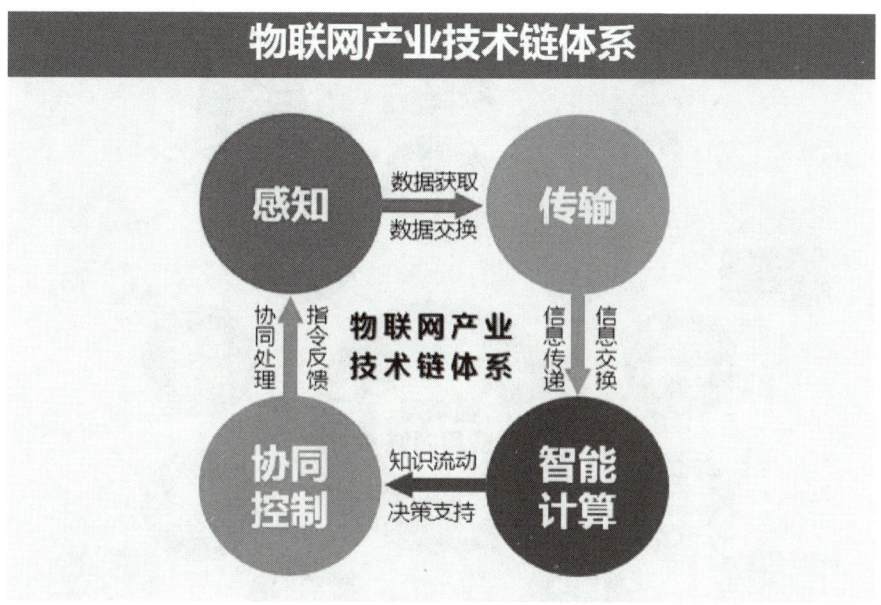

图 5-3 物联网产业技术链体系

时间、稳定性等性能指标,以及成本、功耗、尺寸等因素。介绍传感器的标定与校准方法,确保传感器测量数据的准确性。以温度传感器为例,详细说明如何使用标准温度计对其进行标定,通过实验数据绘制校准曲线。同时,探讨传感器数据融合技术,它可以将多个传感器采集的数据进行综合处理,提高数据的可靠性和准确性。如在汽车辅助驾驶中,将摄像头、雷达、激光雷达等多种传感器的数据进行融合,实现对车辆周围环境的全面感知。

2. 通信技术

物联网中常用的通信协议,如 MQTT(message queuing telemetry transport)协议,它是一种基于发布/订阅模式的轻量级消息传输协议,具有低带宽、低功耗、可靠性高等特点,适用于物联网设备与服务器之间的通信;CoAP(constrained application protocol)协议,专为受限资源的物联网设备设计,运行在 UDP(user datagram protocl)协议之上,具有简单、高效、易于实现的特点,常用于智能家居、智能城市等场景。

3. 数据处理与分析技术

数据采集:利用传感器、摄像头等设备,通过有线或无线(如 Wi-Fi、4G/5G)方式收集物理世界信息,如温度、湿度、位置等数据。

数据预处理:经清洗去除错误、缺失、重复值;压缩减少数据量;转换数据以适配分析,提升数据质量。

数据分析:运用描述性分析展现数据特征,聚类分析挖掘潜在模式,分类分析实现预测分类,异常检测揪出异常点,提取有价值的数据信息辅助决策。

数据可视化:以图表等直观形式呈现数据分析结果,便于理解与解读。

5.3.4 物联网应用实践

物联网应用实践如图 5-4 所示,本章以智能家居、智能交通和智能医疗为例进行详细介绍。

1. 智能家居

小米智能家居通过智能网关连接各种智能设备,如智能灯泡、智能插座、智能摄像头、智能

图 5-4 物联网应用实践

音箱等。用户可以通过手机 APP 远程控制这些设备,也可以设置自动化场景,如回家模式下,自动打开灯光、窗帘,调节空调温度;睡眠模式下,关闭不必要的电器设备,启动空气净化器。

2. 智能交通

车联网通过车辆与车辆、车辆与基础设施之间的通信,实现交通信息的实时采集和共享。交通管理部门可以根据车联网传输的数据,实时监测交通流量,优化交通信号灯配时,缓解交通拥堵。例如,在早晚高峰时段,根据道路实时拥堵情况,动态调整信号灯时长,引导车辆合理行驶。同时,车联网还可以实现智能停车引导,通过与停车场管理系统的连接,为驾驶员提供停车场位置、空余车位信息,并引导驾驶员快速找到停车位。

3. 智能医疗

医院的远程医疗系统利用物联网技术,实现患者生理数据的实时采集、传输和分析。患者佩戴可穿戴医疗设备,如智能手环、智能血压计等,这些设备实时监测患者的心率、血压、血氧饱和度等生理参数,并通过蓝牙或 Wi-Fi 将数据传输到医院的远程医疗平台。医生可以通过平台实时查看患者的健康数据,进行远程诊断和治疗方案调整。对于慢性病患者,医生还可以通过平台进行长期的健康管理和跟踪。远程医疗系统在提高医疗资源利用率、改善医疗服务可及性、降低医疗成本等方面都有着十分显著的优势,但也需注意医疗数据隐私保护、医疗责任界定等问题。

5.3.5 物联网安全与隐私保护

安全威胁:主要包括设备安全威胁,物联网设备可能被攻击者入侵,篡改设备固件或控制设备行为;网络安全威胁,物联网通信网络可能遭受中间人攻击、DDoS攻击等,导致数据泄露、通信中断;数据安全威胁,物联网产生的大量敏感数据,如个人健康数据、企业生产数据等,可能被窃取、篡改或滥用。

隐私保护:随着物联网设备广泛应用,大量个人信息被收集和传输,如家庭住址、生活习惯等。若隐私保护不当,这些信息可能被泄露或滥用,给用户带来安全风险和生活困扰。数据保护措施包括:加密技术,对数据在传输和存储过程中进行加密,防止数据被窃取和篡改;访问控制,严格限制对物联网设备和数据的访问权限,只有授权用户才能获取相关信息;匿名化处理,对数据进行匿名化处理,使处理后的数据无法识别个人身份,以此在保障数据可用性的同时,保护用户隐私。

安全技术与措施:物联网的安全技术与措施是保障物联网系统安全运行的关键。在身份认证方面,通过数字证书等技术确认设备和用户身份,防止非法访问。数据加密技术对传输和存储的数据进行加密,确保数据的保密性和完整性。访问控制则依据权限限制对设备和数据的访问。入侵检测系统实时监测网络活动,及时发现并阻止恶意攻击。此外,还需要定期对系统进行安全评估和漏洞修复,以降低安全风险,全方位保护物联网环境中的设备、数据和用户的安全。

5.3.6 物联网前景展望

5G与物联网的深度融合,将为物联网带来更高的传输速度、更低的时延和更大的连接数,推动着物联网技术在工业互联网、智能交通、远程医疗等领域的应用创新。人工智能与物联网的结合,使物联网设备具备更强大的智能决策能力,可实现自主控制和优化管理。区块链技术在物联网中的应用,可提高物联网数据的安全性和可信度,构建设备之间的去中心化信任机制。

未来物联网可能被应用于智能城市的建设,通过物联网技术实现城市基础设施的智能化管理,包括智能能源管理、智能水资源管理、智能环境监测等,提高城市运行效率和居民生活质量。在智能供应链的发展过程中,利用物联网能实现货物的实时跟踪、库存管理和智能配送,可以提高供应链的透明度和效率。而随着智能养老的兴起,通过物联网设备能实时监测老年人的健康状况和生活状态,为他们提供个性化的养老服务和紧急救助。

总之,物联网能够为企业创造新的商业模式和发展机遇,推动传统产业的转型升级,促进经济和就业增长。但是物联网的发展依然面临着许多的挑战。例如,技术标准不统一会导致不同厂家的物联网设备难以互联互通;安全和隐私风险也在日益增加;而且物联网的快速发展需要大量既懂技术又懂应用的复合型人才。

5.4 区 块 链

5.4.1 区块链基本原理与特点

区块链是一种将数据区块按时间顺序相连组成的链式数据结构,通过密码学技术保证数据的不可篡改和不可伪造特性,并以此构建出一种无须依赖中心化机构的分布式账本。它创新性地打破了传统中心化的信任模式,采用去中心化的方式,使得参与各方能够在没有第三方信任中介的情况下,依然可以安全、可靠地进行交易及数据交换。

从技术架构层面来看,区块链由多个区块有序相连构成。每个区块不仅包含了一定时间范围内的交易数据,还巧妙地嵌入了前一区块的哈希值,从而形成了紧密关联的链式结构。基于这样的设计,区块链衍生出了诸多关键特性:去中心化,即不存在单一的中心控制机构,所有参与节点共同维护账本;不可篡改,数据一旦写入区块链,就几乎无法被修改;共识机制,则是用于保障各节点间数据一致性的重要手段,常见的共识机制包括工作量证明(PoW)、权益证明(PoS)等。

区块链技术的发展历程可以划分为几个关键阶段。2008年,随着比特币的诞生,区块链技术第一次走进了人们的视野。到了2013—2014年,以太坊的出现带来了智能合约这一重要创新,极大地拓展了区块链技术的应用范围。而近年来,区块链技术在金融、供应链、医疗等众多行业得到了广泛的探索与实践,呈现出爆发式增长的态势。在这些发展阶段中,出现了许多具有里程碑意义的事件和创新突破。例如,2017年基于以太坊的非同质优化币(non-fungible token,NFT)项目CryptoPunks,成功开启了NFT的热潮,进一步展示了区块链技术的不断演进和多元应用潜力。

5.4.2 区块链核心技术

1. 密码学基础

区块链密码学是区块链技术的重要基础,主要包括哈希算法、数字签名和加密技术。哈希算法可将任意长度的数据映射为固定长度的哈希值,具有不可逆性和唯一性,常用于验证数据的完整性。数字签名基于公私钥对,能确保信息的真实性和不可抵赖性,让接收方验证发送方身份及消息是否被篡改。加密技术则用于保护数据的机密性,通过对数据进行加密处理,使只有拥有相应密钥的用户才能解密和访问数据,为区块链上的数据安全提供了坚实保障。

2. 共识机制

区块链共识机制是区块链网络中节点就区块状态达成一致的规则和方法。常见的共识机制有工作量证明(PoW)、权益证明(PoS)等。PoW通过节点竞争计算复杂数学问题来验证交易并生成新区块,谁先算出正确答案谁就获得记账权,这保证了区块链的安全性和不可篡改性,但能耗较高。PoS则根据节点持有的权益数量来选择记账节点,权益越大,被选中记账的概率越高,它相对PoW更节能,且能缩短共识时间,提高交易效率。共识机制是区块链技术的核心组成部分,确保了区块链网络的稳定运行和数据一致性。

3. P2P网络

区块链P2P网络是一种去中心化的网络架构,在区块链系统中起着关键作用。它由众多对等节点组成,每个节点地位平等,既可以作为客户端,也能充当服务器,直接进行数据传输和通信,无须依赖中心服务器。这种网络结构使得区块链具有高度的分布式和抗中心化攻击的能力。节点之间通过特定的协议进行信息交互,如传播交易记录、区块信息等,共同维护区块链的账本数据。P2P网络还能实现数据的快速传播和同步,保证各个节点的数据一致性,为区块链的安全、稳定运行提供了坚实的网络基础。

5.4.3 区块链工作原理

1. 区块结构与数据存储

区块链的基本组成单位是区块。每个区块包含区块头和区块体两部分,区块头中记录了版本号、时间戳、前一个区块的哈希值、Merkle根等重要信息;区块体则存储了该区块包含的所有交易数据。

2. 交易流程与确认

用户发起一笔交易,首先需要创建一个包含交易金额、接收方地址等信息的交易记录,并使用自己的私钥对交易进行签名。然后,交易被广播到 P2P 网络中,节点对交易进行验证,包括验证交易的格式是否正确、签名是否有效、交易金额是否足够等。验证通过的交易被收集到交易池中,等待被打包进新区块。矿工(在区块链中负责打包交易并创建新区块,维护安全和稳定)在争夺记账权的过程中,从交易池中选择交易打包进新区块,并通过共识机制完成新区块的验证和添加到区块链上。一旦新区块被添加到区块链,交易就被确认,且不可逆转。

3. 智能合约

智能合约是一种基于区块链的自动执行的合约协议。智能合约以代码的形式部署在区块链上,当满足预设的条件时,合约会自动执行相应的操作。例如,在一个简单的众筹项目中,智能合约可以设定众筹的目标金额、截止时间等条件,当众筹金额达到目标且在截止时间内,资金会自动转移到项目方账户;若未达到目标,资金会自动退还给投资者。通过实际的智能合约开发案例,使用以太坊开发工具(如 Remix IDE)编写、部署和调用一个简单的智能合约,让学生掌握智能合约的开发和应用技能。同时,分析智能合约在提高交易效率、降低信任成本、减少人为干预等方面的优势,以及面临的安全风险,如代码漏洞、重入攻击等问题。

5.4.4 区块链应用实践

1. 金股链

基于布比区块链平台构建,为投资人提供高效可信的股权登记转让服务。通过多中心、分布式共享账本,保障交易公开透明,降低信任风险。数字股权凭证便于流转和监管,智能合约绑定数字股权凭证,实现交易瞬间完成,能够替代线下纸质协议和中介机构,降低交易成本,提高效率。

2. 交易平台

纳斯达克 Linq 与 Chain.com 合作推出的交易平台可用于私有股权交易,使未上市公司股权融资和转手交易实现数字化,缩减结算时间,降低结算风险和资金成本,减少行政风险和负担。

3. 供应链管理

沃尔玛与 IBM 的"食品信任链"将芒果、猪肉等产品生产、加工、运输信息上链,消费者扫码可查相关信息,缩短食品污染源检测时间,降低纠纷处理成本。

辉瑞与美源伯根医药溯源平台能够追踪疫苗从生产到接种全流程,记录温度传感器数据、海关通关文件等,解决药品运输冷链断裂、跨境文件造假问题。

4. 医疗领域

医院区块链电子病历系统可实现病历数据实时同步,提高病历管理透明度,患者可追溯个人病历历史。通过区块链的加密存储和多节点存储,确保数据不可篡改,保护患者敏感信息,促进医疗资源共享,提高医疗服务效率。

5.4.5 区块链前景展望

近年来,全球区块链市场规模起伏波动。自 2016 年我国将区块链技术纳入国家战略规划以来,国内区块链市场规模开启快速增长模式,尽管在 2023 年出现了一定程度的下滑,但企业规模却呈现出稳步上升的态势,展现出蓬勃的生命力。目前,区块链产业链日益丰富和完善,在金融、供应链、物联网等多个关键领域得到了广泛且深入的应用。例如,在金融领域,区块链技术被用于提升支付清算效率,实现快速、低成本的资金流转;在供应链领域,它则助力实现全程可追溯,确保商品质量与安全,增强供应链的透明度和可信度。同时,区块链技术领域不断创新,新技术持续涌现,像以太坊 2.0 等新兴平台的出现,推动了区块链的扩展性,而跨链技术的发展则有望促进区块链网络之间的互联互通,构建一个更加庞大、高效的区块链生态系统。

然而,区块链技术在发展过程中也面临着诸多挑战。在性能方面,可扩展性和性能瓶颈问题突出,以比特币区块链为例,其每秒处理交易数量较低,在交易高峰期容易造成交易堵塞,影响用户体验和系统运行效率。而且,随着区块链中数据的不断累积,存储需求也日益增加,这给节点的运行带来了巨大的挑战,对硬件设施和存储管理也提出了更高要求。在安全性上,区块链并非无懈可击,存在 51% 攻击、智能合约代码的漏洞等风险。51% 攻击是指当一个节点或节点联盟控制了全网超过 51% 的算力,就有可能对网络进行恶意操作。智能合约代码的漏洞还可能被黑客利用,导致数字资产被盗或交易异常。在隐私保护方面,区块链的数据透明性虽是其优势之一,但在一定程度上也容易导致隐私泄露。如何在保证交易有效性和安全性的同时,有效保护用户隐私,成为亟待解决的难题。而且,目前区块链领域还存在技术标准不统一的问题,不同平台之间采用的标准各异,导致产品和服务缺乏统一性,增加了企业之间合作和系统集成的难度。在全球范围内,各国对区块链和加密货币的监管政策存在显著差异,这种政策的不确定性给市场带来了额外的风险。区块链的去中心化、匿名性等特点,使得监管机构在追踪资金流向、防范金融风险等方面面临着前所未有的困难。现有的监管框架大多是基于传统的中心化金融体系设计的,难以直接适用于去中心化的区块链环境。因此,如何在鼓励技术创新的同时,满足监管需求,平衡好创新与监管之间的关系,成为金融科技监管领域的重要课题。

5.5 云计算

5.5.1 云计算的起源和发展现状

云计算的概念最早可追溯到 20 世纪 60 年代,当时计算机科学家约翰·麦卡锡(John McCarthy)提出了把计算能力作为一种像水电一样的公用事业提供给用户的设想,但受限于当时的硬件和网络条件,这个设想在很长时间内未能实现。随着互联网的发展,2006 年亚马逊推出了弹性计算云(Amazon elastic compute cloud,Amazon EC2),这是云计算发展的一个重要里程碑,它首次将云计算的概念大规模商业化,让企业和个人能够通过互联网方便地租用计算资源。随后,谷歌、微软等科技巨头也纷纷加入云计算领域,推动了云计算技术的快速发展。

如今,云计算已经成为信息技术领域的重要发展方向,被广泛应用于各个行业。根据知名市场研究机构的数据,近年来全球云计算市场规模逐年攀升,公有云服务市场更是增长迅速。许多大型企业纷纷将业务迁移到云端,利用云计算的弹性、可扩展性和低成本等优势,提升业务的灵活性和竞争力。例如,金融行业利用云计算进行风险评估和交易处理;医疗行业通过云计算实现医疗数据的存储和共享;制造业借助云计算进行供应链管理和生产优化等。同时,云计算的技术也在不断演进,如容器技术、无服务器计算等新兴技术的出现,进一步拓展了云计算的应用场景和能力。

5.5.2 云计算的基本概念和 IPS 模型

云计算是一种基于互联网的计算模式,它通过网络将计算资源、存储资源、软件资源等以服务的形式提供给用户，用户无须了解这些资源的具体物理位置和实现细节，只要按需使用并按使用量付费。简单来说，云计算就像是一个庞大的"资源池"，用户可以像用水用电一样，方便快捷地获取自己需要的计算资源。例如，个人用户可以使用云存储服务来存储自己的照片、文档等数据，企业用户可以租用云服务器来搭建自己的网站、运行业务系统等。

云计算个人安置和支持模型（individual placement and support，IPS）是一个关于云计算服务模式的概念，包括基础设施即服务、平台即服务和软件即服务，可用于帮助理解云计算服务的层次结构和不同服务模式的特性。

1. 基础设施即服务（infrastructure as a service，IaaS）

提供基础的计算、存储和网络资源。用户可以在 IaaS 平台上按需租用虚拟机、存储设备和网络带宽等，自行安装操作系统、应用程序等软件。国内的 IaaS 提供商有华为、百度、腾讯等。企业可以在其平台上快速创建各种配置的虚拟机，根据业务需求灵活调整资源，无须自己购买和维护物理服务器。

2. 平台即服务（platform as a service，PaaS）

在 IaaS 的基础上，提供了一个应用开发和运行的平台。它包括操作系统、数据库管理系统、开发工具等，开发者可以在 PaaS 平台上专注于应用程序的开发，而无须关心底层基础设施的管理。例如，谷歌的 App Engine，开发者可以直接在上面使用 Python、Java 等编程语言开发应用，并利用平台提供的数据库、存储等服务，大大缩短了应用开发的周期。

3. 软件即服务（software as a service，SaaS）

直接将软件应用通过网络提供给用户使用，用户无须安装软件，通过浏览器即可访问和使用。常见的 SaaS 应用有办公软件（如微软的 Office 365）、客户关系管理系统（CRM，如 Salesforce）等。以 Office 365 为例，用户无须在本地安装 Office 软件，通过网页即可在线使用 Word、Excel、PowerPoint 等办公应用，并且可以实现多人实时协作编辑。

5.5.3 云计算的实现机制及常用技术

云计算通过分布式系统、虚拟化技术、自动化管理等多种技术的协同工作来实现其功能。首先，云计算将大量的物理资源（如服务器、存储设备等）整合在一起，形成一个庞大的资源池。然后，利用虚拟化技术将物理资源虚拟化成多个虚拟资源，这些虚拟资源可以根据用户的需求进行灵活分配和管理。同时，通过自动化管理系统，实现对资源的动态监控、调度和分配，确保用户能够快速、稳定地获取所需资源。例如，当用户请求创建一个虚拟机时，自动化管理系统会从资源池中选择合适的物理资源，利用虚拟化技术创建出虚拟机并分配给用户；当用户不再使用该虚拟机时，系统会自动回收资源，以便重新分配给其他用户。

1. 虚拟化技术

是云计算的核心技术之一，它可以将一台物理计算机虚拟成多台逻辑计算机，每个虚拟机都可以独立运行操作系统和应用程序，互不干扰。常见的虚拟化技术有 VMware 的 ESXi、开源的 KVM 等。通过虚拟化技术，提高了物理资源的利用率，降低了成本，同时也方便了资源的管理和调度。例如，在一个数据中心，通过虚拟化技术可以将一台高性能服务器虚拟成多个虚拟机，分别运行不同的业务系统，避免了为每个业务系统单独购置服务器的成本。

2. 分布式计算

将一个大型的计算任务分解成多个小任务，分配到多个计算节点上并行处理，最后将各个节点的处理结果汇总得到最终结果。分布式计算提高了计算效率，能够处理大规模的数据和复杂的计算任务。谷歌的 MapReduce 是一种典型的分布式计算框架,它被广泛应用于谷歌的搜索引擎等业务中,能够快速处理海量的网页数据。

3. 存储技术

云计算需要可靠的存储技术来保证数据的安全和高效访问。常见的云存储技术有分布式文件系统(如 Ceph、GlusterFS)、对象存储(如亚马逊的 S3)等。这些存储技术具有高可靠性、高扩展性和高性能等特点,能够满足不同用户对数据存储的需求。例如,亚马逊的 S3 提供了海量的对象存储服务,用户可以方便地存储和管理大量的文件、图片、视频等数据,并且具有很高的数据持久性和可用性。

5.5.4 云计算应用实践与前景展望

随着互联网的飞速发展,云计算已成为信息技术领域的重要支柱。在实际应用中,云计算被广泛应用于电商、交通、金融、医疗等众多行业。例如,电商企业借助云计算的强大计算和存储能力,能够轻松应对购物高峰期的海量订单处理;交通部门利用云计算高效管理交通流量数据,优化交通信号控制,提升城市交通运行效率。

随着人工智能、物联网、边缘计算等新兴技术的不断涌现与深度融合,未来云计算将在数据智能分析、实时决策支持、万物互联等领域开辟新的应用疆界。它将为企业的数字化转型提供更坚实的支撑,助力各行业实现智能化、自动化升级,持续释放数字经济的巨大潜力,推动全球科技与产业的蓬勃发展。

5.6 第五代移动通信系统

5.6.1 移动通信技术发展概述

移动通信系统是利用无线技术进行通信的现代化技术,这种技术是电子计算机与移动互联网发展的重要成果之一。移动通信系统延续着每十年更新一代技术的发展规律,已经经历了四代技术的发展,目前已经迈入了第五代发展的时代(即第五代移动通信技术,或简写为 5G),这也是目前改变世界的几种主要技术之一。

移动通信系统每一次的代际跃迁,每一次的技术进步,都极大地促进了产业升级和经济社会发展。移动网络已经融入人类社会生活的方方面面,深刻改变了人类的生活方式。

1. 第一代移动通信系统(1st-generation mobile system,1G)

第一代移动通信系统是指最初的仅限语音的模拟蜂窝电话标准,该标准制定于 20 世纪 80 年代。第一代移动通信系统主要采用模拟技术和频分多址(frequency-division multiple access,FDMA)技术。由于受到传输带宽的限制,不能进行移动通信的长途漫游,只能是一种区域性的移动通信系统。第一代移动通信系统主要有两种制式:1978 年底美国贝尔试验室研制的全球第一个移动蜂窝电话系统——高级移动电话系统(advanced mobile phone system,AMPS);1985 年英国开发出频段在 900 MHz 的全接入通信系统(total access communication system,TACS)。第一代移动通信系统主要用于提供模拟语音业务,而第一代模拟手机只能进行语音通话,俗称"大哥大",如图 5-5 所示。

但是第一代移动通信有很多不足之处,如容量有限、制式太多、互不兼容、保密性差、通话质量不高、不能提供数据业务和不能提供自动漫游等,这些不足都随着第二代移动通信系统的到来得到了很大改善。

2. 第二代移动通信系统(2nd-generation mobile system，2G)

第二代移动通信系统有效地将手机从模拟通信转换到数字通信,是以数字技术为主体的移动经营网络。它主要采用数字的时分多址(time-division multiple access，TDMA)技术和码分多址(code-division multiple access，CDMA)技术。其核心业务为语音通信,主要特点是能提供数字化的话音业务及低速数据业务。

第二代移动通信系统克服了模拟移动通信系统的弱点,话音质量、保密性能大大提高。但由于采用不同的制式,移动通信标准不统一,用户只能在同一制式覆盖的范围内进行漫游(如省内、省际自动漫游),而无法进行全球漫游。

图 5-5 第一代手机

1982 年,欧洲邮电大会成立了一个新的标准化组织 GSM(group special mobile),其目的是制定欧洲 900 MHz 数字 TDMA 蜂窝移动通信系统(GSM 系统)技术规范,从而使欧洲的移动电话用户能在欧洲境内自动漫游。1992 年,GSM 系统开始在欧洲商用,最初仅为泛欧标准。随着该系统在全球的广泛应用,GSM 系统重新命名为全球移动通信系统(global system for mobile communications)。我国主要采用的就是 GSM 系统,从 1995 年开始建设 GSM 网络,实现了与世界各国国际漫游的业务。

3. 第三代移动通信系统(3rd-generation mobile system，3G)

第三代移动通信系统是在第二代移动通信系统的基础上发展起来的,以 CDMA 技术为主,能同时提供语音和数据业务的移动通信系统。第三代移动通信系统能够处理图像、音乐、视频流等多种媒体形式,提供包括网页浏览、电话会议以及电子商务等多种应用。

第三代移动通信系统是覆盖全球的多媒体移动通信系统。它的主要特点之一是可实现全球漫游,使在任意时间、任意地点的任意人之间的交流成为可能;另一个主要特点是能够实现高速数据传输和宽带多媒体服务。

4. 第四代移动通信系统(4th-generation mobile system，4G)

随着数据通信与多媒体业务需求的发展,适应移动数据、移动计算及移动多媒体运作需求的第四代移动通信系统开始兴起。第四代移动通信技术(即 4G 技术)是集 3G 与 WLAN 于一体的网络技术,它的关键技术主要有正交频分复用(OFDM)技术、多输入多输出技术(MIMO)、智能天线技术、软件无线电(SDR)技术等。第四代移动通信系统主要包括 TD-LTE 和 FDD-LTE 两种制式。其中,FDD-LTE 速度快,适合广域覆盖;TD-LTE 节省频道资源,适合热点集中的区域覆盖。

第四代移动通信系统主要具有通信速度快、网络频谱宽、通信灵活、智能性能高、兼容性好、质量高和可提供增值服务等特点。与第三代移动通信系统相比,第四代移动通信系统最大的优势就是显著提升了通信速度,能够快速传输数据以及高质量的音频/视频/图像等,不仅让用户有了更佳的使用体验,同时也推动了通信技术的发展。

5. 第五代移动通信系统(5th-generation mobile system，5G)

第五代移动通信技术是具有高速率、低时延、大带宽和大连接等特点的新一代宽带移动通信技术,是实现人、机、物互联的网络基础设施。5G 网络作为新一代移动通信网络,是一种融合了多种技术的新型宽带移动通信网络,其峰值理论传输速度可达每秒数十 GB,比 4G 网络的传输速度快数百倍。5G 技术也与互联网的发展联系紧密、相互促进,共同推进着数字时代的进步。图 5-6 所示是互联网发展时间线。

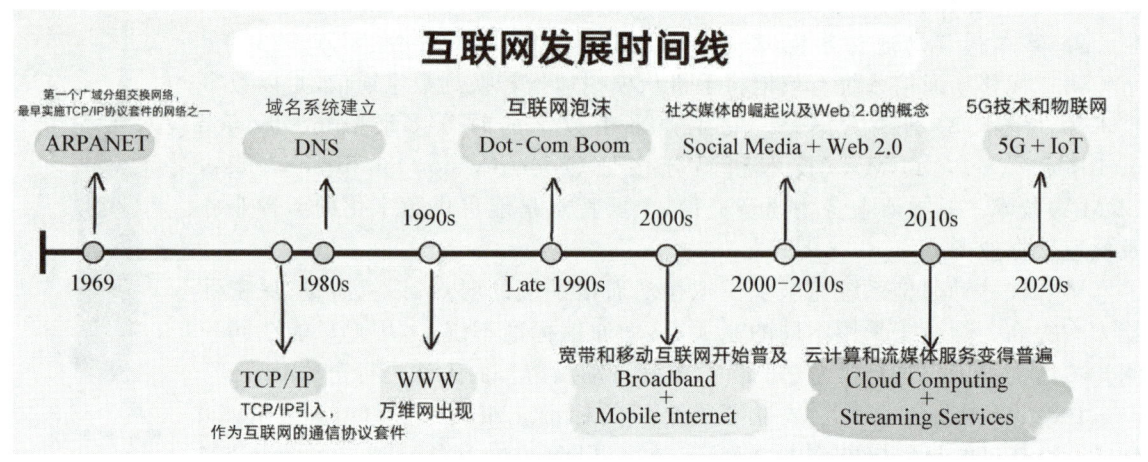

图 5-6 互联网发展时间线

(1) 世界各国研发 5G 的情况

随着 4G 进入规模化商用,全球业界将研发重点投向第五代移动通信系统,5G 成为全球业界争夺的新焦点。面对新一轮移动通信技术更迭的重大机遇,世界上包括中国、美国、日本、韩国和欧洲在内的国家(地区)纷纷加大 5G 研发投入,积极引导技术发展,抢占 5G 发展主导权。目前大力推进 5G 研发的主流公司有中国华为、韩国三星、欧盟爱立信等。

(2) 我国 5G 建设情况

2019 年 6 月 6 日,工信部正式向中国电信、中国移动、中国联通、中国广电发放 5G 商用牌照,中国正式进入 5G 商用元年。

移动通信技术起步虽晚,但政府、企业、科研机构等各方高度重视 5G 的前沿布局,力争在全球 5G 标准制定上掌握话语权。目前,我国在 5G 标准研发上正逐渐成为全球的领跑者。

5.6.2　5G 技术特点与优势

5G 具有高速率,峰值速率可达 20 Gbps,是 4G 的几十倍;5G 具有低时延,空口时延低至 1 ms;5G 具有大容量,每平方千米可连接 100 万个设备,这些特性使 5G 能够支持更多复杂应用,满足不同行业需求。

5.6.3　5G 应用实践与前景展望

在工业领域,实现工业自动化远程控制;在车联网中,支持自动驾驶车辆间通信和与基础设施通信;在虚拟现实和增强现实应用中,提供更流畅、沉浸式体验。全球 5G 网络建设正在快速推进,但也面临基站建设成本高、频谱资源分配等挑战。未来,5G 将与其他技术深度融合,拓展更多应用场景。

5.7　量子计算

5.7.1　量子计算概述

量子计算是基于量子力学原理的一种新型计算模式,它利用量子比特(qubit)来存储和处理信息。与经典比特只能表示 **0** 或 **1** 不同,量子比特可以同时处于 **0** 和 **1** 的叠加态,这种特性赋予了量子计算强大的并行计算能力。例如,一个包含 n 个量子比特的量子系统,可以同时表示 2^n 个状态,而 n 个经典比特只能表示 2^n 个状态中的一个。

回顾量子计算的发展历程,从 1982 年理查德·费曼提出量子计算机的概念,到 1994 年彼得·肖尔提出的能够在多项式时间内完成大数分解的肖尔算法,再到近年来谷歌、IBM 等科技巨头在量子计算硬件和算法方面取得的突破,这些都展示了量子计算从理论概念到实际技术的逐步演进。

5.7.2　量子计算基础原理

1. 量子比特(qubit)

量子比特即量子位,是量子计算中信息的基本载体。与传统计算机中用 **0** 和 **1** 表示信息的比特不同,量子比特利用量子态来表示和处理信息。它可以处于多种叠加态,而不仅仅是 **0** 或 **1** 的确定状态。特性包括叠加性、纠缠性、干涉性。量子比特可以用二维复向量空间中的单位向量表示,其状态可以表示为 $|\psi\rangle = \alpha|0\rangle + \beta|1\rangle$,其中 α 和 β 是复数,且 $|\alpha|^2 + |\beta|^2 = 1$。$|\alpha|^2$ 和 $|\beta|^2$ 分别表示量子比特处于 $|0\rangle$ 态和 $|1\rangle$ 态的概率。通过具体的实验示例,如光子偏振态作为量子比特的实验,展示如何制备和测量量子比特的状态,以及叠加态的奇妙性质。

2. 量子门

量子门是量子计算中对量子比特进行操作的基本单元,其功能与经典计算里的逻辑门相似。常见的量子门包括泡利 - X 门(Pauli - X 门)、阿达玛门(Hadamard 门)以及量子受控非门(CNOT 门)。其中,Pauli - X 门是量子计算中常用的单比特量子门之一,它的作用与经典计算中的非门相当,能够将量子比特的 $|0\rangle$ 态转变为 $|1\rangle$ 态,同时把 $|1\rangle$ 态转变为 $|0\rangle$ 态;Hadamard 门则具备使量子比特从确定的 $|0\rangle$ 态或 $|1\rangle$ 态转换为叠加态的能力;CNOT 门是一种两比特量子门,在控制比特为 $|1\rangle$ 的情况下,目标比特的状态会被翻转,反之,若控制比特不是 $|1\rangle$,目标比特的状态则保持不变。

3. 量子态的测量

当对量子比特进行测量时,它会从叠加态坍缩到 $|0\rangle$ 态或 $|1\rangle$ 态,测量结果具有概率性,这是量子力学与经典力学的重要区别之一。以掷骰子为例,类比量子态测量的概率性,骰子的 6 个面类似于量子比特的不同状态,在测量(掷骰子)之前,骰子处于所有可能结果的叠加态,测量后只能得到一个确定的结果(某个面朝上)。

5.7.3　量子算法

量子算法是利用量子力学特性设计的算法,旨在解决某些经典算法难以解决的问题。与经典算法相比,量子算法在处理特定问题时具有指数级的加速优势。以搜索算法为例,经典的无序搜索算法需要遍历整个搜索空间,时间复杂度为 $O(N)$,而量子搜索算法(Grover 算法)的时间复杂度为 $O(\sqrt{N})$,大大提高了搜索效率。

1. 肖尔算法

肖尔算法是一种用于大数分解的量子算法,它利用量子傅里叶变换和量子态的周期性,能够在多项式时间内将一个大整数分解为其质因数。以分解整数 15 为例,利用肖尔算法,首先将量子比特初始化为叠加态,然后通过量子门操作和测量,利用量子态的特性找到与 15 互质的数 x,再通过量子傅里叶变换找到 x 的周期 r,最后根据 r 计算出 15 的质因数。肖尔算法对密码学具有重大影响,它有可能会威胁到基于大数分解的 RSA 加密算法的安全性。

2. Grover 算法

Grover 算法是一种量子搜索算法,用于在无序数据库中搜索特定元素。它通过不断地旋转量子态,使得目标元素的概率振幅增大,从而在较少的迭代次数内找到目标元素。以在一个包含 8 个元素的无序数组中搜索特定元素为例,经典搜索算法平均需要 4 次比较才能找到目标元素,而 Grover 算法平均只需约 2 次迭代就能找到,体现了量子算法在搜索问题上的优势。

5.7.4　量子计算硬件实现

1. 量子比特的物理实现

目前实现量子比特的主要物理系统有超导约瑟夫森结、离子阱、量子点、核磁共振等。以超导量子比特为例,超导约瑟夫森结利用超导材料的量子特性,通过控制电流和电压来实现量子比特的状态操控。

2. 量子计算机的架构

量子计算机的基本架构,包括量子比特阵列、量子门操作单元、量子测量单元和经典控制单元。量子比特阵列用于存储和处理量子信息,量子门操作单元实现对量子比特的操作,量子测量单元将量子态转换为经典可测量的信号,经典控制单元负责控制整个量子计算过程。

3. 量子计算硬件的挑战

目前,谷歌、IBM 等公司已经实现了具有数十个量子比特的量子计算机,但量子计算硬件仍面临诸多挑战,如量子比特的退相干时间短、量子门的错误率高、量子计算机的可扩展性差等。

5.7.5　量子计算应用实践

密码学领域:传统的公钥加密算法,如 RSA 和 ECC,其安全性主要依赖于大数分解和离散对数问题的计算难度,而肖尔算法的出现改变了这一格局,使得这些传统的公钥加密算法面临被破解的风险。量子密码学基于量子力学的基本原理,如量子密钥分发(QKD),利用量子态的不可克隆性和测量塌缩特性,实现安全的密钥传输。

化学模拟领域:传统的化学模拟方法在处理复杂分子体系时面临计算量呈指数增长的问题,而量子计算可以利用量子比特的叠加态和纠缠态,更准确地模拟分子的电子结构和化学反应过程。以药物研发为例,量子计算模拟药物分子与靶点蛋白之间的相互作用,帮助研究人员设计更有效的药物分子,因此量子计算在降低实验成本、加速药物研发进程方面具有一定优势。同时,量子计算在材料科学、催化剂设计等领域也有一定的应用潜力,如预测新型材料的物理性质、优化催化剂的性能等。

优化问题领域:量子计算可用于解决某些实际问题,如旅行商问题(TSP)、资源分配问题、物流配送问题等。传统的优化算法在处理大规模问题时效率较低,而量子算法如量子近似优化算法(QAOA)可以利用量子比特的特性,在较短时间内找到近似最优解。

5.7.6　量子计算前景展望

图 5-7 展示了量子计算的发展历程。我国量子计算发展迅速,在多个技术路线取得显著成果。在超导量子计算领域,中国科大"祖冲之二号"可操纵 176 个量子比特,运算速度远超传统计算机。离子阱量子计算技术也不断突破,华翊量子的 37 位离子阱量子计算原型机

HYQ-A37 性能优异。在光量子计算方面,中国科大"九章三号"量子计算原型机处于世界领先水平,玻色量子实现 100 比特相干光量子计算,运算速度和精度均不断提升。

技术路线	超导	离子阱	硅半导体	光量子	中性原子
原理与优势	➢ 超导约瑟夫森结形成二能级系统 ✓ 保真度较高、门操控速度快、集成电路兼容、可设计性较高	➢ 利用电荷与磁场间所产生的交互作用力约束带电离子 ✓ 保真度高、相干时间长、制备读取效率高	➢ 硅量子点的电子自旋作为二能级系统 ✓ 半导体兼容性、门操作速度快	➢ 使用光子多种自由度构建量子位 ✓ 环境友好性、保真度高、相干时间长	➢ 利用光镊或光晶格囚禁原子悬浮在超高真空中 ✓ 保真度高、相干时间长、构建多维列阵潜力
典型成就	➢ **中科院**:**41位**"庄子"芯片模拟侯世达蝴蝶拓扑物态 ➢ **中国科大**:"祖冲之二号"**可操纵量子比特数达176** ➢ **Rigetti**:**84位**量子处理器Ankaa-1	➢ **华翊量子**:**37位**离子阱量子计算原型机HYQ-A37 ➢ **Quantinuum**:H2系统实现**32位全连接**量子比特;H1-1量子系统**量子体积**达到65536	➢ **Intel**:**12位**硅基自旋量子芯片Tunnel Falls ➢ **中科院**:实现硅自旋翻转速率超过1.2 GHz的自旋量子比特**超快操控**	➢ **中国科大**:**255**光子量子计算原型机"九章三号" ➢ **玻色量子**:**100**个自旋变量的光量子伊辛"天工量子大脑"	➢ **微尺度国家研究中心**:实现光晶格中基于自旋交换的**量子纠缠** ➢ **Atom computing**:**1225量子比特**的中性原子量子计算原型机
发展趋势	◆ 增加比特规模、探索可扩展性机制 ◆ 提升保真度 ◆ 延长相干时间	◆ 更高性能离子阱 ◆ 扩展单离子阱计算架构下的比特数量 ◆ 研制稳定激光系统	◆ 降低测控信号、量子位噪声影响 ◆ 提纯材料以延长相干寿命	◆ 研制高性能的光源与光子探测器 ◆ 改进光子集成芯片 ◆ 研制光子间纠缠的方案	◆ 提升精确测控能力 ◆ 降低原子所受碰撞影响 ◆ 研究多维列阵连接方式

图 5-7 量子计算的发展历程

从技术发展趋势看,量子纠错技术的持续完善将显著提高量子比特的稳定性和计算精度,这使量子计算机具备运行更复杂计算任务的能力。不断增长的量子比特数量将极大地增强量子计算机的计算能力,为实现更多实际应用铺平道路。此外,量子计算与人工智能、区块链等新兴技术的深度融合,有望催生一系列创新应用场景,如量子机器学习、量子区块链等。

在应用拓展方面,除了密码学、化学模拟、优化问题等已知领域,量子计算未来将在多个行业大放异彩。在气候模拟领域,它能够精准模拟地球气候系统的复杂过程,为应对气候变化提供科学依据;在金融风险管理中,量子计算可快速计算风险指标,优化投资组合,降低风险。

然而,量子计算的发展也面临诸多挑战。在人才培养方面,量子计算作为一门交叉学科,需要融合量子力学、计算机科学和数学等多领域知识的复合型人才,但目前人才培养体系尚不完善,难以满足市场需求。在产业生态方面,量子计算硬件成本高昂,应用开发难度大,缺乏统一标准和规范,量子计算生态尚未成熟。在社会方面,量子计算可能冲击现有密码体系,引发信息安全和隐私保护问题,迫切需要制定相关法律法规和伦理准则。为应对这些挑战,可以采取多种策略,例如,加强高校和科研机构的量子计算人才培养,政府和企业加大对量子计算产业的扶持力度,建立健全相关法律法规和伦理规范。

总之,新一代信息技术相互关联、相互促进,共同构建了数字化时代的技术基础。它们的发展将持续改变社会经济结构和人们的生活方式。未来,随着技术的不断突破和融合创新,将催生更多新兴产业和应用场景,为人类社会带来更多机遇和发展空间。

量子计算

习 题 5

参考答案

习题5参考答案

一、单选题

1. 下列不是新一代信息技术对生活产生影响的是（　　）。
   A. 智能手机的普及　　　　　　　　B. 传统书信交流增多
   C. 智能家居的兴起　　　　　　　　D. 电商平台的繁荣
2. 下列属于人工智能核心技术的是（　　）。
   A. 数据存储　　　　　　　　　　　B. 机器学习
   C. 网络传输　　　　　　　　　　　D. 数据可视化
3. 下列不属于人工智能在医疗领域应用的是（　　）。
   A. 疾病诊断辅助　　　　　　　　　B. 药物研发模拟
   C. 病房清洁机器人　　　　　　　　D. 医学影像分析
4. 下列不是区块链在金融领域应用的是（　　）。
   A. 股票交易　　　　　　　　　　　B. 跨境支付
   C. 银行柜台取款　　　　　　　　　D. 供应链金融
5. 物联网体系架构中负责采集信息的是（　　）。
   A. 网络层　　　　　　　　　　　　B. 感知层
   C. 应用层　　　　　　　　　　　　D. 数据层
6. 用户通过浏览器使用软件应用属于哪一种云计算服务模式（　　）。
   A. IaaS　　　　　　　　　　　　　B. PaaS
   C. SaaS　　　　　　　　　　　　　D. DaaS
7. 下列工具常用于采集互联网数据的是（　　）。
   A. 传感器　　　　　　　　　　　　B. 网络爬虫
   C. 数据库管理系统　　　　　　　　D. 数据分析软件
8. 人工智能未来发展趋势不包括下列哪一项（　　）。
   A. 模型小型化,性能降低　　　　　　B. 与物联网紧密融合
   C. 更加个性化　　　　　　　　　　D. 深度学习模型优化

二、简答题

1. 请简要阐述学习新一代信息技术的重要性。
2. 简述监督学习算法的工作原理。
3. 举例说明人工智能在金融领域的一个具体应用。
4. 举例说明区块链如何实现产品溯源。
5. 简述物联网的定义及核心要点。
6. 简述IaaS和PaaS服务模式的主要区别。
7. 简述在数据采集过程中保证数据准确的重要性及常用方法。
8. 简述AI与大数据技术融合可能产生的创新应用场景。

主要参考文献

[1] 武马群,贾清水,刘瑞新.信息技术基础(Windows 10+Office 2016)[M].2版.北京:高等教育出版社,2025.

[2] 钮和荣,钱智钧.计算机应用基础(Windows 7+Office 2010)[M].北京:高等教育出版社,2014.

[3] 段红.计算机应用基础(Windows 7+Office 2016)[M].北京:清华大学出版社,2018.

[4] 李健苹.计算机应用基础教程[M].2版.北京:人民邮电出版社,2016.

[5] 罗显松,谢云.计算机应用基础[M].2版.北京:清华大学出版社,2012.

[6] 徐翠娟,杨丽鸿.计算机应用基础(Windows 7+Office 2010)[M].北京:人民邮电出版社,2015.

[7] 周春,黄焕君.计算机应用基础(Windows 10+Office 2016)[M].北京:高等教育出版社,2021.

郑重声明

高等教育出版社依法对本书享有专有出版权。任何未经许可的复制、销售行为均违反《中华人民共和国著作权法》，其行为人将承担相应的民事责任和行政责任；构成犯罪的，将被依法追究刑事责任。为了维护市场秩序，保护读者的合法权益，避免读者误用盗版书造成不良后果，我社将配合行政执法部门和司法机关对违法犯罪的单位和个人进行严厉打击。社会各界人士如发现上述侵权行为，希望及时举报，我社将奖励举报有功人员。

反盗版举报电话　（010）58581999　58582371
反盗版举报邮箱　dd@hep.com.cn
通信地址　北京市西城区德外大街4号　高等教育出版社知识产权与法律事务部
邮政编码　100120

 高等职业教育电子信息类新形态一体化教材

信息技术基础典型试题解析

XINXI JISHU JICHU DIANXING SHITI JIEXI

主 编 陈维华 皇白雪 吴 刚

中国教育出版传媒集团
高等教育出版社·北京

内容提要

本书是《信息技术基础项目化教程》一书的配套习题集。

本书包含 Word 2010(2016)、Excel 2010(2016) 和 PowerPoint 2010(2016) 的典型试题解析以及信息技术基础理论题训练。本书根据主教材各章节的学习要求和教学重点设置题目，使学生能从信息技术的知识、方法、技能三个方面得到系统训练，培养学生的信息素养并提升解决实际问题的能力。

本书以二维码链接形式提供了参考答案、练习资源和课堂练习，可满足不同专业学生的学习需求。

本书可作为高等职业教育信息技术基础的配套教学用书，也可作为计算机等级考试的参考用书。

图书在版编目(CIP)数据

信息技术基础典型试题解析 / 陈维华，皇白雪，吴刚主编． -- 北京 : 高等教育出版社，2025．7． -- ISBN 978-7-04-065128-7

Ⅰ．TP3-44

中国国家版本馆 CIP 数据核字第 202596BL41 号

| 策划编辑 | 田一彤 | 责任编辑 | 田一彤 | 封面设计 | 张文豪 | 责任印制 | 高忠富 |

出版发行	高等教育出版社
社　　址	北京市西城区德外大街 4 号
邮政编码	100120
印　　刷	上海叶大印务发展有限公司
开　　本	787mm×1092mm　1/16
印　　张	9.75
字　　数	255 千字
购书热线	010-58581118
咨询电话	400-810-0598
网　　址	http://www.hep.edu.cn
	http://www.hep.com.cn
网上订购	http://www.hepmall.com.cn
	http://www.hepmall.com
	http://www.hepmall.cn
版　　次	2025 年 7 月第 1 版
印　　次	2025 年 7 月第 1 次印刷
定　　价	48.00 元（含习题集）

本书如有缺页、倒页、脱页等质量问题，请到所购图书销售部门联系调换

版权所有　侵权必究

物　料　号　24-1366-2

配套学习资源及教学服务指南

 二维码链接资源

本书配套参考答案、练习资源和课堂练习等学习资源,在书中以二维码链接形式呈现。使用手机扫描书中的二维码即可查看,随时随地获取学习内容,享受学习新体验。

打开书中附有二维码的页面　　　扫描二维码　　　查看相应资源

 教师教学资源索取

本书配有与课程相关的教学资源,例如,教学课件和教案等。选用教材的教师,可扫描以下二维码,关注微信公众号"高职智能制造教学研究",点击"教学服务"中的"资源下载",或在计算机端访问地址(101.35.126.6),注册认证后下载相关资源。

★如您有任何问题,可加入工科类教学研究中心QQ群:240616551。

二维码资源列表

章节	页码	类型	名　　称
1	1	练习资源	蛇1(表格在前)
1	4	参考答案	蛇1(表格在前)
1	5	练习资源	蛇2(图片在前)
1	13	参考答案	蛇2(图片在前)
1	13	练习资源	杭州国际马拉松赛
1	15	参考答案	杭州国际马拉松赛
1	15	练习资源	2012年浙江省普通高校录取工作进程
1	19	参考答案	2012年浙江省普通高校录取工作进程
1	20	练习资源	A大学
1	22	参考答案	A大学
1	22	练习资源	阿尔伯特·爱因斯坦
1	24	参考答案	阿尔伯特·爱因斯坦
1	24	练习资源	杭州西湖1(有页眉)
1	27	参考答案	杭州西湖1(有页眉)
1	28	练习资源	杭州西湖2
1	29	参考答案	杭州西湖2
1	29	练习资源	西溪国家湿地公园1
1	30	参考答案	西溪国家湿地公园1
1	31	练习资源	西溪国家湿地公园2(有表格)
1	33	参考答案	西溪国家湿地公园2(有表格)
1	33	练习资源	A大学(2016)
1	37	参考答案	A大学(2016)
1	38	练习资源	杭州马拉松(2016)
1	41	参考答案	杭州马拉松(2016)
1	41	练习资源	阿尔伯特·爱因斯坦(2016)

续 表

章节	页码	类 型	名 称
1	43	参考答案	阿尔伯特·爱因斯坦（2016）
2	44	练习资源	欧洲10个国家月失业人口统计表
2	50	参考答案	欧洲10个国家月失业人口统计表
2	51	练习资源	全年销售量统计表
2	55	参考答案	全年销售量统计表
2	55	练习资源	出勤表
2	59	参考答案	出勤表
2	59	练习资源	电线库存表
2	61	参考答案	电线库存表
2	61	练习资源	车间工资表
2	65	参考答案	车间工资表
2	65	练习资源	仪器库存表
2	67	参考答案	仪器库存表
2	67	练习资源	岗位工资表
2	68	参考答案	岗位工资表
2	68	练习资源	专业课成绩表
2	71	参考答案	专业课成绩表
2	71	练习资源	计算机书籍销售周报表
2	73	参考答案	计算机书籍销售周报表
2	73	练习资源	档案表
2	75	参考答案	档案表
2	75	练习资源	玩具等货物单
2	78	参考答案	玩具等货物单
2	78	练习资源	服装等货物单
2	81	参考答案	服装等货物单
2	81	练习资源	化学物质表
2	83	参考答案	化学物质表
2	83	练习资源	基础课成绩表
2	85	参考答案	基础课成绩表

续　表

章节	页码	类　型	名　称
2	85	练习资源	第一小组期中考试成绩表
2	86	参考答案	第一小组期中考试成绩表
2	86	练习资源	A 公司产值
2	89	练习资源	B 公司季度产值
2	90	练习资源	C 公司产值
2	92	练习资源	职业成绩总评
3	95	练习资源	超重与失重
3	97	参考答案	超重与失重
3	98	练习资源	大熊猫
3	100	参考答案	大熊猫
3	100	练习资源	动画片
3	102	参考答案	动画片
3	102	练习资源	发现小行星
3	102	参考答案	发现小行星
3	103	练习资源	枸杞
3	105	参考答案	枸杞
3	105	练习资源	天龙八部
3	106	参考答案	天龙八部
3	107	练习资源	网络技术实验
3	107	参考答案	网络技术实验
3	108	练习资源	国际单位制
3	109	参考答案	国际单位制
3	110	练习资源	营养物质的组成
3	111	参考答案	营养物质的组成
3	111	练习资源	植物对水分的吸收和利用
3	112	参考答案	植物对水分的吸收和利用
3	112	练习资源	自我介绍
3	113	参考答案	自我介绍
3	113	课堂练习	数据通信技术和网络

续 表

章节	页码	类 型	名 称
3	113	练习资源	数据通信技术和网络
3	113	参考答案	数据通信技术和网络
3	113	课堂练习	成本论
3	113	练习资源	成本论
3	113	参考答案	成本论
3	113	课堂练习	万有引力定律
3	113	练习资源	万有引力定律
3	113	参考答案	万有引力定律
4	145	参考答案	信息技术基础理论题训练

目录 CONTENTS

第一部分　Word 2010(2016)典型试题解析 / 1
- 1.1　操作练习 1 / 1
- 1.2　操作练习 2 / 5
- 1.3　操作练习 3 / 13
- 1.4　操作练习 4 / 15
- 1.5　操作练习 5 / 20
- 1.6　操作练习 6 / 22
- 1.7　操作练习 7 / 24
- 1.8　操作练习 8 / 28
- 1.9　操作练习 9 / 29
- 1.10　操作练习 10 / 31
- 1.11　操作练习 11 / 33
- 1.12　操作练习 12 / 38
- 1.13　操作练习 13 / 41

第二部分　Excel 2010(2016)典型试题解析 / 44
- 2.1　操作练习 1 / 44
- 2.2　操作练习 2 / 51
- 2.3　操作练习 3 / 55
- 2.4　操作练习 4 / 59
- 2.5　操作练习 5 / 61
- 2.6　操作练习 6 / 65
- 2.7　操作练习 7 / 67
- 2.8　操作练习 8 / 68
- 2.9　操作练习 9 / 71
- 2.10　操作练习 10 / 73
- 2.11　操作练习 11 / 75
- 2.12　操作练习 12 / 78
- 2.13　操作练习 13 / 81
- 2.14　操作练习 14 / 83
- 2.15　操作练习 15 / 85

目 录

2.16 操作练习16 / 86
2.17 操作练习17 / 89
2.18 操作练习18 / 90
2.19 操作练习19 / 92

第三部分　PowerPoint 2010(2016)典型试题解析 / 95

3.1 操作练习1 / 95
3.2 操作练习2 / 98
3.3 操作练习3 / 100
3.4 操作练习4 / 102
3.5 操作练习5 / 103
3.6 操作练习6 / 105
3.7 操作练习7 / 107
3.8 操作练习8 / 108
3.9 操作练习9 / 110
3.10 操作练习10 / 111
3.11 操作练习11 / 112

第四部分　信息技术基础理论题训练 / 114

4.1 单选题 / 114
4.2 多选题 / 130
4.3 判断题 / 139

第一部分　Word 2010(2016)典型试题解析

1.1　操作练习1

利用侧边二维码资源"蛇1(表格在前)"完成下列操作。

1. 删除文档内所有的空行。
2. 将第1行中的"蛇"的字体大小设置为"72磅",所有内容设置为"1.2倍行距"。
3. 为第1行中的"蛇"添加尾注,尾注内容为"文档内容来自百度百科"(不包括引号)。
4. 为图"蛇的身体器官"设置题注"图1",使后面的图1自动变为图2(或更新域后变为图2)。
5. 设置表格为"根据窗口自动调整表格",对齐方式为"中部两端对齐"。
6. 设置第2幅图"蛇"的图片效果为"发光变体:红色,8 pt发光,强调文字颜色2",设置其文本框所用填充颜色为"绿色"。

练习资源

蛇1(表格在前)

操作步骤

1. 步骤1:切换到功能区的"开始"选项卡,单击"编辑"组中的"替换"按钮 ![替换] ,打开"查找和替换"对话框。

步骤2:将光标定位在"查找内容"文本框中,单击"更多"按钮,再单击"特殊格式"按钮,在弹出的下拉列表中选择"段落标记"(图1-1)。重复该操作一次,在"查找内容"文本框中插入如图1-2所示的特殊字符"^p^p"。

将光标定位在"替换为"文本框中,单击"特殊格式"按钮,在弹出的下拉列表中选择"段落标记",在"替换为"文本框中插入如图1-2所示的特殊字符"^p"。

反复单击"全部替换"按钮,直到删除文档内所有的空行。

2. 选中第1行中的"蛇"字,切换到功能区的"开始"选项卡,在"字体"组中设置"字号"为"72磅",如图1-3所示。

按组合键Ctrl+A选中整个文档,单击"段落"选项卡的"行和段落间距"按钮,在弹出的下拉列表中选择"行距选项",打开"段落"对话框,在"缩进和间距"选项卡中设置"多倍行距"为"1.2",如图1-4所示。

3. 选中第1行中的"蛇"字,切换到功能区的"引用"选项卡,单击"脚注"组中的"插入尾注"按钮,在尾注区输入尾注内容,如图1-5所示。

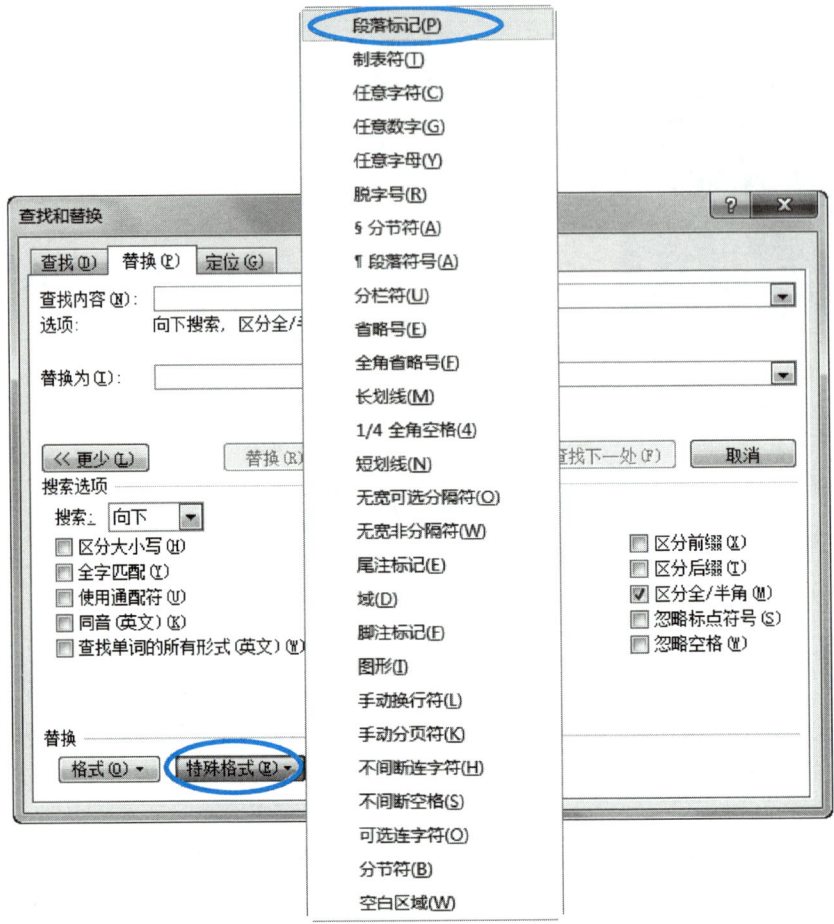

图1-1　选择"特殊格式"下拉列表中的"段落标记"

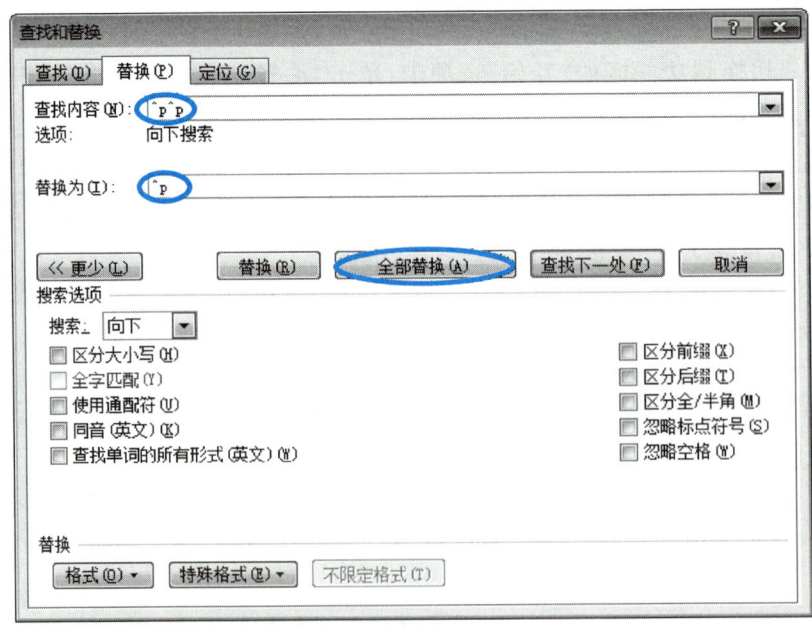

图1-2　在"查找内容"和"替换为"文本框中插入特殊字符

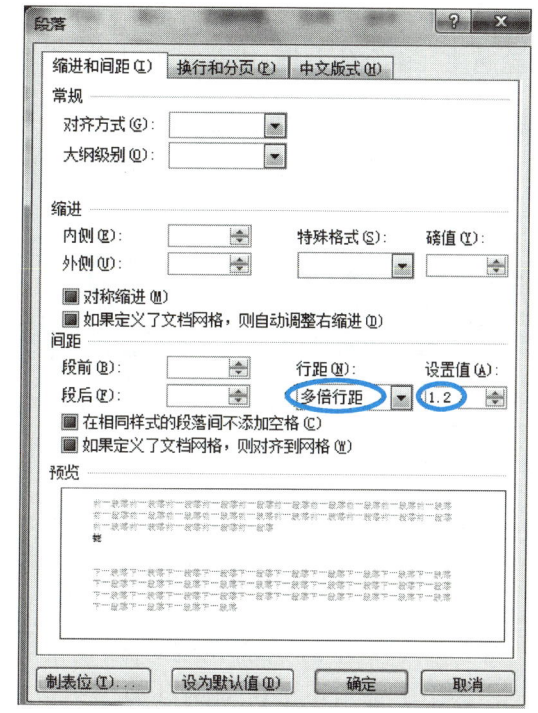

图1-3 设置"72磅"字号　　图1-4 设置"多倍行距"为"1.2"

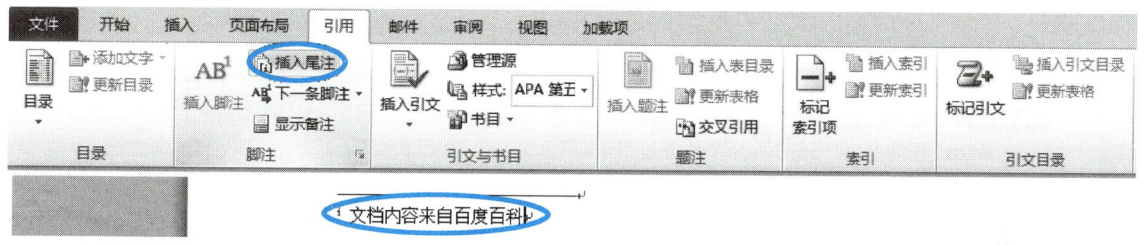

图1-5 插入尾注并输入尾注内容

4. 选中图"蛇的身体器官",切换到功能区的"引用"选项卡,单击"题注"组的"插入题注"按钮,打开"题注"对话框。单击"新建标签"按钮,在"标签"文本框中输入文本"图"(图1-6),单击"确定"按钮返回到"题注"对话框。

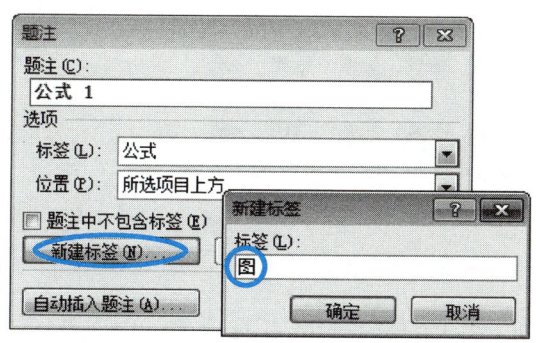

图1-6 新建标签

在"题注"对话框中设置"位置"为"所选项目下方"(图1-7),单击"确定"按钮。

最后删除题注处多余的空行,使文字居中。

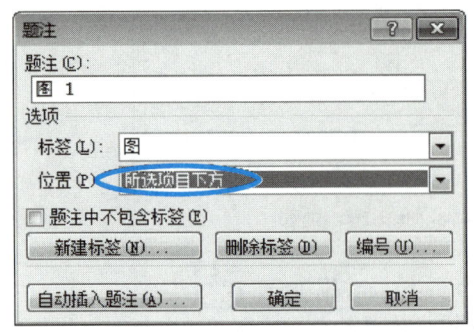
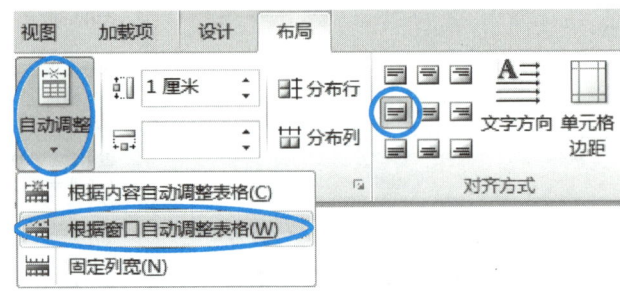

图1-7 设置题注位置　　　　　图1-8 设置表格自动调整和对齐方式

5. 选中整张表格,此时出现"表格工具"栏"设计"选项卡和"布局"选项卡。切换到"布局"选项卡,单击"单元格大小"组中的"自动调整"按钮,在弹出的下拉列表中选择"根据窗口自动调整表格"(图1-8)。

再单击"对齐方式"组中的"中部两端对齐"按钮(图1-8)。

6. 选中第2幅图"蛇",切换到"图片工具"栏"格式"选项卡,单击"图片样式"组中的"图片效果"按钮,在弹出的下拉列表中选择"发光变体"中的"红色,8 pt 发光,强调文字颜色2",如图1-9所示。

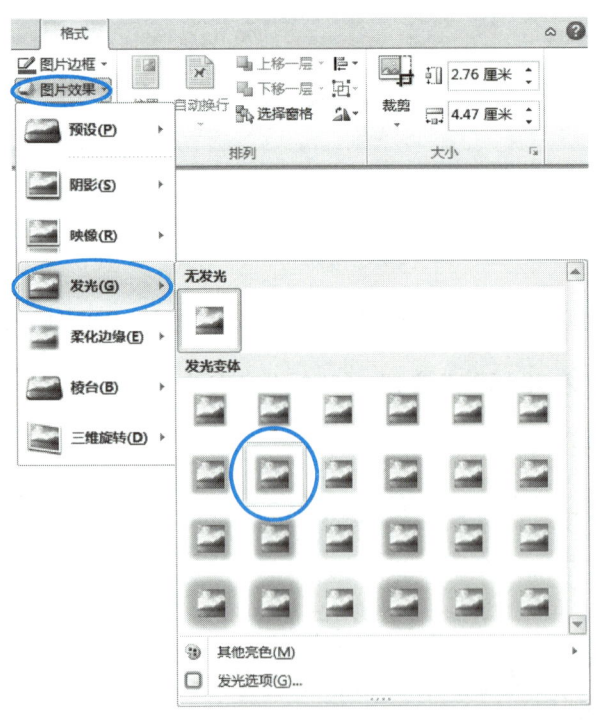
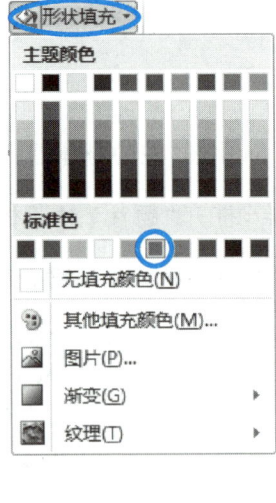

图1-9 设置发光变体　　　　　图1-10 设置文本框填充颜色

选中其文本框,切换到"绘图工具"栏"格式"选项卡,单击"形状样式"组中的"形状填充"按钮,如图1-10所示,在弹出的下拉列表中选择"绿色"。

1.2 操作练习2

利用侧边二维码资源"蛇2(图片在前)"完成下列操作。

练习资源

蛇2(图片在前)

1. 在第一行前插入一行,输入文字"蛇"(不包括引号)并设置字体"居中,黑体,三号"。
2. 对文章中所有的"蛇"字(不包括图题注)加粗显示。
3. 使用多级符号对已有的章名、小节名进行自动编号。例如,对"第1章　蛇""1.1　概述""1.2　形态结构""第2章　蛇的种类及习性""2.1　种类""2.2　习性"进行自动编号。设置要求如下:

(1) 章名的自动编号格式为:第X章,其中:X为自动排序的阿拉伯数字序号,再将级别链接到样式"标题1",编号对齐方式为"居中"。

(2) 小节名自动编号格式为:X.Y,其中:X为阿拉伯章数字序号,Y为节阿拉伯数字序号,再将级别链接到样式"标题2",编号对齐方式为"左对齐"。

4. 要求"第1章　蛇"的所有内容(不包括章名、小节名)使用"首行缩进2字符"格式,字号为"小四号"。

5. 将"中文学名:蛇(Snake)门:脊索动物"所在行开始的5行内容转换成一个4列的表格,并设置"根据内容调整表格",再将整个表格的外边框设置成"红色"。

6. 将"蛇的身体器官"对应的图片放到"蛇之所以能爬行,是由于它有特殊的运动方式……"所在段落的右侧,设置环绕方式为"四周型环绕",并去掉边框线(提示:与"图1"的显示方式相同)。

操作步骤

1. 将光标定位到第一行前,按Enter键产生一空行。在该行中输入文本"蛇"。选中"蛇"字,切换到功能区的"开始"选项卡,在"字体"组中,设置其格式为"居中,黑体,三号",如图1-11所示。

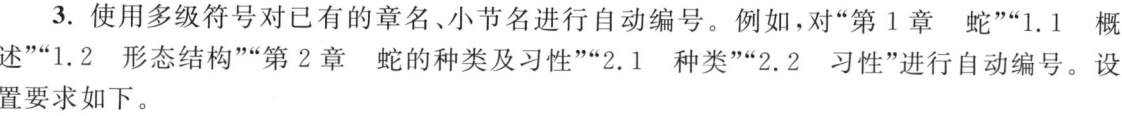

图1-11　设置字体格式

2. 将光标移到文档起始位置,单击"替换"按钮,打开"查找和替换"对话框,在"查找内容"文本框中输入"蛇",在"替换为"文本框中也输入"蛇",如图1-12所示。

单击下方的"格式"按钮,在弹出的下拉列表中选择"字体",打开"替换字体"对话框,设置"字形"为"加粗",如图1-13所示。如图1-14所示,可看到替换处设置好的文本"蛇"的格式,单击"全部替换"按钮。

3. (1) 先设置章名,即"标题1"。

步骤1:切换到功能区中的"开始"选项卡,在"段落"组中单击"多级列表"按钮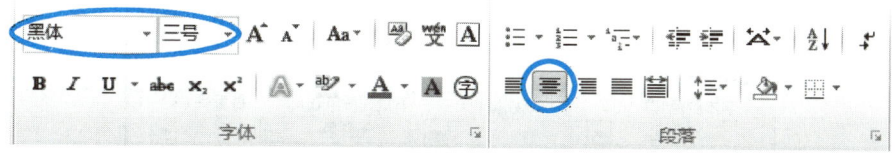,打开"多级列表"的下拉菜单,先在样式列表库中选择一种合适的样表(一般选择"无"右侧的第一

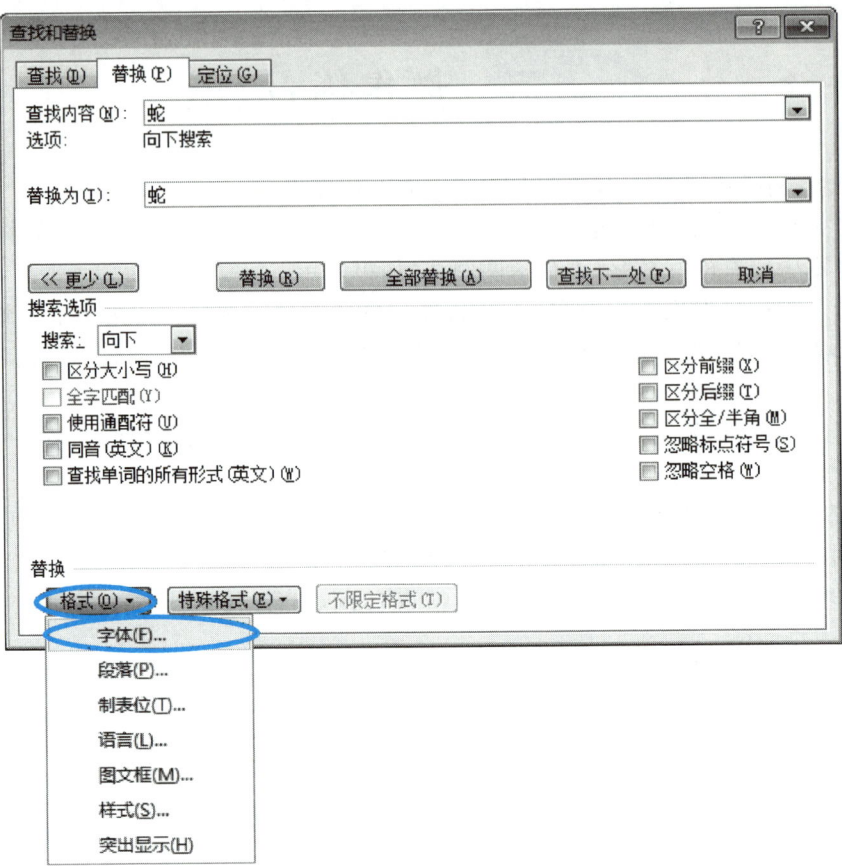

图1-12 在"查找内容"和"替换为"文本框中输入"蛇"

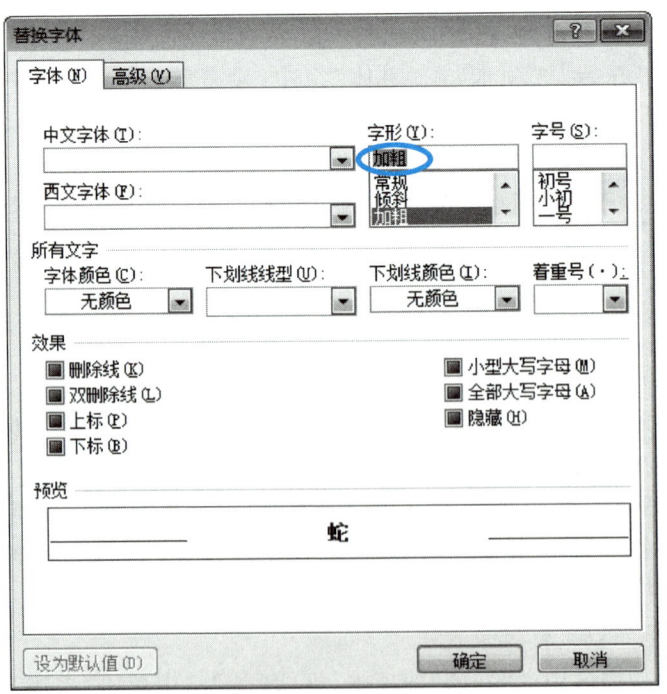

图1-13 设置替换字体的字形加粗

1.2 操作练习2

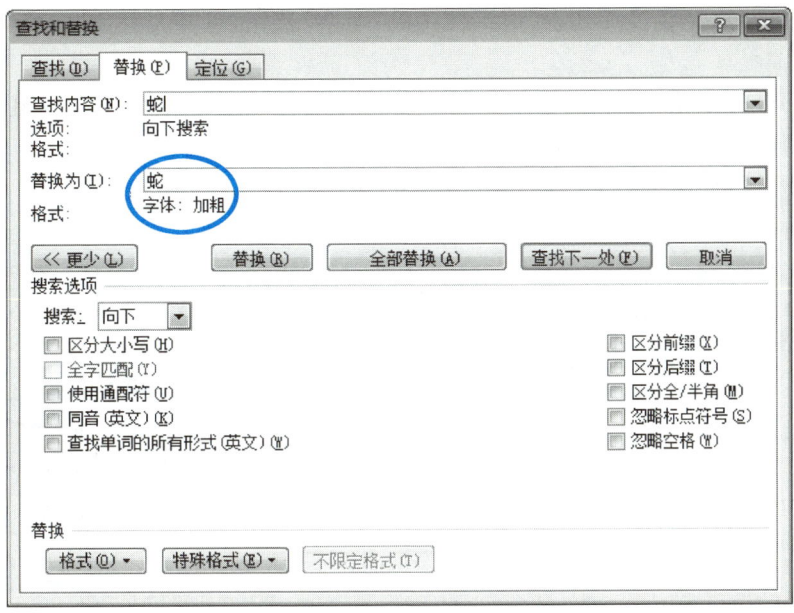

图 1-14 "查找和替换"对话框设置

种),使之成为当前列表。

再次单击"多级列表"按钮 ，在打开的多级列表下拉菜单中选择"定义新的多级列表"命令(图 1-15),打开"定义新多级列表"对话框(图 1-16)。

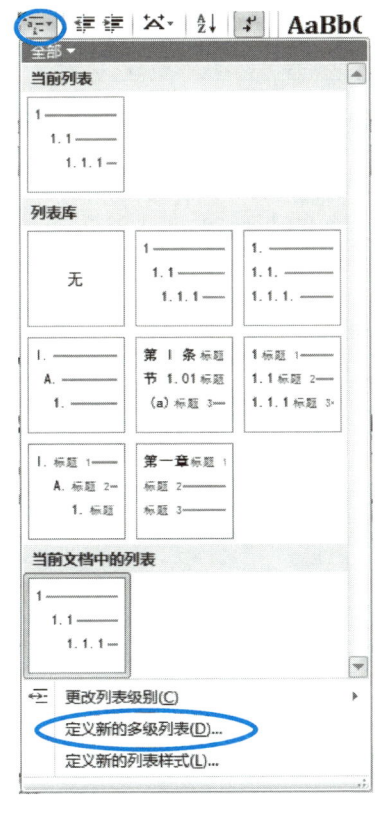

图 1-15 多级列表下拉菜单

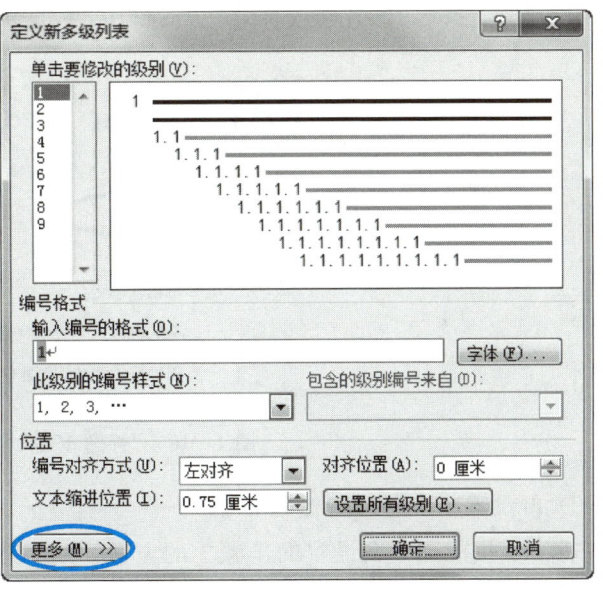

图 1-16 "定义新多级列表"对话框

7

步骤 2：单击"定义新多级列表"对话框中的"更多"按钮，打开完整的"定义新多级列表"对话框。

在"输入编号的格式"对话框中输入"第"和"章"（带灰色底纹的"1"，不能自行删除或添加）；将"将级别链接到样式"选择为"标题 1"；将"要在库中显示的级别"选择为"级别 1"；将"起始编号"选择为"1"，如图 1-17 所示，最后单击"确定"按钮。

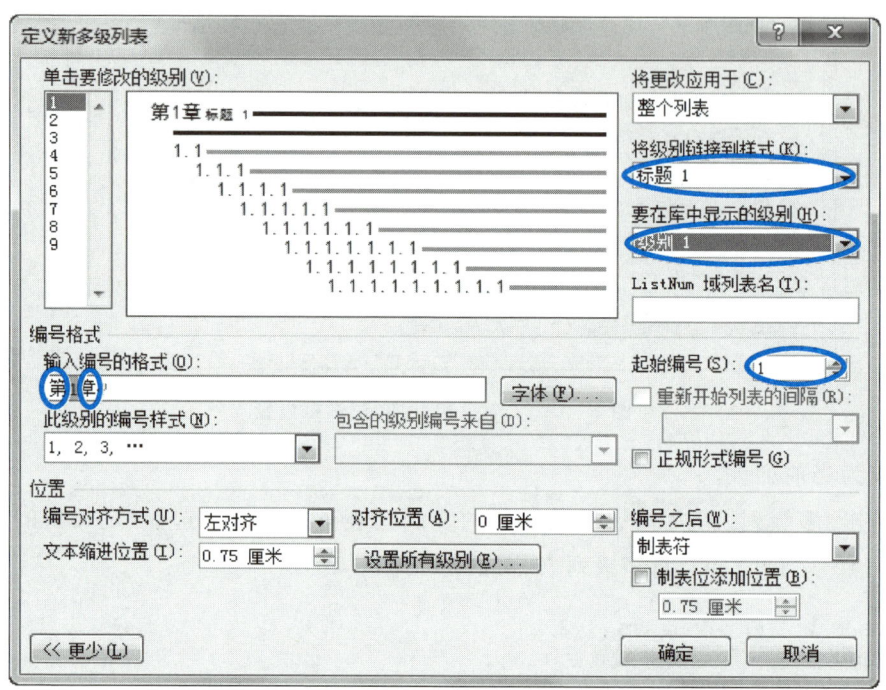

图 1-17 完整的"定义新多级列表"对话框（设置"标题 1"）

步骤 3：右击"开始"选项卡"样式"组的"标题 1"按钮，在弹出的快捷菜单中选择"修改"命令（图 1-18）。在打开的"修改样式"对话框中，单击"居中"按钮，如图 1-19 所示。

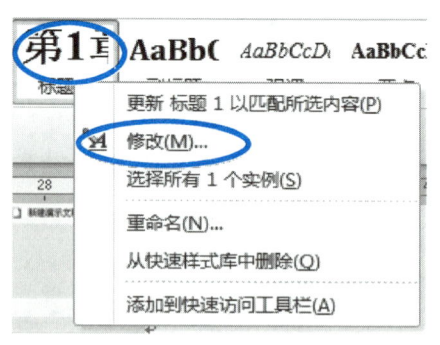

图 1-18 "标题 1"的快捷菜单

（2）再设置小节名，即"标题 2"。

步骤 1：按上面章名设置的步骤 1 的方法，单击"段落"组中的"多级列表"按钮，打开"多级列表"的下拉菜单。

1.2 操作练习2

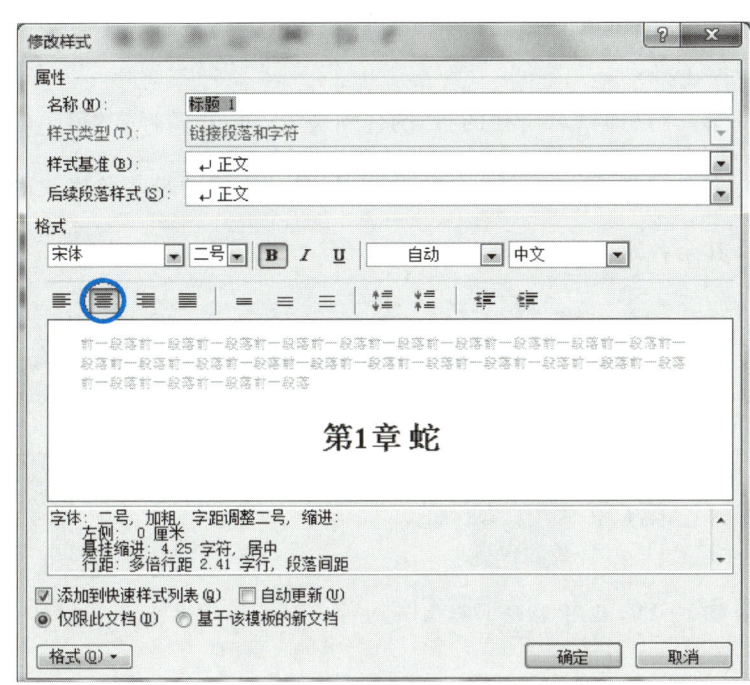

图1-19 设置"标题1"居中

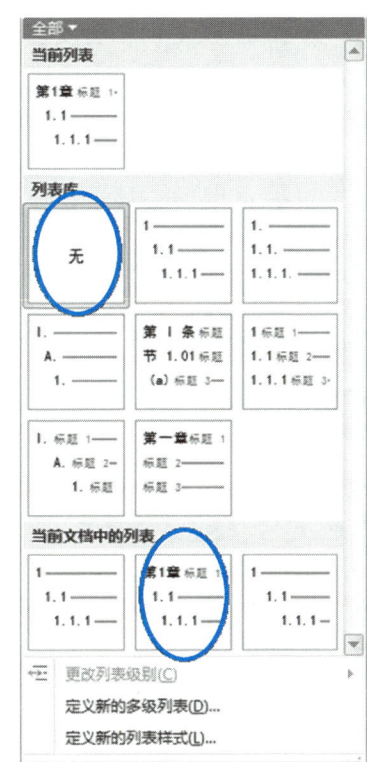

图1-20 选择"第1章 标题1"列表

注意：一般情况下，列表库中会恢复默认的"无"。此时，请先单击确认之前所设置的"第1章 标题1"列表，如图1-20所示。

再次单击"段落"组中的"多级列表"按钮，打开完整的"定义新多级列表"对话框。将"单击要修改的级别"选择为"2"；保持默认的"输入编号的格式"；将"将级别链接到样式"选择为"标题2"；将"要在库中显示的级别"选择为"级别2"；将"起始编号"选择为"1"，如图1-21所示，最后单击"确定"按钮。

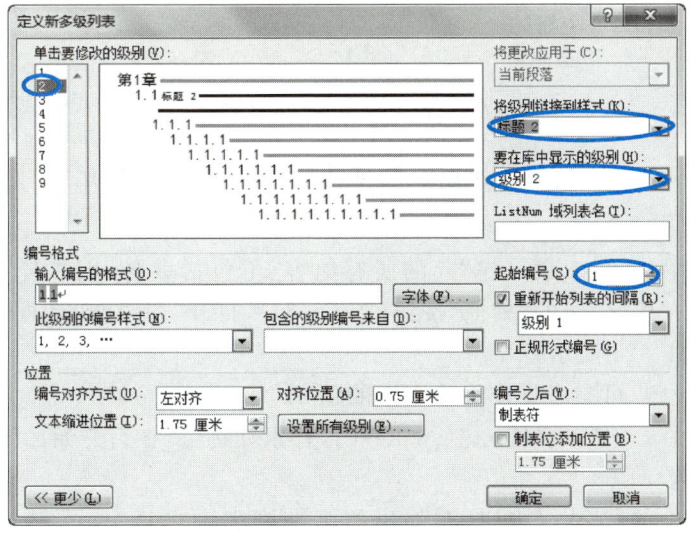

图1-21 完整的"定义新多级列表"对话框(设置"标题2")

步骤2：按上面章名设置的步骤3的方法，右击"开始"选项卡"样式"组中的"标题2"按钮，在弹出的快捷菜单中选择"修改"命令，在打开的"修改样式"对话框中，单击"左对齐"按钮，设置标题2左对齐显示，最后单击"确定"按钮。

（3）应用"标题1"和"标题2"样式。

步骤1：将光标定位在文档的第一行（即章名所在的行）的任何位置，再单击"样式"组中的"标题1"按钮，即应用了标题1的样式。删除多余的章序号（自动生成的带灰色底纹的章序号不能删），如图1-22所示，其余各章设置同理。

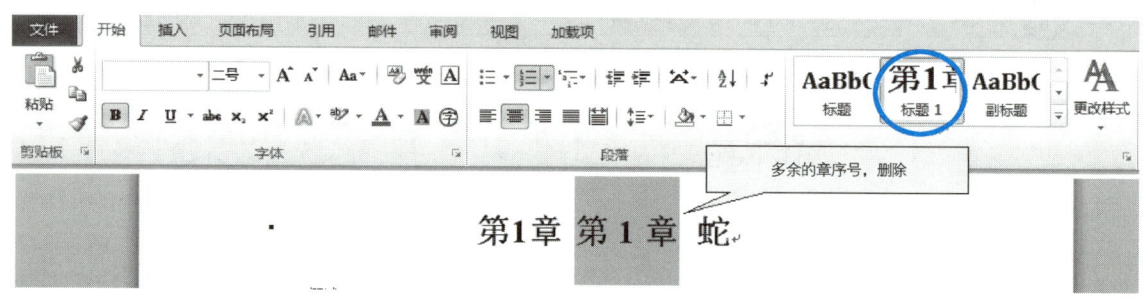

图1-22 应用"标题1"样式

步骤2：将光标定位在文档的1.1节所在的行，单击"样式"组中的"标题2"按钮，即应用了标题2的样式。删除多余的小节号（自动生成的带灰色底纹的小节序号不能删），如图1-23所示，其余各节设置同理。

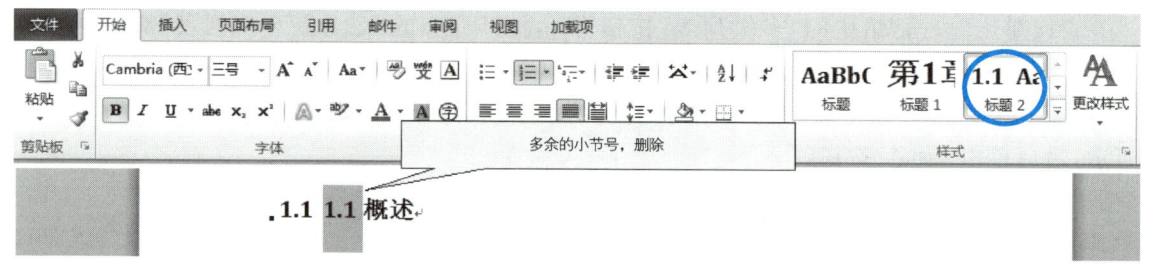

图1-23 应用"标题2"样式

注意：为了将某一文本的格式快速复制到其他文本，也可以使用"开始"选项卡"剪贴板"组中的"格式刷"按钮。

4. 步骤1：选中从"第1章 蛇"起的所有内容（不包括章名、小节名），切换到功能区的"开始"选项卡，单击"段落"组的"其他"按钮（图1-24），打开"段落"对话框，设置格式为"首行缩进2字符"，如图1-25所示。

步骤2：字号设置，可参考操作练习1中的题2。

5. 步骤1：选中从"中文学名：蛇（snake）门，脊索动物"所在行开始的5行内容，切换到功能区的"插入"选项卡。

单击"表格"组中的"表格"按钮，在弹出的下拉列表中选择"文本转换成表格"命令（图1-26），打开"将文字转换成表格"对话框。设置"表格尺寸"中的"列数"为"4"，设置"自动调整"操作为"根据内容调整表格",如图 1-27 所示,最后单击"确定"按钮。

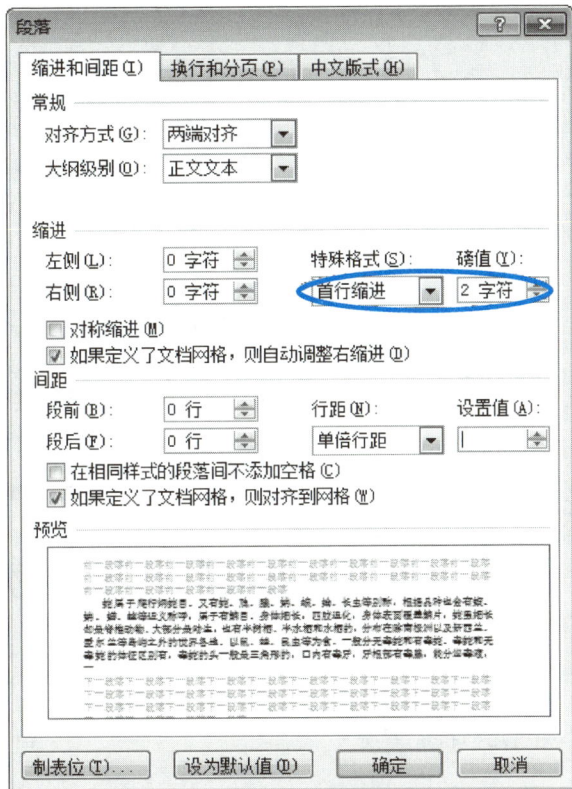

图 1-24 "段落"组的"其他"按钮　　　　图 1-25 设置"首行缩进 2 字符"

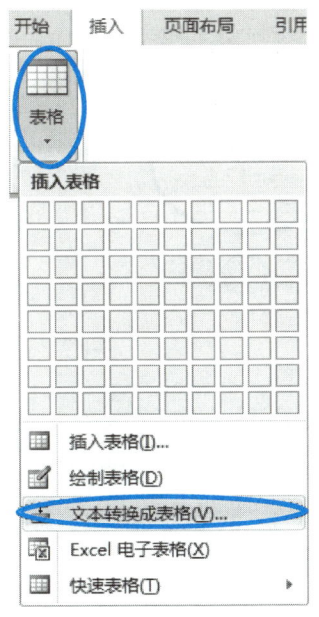

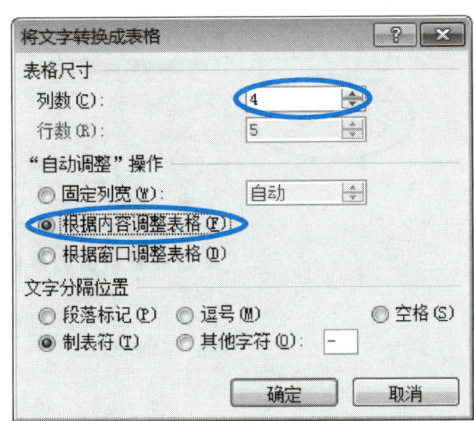

图 1-26 "文本转换成表格"命令　　　　图 1-27 "将文字转换成表格"对话框

步骤 2：选中新生成的表格,单击鼠标右键,在弹出的快捷菜单中选择"边框和底纹"命令

(图1-28),打开"边框和底纹"对话框。设置"方框—红色",如图1-29所示;再设置"自定义—黑色",单击如图1-30所示的内边框按钮;最后单击"确定"按钮。

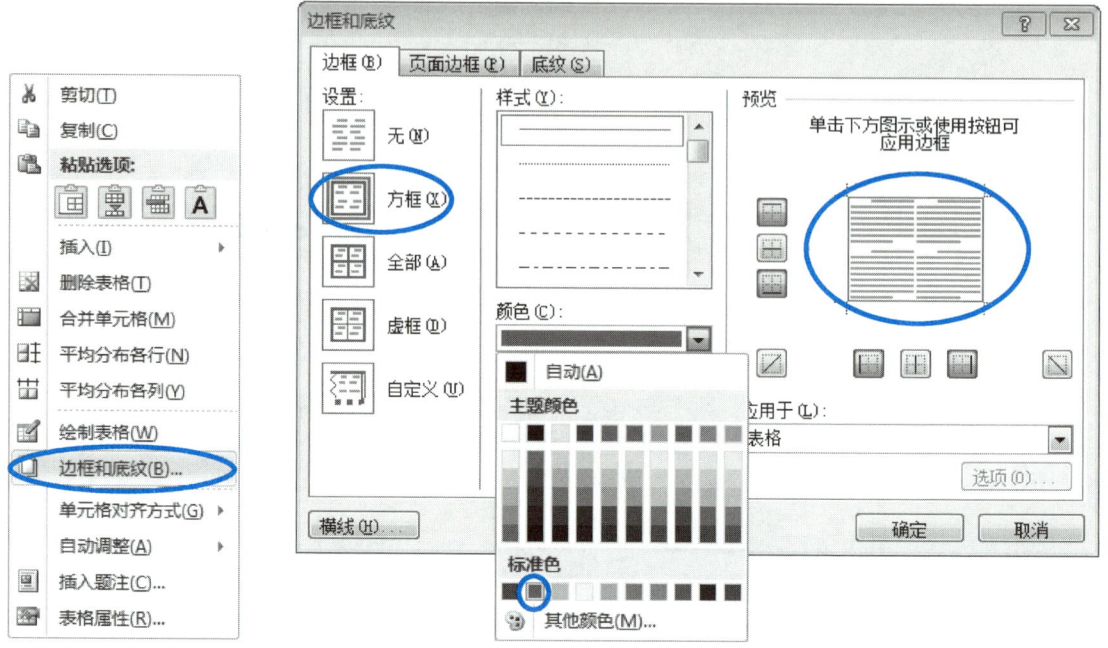

图1-28 "边框和底纹"命令　　　　　　图1-29 设置方框颜色

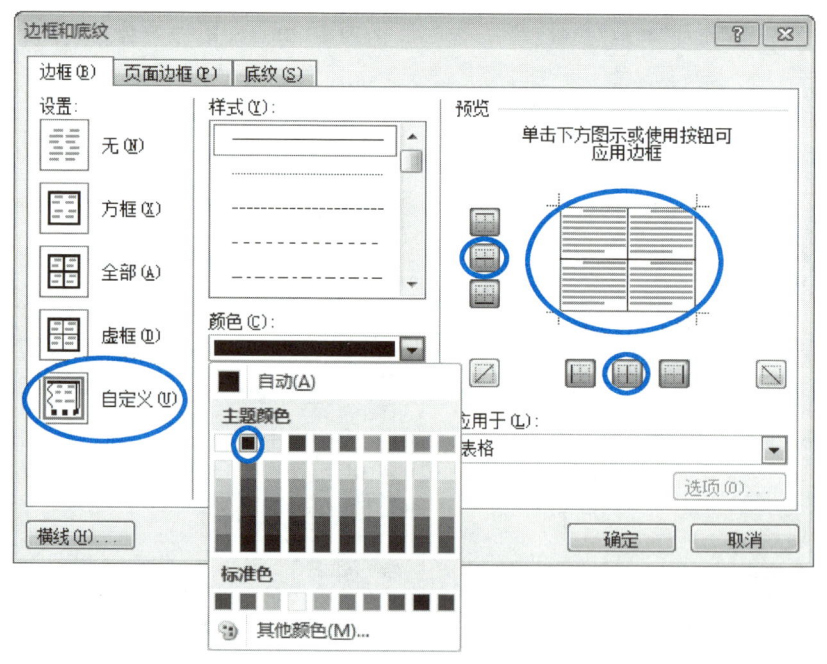

图1-30 设置内边框颜色

6. 步骤1:将"蛇的身体器官"对应的图片所在的文本框拖曳到"蛇之所以能爬行,是由于它有特殊的运动方式……"所在段落的右侧。

切换到功能区中的"页面布局"选项卡,单击"排列"组的"位置"按钮,在弹出的下拉列表中,设置"文字环绕"为"顶端居右,四周型文字环绕",如图1-31所示。

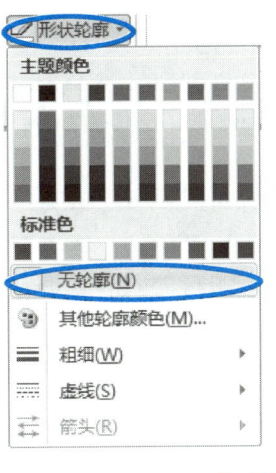

参考答案

蛇2(图片在前)

图1-31 设置"文字环绕"　　　图1-32 设置"形状轮廓"

步骤2:选中"蛇的身体器官"对应的图片所在的文本框,切换到"绘图工具"栏"格式"选项卡,单击"形状样式"组中的"形状轮廓"按钮,在弹出的下拉列表中选择"无轮廓",如图1-32所示。

1.3　操作练习3

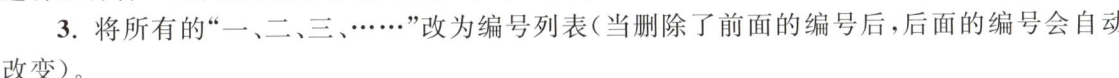

利用侧边二维码资源"杭州国际马拉松赛"完成下列操作。

1. 将文档中所有的数字加粗,设置为"蓝色"。
2. 将首行"杭州国际马拉松赛"设置为"标题1"样式并居中。将"杭州国际马拉松赛,是……"所在段落由简体字转换为繁体字。将"目录"下的两行文字"赛事简介"和"赛事规则"进行双行合一,自行调整字体后,置于"目录"右侧。
3. 将所有的"一、二、三、……"改为编号列表(当删除了前面的编号后,后面的编号会自动改变)。
4. 表格操作
(1) 对文档中的表格左上"名次"所在单元格,添加左上右下斜线,斜线以上为"名次",斜线以下为"性别"。
(2) 对其右侧"一、二、三、四、五、六、七、八"所在的八个单元格,设置单元格内的文字垂直、水平都居中。
5. 将第1页上的图片样式设置为"金属椭圆"。

练习资源

杭州国际马拉松赛

操作步骤

1. "查找内容"文本框中的设置可参考操作练习1中的题1,选择"任意数字"。"替换为"

文本框中的设置可参考操作练习2中的题2,设置字体颜色为"蓝色",字形为"加粗"。

2. **步骤1**：选中首行"杭州国际马拉松赛",切换到功能区的"开始"选项卡,单击"样式"组中的"标题1",应用该样式;再单击"段落"组中的"居中"按钮,如图1-33所示。

图1-33 设置"标题1"样式并居中

步骤2：选中"杭州国际马拉松赛,是……"所在段落,切换到功能区的"审阅"选项卡,单击"中文简繁转换"组中的"简转繁"按钮 繁简转繁 。

步骤3：删除"赛事简介"和"赛事规则"之间的换行符,将其合并为一行。选中文字,切换到功能区的"开始"选项卡,单击"段落"组中的"中文版式"按钮,在弹出的下拉列表中选择"双行合一"选项,如图1-34所示。设置"目录"字号为"小二",删除其右侧的换行符。

 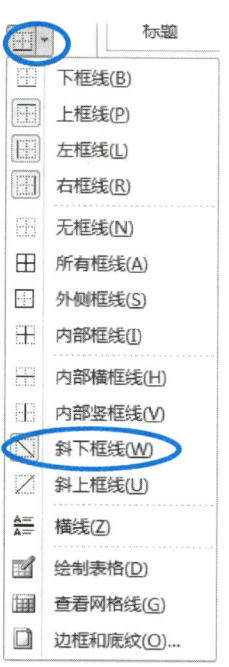

图1-34 选择"双行合一"选项　　图1-35 选择"斜下框线"选项

3. 将光标定位在"一、举办单位"之前,切换到功能区的"开始"选项卡,单击"段落"组中的"编号"按钮完成自动编号。此时如果单击选中文本"一",能看到带灰色底纹。其余编号的设置同理。

4. **步骤1**：选中文本"名次"所在单元格,切换到功能区的"开始"选项卡,单击"段落"组中的"下框线"按钮,在弹出的下拉列表中选择"斜下框线"选项(图1-35)。

单击"段落"组中的"右对齐"按钮 ,使之右对齐。在文本"名次"后,按Enter键产生一空白行,输入文本"性别",使之左对齐。

步骤2：选中右侧"一、二、三、……"所在的八个单元格中的文本内容，切换到功能区"表格工具"栏"布局"选项卡，单击"对齐方式"组中的"水平居中"按钮，如图1-36所示。（也可单击鼠标右键，在弹出的快捷菜单中选择"单元格对齐方式"下的"水平居中"命令）。

参考答案

杭州国际马拉松赛

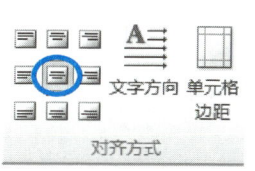

图1-36 "水平居中"按钮

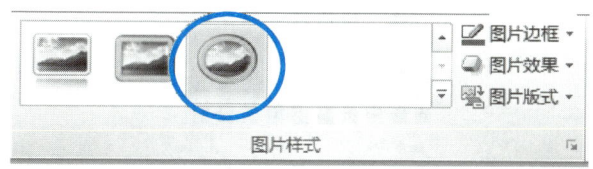

图1-37 选择"金属椭圆"选项

5. 选中第1页上的图片，切换到"图片工具"栏"格式"选项卡，在"图片样式"组中，选择"金属椭圆"选项，如图1-37所示。

1.4 操作练习4

利用侧边二维码资源"2012年浙江省普通高校录取工作进程"完成下列操作。

练习资源

2012年浙江省普通高校录取工作进程

1. 删除文档中所有的多余空行。
2. 将首行"2012年浙江省普通高校录取工作进程"设置文本效果为"渐变填充—预设颜色：红日西斜；类型：射线"，并设置字号为"小一"且字体居中。
3. 设置页面纸张方向为"横向"。
4. 对从"公布分数线、填报志愿"到表格"浙江省2012年文理科第三批首轮平行志愿投档分数线"之前的内容进行分栏，按要求分成两栏，并设置分隔线。

将"（一）、（二）"改为自动编号（当删除前面的编号时，后面的编号会自动改变）。

5. 表格操作

按"文科执行计划"的值升序排列表格，并设置"重复标题行"，将表格外框线线宽设置为"1.5磅"。

6. 将文档末尾的图片移动到"浙江省2012年文理科第三批首轮平行志愿投档分数线"上方，设置"锐化50%"，图片样式为"简单框架，白色"。
7. 为"浙江省2012年文理科第三批首轮平行志愿投档分数线"设置超链接。

操作步骤

1. 参考操作练习1中的题1。
2. 选中首行文字"2012年浙江省普通高校录取工作进程"，切换到功能区的"开始"选项卡，单击"字体"组的"字体颜色"按钮，在弹出的下拉列表中选择"渐变"下的"其他渐变"（图1-38），打开"设置文本效果格式"对话框。

在"设置文本效果格式"对话框中，选择"渐变填充"单选按钮，选择"预设颜色"中的"红日西斜"，"类型"为"射线"，如图1-39和图1-40所示，再调整字号为"小一"并设置字体居中。

3. 切换到功能区的"页面布局"选项卡，单击"页面设置"组中的"纸张方向"按钮，在弹出的下拉列表中选择"横向"，如图1-41所示。
4. 选中从"公布分数线、填报志愿"到表格"浙江省2012年文理科第三批首轮平行志愿投

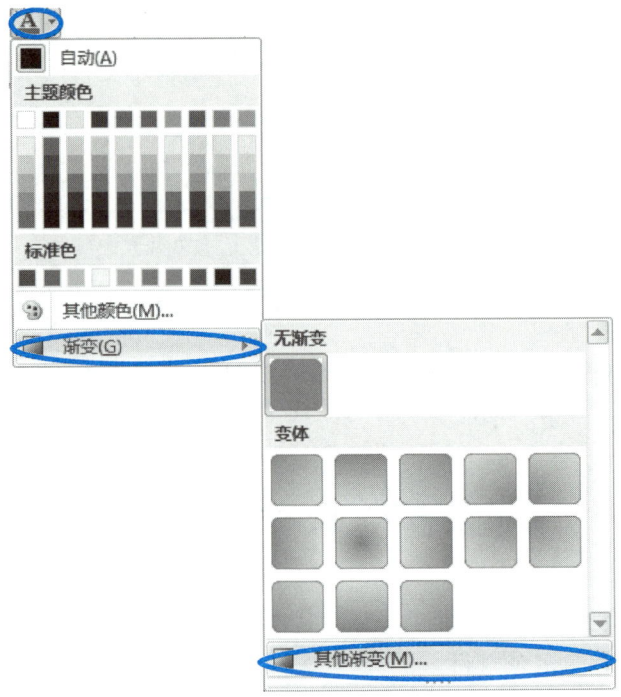

图1-38 "字体颜色"下拉列表

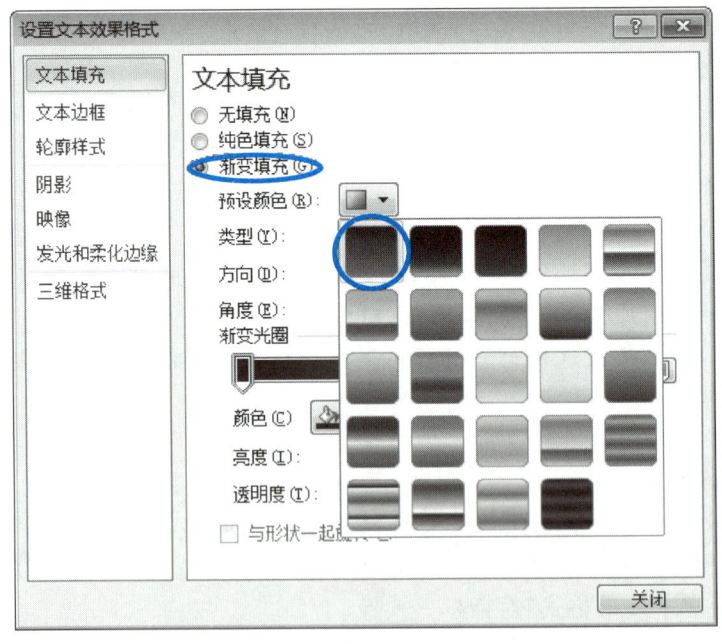

图1-39 设置"渐变填充"的"预设颜色"

档分数线"之前的内容,切换到功能区的"页面布局"选项卡,单击"页面设置"组中的"分栏"按钮(图1-42),在弹出的下拉列表中选择"更多分栏"。打开"分栏"对话框,选择"两栏",勾选"分隔线"复选框,如图1-43所示。自动编号设置可参考操作练习3中的题3。

1.4 操作练习4

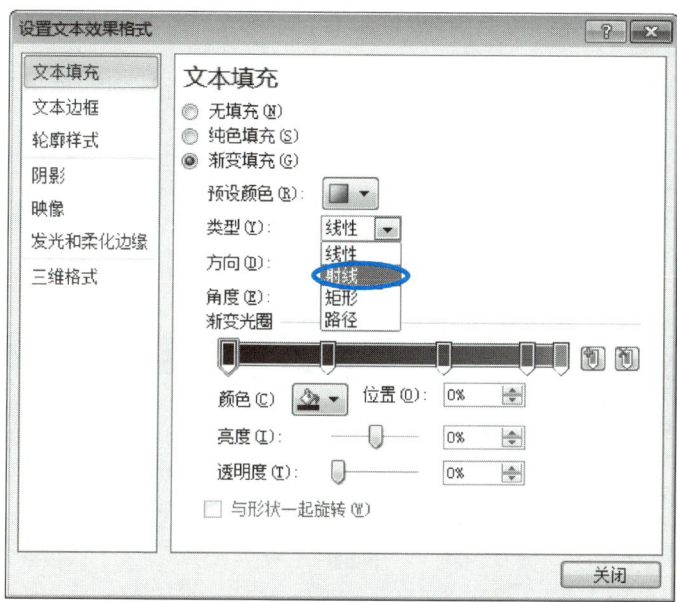

图1-40 设置"渐变填充"的"类型"

图1-41 "纸张方向"下拉列表

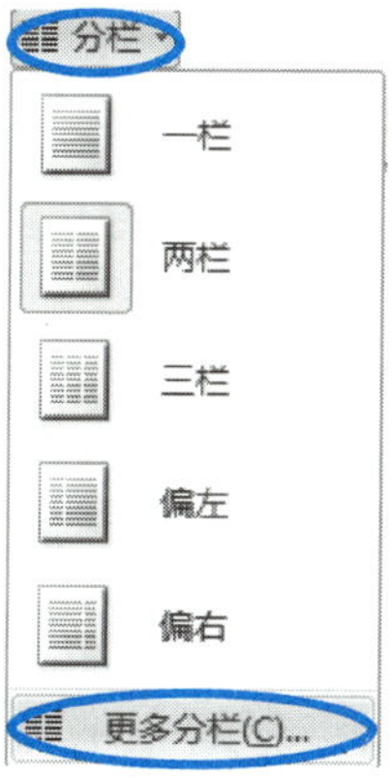

图1-42 "分栏"按钮

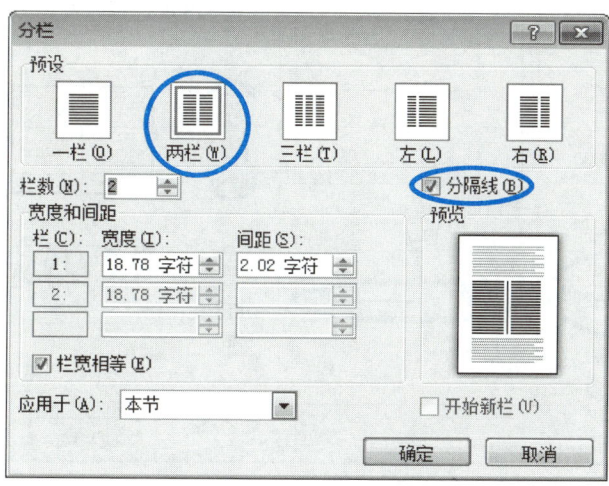

图1-43 "分栏"对话框

5. **步骤1**：选中整张表格，切换到"表格工具"栏"布局"选项卡，单击"数据"组中的"排序"按钮 。打开"排序"对话框，设置"主要关键字"为"文科执行计划"，单击选择"升序"选项，如图1-44所示。

将光标定位在表格标题行的任意一个单元格中，再单击"数据"组中的"重复标题行"按钮 。

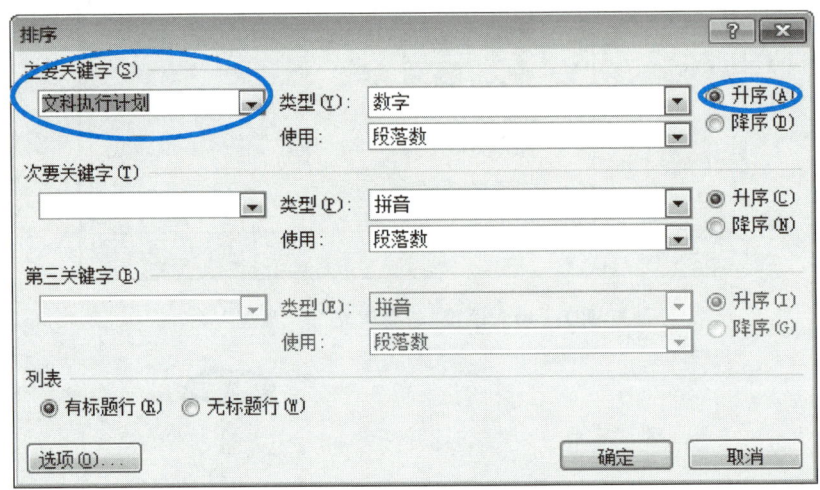

图1-44 "排序"对话框

步骤2：选中表格，单击鼠标右键，在弹出的快捷菜单中选择"边框和底纹"命令。打开"边框和底纹"对话框，在"边框"选项卡中单击选择"自定义"，设置"宽度"为"1.5磅"，再单击如图1-45所示的四个外框线的按钮，最后单击"确定"按钮完成外边框的设置。

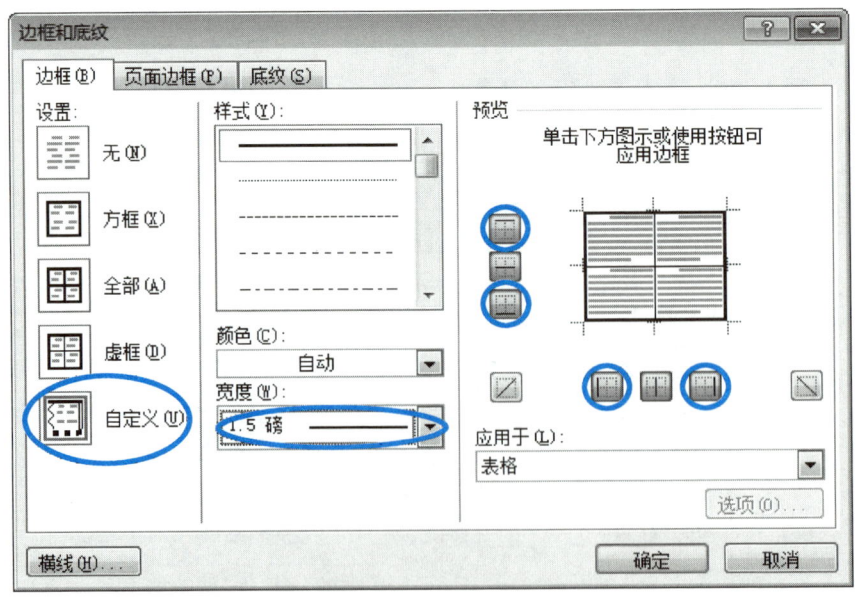

图1-45 "边框和底纹"对话框

6. 选中文档末尾的图片,切换到功能区的"开始"选项卡,单击"剪贴板"组中的"剪切"按钮 ;再将光标定位到"浙江省 2012 年文理科第三批首轮平行志愿投档分数线"上方,单击"粘贴"按钮 。

切换到"图片工具"栏"格式"选项卡,在"调整"组中单击"更正"按钮,在弹出的下拉列表中,设置"锐化 50%",如图 1-46 所示。在"图片样式"组中,设置"图片样式"为"简单框架,白色",如图 1-47 所示。

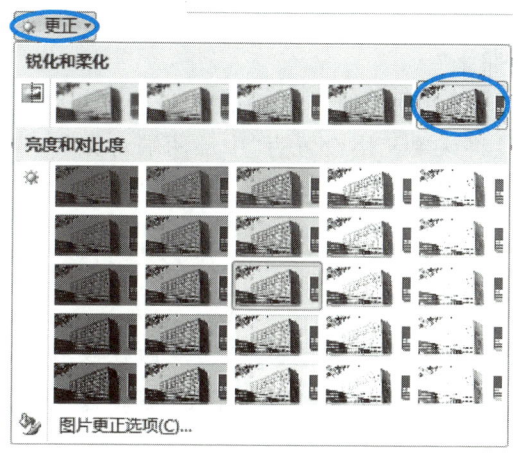

图 1-46 设置"锐化 50%"

图 1-47 设置"图片样式"

7. 选中"浙江省 2012 年文理科第三批首轮平行志愿投档分数线",切换到功能区中的"插入"选项卡,单击"链接"组中的"超链接"按钮 (或选择快捷菜单中的"超链接"命令)。打开"插入超链接"对话框,在"地址"文本框输入如图 1-48 所示的网址,单击"确定"按钮。

参考答案

2012 年浙江省普通高校录取工作进程

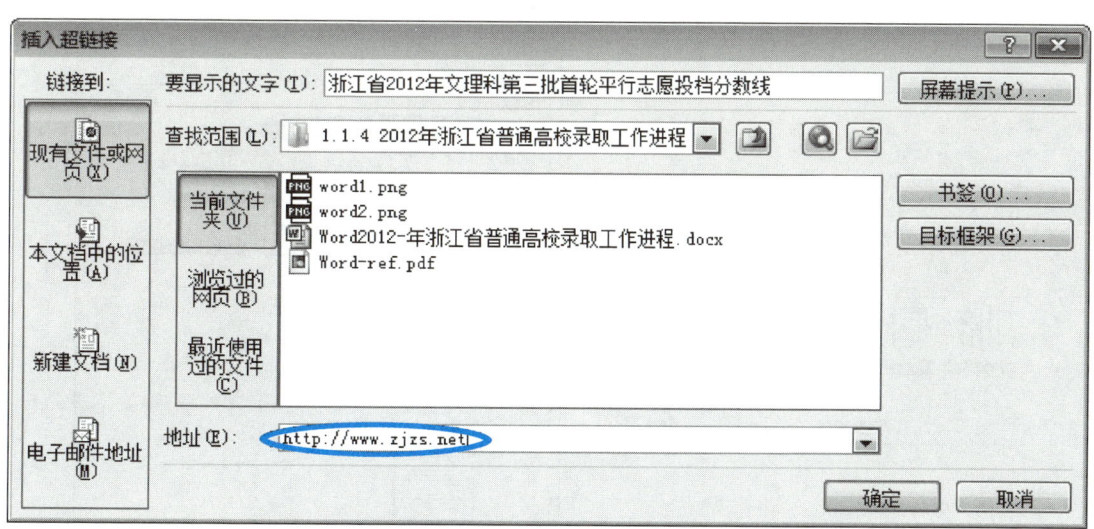

图 1-48 "插入超链接"对话框

1.5 操作练习5

A大学

利用侧边二维码资源"A大学"完成下列操作。

1. 将最后一段文本"A大学位于……"所在段落,移动到第1页"学校概况"之前,并设置与"A大学(A University),坐落于中国历史……"相同的段落格式。

2. 将文档中所有的英文字母设置为"蓝色"。

3. 设置纸张大小为"16开",左右页边距各为"2厘米"。

4. 将"办学模式"标题下的文字(从"本科生教育"到"研究生教育"),按要求设置分两栏。

5. 将表格中多个"人文学院"合并至只剩一个,且将该单元格设置为"中部两端对齐"。再将"金融学系,财政学系"拆分为两行,分别为"金融学系"和"财政学系"。

6. 给文档插入页码,并设置居中显示。

操作步骤

1. 切换到功能区中的"开始"选项卡,选中最后一段文本"A大学位于……"所在段落,单击"剪贴板"组的"剪切"按钮；再将光标定位到第一页"学校概况"之前,单击"剪贴板"组的"粘贴"按钮。

选中"A大学(A University),坐落于中国历史……"段落,单击"剪贴板"组的"格式刷"按钮，此时光标变成，再单击"A大学位于……"所在段落,使其具有相同的段落格式。

2. 参考操作练习3中的题1。

3. 切换到功能区中的"页面布局"选项卡,在"页面设置"组中单击"页面设置"按钮(图1-49)。打开"页面设置"对话框,在"纸张"选项卡中,设置"纸张大小"为"16开(18.4×26厘米)",如图1-50所示;在"页边距"选项卡中,设置左、右页边距均为"2厘米",如图1-51所示。

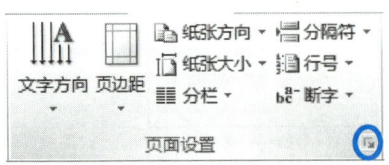

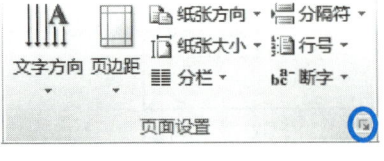

图1-49 "页面设置"按钮　　　　　图1-50 设置"纸张大小"

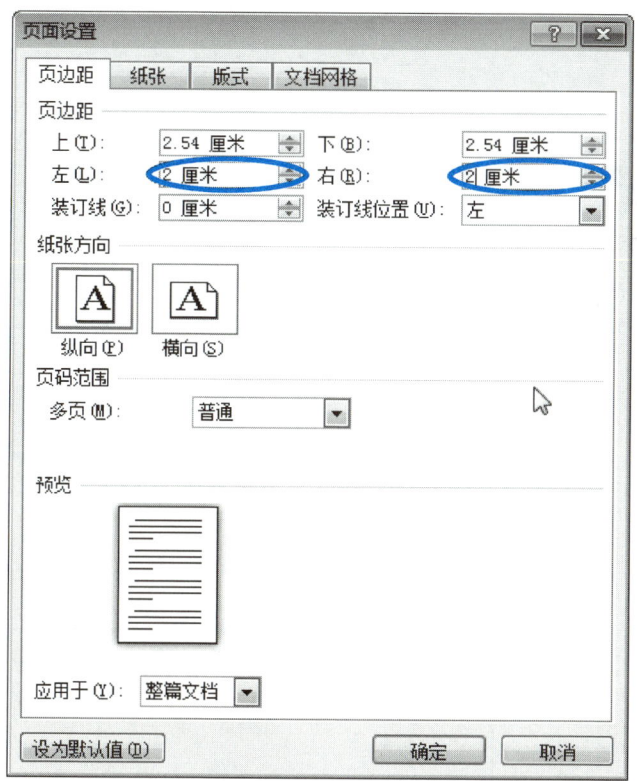

图 1-51　设置左、右页边距

4．参考操作练习4中的题4。

5．**步骤 1**：选中表格中多个"人文学院"单元格，切换到"表格工具"栏"布局"选项卡，单击"合并"组中的"合并单元格"按钮 并删除多余文字。单击"对齐方式"组中的"中部两端对齐"按钮 。

步骤 2：选中"金融学系，财政学系"单元格，单击"合并"组中的"拆分单元格"按钮 。打开"拆分单元格"对话框，设置"列数"为"1"，"行数"为"2"，将其拆分为两行，如图 1-52 所示。最后将文字"财政学系"剪切至第二行中。

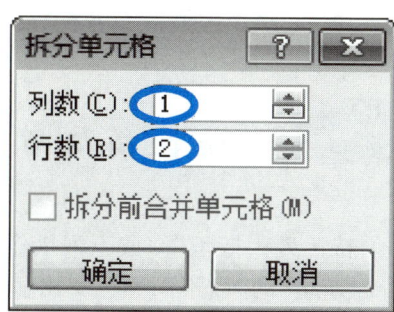

图 1-52　"拆分单元格"对话框

6．切换到功能区中的"插入"选项卡，单击"页眉和页脚"组中的"页码"按钮，在弹出的下拉列表中选择"页面底端"下的"普通数字2（居中）"，如图 1-53 所示。

参考答案

A大学

图 1-53 "页码"下拉列表

1.6 操作练习6

练习资源

阿尔伯特·
爱因斯坦

利用侧边二维码资源"阿尔伯特·爱因斯坦"完成下列操作。

1. 清除首行"阿尔伯特·爱因斯坦"的"以不同颜色突出显示文本"效果(改为"无颜色,不突出显示文本")。设置字符间距的缩放为"120%"。

2. 将第1页中的表格转换成以制表符分隔的文本。

3. 将"部分年表"中的内容转换成表格,并设置"根据窗口调整表格"。

4. 在"部分年表"对应的表格上方添加题注,题注行内容为"表Ⅰ 二十岁前年表"(不包括引号),其中的Ⅰ使用的编号格式为"Ⅰ、Ⅱ、Ⅲ、…"(编号自动更新),设置题注居中。

5. 删除文档"主要成就"部分第二段中所有的空格。

6. 为"简介、主要成就、轶事、部分年表"所在行的各项设置超链接,分别链接至后文相应内容的标题。

操作步骤

1. 选中首行"阿尔伯特·爱因斯坦",切换到功能区的"开始"选项卡,单击"字体"组中的"以不同颜色突出显示文本"按钮 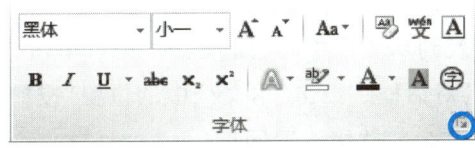,取消突出显示设置。

单击"字体"组的"字体"按钮(图1-54),打开"字体"对话框,在"高级"选项卡中设置"字符间距"的"缩放"为"120%",如图1-55所示。

图1-54 "字体"按钮

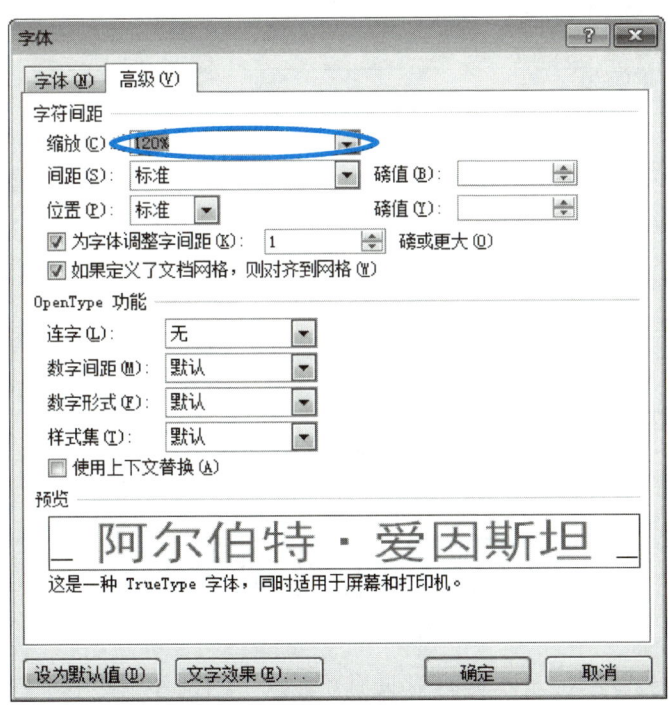

图1-55 "字体"对话框

2. 选中第1页中的表格,切换到"表格工具"栏"布局"选项卡,单击"数据"组中的"转换为文本"按钮,打开"表格转换为文本"对话框,设置"文字分隔符"为"制表符",如图1-56所示。

3. 参考操作练习2中的题5。

4. 参考操作练习1中的题4。注意:在"题注编号"对话框中,需设置"格式"为"Ⅰ、Ⅱ"。

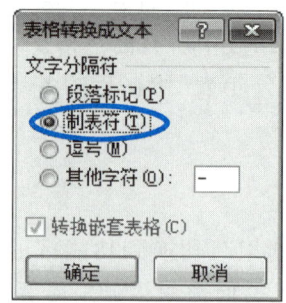

图 1-56 "表格转换成文本"对话框

5. 选中"主要成就"部分第二段,参考操作练习 1 中的题 1,设置"查找内容"为"特殊格式"下的"空白区域",在"替换为"文本框中不输入任何内容。

6. 选中文字"简介",切换到功能区中的"插入"选项卡,单击"链接"组中的"超链接"按钮,打开"插入超链接"对话框。单击"本文档中的位置"按钮,选择文档位置为"标题"下的"简介",如图 1-57 所示,其余超链接设置同理。

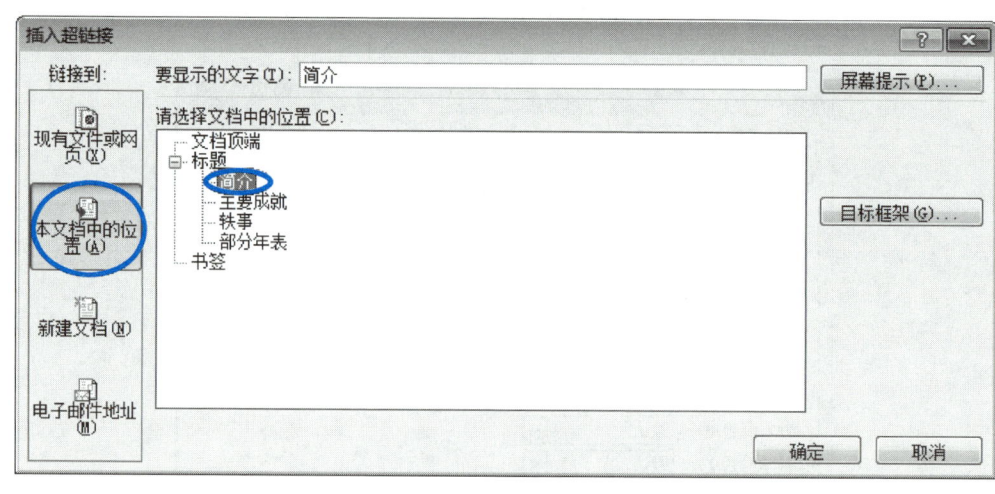

图 1-57 "插入超链接"对话框

1.7 操作练习 7

利用侧边二维码资源"杭州西湖 1(有页眉)"完成下列操作。

1. 设置文字对齐字符网格,每行 38 个字符。

2. 删除所有页眉,包括原页眉处的横线。

3. 表格操作。

(1) 不显示第 1 页"基本信息""名称由来""历史沿革""周边住宿"表格的框线。

(2) 在"周边住宿"表格的"杭州鼎红假日酒店"所在行前插入一行,内容为"杭州黄龙饭店,杭州西湖区曙光路 120 号,1.16"。

4. 为第 1 页表格中的"基本信息""名称由来""历史沿革""周边住宿"设置超链接,分别链接到后文"1. 基本信息""2. 名称由来""3. 历史沿革""4. 周边住宿"处(链接点位置在编号后、汉字前,例如,在"基本信息"的"基"字之前)。

5. 删除文档"历史沿革"部分的所有空格。

6. 将正文中所有的数字设置为"红色"(注意:不包括标题中的数字,例如,"基本信息""名称由来""历史沿革""周边住宿"等标题之前的编号)。

操作步骤

1. 切换到功能区中的"页面布局"选项卡,单击"页面设置"组的"页面设置"按钮,打开"页面设置"对话框。在"文档网格"选项卡中,设置"网格"为"文字对齐字符网格",设置"字符数"为"每行:38",如图 1-58 所示。

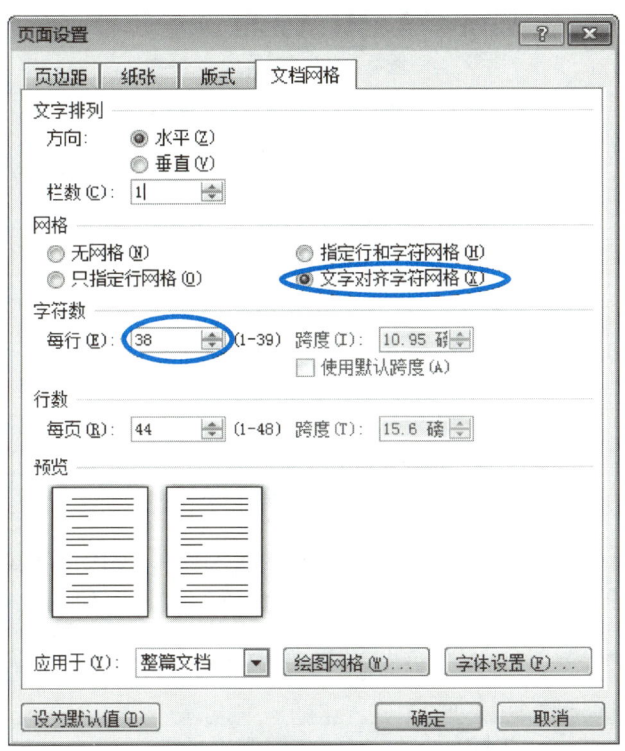

图 1-58 "页面设置"对话框

2. 步骤 1:双击页眉处,在"页眉和页脚工具"栏"设计"选项卡中取消勾选"奇偶页不同"复选框,如图 1-59 所示。

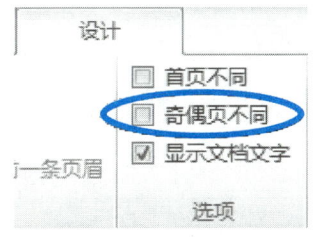

图 1-59 取消勾选"奇偶页不同"复选框

步骤2：删除页眉中的文本。

步骤3：切换到功能区中的"开始"选项卡，在"样式"组中单击"其他"按钮（图1-60），在弹出的下拉列表中选择"清除格式"选项，如图1-61所示。

步骤4：最后将页眉设置为居中。

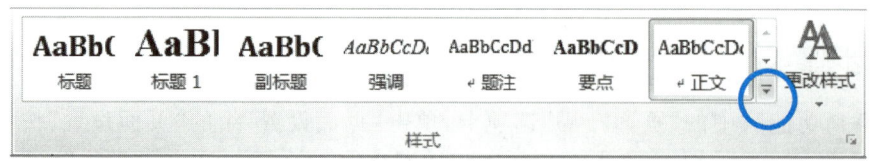

图1-60　"其他"按钮

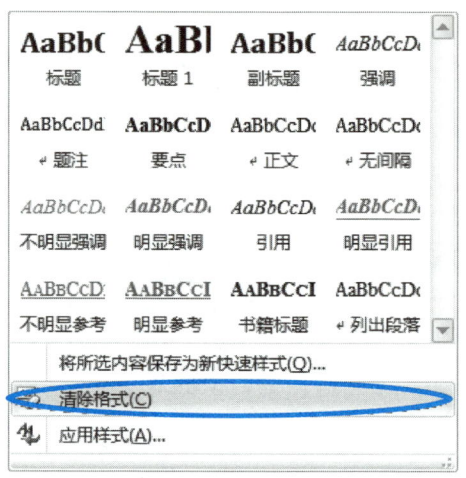

图1-61　"清除格式"选项

3. 步骤1：选中第1页中的表格，右击，在弹出的快捷菜单中选择"边框和底纹"命令。打开"边框和底纹"对话框，在"边框"选项卡中，选择"设置"为"无"，如图1-62所示。

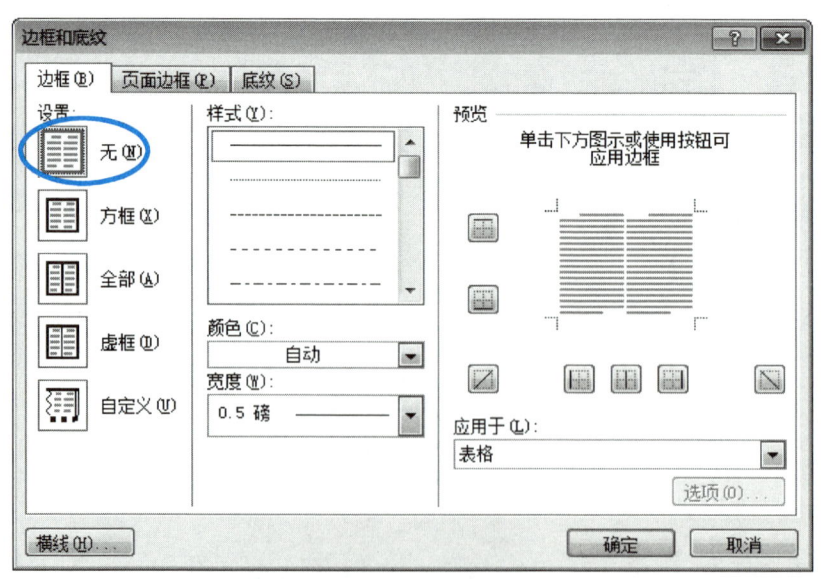

图1-62　设置无边框

步骤2：将光标定位到"周边住宿"表格的"杭州鼎红假日酒店"所在行的前一行单元格的外部，按Enter键即可产生一行空白表格，可在其中输入表格内容。

4. **步骤1**：光标定位到"1. 基本信息"的"基"字之前，切换到功能区中的"插入"选项卡，在"链接"组中单击"书签"按钮，打开"书签"对话框。在"书签名"处输入"基本信息"，单击"添加"按钮，如图1-63所示，单击"关闭"按钮可关闭该对话框。

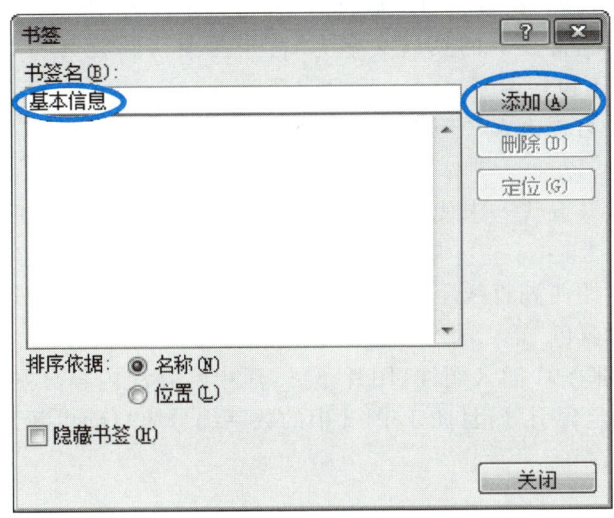

图1-63 添加书签

步骤2：选中第1页表格中的文本"基本信息"，在"链接"组中单击"超链接"按钮，打开"插入超链接"对话框。单击"本文档中的位置"按钮，选择"书签→基本信息"，如图1-64所示。其余超链接的设置同理。

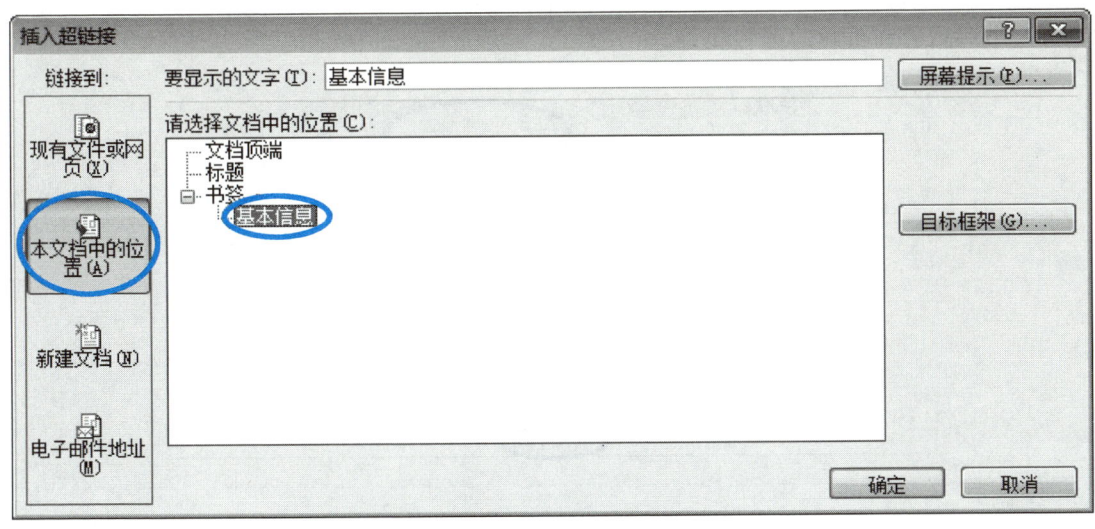

参考答案

杭州西湖1
（有页眉）

图1-64 "插入超链接"对话框

5. 参考操作练习6中的题5。
6. 参考操作练习3中的题1。

1.8 操作练习 8

练习资源 杭州西湖 2

利用侧边二维码资源"杭州西湖 2"完成下列操作。

1. 将第 1 行"杭州西湖"设置为"标题"样式,并设置字体为"隶书",字号为"初号"。

2. 为文档设置页眉,奇数页的页眉文字为"杭州西湖",偶数页的页眉文字为"国家重点 5A 级风景名胜区"(均不包括引号)。

3. 为"基本信息""名称由来""历史沿革""周边住宿"设置序号"1.""2.""3.""4.",且该序号可自动更新。

4. 为"秦汉—唐代""五代—宋代""元代""明代—清代""民国至 20 世纪末"设置形如"➢"的项目符号。

5. 对表格设置按"距西湖直线距离约(千米)"升序排列,表格外框线及标题行下的线条线宽为"3.0 磅",颜色为"蓝色"。

6. 为文档中的两张图片插入题注(图片下方,居中),题注内容分别为"图 1 西湖全景"和"图 2 西湖美景"(均不包含引号,且图 1、图 2 中的数字编号应自动更新)。

操作步骤

1. 参考操作练习 2 中的题 1 和操作练习 3 中的题 2。

2. 切换到功能区中的"插入"选项卡,单击"页眉和页脚"组中的"页眉"按钮,在弹出的下拉列表中选择"编辑页眉",打开"页眉和页脚工具"栏"设计"选项卡。勾选"选项"组中的"奇偶页不同"复选框(图 1-65),在"奇数页页眉"处输入"杭州西湖"(图 1-66),在"偶数页页眉"处输入"国家重点 5A 级风景名胜区"(图 1-67)。单击"关闭"组的"关闭页眉和页脚"按钮,退出对页眉和页脚的编辑状态。

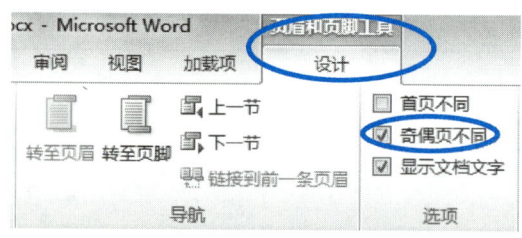

图 1-65 勾选"奇偶页不同"复选框

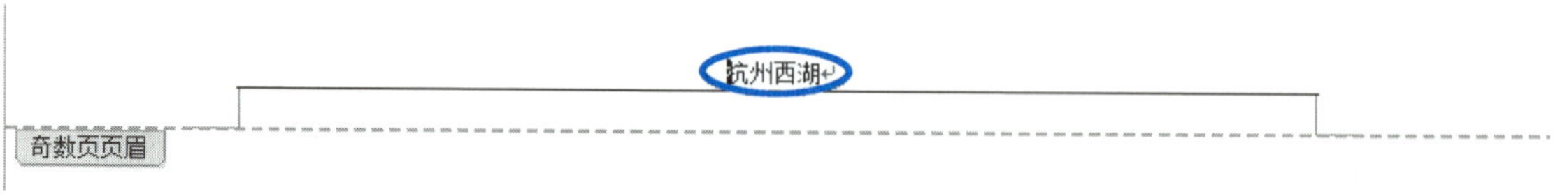

图 1-66 奇数页页眉

图 1-67 偶数页页眉

3. 参考操作练习3中的题3。

4. 将光标定位到"秦汉—唐代"前,切换到功能区中的"开始"选项卡,单击"段落"组的"项目符号"按钮,在"项目符号库"中选择">",如图1-68所示。其余的项目符号设置同理。

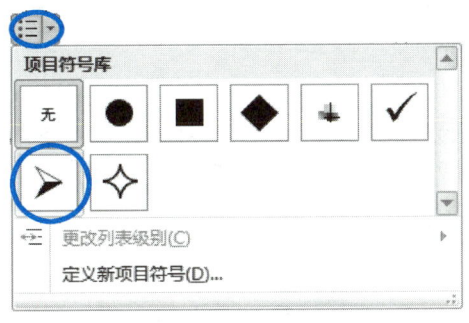

图1-68 设置项目符号

参考答案

杭州西湖2

5. **步骤1**：排序和表格边框设置可参考操作练习4中的题5。

步骤2：设置标题行下的线条。选中标题行,右击,在弹出的快捷菜单中选择"边框和底纹"命令,打开"边框和底纹"对话框。进入"边框"选项卡,"设置"选择"自定义","颜色"选择"蓝色","宽度"选择"3.0磅",再单击右侧预览区的上、下、左、右四个按钮。

6. 参考操作练习1中的题4。

1.9 操作练习9

利用侧边二维码资源"西溪国家湿地公园1"完成下列操作。

1. 在第一行前插入一行,输入文字"西溪国家湿地公园"(不包括引号),设置字体为"24磅、加粗、居中且无首行缩进",设置段后距为"1行"。

2. 对"景区简介"下的第一个段落,设置"首字下沉"。

3. "历史文化"和"三堤五景"部分的中间段落存在手动换行符(软回车),需替换成段落标记(硬回车)。

4. (1) 对"景区简介""历史文化""三堤五景""必游景点"设置编号"一、""二、""三、""四、";
（2）对"三堤五景"中的"秋芦飞雪"和"必游景点"中的"洪园"重新编号,使其从"1"开始,且后面的各编号能随之更新。

5. 将从"中文名：♯西溪国家湿地公园"所在行开始的4行内容转换成一个4行2列的表格,并设置无标题行,套用的表格样式为"彩色型1"。

6. 为文档末尾的图片添加题注,标题内容为"中国湿地博物馆"。

练习资源

西溪国家湿地公园1

操作步骤

1. **步骤1**：字体设置参考操作练习2中的题1。

步骤2：切换到功能区的"开始"选项卡,单击"段落"组中的"段落"按钮,打开"段落"对话框,在"缩进和间距"选项卡中,选择"特殊格式"为"无","段后"间距为"1行",如图1-69所示。

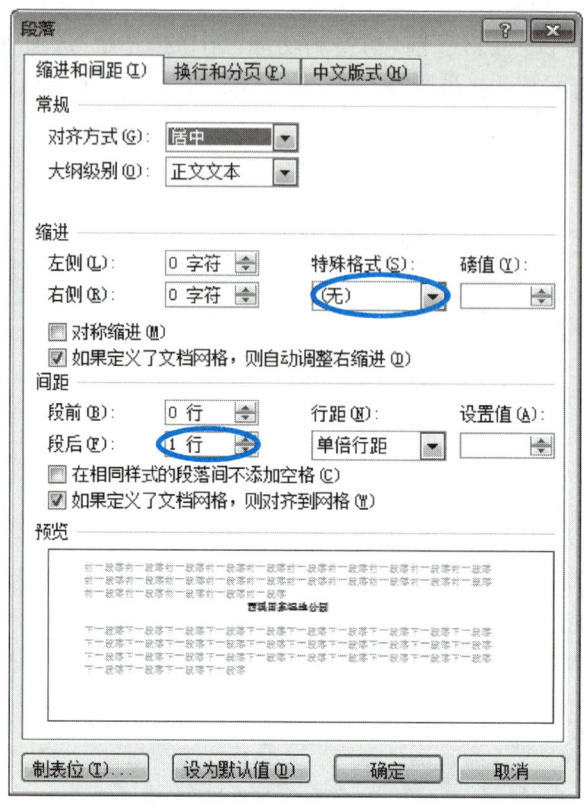

图 1-69 "段落"对话框

2. 将光标定位到"景区简介"下的第一个段落,切换到功能区中的"插入"选项卡,在"文本"组中单击"首字下沉"按钮,如图 1-70 所示。

图 1-70 "首字下沉"按钮

3. 参考操作练习1中的题1。注意:"查找内容"文本框中的"特殊格式"需选择"手动换行符",而"替换为"文本框中的"特殊格式"需选择"段落标记"。

4. (1) 将光标定位在"景区简介"前,切换到功能区的"开始"选项卡,单击"段落"组中的"编号"按钮,在弹出的下拉列表中选择如图 1-71 所示的编号格式。其余的编号格式设置同理。

(2) 将光标定位到"三堤五景"中的"秋芦飞雪"前,单击鼠标右键,在弹出的快捷菜单中选择"重新开始于1",命令如图 1-72 所示。

5. 步骤 1:参考操作练习2中的题5。

步骤 2:创建表格后,将光标定位到表格处,切换到"表格工具"栏"设计"选项卡,在"表格样式选项"组中,取消勾选"标题行";在"表格样式"组中,选择"表格样式"为"彩色型1",如图 1-73 所示。

1.10 操作练习10

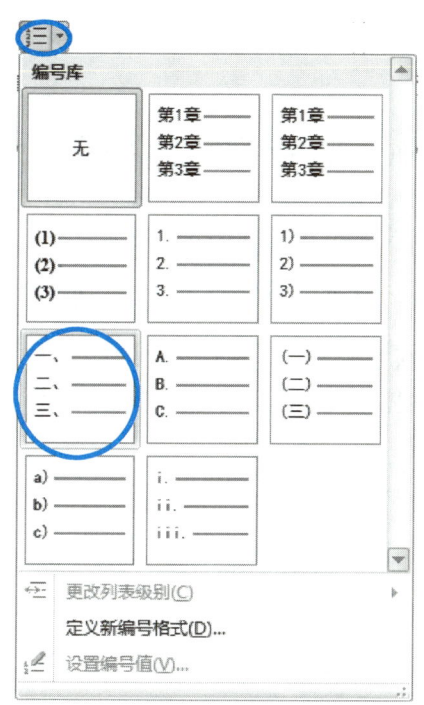

图1-71 设置编号格式

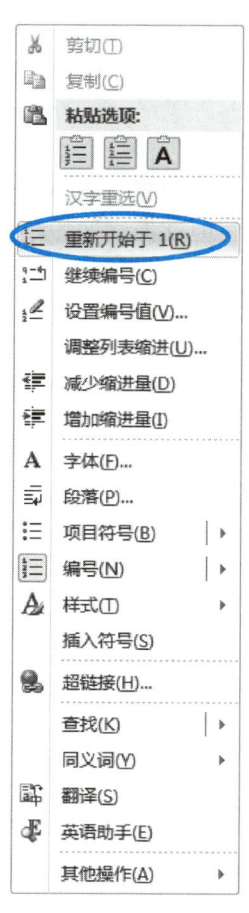

图1-72 设置重新编号

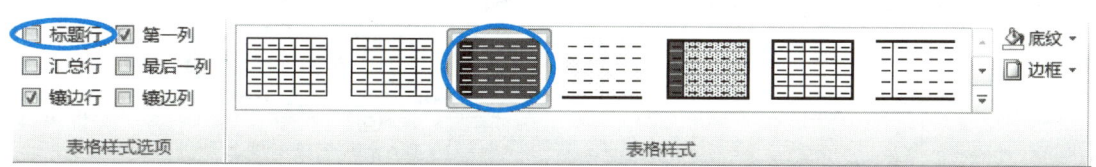

图1-73 设置表格样式

6. 参考操作练习1中的题4。

1.10 操作练习10

利用侧边二维码资源"西溪国家湿地公园2(有表格)"完成下列操作。

1. 在"在四五千年前,西溪的低湿之地……"所在段落中,设置从"到了宋元时期……"起的内容另起一段。

2. 对文档中所有的"西溪"两字加下划线(单线)。

3. 以修订模式执行操作:去掉"景区简介"中两个段落的首字下沉效果。

4. 以下各小题仍在非修订模式下进行操作。

练习资源

西溪国家湿地公园2(有表格)

(1) 对"四、必游景点"之后开始的内容另起一页；

(2) 使"四、必游景点"之前的每一页使用页眉文字"西溪"；

(3) 使"四、必游景点"之后开始的每一页使用页眉文字"西溪必游景点"。

5． 设置第 1 页中表格。

(1) 根据内容自动调整表格，设置表格居中；

(2) 整个表格的外框线使用红色双线。

操作步骤

1． 将光标定位到"在四五千年前，西溪的低湿之地……"所在段落中"到了宋元时期……"内容的前面，按 Enter 键另起一段。

2． 参考操作练习 2 中的题 2，为"替换处"文本框中的文字设置下划线。

3． 切换到功能区中的"审阅"选项卡，单击"修订"组中的"修订"按钮，进入修订状态；

再切换到功能区中的"插入"选项卡，选中"景区简介"的第一个段落，在"文本"组中单击"首字下沉"按钮，在弹出的下拉列表中选择"无"，如图 1-74 所示。其余设置同理。

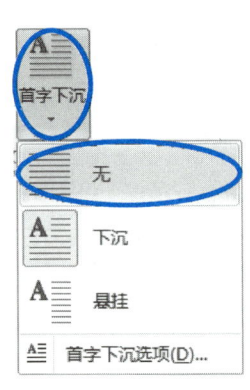

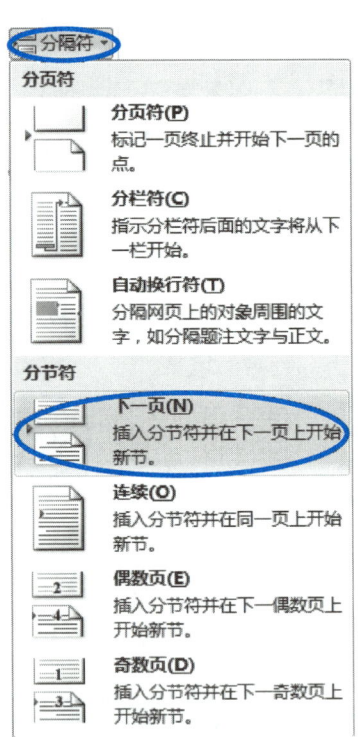

图 1-74 "首字下沉"下拉列表　　　　图 1-75 设置分节符

4． 步骤 1：切换到功能区中的"审阅"选项卡，单击"修订"组的"修订"按钮，返回到非修订状态。将光标定位到"四、必游景点"之前，切换到功能区中的"页面布局"选项卡，单击"页面设置"组中的"分隔符"按钮，在弹出的下拉列表中选择"分节符"的"下一页"，如图 1-75 所示。

步骤 2：切换到功能区中的"插入"选项卡，单击"页眉和页脚"组的"页眉"按钮，在弹出的下拉列表中选择"编辑页眉"选项。在页眉处输入"西溪"，效果如图 1-76 所示。

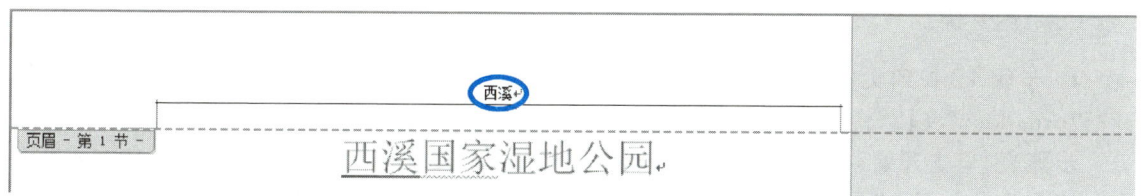

图 1-76　第 1 节页眉

步骤 3：将光标定位在"四、必游景点"之后的页，切换到"页眉和页脚工具"栏"设计"选项卡，在"导航"组中，单击"链接到前一条页眉"按钮，去除原有链接，并输入页眉，如图 1-77 所示。

参考答案

西溪国家湿地公园 2(有表格)

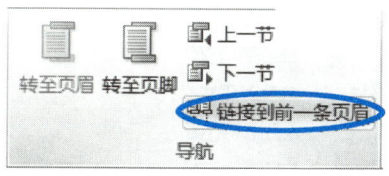

图 1-77　"链接到前一条页眉"按钮

5. 根据内容自动调整表格可参考操作练习 1 中的题 5，表格外框线设置可参考操作练习 2 中的题 5。

1.11　操作练习 11

利用侧边二维码资源"A 大学(2016)"完成下列操作。

1. 将本题文件夹中的"Word1.docx"文档内容插入到"Word.docx"文档的末尾，删除文档中所有制表符。

2. 设置全文字符间距加宽 1 磅。设置"西子湖"文字为"带圈字符"，并使用"增大圈号"。设置"A 大学历史悠久。"所在段落为"1.1 倍"行距。

3. 设置多级列表，在单行的"A 大学""B 大学""C 大学"前分别添加"第 1 章""第 2 章""第 3 章"。

4. 在"A 大学"标题下的"办学历史""学院建设 & 学科设定""办学理念""师资力量""硬件条件"前分别使用"1.1""1.2""1.3""1.4""1.5"；在"B 大学"标题下的"学校概况""师资力量""人才培养"前分别使用"2.1""2.2""2.3"。（章编号是自动编号，若删除了第 1 章，则第 2 章自动变为第 1 章。节编号也是自动编号，"."前的数字与章编号对应，"."后的数字自动以 1,2,3…为序。）

5. 对 C 大学中的表格，设置"根据内容自动调整表格"，然后按"课程名称"为第一关键字、"学生人数"为第二关键字升序排列表格，设置表格外框线为"蓝色双线"。

6. 将第一张图片放置于"A 大学历史悠久。"段落右侧，并设置为"四周型环绕"。将第二张图片放置于"大学坐落于历史文化名城"段落右侧，同样设置为"四周型环绕"，且图片的艺术效果为"铅笔灰度"。

练习资源

A 大学(2016)

操作步骤

1. 步骤1：找到文件夹中"Word1.docx"文档并打开，选中文档中所有内容并复制。再打开"Word.docx"文档，将复制的内容粘贴到文档末尾。

步骤2：单击开始菜单中的"替换"按钮 ，在"查找和替换"对话框中单击"查找内容"，依次单击左下角"更多→特殊格式→制表符"，如图1-78所示，将替换内容设置为空，最后单击"全部替换"按钮。

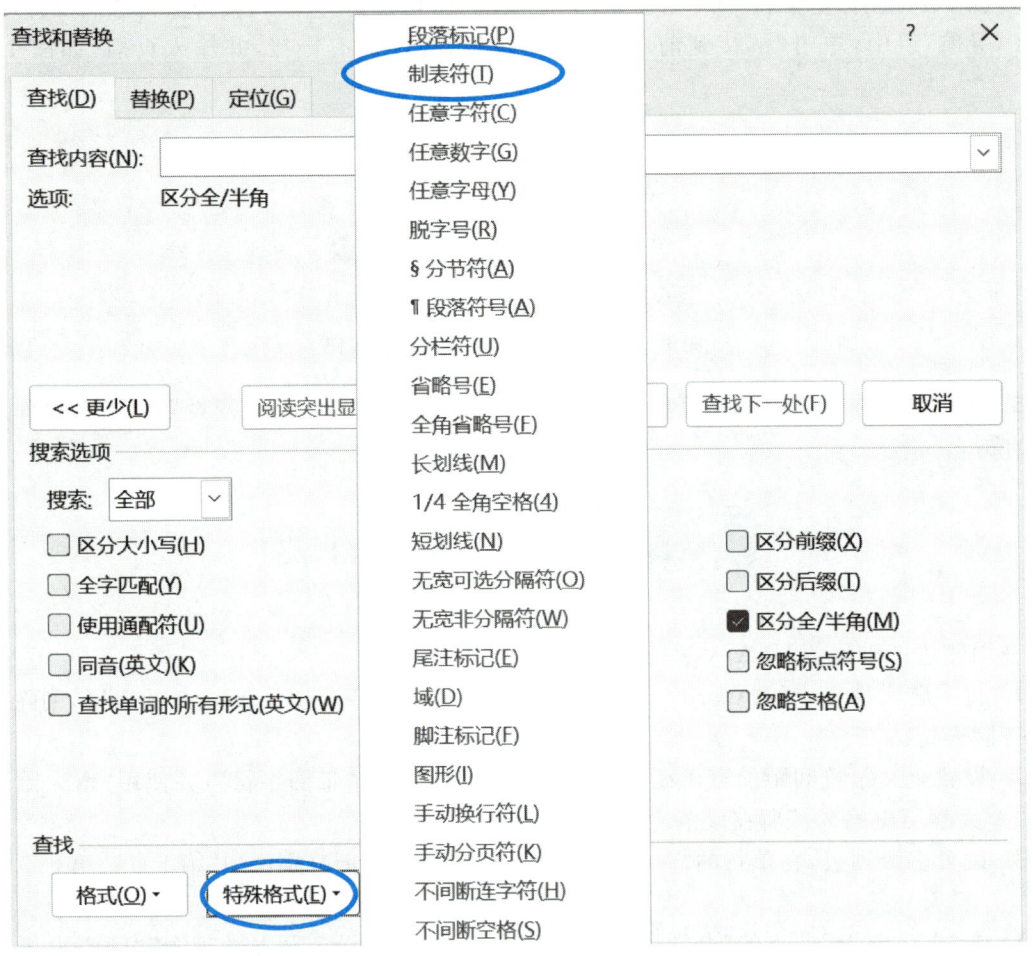

图1-78 查找和替换制表符

2. 步骤1：选中全文字符，右击，在弹出的快捷菜单中选择"字体"，在"字体"对话框中选择"高级"选项卡，在"字符间距"选项组中设置"间距"为"加宽"，"磅值"为"1磅"，如图1-79所示。

步骤2：使用查找功能找出文章中的"西子湖"，选中相应文字，切换到功能区"开始"选项卡，单击"字体"组中的"带圈字符"按钮 ，在"样式"中选择"增大圈号"，如图1-80所示。

步骤3：调整行距可参考操作练习1中的题2。

3. 步骤1：将光标定位在首行"A大学"前，切换到功能区中的"开始"选项卡，在"段落"组中单击"多级列表"按钮 ，弹出"多级列表"下拉列表，先在"列表库"中选择一种合适的样式（图1-81），使之成为当前列表。

1.11 操作练习11

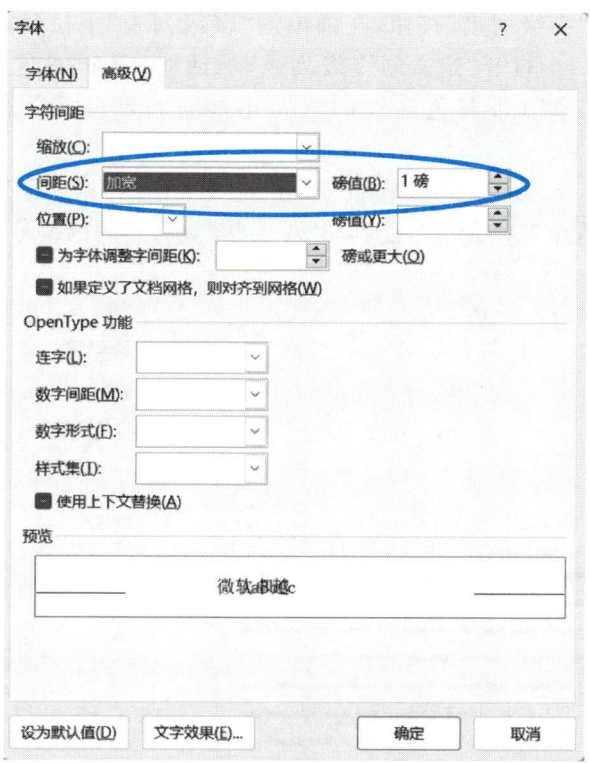

图1-79 设置"字符间距"

图1-80 设置"带圈字符"　　图1-81 "多级列表"下拉列表

步骤2：再次单击"多级列表"按钮，在弹出的"多级列表"下拉列表中选择"定义新的多级列表"选项（图1-81）。打开"定义新多级列表"对话框（图1-82），在"输入编号的格式"文本框中输入"第"和"章"（带灰色底纹的"1"，不能自行删除或添加），最后单击"确定"按钮。

步骤3：选中"第1章　A大学"，单击"开始"选项卡中的"格式刷"按钮，此时光标变成，再依次单击"B大学""C大学"，使其与"A大学"具有相同的编号格式。

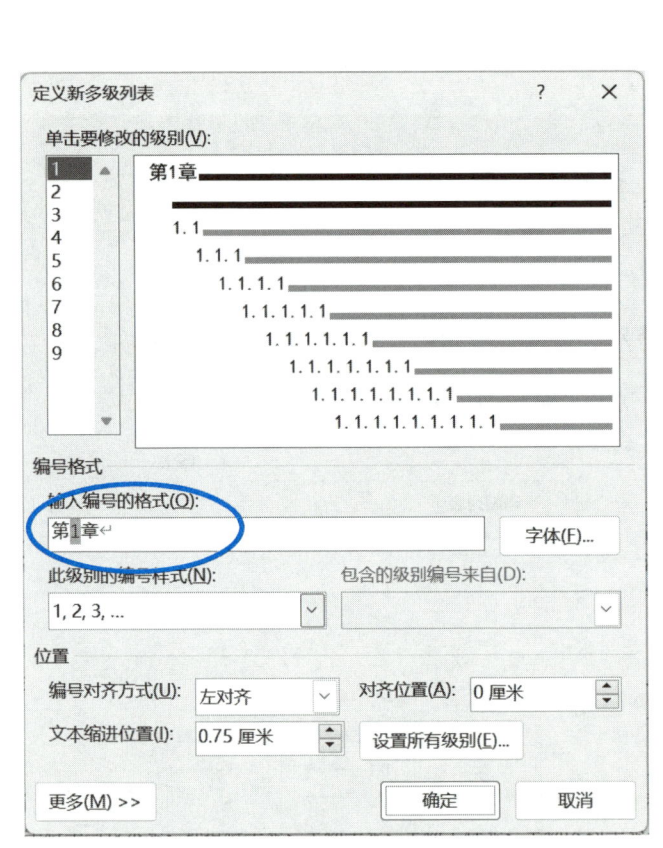

图1-82　"定义新多级列表"对话框

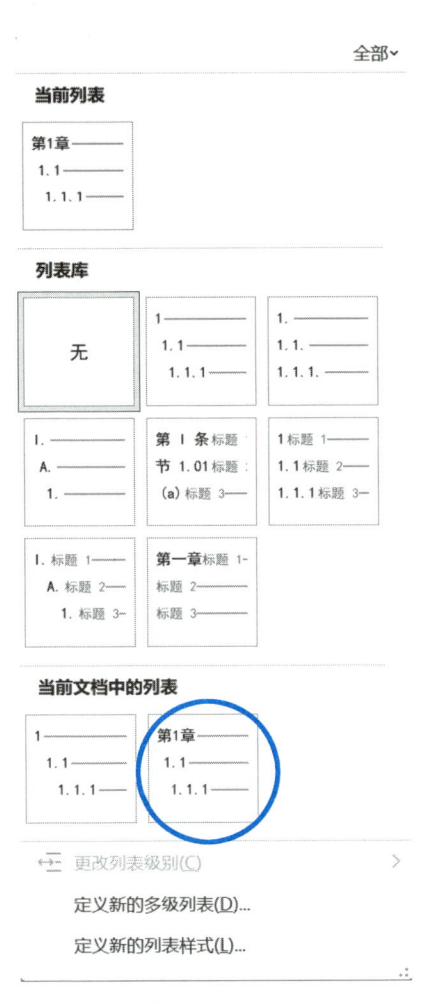

图1-83　选择"当前文档中的列表"

4. 步骤1：将光标定位在"A大学"中的"办学历史"段落，单击"多级列表"按钮，选择"当前文档中的列表"中已经设置过的列表（图1-83）。

步骤2：再次单击"多级列表"按钮，选择"更改列表级别"中的2级（图1-84）。

步骤3：选中A大学中的"1.1　办学历史"，单击"开始"选项卡中的"格式刷"按钮，此时光标变成，再依次单击"学院建设"&"学科设定""师资力量""硬件条件"，以及B大学中的"学校概况""师资力量""人才培养"，使其具有相同的编号格式。

5. 设置"根据内容自动调整表格"以及表格外框线上色可参考操作练2中的题5；按表格内容升序排列可参考操作练习4中的题5。

6. 调整图片位置并设为"四周型环绕"可参考操作练习2中的题6。再选中相应图片，切

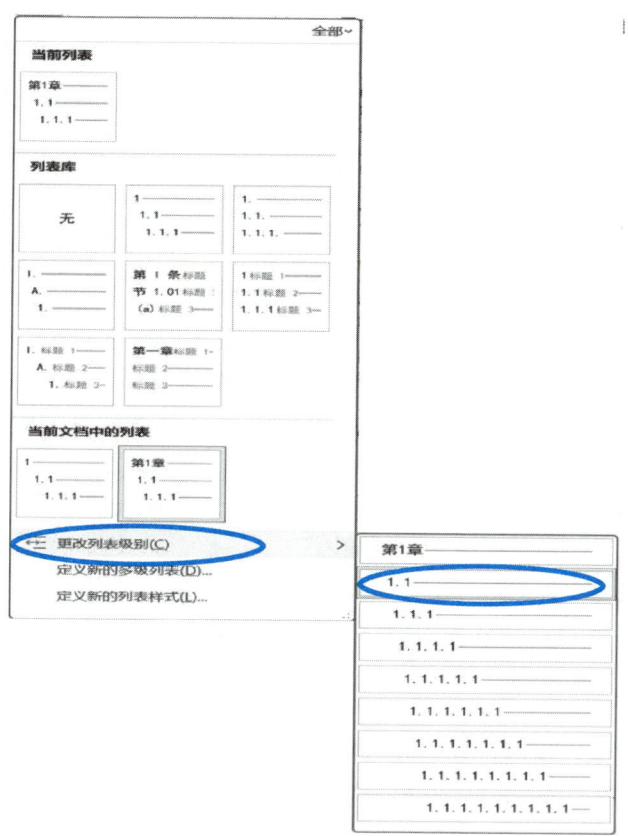

图 1-84 选择"更改列表级别"

换到功能区的"图片格式"选项卡,单击"调整"组的"艺术效果"按钮,选择"铅笔灰度"效果(图 1-85)。

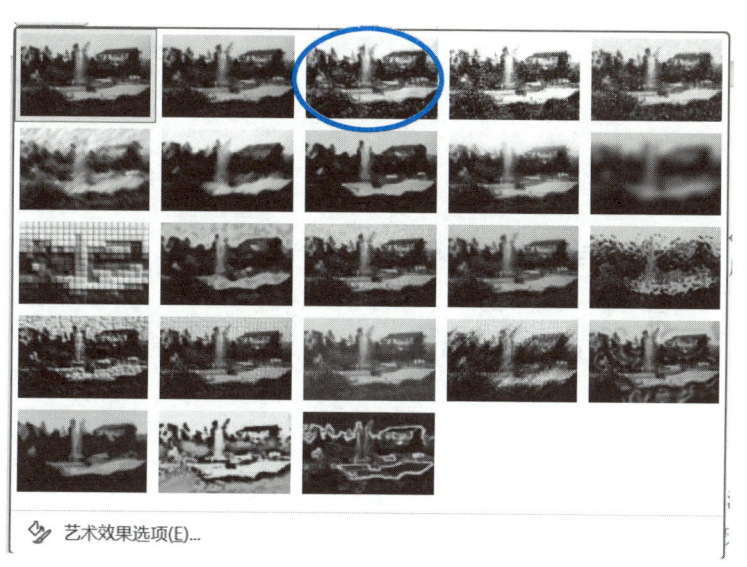

图 1-85 "铅笔灰度"效果

1.12 操作练习12

练习资源

杭州马拉松(2016)

利用侧边二维码资源"杭州马拉松(2016)"完成下列操作。

1. 去除文档中所有数字的倾斜效果(非数字的倾斜效果不变)。

2. 将"赛事规则"开始的内容另起一页,并设置第一页页面垂直对齐方式为"居中"。对"项目　距离(千米)——关门时间(小时)"到"全程马拉松　30　3.5"所在各行设置2个制表位,制表位的位置和对齐方式分别为"15字符、小数点对齐"和"25字符、右对齐"。

3. 设置页眉,第一页眉文字为"杭州国际马拉松赛赛事简介",第二页及后面各页的页眉文字为"赛事规则"。在后面两张表格的上方居中位置分别设置题注"表甲　名次奖金"和"表乙　报名收费标准"(要求序号自动更新,若删除了"表甲",则"表乙"会自动变为"表甲")。

4. 对第一张表格套用表格样式"网格表4-着色2",并设置表格"居中"。对第二张表格,设置表格行高为"1厘米",各单元格"水平居中"。

5. 为文档添加图片水印,图片水印为练习资源中的"0.png"文件。再将文档中最后的图片置于第三页右下角,设置环绕方式为"紧密型环绕",并裁剪图片形状为"正五边形"。

操作步骤

1. "查找内容"文本框中的设置可参考操作练习3中的题1,"替换为"文本框中的设置可参考操作练习3中的题1,将"字形"设置为"常规"。

2. 步骤1:内容另起一页的设置方法可参考操作练习10中的题4(1)。

步骤2:选中相应文字,切换到功能区中的"开始"选项卡,单击"段落"组中的"其他"按钮(图1-86)。单击"段落"对话框中左下角的"制表位"按钮(图1-87)。

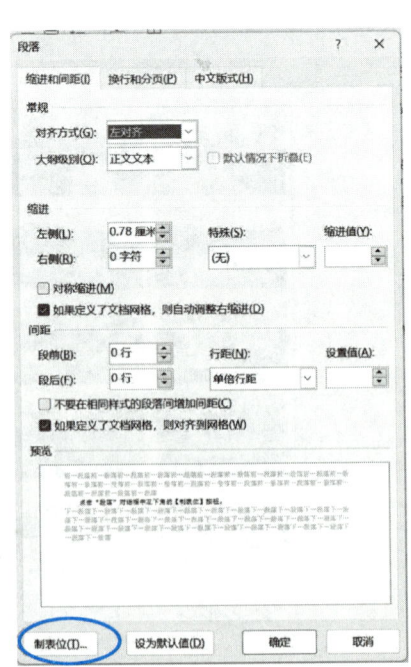

图1-86　"段落"组中的"其他"按钮　　　　图1-87　"制表位"按钮

步骤 3：在"制表位"对话框（图 1-88）的"制表位位置"文本框输入"15"，"对齐方式"选择"小数点对齐"选项，单击"设置"按钮。同理，在"制表位位置"文本框输入"25"，"对齐方式"选择"右对齐"，单击"设置"按钮，如图 1-89 所示。

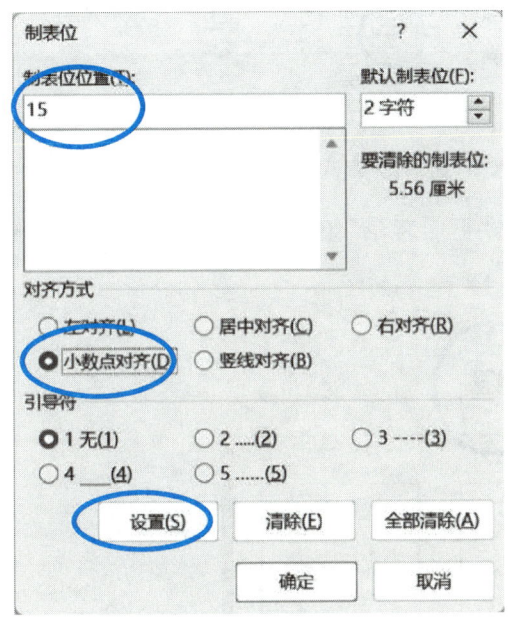
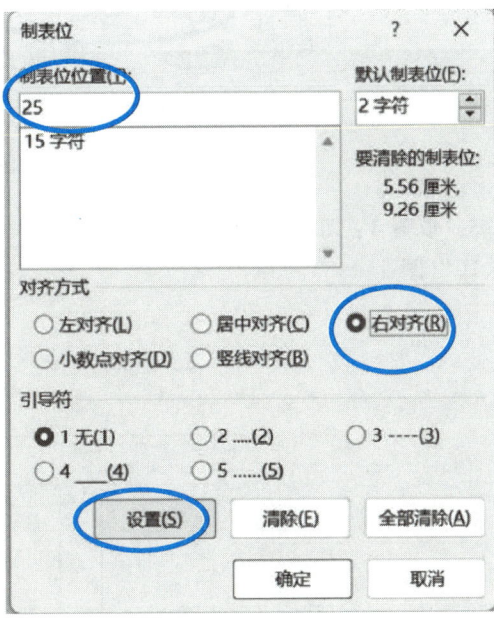

图 1-88　"制表位"对话框　　　　　图 1-89　设置"制表位"

3. 步骤 1：页眉文字的设置可参考操作练习 10 中的题 4(2)、(3)。

步骤 2：题注的设置可参考操作练习 1 中的题 4，题注编号的格式为"甲，乙，丙……"，如图 1-90 所示。

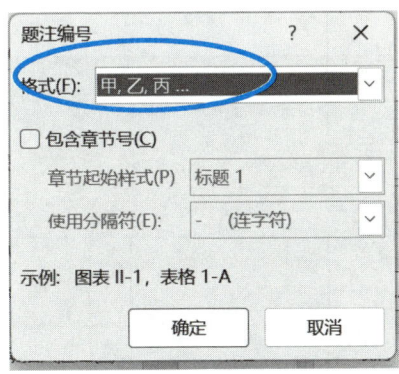

图 1-90　设置"题注编号"

4. 步骤 1：选中整张表格，切换到功能区"表设计"选项卡，单击"表格样式"组的下拉箭头（图 1-91），选择"网格表 4-着色 2"样式。

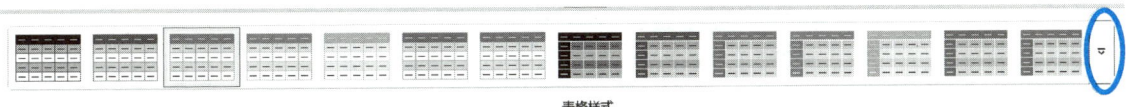

图 1-91　"表格样式"组的下拉箭头

步骤2：选中第二张表，切换到功能区"表布局"选项卡，在"单元格大小"组中修改"高度"为"1厘米"，在"对齐方式"组中选择"水平居中"（图1-92）。

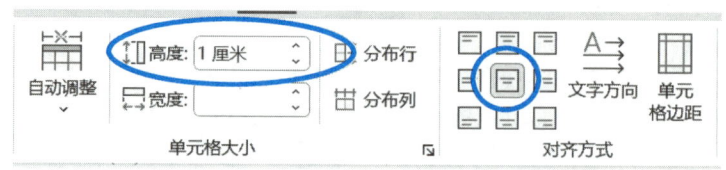

图1-92 设置"单元格大小"和"对齐方式"

5. 步骤1：切换到功能区"设计"选项卡，单击"页面背景"组中的"水印"按钮，选择"自定义水印"（图1-93）。

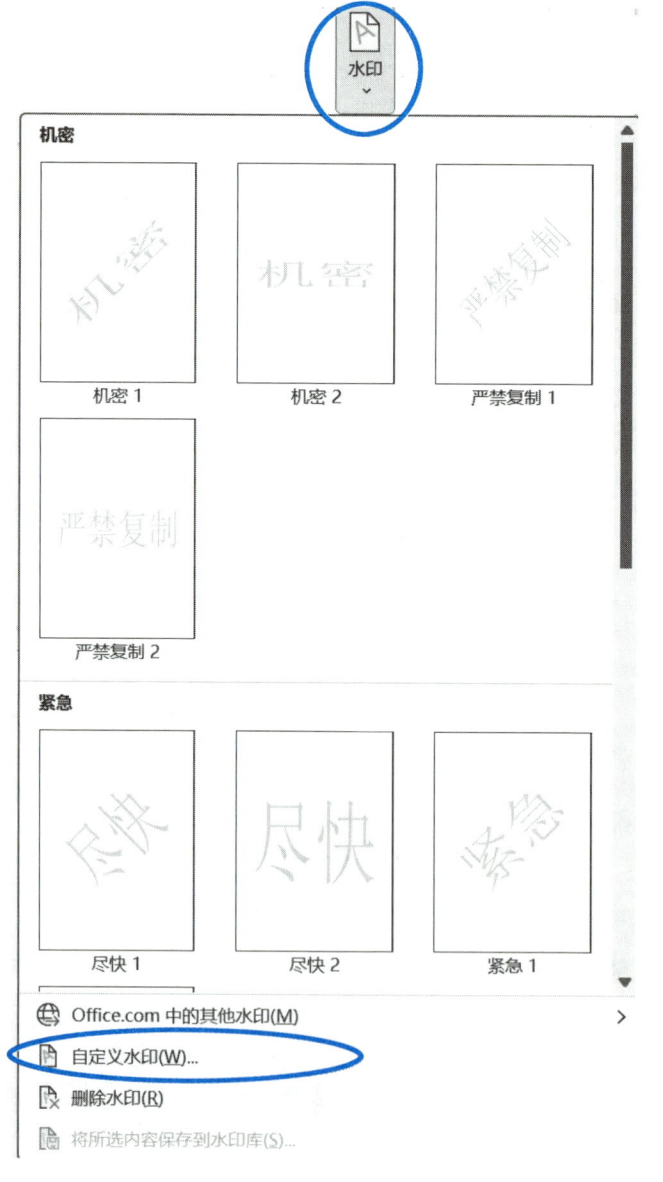

图1-93 选择"自定义水印"

步骤2：在"水印"对话框中选择"图片水印"，单击"选择图片"，从本地文件目录中找到"0.png"文件，单击"应用"按钮。

步骤3：图片位置的调整和环绕方式设置可参考操作练习2中的题6。

步骤4：选中图片，切换到功能区"图片格式"选项卡，在"大小"组中单击"裁剪"按钮，在弹出的下拉列表中选择"裁剪为形状→五边形"（图1-94）。

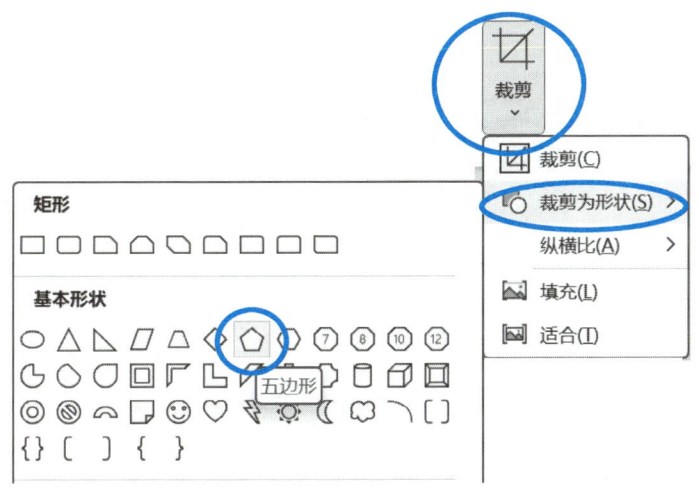

图1-94 "五边形"形状

参考答案

杭州马拉松(2016)

1.13 操作练习13

利用侧边二维码资源"阿尔伯特·爱因斯坦(2016)"完成下列操作。

1. 将练习资源文件夹中的"Word1.docx"文档内容插入到"Word.docx"文档中"职业：思想家、哲学家、科学家"所在行之后。使用"查找"功能找到"E＝mc2"，再将"E＝mc2"中的2设置为"上标"。

2. 统计文档中"相对论"的个数，将个数输入到文档末尾"统计："之后。设置首行"阿尔伯特·爱因斯坦"字体为"黑体"，文字颜色为"深蓝色"，字符间距缩放为"80％"。

3. 将"简介""主要成就""轶事""部分年表"设置为"标题2"样式。为"部分年表"中从1879年到1899年的所在行设置制表位，制表位位置为"13字符"，引导符为"5……(5)"。

4. 将第2行至第4行（从姓名至职业）文本转换成表格，并设置"根据内容调整自动表格"，表格样式选项为"无标题行"，并套用"网格表4-着色2"的表格样式。

5. 将文档最后一页上的图设置为"浮于文字上方"，然后移动至第一页表格的右侧。设置图片缩放的高度、宽度均为"70％"，图片样式为"柔化边缘椭圆"。

练习资源

阿尔伯特·爱因斯坦(2016)

🎯 操作步骤

1. 步骤1：参考操作练习11中的题1完成文档内容的插入。

步骤2：使用"查找"功能找到"E＝mc2"，选中"E＝mc2"中的"2"，单击鼠标右键，在弹出的快捷菜单中选择"字体"命令。在"字体"对话框中的"效果"处勾选"上标"复选框，如图1-95所示。

2. 步骤1：使用"查找"功能，在页面左侧的"导航"栏(图1-96)文本框中输入"相对论"，按

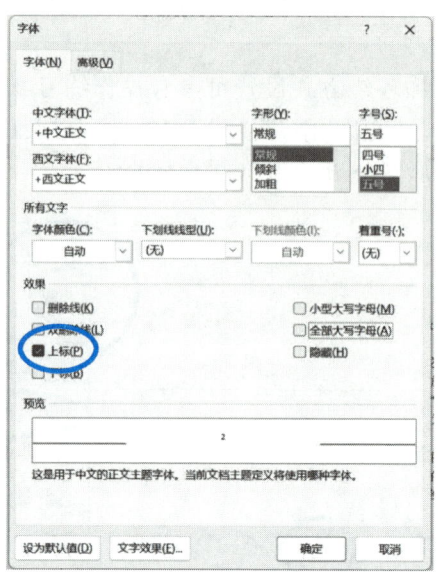

图1-95 "字体"对话框

Enter 键进行搜索。输入栏下方将显示搜索结果的个数,再将个数填写在文档末尾"统计:"之后。

步骤2:文本字体和颜色的设置可参考操作练习1中的题2。

步骤3:字符间距缩放的设置可参考操作练习6中的题1。

3. 步骤1:标题样式的设置可参考操作练习3中的题2。

图1-96 "导航"栏

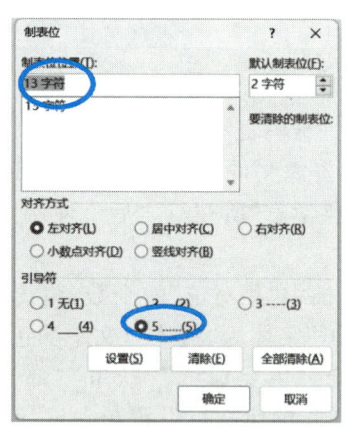

图1-97 设置"制表位"

步骤2:制表位的设置可参考操作练习12中的题2,其中的"制表位位置"为"13字符", "引导符"选择"5……(5)"选项,如图1-97所示。

4. 步骤1:文本转表格和根据内容自动调整表格可参考操作练习2中的题5。

步骤2:设置无标题行并选择表格样式可参考操作练习9中的题5。

图1-98 "大小"组

5. 步骤1:调整图片位置的操作步骤可参考操作练习2中的题6。

步骤2:单击图片,切换到功能区"图片格式"选项卡,在"大小"组中单击"高级版式"按钮,如图1-98所示。

进入"布局"对话框中的"大小"选项卡,在"缩放"中调整"高度"和"宽度"均为"70％",如图1-99所示。

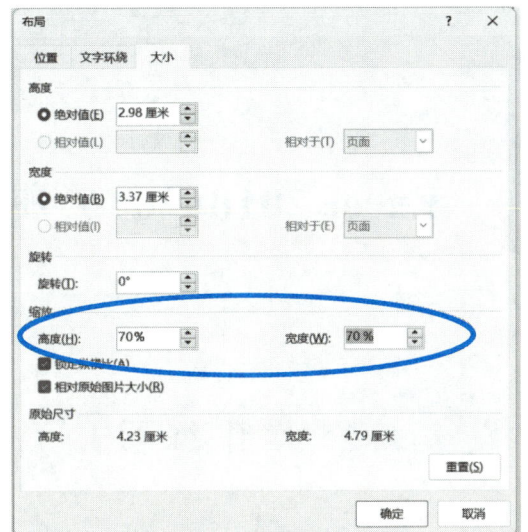

图1-99 设置图片缩放

步骤3：设置图片样式可参考操作练习3中的题5。

参考答案

阿尔伯特·
爱因斯坦
(2016)

第二部分 Excel 2010(2016)典型试题解析

2.1 操作练习1

练习资源

欧洲10个国家月失业人口统计表

利用侧边二维码资源"欧洲10个国家月失业人口统计表"完成下列操作。

1. 求出 Sheet1 表中每个月的"合计"值并填入相应单元格中。
2. 将 Sheet1 表复制到 Sheet2 表中。
3. 求 Sheet2 表中每个国家的"月平均"失业人数(小数取2位)并填入相应单元格中。
4. 设置 Sheet1 表的 A3:A15 和 L3:L15 区域的各单元格"水平居中"且"垂直居中"。
5. 在 Sheet2 表的"月平均"后增加一行"平均情况",该行对应的单元格(A17 单元格)内容为:若月平均失业人数>5万,则显示"高",否则显示"低"(不包括引号),要求利用公式实现。
6. 在 Sheet2 表后添加 Sheet3 表,将 Sheet1 表的第3行到第15行复制到 Sheet3 表从 A1 开始的区域。
7. 对 Sheet3 表的 B2:K13 单元格区域,设置条件格式:
对于数值小于1的单元格,使用红、绿、蓝颜色值分别为"100、255、100"的背景色填充;对于数值大于等于7的单元格,数值使用"红色加粗"效果。

操作步骤

1. **步骤1**:单击 L4 单元格,如图 2-1 所示,切换到"开始"选项卡,单击"编辑"组的"Σ 自

	A	B	C	D	E	F	G	H	I	J	K	L
1					1993年欧洲10个国家月失业人口统计表(万人)							
2												
3	月份	RUS	UKR	BYL	KAZ	UZB	KIR	TAJ	AZR	ARM	MOL	合计
4	一月	62.80	7.32	3.14	3.56	1.08	0.19	0.86	0.69	6.18	1.41	
5	二月	69.22	7.72	4.71	3.72	1.33	0.23	0.89	0.76	6.80	1.36	
6	三月	73.00	7.95	5.28	3.93	1.49	0.24	0.97	0.77	7.67	1.28	
7	四月	75.06	7.88	5.36	4.06	1.57	0.26	1.13	0.75	8.19	1.22	
8	五月	71.71	7.58	5.44	3.94	1.52	0.27	1.27	0.70	8.60	1.11	
9	六月	74.05	7.33	5.49	3.76	1.51	0.27	1.17	0.67	8.76	0.98	
10	七月	71.68	7.58	5.82	3.73	1.54	0.27	1.26	1.77	8.97	0.96	
11	八月	71.39	7.81	6.20	3.68	1.50	0.27	1.31	1.81	8.32	1.02	
12	九月	70.60	7.87	6.34	3.72	1.44	0.26	1.37	1.88	8.69	1.04	
13	十月	72.84	7.95	6.58	3.91	1.41	0.28	1.91	1.85	9.32	1.08	
14	十一月	73.01	7.60	6.25	3.86	1.38	0.32	1.88	1.91	9.51	0.99	
15	十二月	72.08	7.46	6.51	3.65	1.40	0.31	1.65	1.68	9.69	0.85	
16	月平均											
17												

图 2-1 欧洲10个国家月失业人口统计表

动求和"按钮(图2-2),L4单元格会自动生成求和公式(图2-3)。检查求和区域正确后,按Enter键确认,可得到一月份的"合计"值。

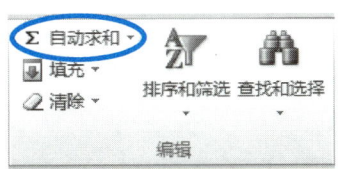

图2-2 "Σ自动求和"按钮

图2-3 求和公式

步骤2：将鼠标指针移到L4单元格右下角,当鼠标指针变为实心十字形(即填充柄,如图2-4所示),拖曳填充柄至L15单元格,完成自动填充。

   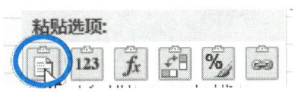

图2-4 鼠标指针变为实心十字形(填充柄)   图2-5 "粘贴"命令

2. 选中Sheet1表内所有内容,单击鼠标右键,选择"复制"命令；切换到Sheet2表,单击A1单元格,然后单击鼠标右键,选择"粘贴"命令,如图2-5所示。

图2-6 "Σ自动求和"按钮   图2-7 生成求平均值公式

3. 步骤1：单击B16单元格,切换到"开始"选项卡,单击"编辑"组的"Σ自动求和"按钮,在弹出的下拉列表中选择"平均值"(图2-6),B16单元格会生成求平均值公式,如图2-7所示。检查求平均值区域正确后,按Enter键确认。

注意：也可以直接在B16单元格输入"＝AVERAGE(B4:B15)",拖曳B16单元格的填充柄至K16单元格,完成自动填充。

步骤2：选择B16:K16单元格区域,在该区域中单击鼠标右键,在弹出的快捷菜单中选择

"设置单元格格式"命令(图2-8),打开"设置单元格格式"对话框。在"数字"选项卡中,选择"分类"为"数值",再设置"小数位数"为"2",如图2-9所示。

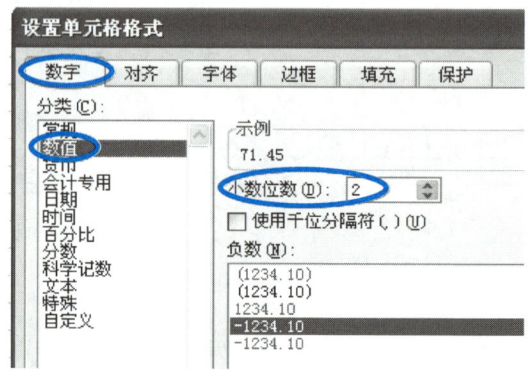

图2-8 "设置单元格格式"命令   图2-9 "数字"选项卡

4. 切换到Sheet1表,选择A3:A15单元格区域,单击鼠标右键,在弹出的快捷菜单中选择"设置单元格格式"命令,打开"设置单元格格式"对话框。在"对齐"选项卡中,设置水平和垂直对齐方式,如图2-10所示,再选择L3:L15单元格区域重复以上操作。

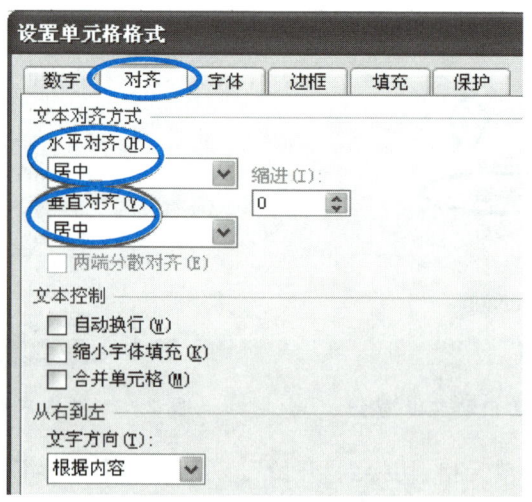

图2-10 "对齐"选项卡

5. 步骤1:切换到Sheet2表,单击A17单元格,输入"平均情况"。
单击B17单元格,切换到"公式"选项卡,单击"函数库"组的"插入函数"按钮(或者直接单击编辑栏的"插入函数"按钮），可以直接插入函数),如图2-11所示。

2.1 操作练习1

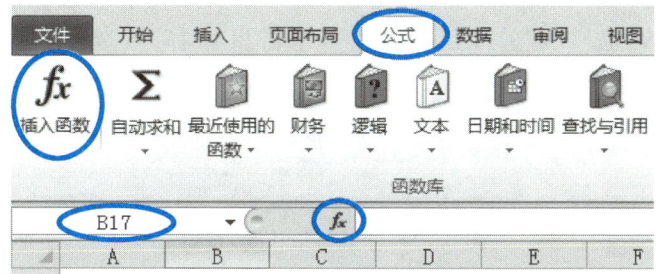

图 2-11 "插入函数"按钮

步骤 2：在"插入函数"对话框中选择 IF 函数（一般可以在"常用函数"类别中找到；也可以在"搜索函数"文本框中输入"IF"，单击"转到"按钮），单击"确定"按钮，如图 2-12 所示。

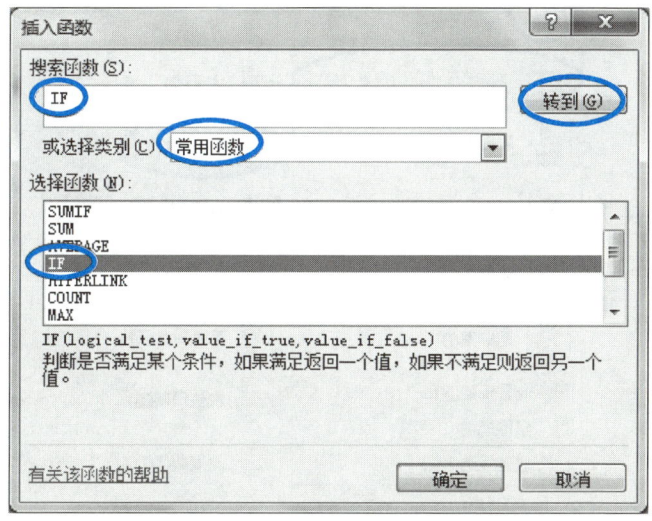

图 2-12 "插入函数"对话框

步骤 3：在"函数参数"对话框的第一行输入"B16＞5"，第二行输入"高"，第三行输入"低"（在输入后会自动添加西文的双引号），如图 2-13 所示，单击"确定"按钮。拖曳 B17 单元格的填充柄至 K17 单元格，完成自动填充。

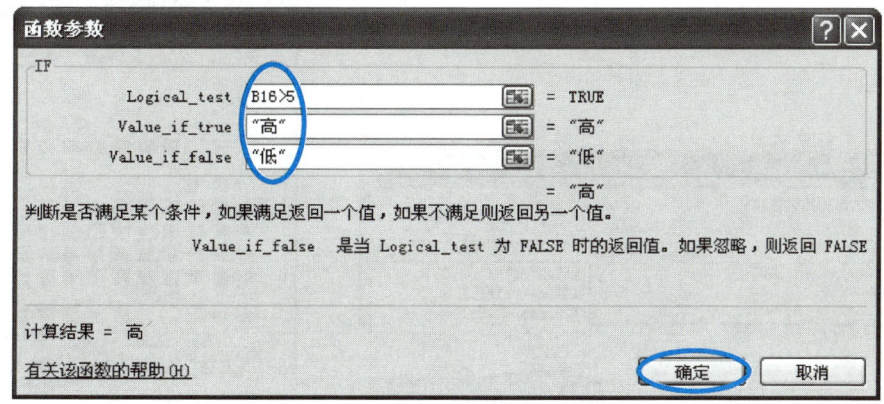

图 2-13 IF 函数参数设置

47

6. 单击屏幕下方"插入工作表"按钮(图2-14),在Sheet2表后添加Sheet3表。

切换到Sheet1表,选中第3行到第15行,单击鼠标右键,选择"复制"命令;再切换到Sheet3表,单击A1单元格,然后单击鼠标右键,选择"粘贴"命令。

图2-14 "插入工作表"按钮

7. 步骤1:选中Sheet3表中的B2:K13单元格区域,切换到"开始"选项卡,单击"样式"组的"条件格式"按钮,在弹出的下拉列表中选择"突出显示单元格规则→小于"选项(图2-15)。

图2-15 设置"条件格式"

步骤2:打开"小于"对话框,在文本框中输入"1",在"设置为"的下拉列表中选择"自定义格式"(图2-16)。打开"设置单元格格式"对话框,在该对话框的"填充"选项卡中,单击"其他颜色"按钮(图2-17),打开"颜色"对话框。

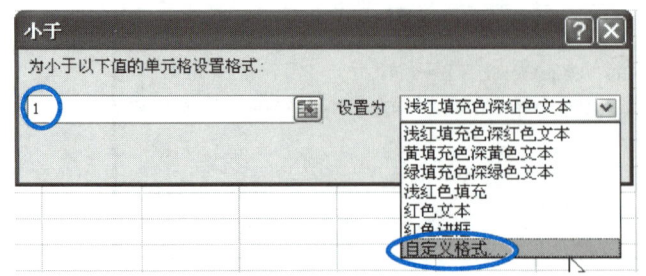

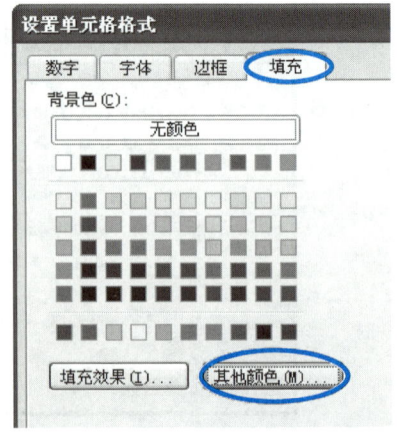

图2-16 "小于"对话框　　　　图2-17 "设置单元格格式"对话框

步骤 3：在"颜色"对话框中的"自定义"选项卡中，选择"颜色模式"为"RGB"，红、绿、蓝颜色值分别设置为"100、255、100"，如图 2-18 所示，连续单击"确定"按钮。

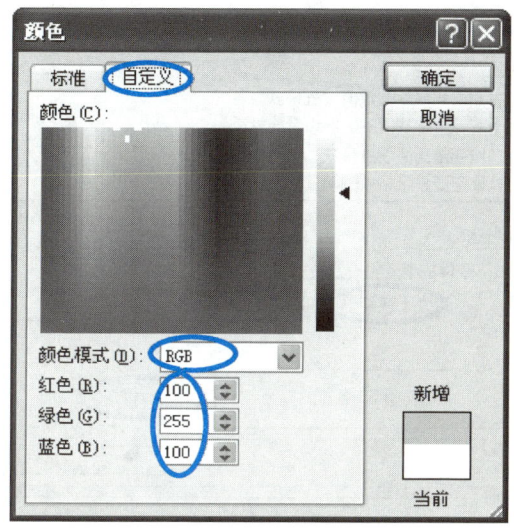

图 2-18 "颜色"对话框

步骤 4：继续选中 B2:K13 单元格区域，切换到"开始"选项卡，单击"样式"组的"条件格式"按钮，选择"突出显示单元格规则→其他规则"选项（图 2-19），打开"新建格式规则"对话框，设置参数如图 2-20 所示，再单击"格式"按钮。

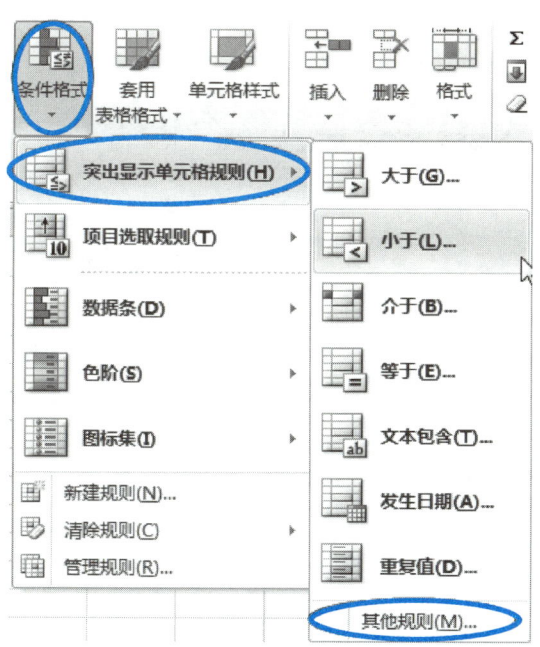

图 2-19 设置"条件格式"

步骤 5：在"设置单元格格式"对话框的"字体"选项卡中，设置"颜色"为"红色"，"字形"为"加粗"，如图 2-21 所示，单击"确定"按钮。单击快速访问工具栏的"保存"按钮保存设置结果。

参考答案

欧洲 10 个国家月失业人口统计表

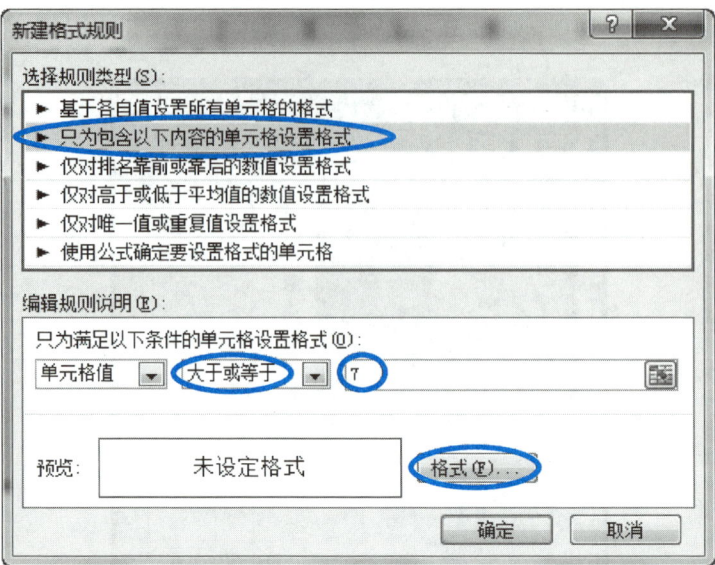

图 2－20 "新建格式规则"对话框

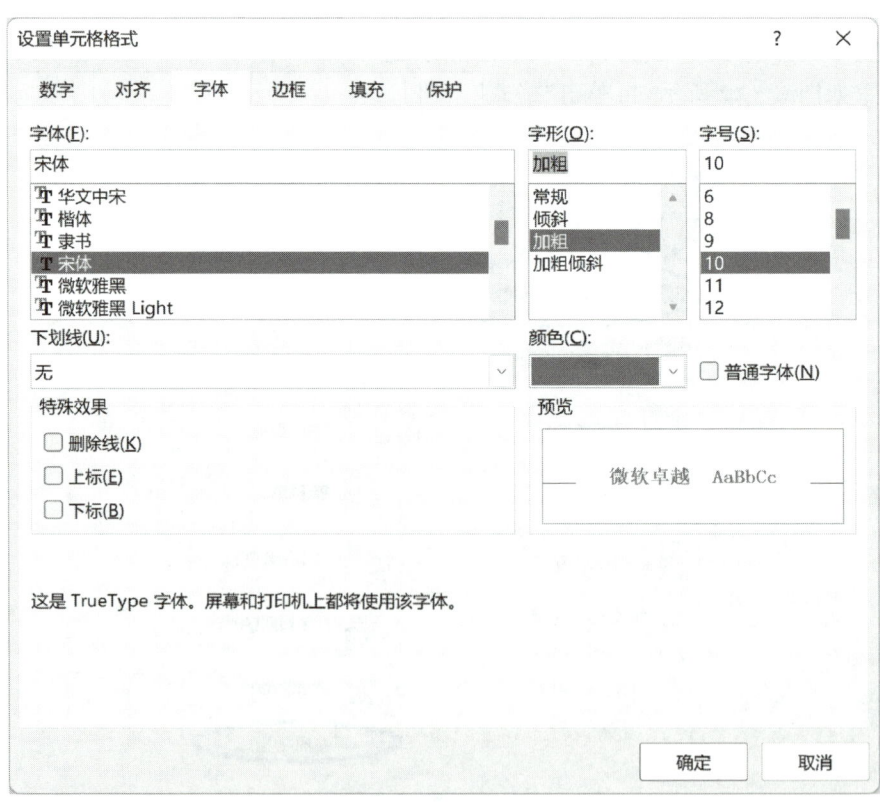

图 2－21 "字体"选项卡

2.2 操作练习2

利用侧边二维码资源"全年销售量统计表"完成下列操作。

练习资源

全年销售量统计表

1. 求出 Sheet1 表中每项产品全年平均销售量,并填入"平均"行相应单元格中(小数取 2 位)。

2. 将 Sheet1 表复制到 Sheet2 表,求出 Sheet2 表中每月总销售量并填入"总销售量"列相应单元格中。

3. 将 Sheet2 表内容按"总销售量"降序排列(不包括平均数)。

4. 将 Sheet1 表套用表格格式"红色,表样式中等深浅 3"(不包括文字"2012 年全年销售量统计表")。

5. 在 Sheet2 表"总销量"右侧增加一列,在 Q3 单元格中填入"超过 85 的产品数",并统计各月销量大于等于 85 的产品品种数,填入 Q 列相应单元格。

6. 在 Sheet2 表后添加 Sheet3 表,将 Sheet2 表的 A3:A15 及 P3:P15 单元格区域的内容复制到 Sheet3 表。

7. 在 Sheet3 表中,对月份采用自定义序列"一月""二月"……的次序排列。

8. 使用 Sheet3 表中数据生成二维簇状柱形图。其中,"一月""二月"……作为水平(分类)轴标签,"总销售量"为图例项,并添加对数趋势线,将图表置于 D1:K14 单元格区域。

操作步骤

1. 求全年平均销售量可参考操作练习 1 中的题 3。

2. 步骤 1:复制工作表可参考操作练习 1 中的题 2。

步骤 2:求总销售量可参考操作练习 1 中的题 1。

3. 步骤 1:选择 Sheet2 表中 A3:P15 单元格区域,切换到"数据"选项卡,单击"排序和筛选"组的"排序"按钮(图 2-22),打开"排序"对话框。

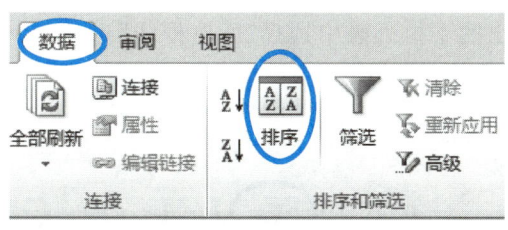

图 2-22 "排序"按钮

步骤 2:在"排序"对话框中,设置"主要关键字"为"总销售量","排序依据"为"数值","次序"为"降序",如图 2-23 所示,单击"确定"按钮。

4. 切换到 Sheet1 表,选中 A2:P16 单元格区域,切换到"开始"选项卡,单击"样式"组的"套用表格格式"按钮,在弹出的下拉列表中选择"表样式中等深浅 3",如图 2-24 所示。

在显示的"套用表格式"对话框中,检查"表数据的来源"区域是否正确,若正确,则单击"确定"按钮,如图 2-25 所示。

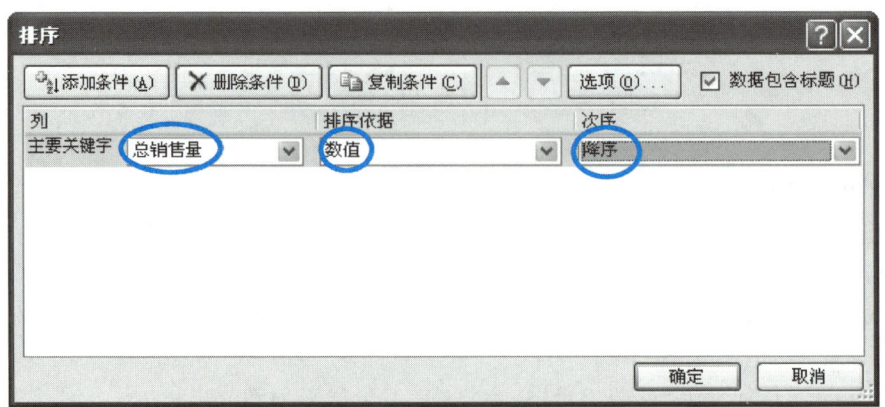

图 2–23 "排序"对话框

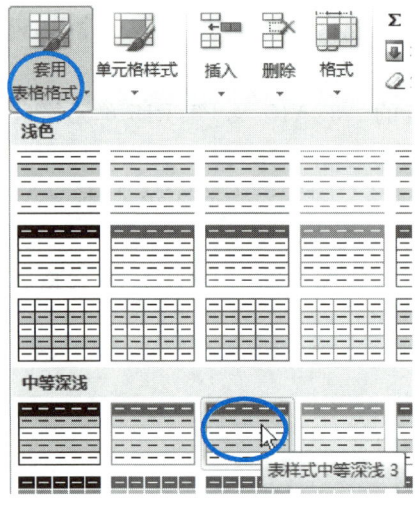

图 2–24 "套用表格格式"下拉列表

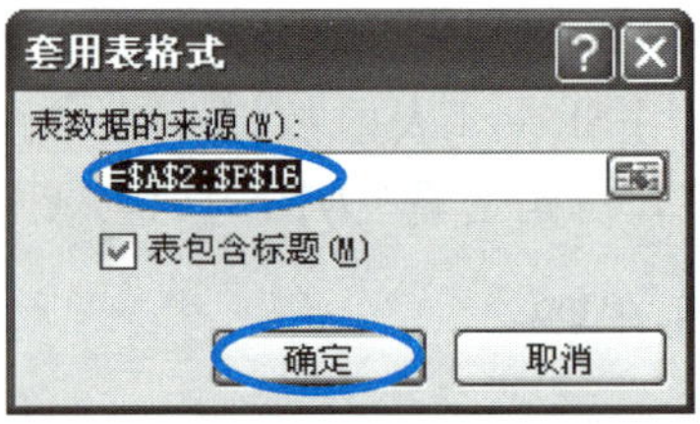

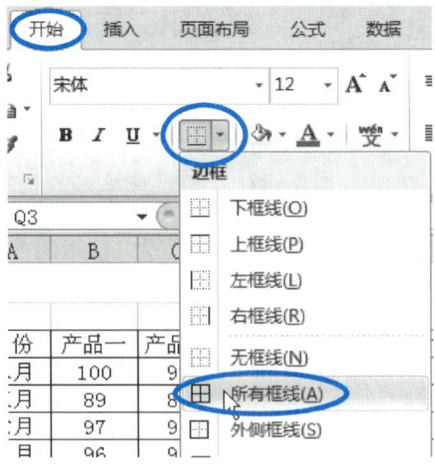

图 2–25 "套用表格式"对话框

5. 步骤 1：切换到 Sheet2 表，选中 Q3：Q16 单元格区域，切换到"开始"选项卡，单击"字体"组的"边框"按钮，在弹出的下拉列表中选择"所有框线"，如图 2–26 所示。

图 2–26 "边框"下拉列表

步骤2：在Q3单元格输入"超过85的产品数"。

步骤3：单击Q4单元格，单击编辑栏的"插入函数"按钮 fx，插入"统计"函数中的COUNTIF函数，并设置函数参数。将光标定位在"Range"文本框内，按住鼠标左键并拖曳选中B4:O4单元格区域（"Range"文本框内会自动填入该区域地址）；在"Criteria"文本框内输入">=85"，如图2－27所示，单击"确定"按钮。

拖曳Q4单元格的填充柄至Q15单元格，完成自动填充。

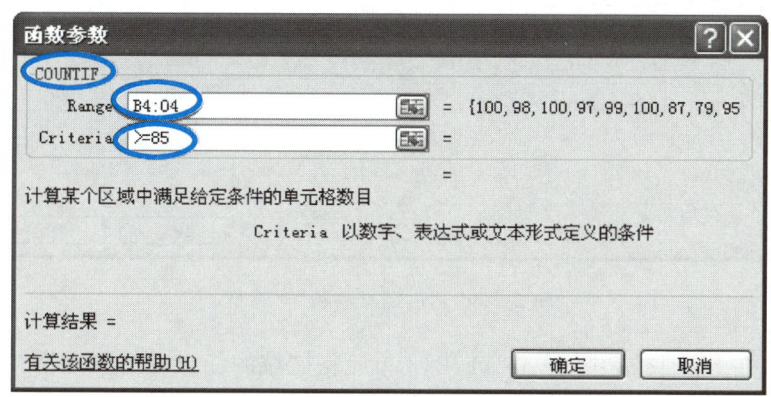

图2－27 COUNTIF函数参数设置

6. 步骤1：单击屏幕下方"插入工作表"按钮 ，会在Sheet2表后添加Sheet3表。

步骤2：切换到Sheet2表，选中A3:A15单元格区域，按下Ctrl键的同时选中P3:P15单元格区域。

在选中区域单击鼠标右键，选择"复制"命令；切换到Sheet3表，单击A1单元格，然后单击鼠标右键，选择"粘贴"命令。

7. 步骤1：选择Sheet3表内A1:B13单元格区域，切换到"数据"选项卡，单击"排序和筛选"组的"排序"按钮，打开"排序"对话框。设置"主要关键字"为"月份"，"排序依据"为"数值"，"次序"为"自定义序列"，如图2－28所示。

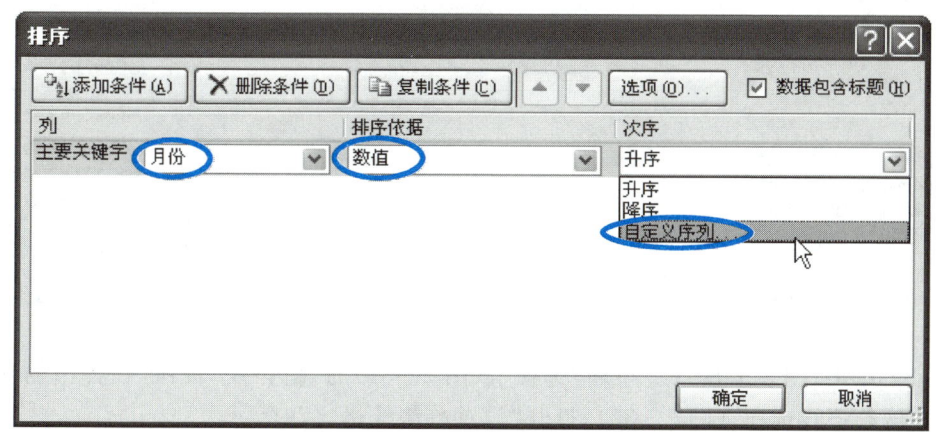

图2－28 "排序"对话框

步骤2：在"自定义序列"中选择"一月，二月，三月，……"序列，如图2－29所示，单击"确定"按钮返回到"排序"对话框，最后单击"确定"完成设置。

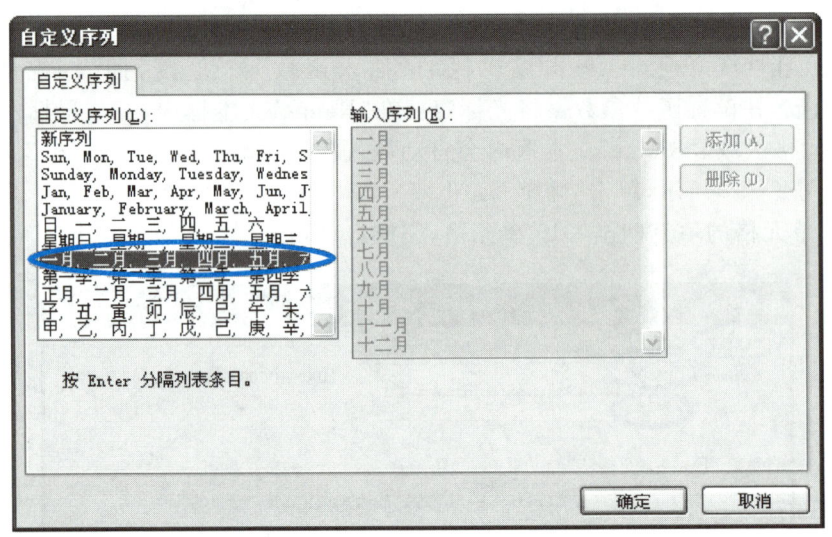

图 2-29 "自定义序列"对话框

8. **步骤1**：在 Sheet3 表中，单击 A1:B13 单元格区域的任意一个单元格。

步骤2：切换到"插入"选项卡，单击"图表"组的"柱形图"按钮，在弹出的下拉列表中选择"二维柱形图"中的"簇状柱形图"，如图 2-30 所示，生成图表。

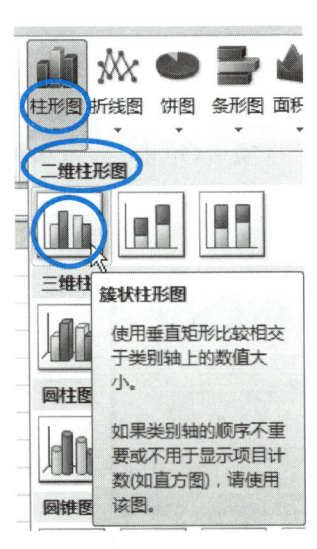

图 2-30 簇状柱形图   图 2-31 "图表工具"栏"布局"选项卡   图 2-32 "趋势线"下拉列表

步骤3：单击"图表工具"栏"布局"选项卡（图 2-31）的"趋势线"按钮，在弹出的下拉列表中选择"其他趋势线选项"（图 2-32），打开"设置趋势线格式"对话框。

步骤4：在"设置趋势线格式"对话框中，设置"趋势线选项"为"对数"，如图 2-33 所示。

步骤5：单击"关闭"按钮，生成如图 2-34 所示的图表。选中图表后，按住鼠标左键并拖曳鼠标将图表位置调整到 D1:K14 单元格区域，单击快速访问工具栏的"保存"按钮保存图表生成结果。

2.3 操作练习3

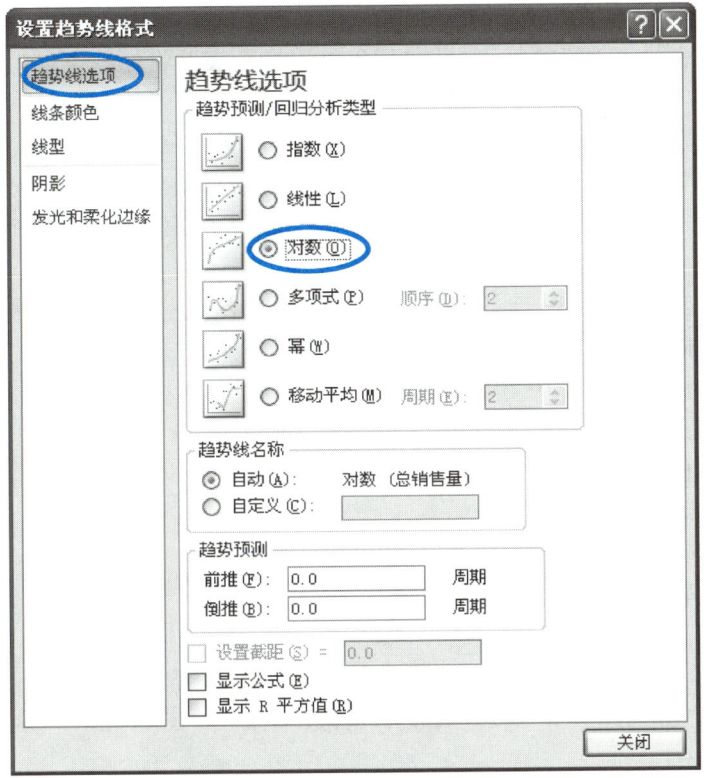

图 2-33 "设置趋势线格式"对话框

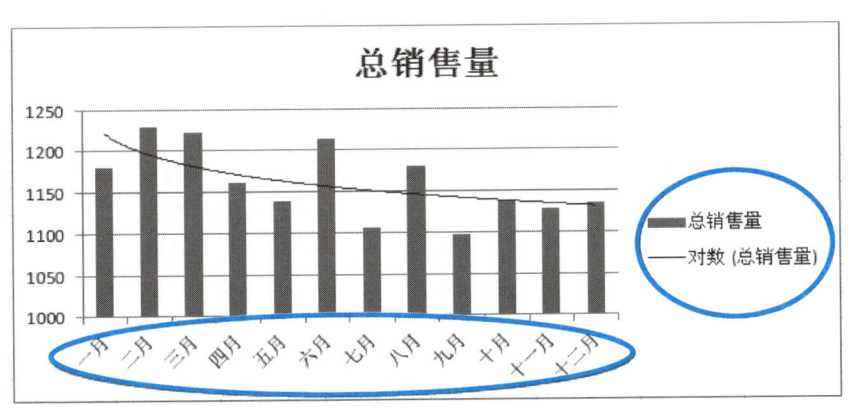

图 2-34 "总销售量"图表

参考答案

全年销售量统计表

2.3 操 作 练 习 3

练习资源

出勤表

利用侧边二维码资源"出勤表"完成下列操作。

1. 求出 Sheet1 表中每班本周"平均缺勤人数"(小数取 1 位)并填入相应单元格中(本周平均缺勤人数=本周缺勤人数总数/5)。

2. 求出 Sheet1 表中每天"实际出勤人数"并填入相应单元格中。

3. 在 Sheet1 表后插入 Sheet2 表,将 Sheet1 表复制到 Sheet2 表,并将 Sheet2 表重命名为

"考勤表"。

4. 在 Sheet1 表的第 1 行前插入标题行"年级周考勤表",将标题设置为"隶书,字号 22,加粗,合并 A1:M1 单元格区域并水平居中"。

5. 在 Sheet1 表的最后增加一行,填入"缺勤班数",利用公式依据每天的"本日缺勤人数"在该行中统计每天的"缺勤班数"(例如,C104 单元格的统计值为"71")。

6. 在"考勤表"工作表后添加 Sheet2 表,将 Sheet1 表的第 2 行("班级情况"所在行)和第 104 行("缺勤班数"所在行)复制到 Sheet2 表。

7. 在 Sheet2 表中,删除 B、D、F、H、J、L、M 列,并为星期一到星期五的"缺勤班数"制作三维簇状柱形图,要求:

(1) 以星期一、星期二、……为水平(分类)轴标签;
(2) 以"缺勤班数"为图例项;
(3) 图表标题使用"缺勤班数统计"(不包括引号);
(4) 删除网格线;
(5) 设置坐标轴选项使其最小值为"0.0";
(6) 将图表放置于 A4:F15 单元格区域。

操作步骤

1. 步骤 1:在 Sheet1 表中,单击 M3 单元格,输入"=(C3+E3+G3+I3+K3)/5",按 Enter 键确定。

步骤 2:计算"平均缺勤人数"并设置小数位数可参考操作练习 1 中的题 3 的"步骤 2"。

步骤 3:双击 M3 单元格的填充柄,填充该列的数据。

2. 在 Sheet1 表中,考虑到"实际出勤人数=应出勤人数-本日缺勤人数",单击 D3 单元格,输入"=B3-C3",按 Enter 键确定后双击 D3 单元格的填充柄,填充该列的数据。

采用相同方法,单击 F3 单元格,输入"=B3-E3",再自动填充 F4:F102 单元格区域。

单击 H3 单元格,输入"=B3-G3",再自动填充 H4:H102 单元格区域。

单击 J3 单元格,输入"=B3-I3",再自动填充 J4:J102 单元格区域。

单击 L3 单元格,输入"=B3-K3",再自动填充 L4:L102 单元格区域。

3. 单击屏幕下方"插入工作表"按钮,在 Sheet1 表后添加 Sheet2 表,复制 Sheet1 表内所有内容到 Sheet2 表,右击 Sheet2 表的标签,在弹出的快捷菜单中选择"重命名"命令,输入"考勤表",按 Enter 键确定。

4. 步骤 1:在 Sheet1 表中,右击行号"1",在弹出的快捷菜单中选择"插入"命令,如图 2-35 所示,完成插入行。

步骤 2:单击 A1 单元格,输入"年级周考勤表"。

步骤 3:选中 A1:M1 单元格区域,单击鼠标右键,在弹出的快捷菜单中选择"设置单元格格式"命令,打开"设置单元格格式"对话框。在"字体"选项卡中设置"字体"为"隶书","字号"为"22","字形"为"加粗",如图 2-36 所示。

步骤 4:在"对齐"选项卡中,勾选"合并单元格"复选框,设置"水平对齐"为"居中",如图 2-37 所示,单击"确定"按钮。

5. 步骤 1:在 Sheet1 表的最后一行后选中 A103:M103 单元格

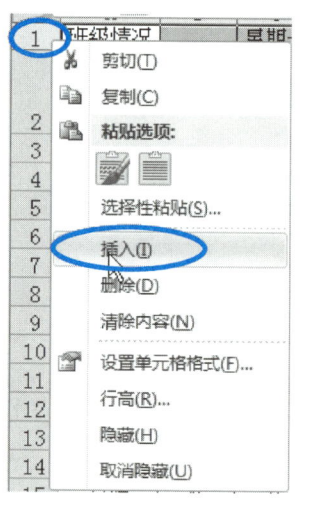

图 2-35 "插入"命令

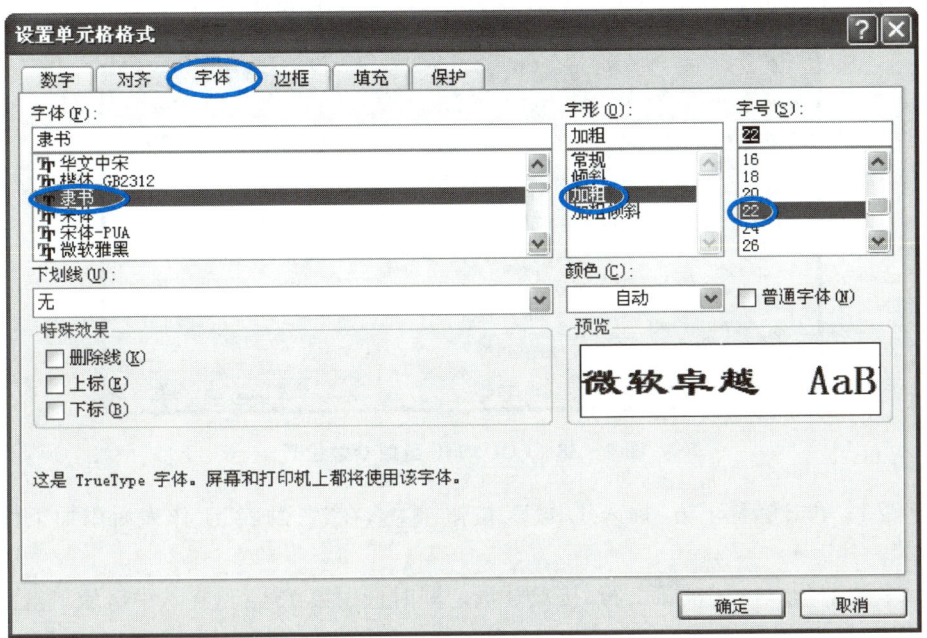

图 2-36 "字体"选项卡

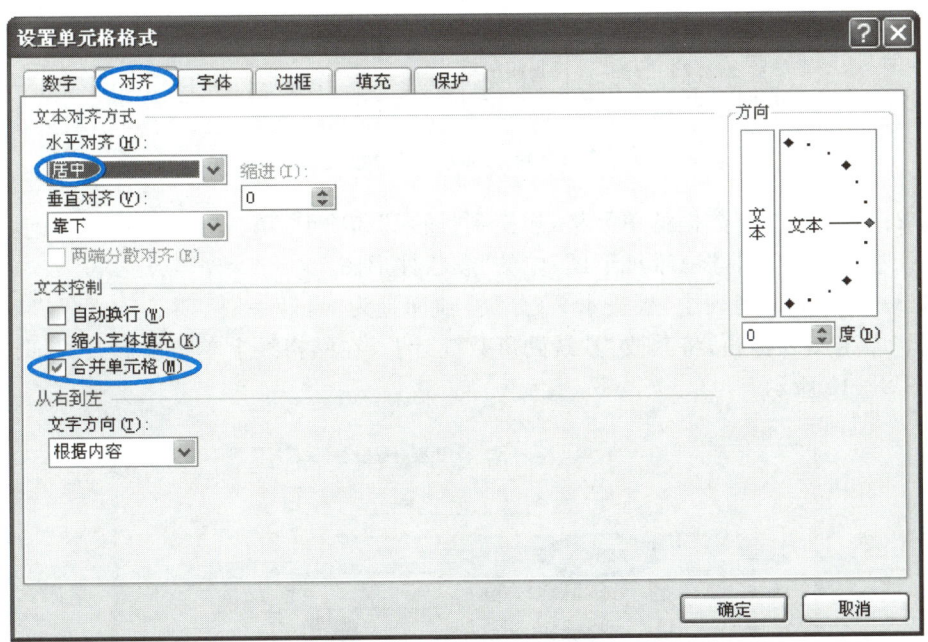

图 2-37 "对齐"选项卡

区域,切换到"开始"选项卡,单击"字体"组的"边框"的按钮,选择"所有框线"。

步骤 2:在 A103 单元格中,输入"缺勤班数"。

单击 C104 单元格,单击编辑栏的"插入函数"按钮 f_x,插入 COUNTIF 函数,设置"函数参数"对话框。在"Range"文本框内,按住鼠标左键并拖曳选中 C4:C103 单元格区域,在"Criteria"文本框输入">0",如图 2-38 所示,单击"确定"按钮。

复制 C103 单元格,粘贴到 E103、G103、I103、K103 单元格中。

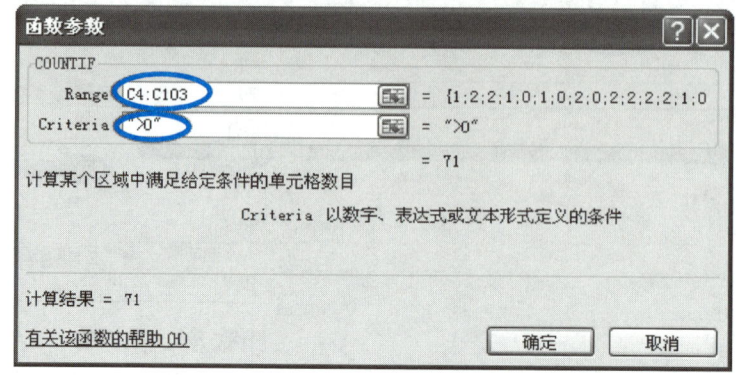

图 2-38 COUNTIF 函数参数设置

6. 步骤 1:单击屏幕下方"插入工作表"按钮 ,在"考勤表"工作表后添加工作表,命名为"Sheet2"。

步骤 2:选中 Sheet1 表的第 2 行,按 Ctrl 键的同时选中第 104 行,在选中区域单击鼠标右键,选择"复制"命令;切换到 Sheet2 表,选中 A1 单元格,然后单击鼠标右键,选择"粘贴"命令。

7. 步骤 1:在 Sheet2 表中,同时选中 B、D、F、H、J、L、M 列,单击鼠标右键,选择"删除"命令,结果如图 2-39 所示。

A	B	C	D	E	F
班级情况	星期一	星期二	星期三	星期四	星期五
缺勤班数	71	79	76	71	76

图 2-39 Sheet2 表的数据

步骤 2:单击任一有数据的单元格,切换到"插入"选项卡,单击"图表"组的"柱形图"按钮,在弹出的下拉列表中选择"三维柱形图"中的"簇状柱形图"。

步骤 3:在生成的图表中,检查水平(分类)轴标签为"星期一、星期二、……","缺勤班数"为图例项。单击图表标题,将其改为"缺勤班数统计"。在网格线上单击鼠标右键,选择"删除"命令,如图 2-40 所示。

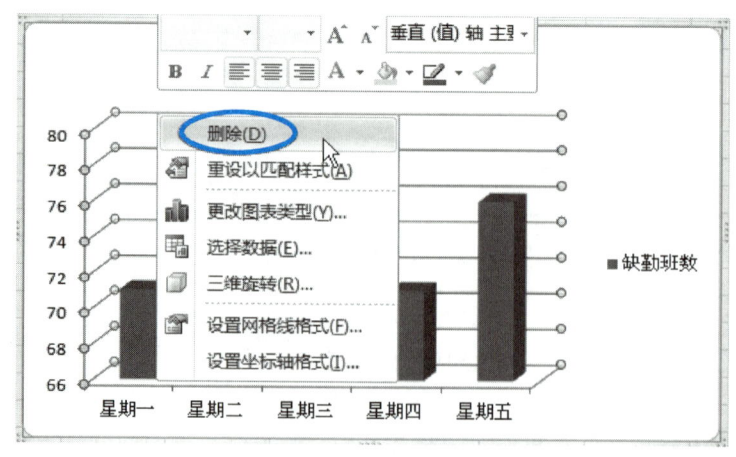

图 2-40 删除网格线

步骤 4：双击纵坐标数值，在弹出的"设置坐标轴格式"对话框中，设置"最小值"为"固定"，在文本框中输入"0.0"，如图 2-41 所示。

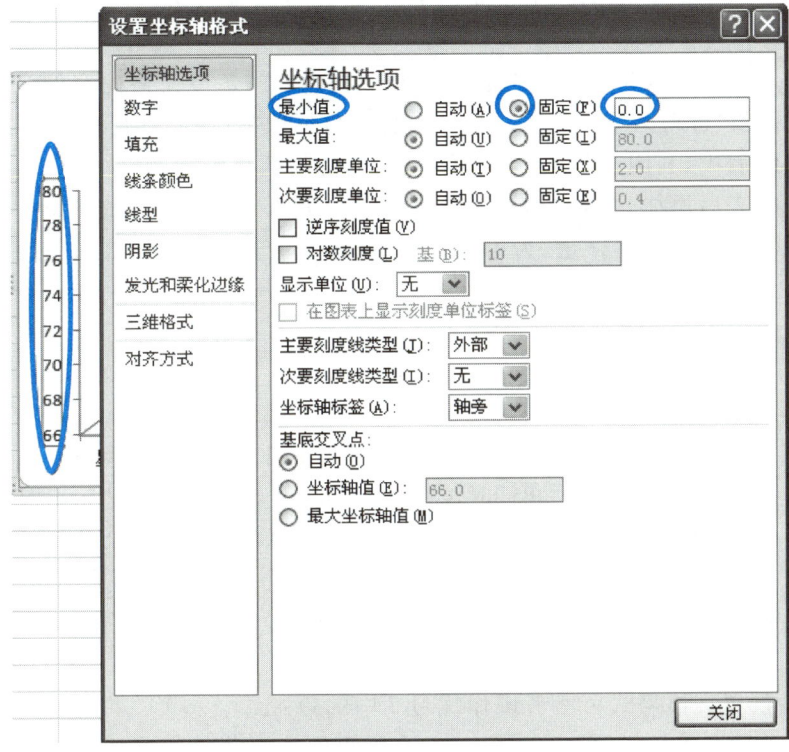

图 2-41 "设置坐标轴格式"对话框

步骤 5：选中图片后，按住鼠标左键并拖曳，将图表位置调整到 A4:F15 单元格区域，图表效果如图 2-42 所示。单击快速访问工具栏的"保存"按钮保存图表结果。

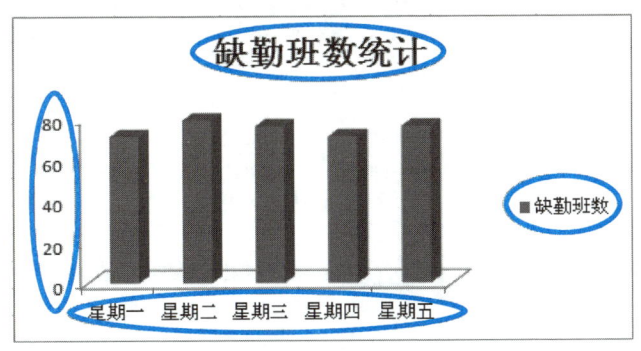

图 2-42 "缺勤班数统计"图表

2.4 操作练习 4

利用侧边二维码资源"电线库存表"完成下列操作。
1. 在 Sheet1 表后插入 Sheet2 表和 Sheet3 表，并将 Sheet1 表复制到 Sheet2 表和 Sheet3

表中。

2. 将 Sheet2 表的第 2、4、6、8、10 行以及 A 列和 C 列删除。

3. 在 Sheet3 表第 E 列的第一个单元格中输入"总价",并求出对应行的相应总价,保留 2 位小数(总价＝库存量＊单价)。

4. 设置 Sheet3 表的表格格式为"白色,表样式浅色 1",各单元格内容的水平对齐方式为"居中",各列数据以"自动调整列宽"方式显示,各行数据以"自动调整行高"方式显示。

5. 在 Sheet3 表中,利用公式统计"单价＞25"的货物的总价和,并放入 G2 单元格。

6. 在 Sheet3 表后添加 Sheet4 表,将 Sheet1 表的第 A～D 列复制到 Sheet4 表。

7. 在 Sheet4 表中,以"库存量"为第一关键字(降序)、"单价"为第二关键字(升序)对数据进行排序。

操作步骤

1. 复制工作表可参考操作练习 3 中的题 3。

2. 切换到 Sheet2 表,单击行号"2",选中第 2 行,按下 Ctrl 键的同时选中第 4、6、8、10 行,在选中区域单击鼠标右键,选择"删除"命令;再同时选中第 A 列和 C 列,单击鼠标右键,选择"删除"命令。

3. 步骤 1:切换到 Sheet3 表,在 E1 单元格中输入"总价";单击 E2 单元格,输入公式"＝C2＊D2",单击"确定"按钮。

步骤 2:保留小数位数可参考操作练习 1 中题 3 的"步骤 2",再双击 E2 单元格的填充柄,填充该列的数据。

4. 步骤 1:设置表格格式可参考操作练习 2 中的题 4。

步骤 2:选中所有单元格,单击鼠标右键,在弹出的快捷菜单中选择"设置单元格格式"命令,打开"设置单元格格式"对话框。在"对齐"选项卡中设置"水平对齐"为"居中"。切换到"开始"选项卡,单击"单元格"组的"格式"按钮,在弹出的下拉列表中,先选择"自动调整列宽",再选择"自动调整行高",如图 2-43 所示。

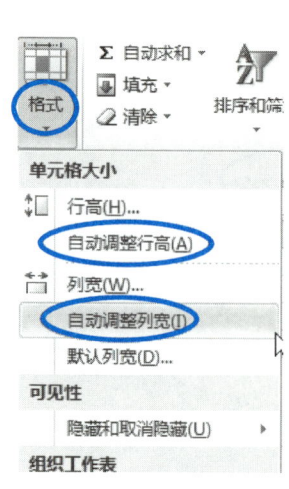

图 2-43 "格式"下拉列表

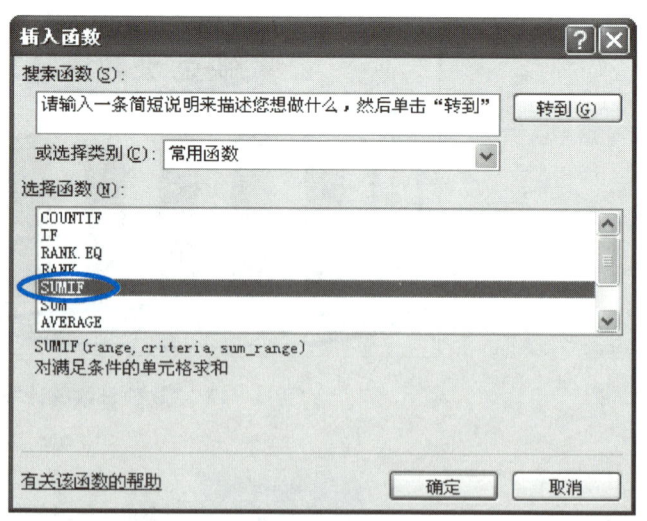

图 2-44 插入 SUMIF 函数

5. 步骤 1:在 Sheet3 表中,单击 G2 单元格,单击编辑栏的"插入函数"按钮 f_x,插入 SUMIF 函数,如图 2-44 所示,单击"确定"按钮,打开"函数参数"对话框。

步骤2：在"函数参数"对话框的"Range"文本框，按住鼠标左键并拖曳选择表中"单价"数据所在的 D2:D100 单元格区域；在"Criteria"文本框中输入条件">25"（引号会自动添加）；在"Sum_range"文本框，按住鼠标左键并拖曳选择表中"总价"数据所在的 E2:E100 单元格区域，效果如图 2-45 所示，单击"确定"按钮。

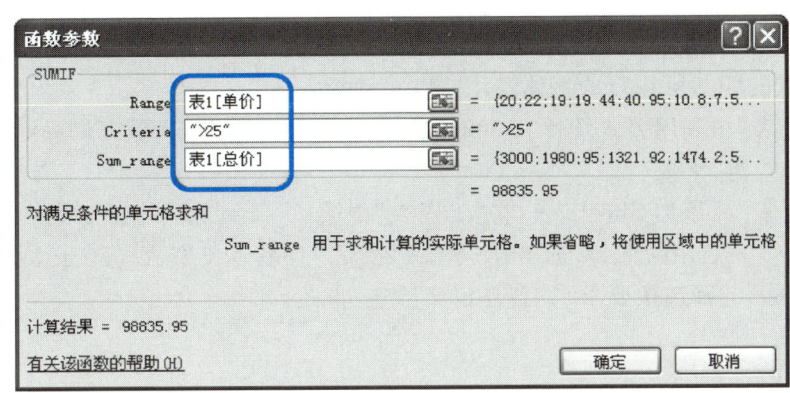

图 2-45　SUMIF 函数参数设置

6. 单击屏幕下方"插入工作表"按钮，在 Sheet3 表后添加 Sheet4 表，切换到 Sheet1 表，选中第 A 列~D 列，选择"复制"命令；切换到 Sheet4 表，在 A1 单元格处选择"粘贴"命令。

7. 在 Sheet4 表中，单击有数据的任意一个单元格，切换到"数据"选项卡，单击"排序和筛选"组的"排序"按钮，打开"排序"对话框。设置"主要关键字"为"库存量"，"排序依据"为"数值"，"次序"为"降序"。继续单击"添加条件"按钮，设置"次要关键字"为"单价"，"排序依据"为"数值"，"次序"为"升序"，如图 2-46 所示，单击"确定"按钮完成排序设置。最后单击快速访问工具栏的"保存"按钮保存结果。

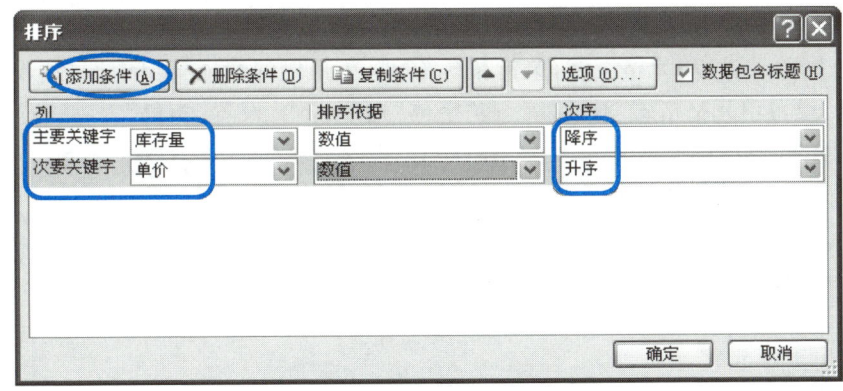

图 2-46　"排序"对话框

参考答案

电线库存表

2.5　操 作 练 习 5

利用侧边二维码资源"车间工资表"完成下列操作。
1. 将 Sheet1 表中内容复制到 Sheet2 表，并将 Sheet2 表更名为"工资表"。
2. 求出"工资表"中"应发工资"和"实发工资"数据并填入相应单元格中。

练习资源

车间工资表

应发工资＝基本工资＋岗位津贴＋工龄津贴＋奖励工资

实发工资＝应发工资－应扣工资

3. 求出"工资表"中除"编号"和"姓名"外其他栏目的平均数（小数取 2 位），并填入相应单元格中。

4. 将"工资表"中每个职工所在行的内容按应发工资升序排列（不包括平均数所在行），并将应发工资最低的职工所在行的字体改用"蓝色"表示。

5. 在"工资表"中利用公式统计"4 000≤实发工资≤4 100"的人数，并写入 K2 单元格，设置 K2 单元格格式为"常规"。

6. 在"工资表"后添加 Sheet2 表，将"工资表"中第 A～I 列的内容复制到 Sheet2 表。

7. 对 Sheet2 表启用筛选，筛选出姓"李"或姓"陈"且基本工资大于等于 3 100 的数据行。对姓"李"或姓"陈"的筛选按要求采用"自定义筛选"方式。

操作步骤

1. 复制 Sheet1 表内所有内容到 Sheet2 表；右击 Sheet2 标签，选择"重命名"命令，输入"工资表"，按 Enter 键确定。

2. 切换到"工资表"，单击 G3 单元格，输入公式"＝C3＋D3＋E3＋F3"，按 Enter 键确定，拖曳 G3 单元格的填充柄至 G102 单元格，完成自动填充。

单击 I3 单元格，输入公式"＝G3－H3"，按 Enter 键确定，拖曳 I3 单元格的填充柄至 I102 单元格，完成自动填充。

3. 求平均数可参考操作练习 1 中的题 3。

4. 步骤 1：在"工资表"中，选中 A2:I102 单元格区域，切换到"数据"选项卡，单击"排序和筛选"组的"排序"按钮，打开"排序"对话框。设置"主要关键字"为"应发工资"，"排序依据"为"数值"，"次序"为"升序"，单击"确定"按钮。

步骤 2：选择 A3:I3 单元格区域，单击鼠标右键，在弹出的快捷菜单中选择"设置单元格格式"命令，打开"设置单元格格式"对话框。在"字体"选项卡中，设置"颜色"为"蓝色"，如图 2－47

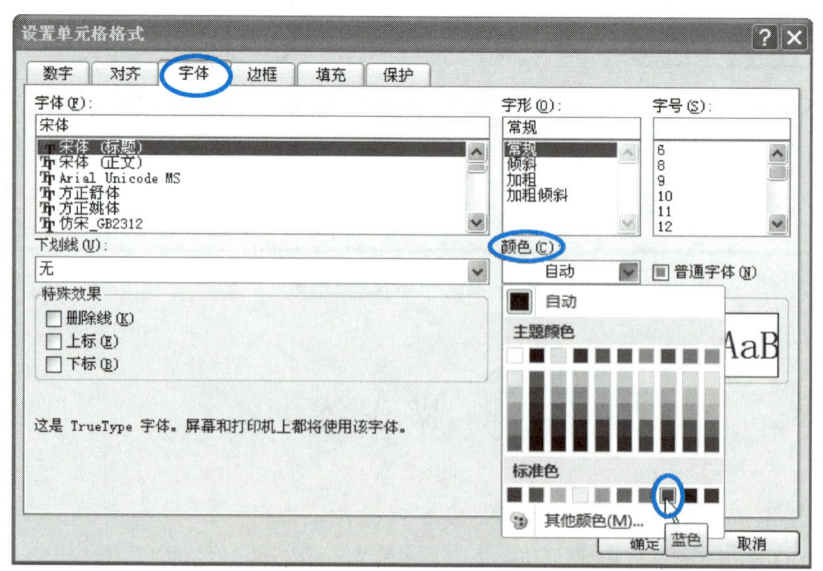

图 2－47　"字体"选项卡

所示,单击"确定"按钮。

5. 步骤1：在"工资表"中,单击 K2 单元格,单击编辑栏的"插入函数"按钮 f_x ,插入 COUNTIFS 函数,如图 2-48 所示,单击"确定"按钮,打开函数参数对话框。

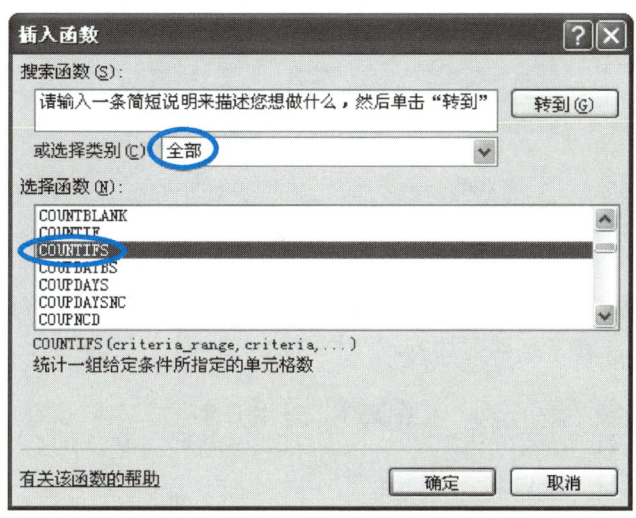

图 2-48 插入 COUNTIFS 函数

步骤2：在"函数参数"对话框中,将光标定位在"Criteria_range1"文本框内,按住鼠标左键并拖曳选择 I3:I102 单元格区域,则"Criteria_range1"文本框内会自动填入该区域地址;

在"Criteria1"文本框内输入">=4 000";

将光标定位在"Criteria_range2"文本框内,按住鼠标左键并拖曳选择 I3:I102 单元格区域,则"Criteria_range2"文本框内会自动填入该区域地址;

在"Criteria2"文本框内输入"<=4 100",效果如图 2-49 所示,单击"确定"按钮。

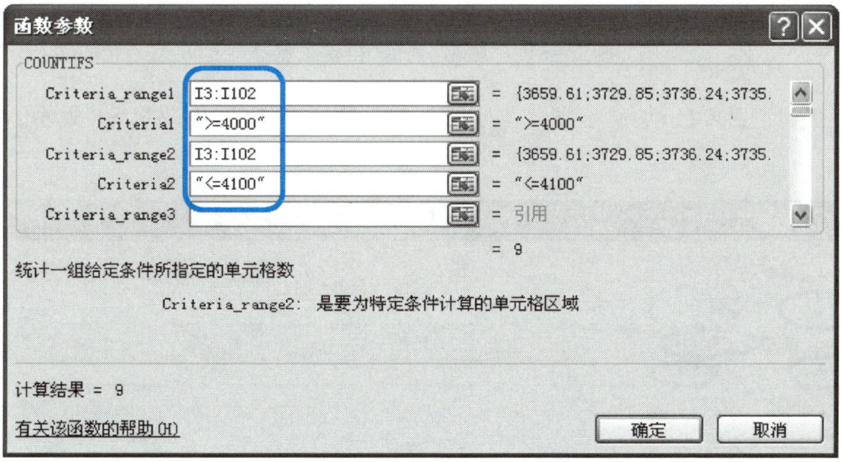

图 2-49 COUNTIFS 函数参数设置

步骤3：在 K2 单元格上单击鼠标右键,在弹出的快捷菜单中选择"设置单元格格式"命令,打开"设置单元格格式"对话框,在"数字"选项卡中设置"分类"为"常规",单击"确定"按钮完成设置。

6. 添加并复制工作表可参考操作练习4中的题6。

7. 步骤1：在Sheet2表中，单击任意一个有数据的单元格，切换到"数据"选项卡，单击"排序和筛选"组的"筛选"按钮，如图2-50所示。

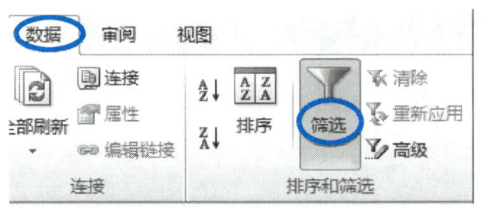

图2-50 "筛选"按钮

步骤2：单击"姓名"列的筛选下拉按钮，在弹出的列表中选择"文本筛选"下的"自定义筛选"（图2-51），打开"自定义自动筛选方式"对话框。

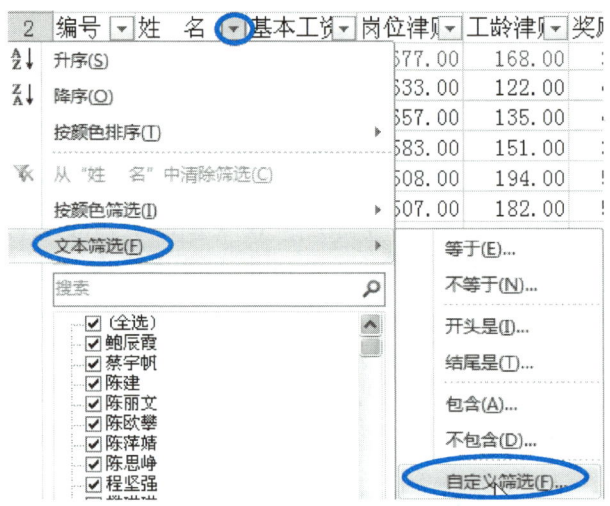

图2-51 "姓名"列的"自定义筛选"

步骤3：在"自定义自动筛选方式"对话框中，设置参数如图2-52所示，单击"确定"按钮。

图2-52 "姓名"列筛选参数设置

步骤4：单击"基本工资"列的筛选下拉按钮，在弹出的列表中选择"数字筛选"下的"大于或等于"（图2-53），打开"自定义自动筛选方式"对话框。

2.6 操作练习6

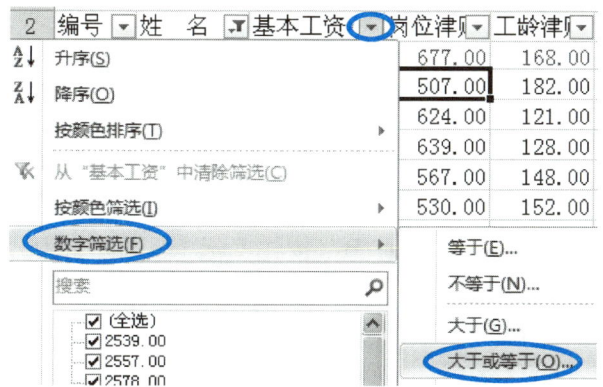

图 2-53 "基本工资"列的"数字筛选"

步骤 5：在"自定义自动筛选方式"对话框中设置参数如图 2-54 所示，单击"确定"按钮，最后单击快速访问工具栏的"保存"按钮保存结果。

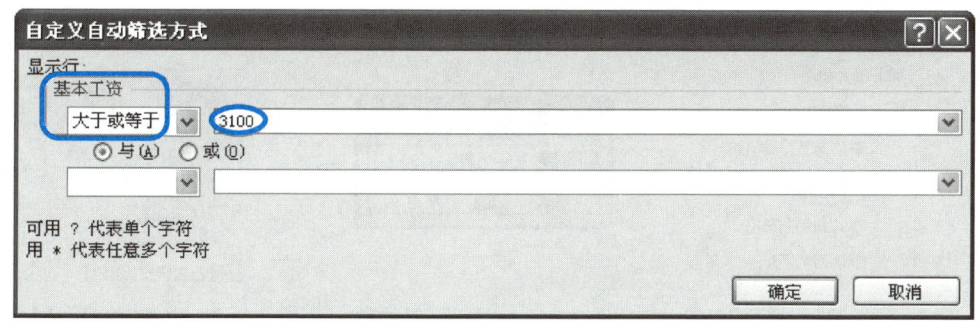

图 2-54 "基本工资"列筛选参数设置

参考答案

车间工资表

2.6 操作练习6

利用侧边二维码资源"仪器库存表"完成下列操作。

1. 除"仪器名称"仅为"万用表"的行，将"库存表"中的其他行全部复制到 Sheet2 表中。

2. 将 Sheet2 表中"仪器名称"仅为"电流表"和"压力表"的"库存"分别改为"20"和"30"，并重新计算"库存总价"（库存总价＝库存＊单价）。

3. 将"库存表"中"仪器名称""单价"和"库存"三列复制到 Sheet3 表中，并将 Sheet3 表设置套用表格格式"红色，表样式浅色 10"。

4. 将 Sheet2 表"库存总价"列的列宽调整为"10"，设置"进货日期"列的列宽为"自动调整列宽"，并按"库存总价"降序排列。

5. 在 Sheet2 表中利用公式统计"库存量小于 10"的仪器种类数，并将数据填入 H2 单元格。

6. 在 Sheet3 表后添加 Sheet4 表，将 Sheet2 表的第 A～F 列复制到 Sheet4 表。

7. 对 Sheet4 表进行高级筛选，筛出"单价大于等于 1 000 或库存大于等于 60"的数据行。（提示：在原有区域内显示筛选结果，高级筛选的条件可以写在第 H 列和第 I 列的任意区域。）

练习资源

仪器库存表

操作步骤

1. 将"库存表"中所有数据复制到 Sheet2 表中;在 Sheet2 表中将鼠标指针放在行号"4"上("万用表"所在行)右击,在弹出的快捷菜单中选择"删除"命令。

2. 在 Sheet2 表中,单击单元格 E2,输入"20";单击单元格 F2,输入公式"=D2*E2";单击单元格 E32,输入"30";单击单元格 F32,输入公式"=D32*E32"。

3. 步骤1:在"库存表"中,单击列号"B",按住 Ctrl 键,再单击列号"D"和"E",选中这三列,将其复制到 Sheet3 表中。

步骤2:设置表格格式可参考操作练习2中的题4。

4. 步骤1:切换到 Sheet2 表,单击列号"F"并选中该列,切换到"开始"选项卡,单击"单元格"组的"格式"按钮,选择"列宽"选项(图 2-55)。在打开的"列宽"对话框中输入"10",如图 2-56 所示,单击"确定"按钮。

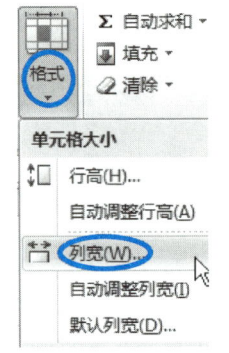 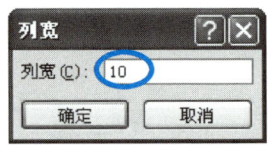 

图 2-55 选择"列宽"选项　　图 2-56 "列宽"对话框　　图 2-57 选择"降序"选项

步骤2:单击列号"C"并选中该列,切换到"开始"选项卡,单击"单元格"组的"格式"按钮,在弹出的下拉列表中选择"自动调整列宽"选项。

步骤3:单击"F"列(要排序的列)任意一个有数据的单元格,切换到"开始"选项卡,单击"编辑"组的"排序和筛选"按钮,在弹出的下拉列表中选择"降序"选项,如图 2-57 所示(也可以使用"排序"功能完成)。

5. 在 Sheet2 表中,单击 H2 单元格,单击编辑栏的"插入函数"按钮 f_x,插入 COUNTIF 函数。在"Range"文本框内,按住鼠标左键并拖曳选择 E2:E101 单元格区域;在"Criteria"文本框中输入"<10",如图 2-58 所示。

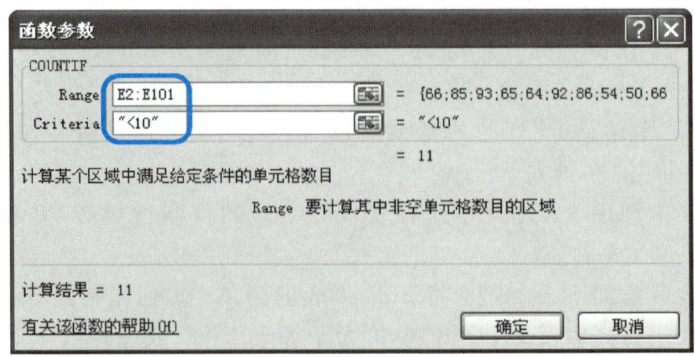

图 2-58 COUNTIF 函数参数设置

6. 添加并复制工作表可参考操作练习 4 中的题 6。

7. 步骤 1：在 Sheet4 表的第 H 列和第 I 列的空白区域创建筛选条件，如图 2-59 所示，在 H2:I4 单元格区域中输入筛选条件。

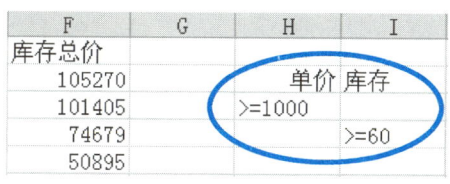

图 2-59 创建筛选条件

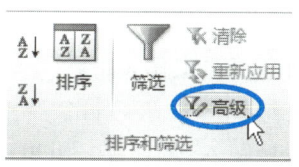

图 2-60 "高级"按钮

步骤 2：单击 Sheet4 表中 A1:F101 单元格区域中的任一单元格，切换到"数据"选项卡，单击"排序和筛选"组的"高级"按钮（图 2-60），打开"高级筛选"对话框。

步骤 3：在"高级筛选"对话框中，"列表区域"的文本框中已自动填入数据清单所在的单元格区域，如图 2-61 所示。

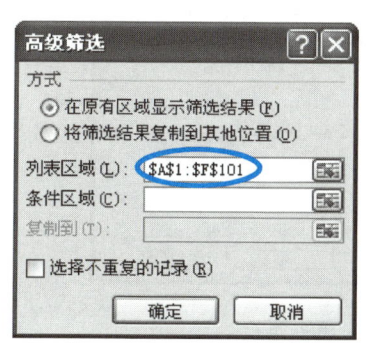

图 2-61 "高级筛选"对话框

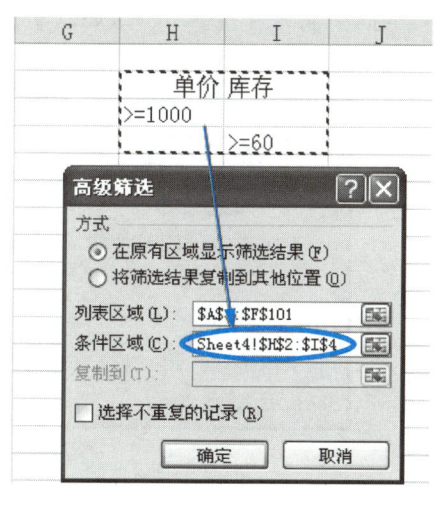

图 2-62 设置"条件区域"

参考答案

仪器库存表

步骤 4：将光标定位在"条件区域"文本框内，按住鼠标左键并拖曳选择前面创建筛选条件的 H2:I4 单元格区域，"条件区域"文本框内会自动填入该区域的地址，如图 2-62 所示，再单击"确定"按钮，完成高级筛选。最后单击快速访问工具栏的"保存"按钮保存结果。

2.7　操作练习 7

利用侧边二维码资源"岗位工资表"完成下列操作。

1. 将 Sheet1 表复制到 Sheet2 表中，并将 Sheet1 表更名为"工资表"。
2. 在 Sheet2 表的"叶业"所在行后增加一行"邹萍萍，2 600，700，750，150"。
3. 在 Sheet2 表的第 F 列第 1 个单元格中输入"应发工资"，第 F 列其余单元格存放对应行的"岗位工资""薪级工资""业绩津贴"和"基础津贴"之和。
4. 将 Sheet2 表中"姓名"和"应发工资"两列复制到 Sheet3 表中。

练习资源

岗位工资表

5. 在Sheet2表中利用公式统计"应发工资≥4 500"的人数,并将数据填入H2单元格。

6. 在Sheet3表后添加Sheet4表,将Sheet2表的第A~F列复制到Sheet4表。对Sheet4表中的"应发工资"列设置条件格式,凡是低于4 000的,一律显示为"红色"。

操作步骤

1. 复制和更名工作表可参考操作练习5中的题1。

2. 切换到Sheet2表,右击"叶业"所在行的下一行行号"6",选择"插入"命令,依次在A6:E6单元格区域输入"邹萍萍,2 600,700,750,150"。

3. 在Sheet2表中,单击F1单元格,输入"应发工资";单击F2单元格,输入"=B2+C2+D2+E2"。双击F2单元格的填充柄,填充该列的数据。

4. 在Sheet2表中,选中第A列和第F列,选择"复制"命令,再到Sheet3表中选择"粘贴"命令。

5. 切换到Sheet2表中,单击H2单元格,单击编辑栏的"插入函数"按钮 ,插入COUNTIF函数。在"Range"文本框,按住鼠标左键并拖曳选择F2:F102单元格区域;在"Criteria"文本框中输入">=4 500",如图2-63所示。

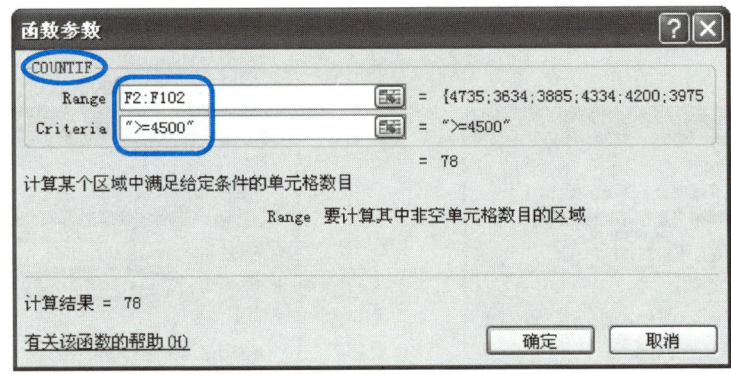

图2-63 COUNTIF函数参数设置

6. 步骤1:添加并复制工作表可操作练习4中的题6。

步骤2:在Sheet4表中,选中第F列,切换到"开始"选项卡,单击"样式"组的"条件格式"按钮,在弹出的下拉列表中选择"突出显示单元格规则"下的"小于"选项,打开"小于"对话框。

在文本框中输入"4 000";在"设置为"下拉框中选择"自定义格式",打开"设置单元格格式"对话框,在"字体"选项卡中,设置"颜色"为"红色"(参照图2-15、图2-16、图2-21),最后单击快速访问工具栏的"保存"按钮保存结果。

参考答案

岗位工资表

2.8 操作练习8

练习资源

专业课成绩表

利用侧边二维码资源"专业课成绩表"完成下列操作。

1. 在Sheet1表后插入Sheet2表和Sheet3表,并将Sheet1表复制到Sheet2表中。

2. 在Sheet2表中,将学号为"131973"的学生的"微机接口"成绩改为"75",并在G列右侧增加 1 列"平均成绩",计算平均值,保留且显示 2 位小数。

3. 将 Sheet2 表中"微机接口成绩低于 60 分"的学生复制到 Sheet3 表中(包括标题行)。

4. 对 Sheet3 表中内容按"平均成绩"降序排列。

5. 在 Sheet2 表中利用公式统计"电子技术成绩在 60～69 分(含 60 和 69)"的人数,将数据填入 J2 单元格。

6. 在 Sheet3 表后添加 Sheet4 表,将 Sheet2 表的第 A～H 列复制到 Sheet4 表。

7. 在 Sheet4 表的 I1 单元格中输入"名次"(不包括引号),利用公式按"平均成绩"降序排列,并在第 I 列填入对应的名次(说明:当平均成绩相同时,名次相同,取最佳名次)。

操作步骤

1. 插入并复制工作表可参考操作练习 3 中的题 3。

2. 步骤 1:在 Sheet2 表中,单击 A1 单元格,切换到"开始"选项卡,单击"编辑"组的"查找和选择"按钮,在弹出的下拉列表中选择"查找"选项(图 2-64),打开"查找和替换"对话框。

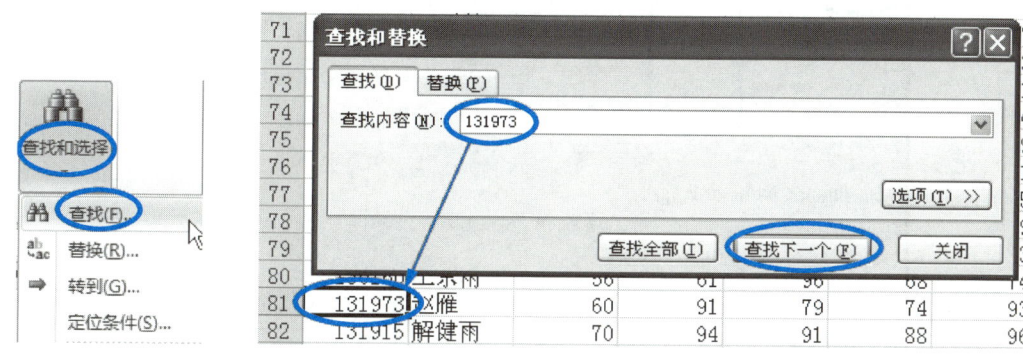

图 2-64 "查找"选项　　图 2-65 "查找和替换"对话框

步骤 2:在"查找内容"文本框中输入"131973",单击"查找下一个"按钮,光标会停在找到数据的单元格上,如图 2-65 所示。

步骤 3:关闭该对话框。单击 G81 单元格,输入"75"。单击 H1 单元格,输入"平均成绩"。单击 H2 单元格,输入"=AVERAGE(C2:G2)",也可以选择"Σ 自动求和"下拉列表中的"平均值"选项完成。

步骤 4:右击 H2 单元格,在弹出的快捷菜单中选择"设置单元格格式"命令,打开"设置单元格格式"对话框,在"数字"选项卡中,选择"数值"选项,将"小数位数"设为"2",单击"确定"按钮。再双击 H2 单元格的填充柄,填充该列的数据。

3. 步骤 1:成绩筛选可参考操作练习 5 中的题 7,"自定义自动筛选方式"对话框的参数设置如图 2-66 所示。

步骤 2:将筛选出来的数据(包括标题行)全部选中,复制到 Sheet3 表中。

4. 降序排列可参考操作练习 6 中的题 4 的步骤 3。

5. 步骤 1:切换到 Sheet2 表,单击任意一个单元格,切换到"数据"选项卡,单击"排序和筛选"组的"筛选"按钮,取消筛选。

步骤 2:单击 J2 单元格,再单击编辑栏的"插入函数"按钮 f_x,插入 COUNTIFS 函数。

在"Criteria_range1"文本框内,按住鼠标左键并拖曳选择 F2:F101 单元格区域;在"Criteria1"文本框内输入">=60";在"Criteria_range2"文本框内,按住鼠标左键并拖曳选择

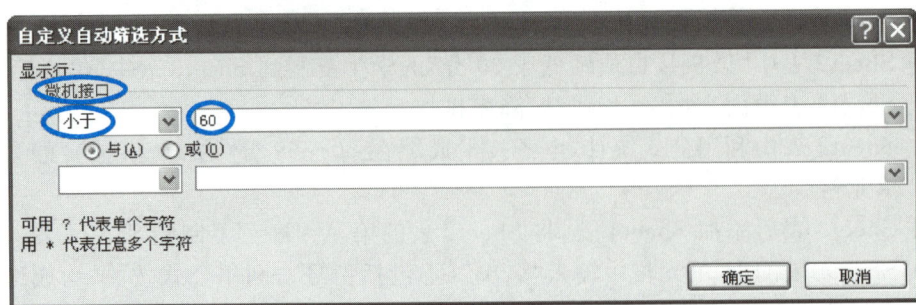

图 2-66 "自定义自动筛选方式"对话框

F2:F101 单元格区域;在"Criteria2"文本框内输入"<=69",如图 2-67 所示,最后单击"确定"按钮。

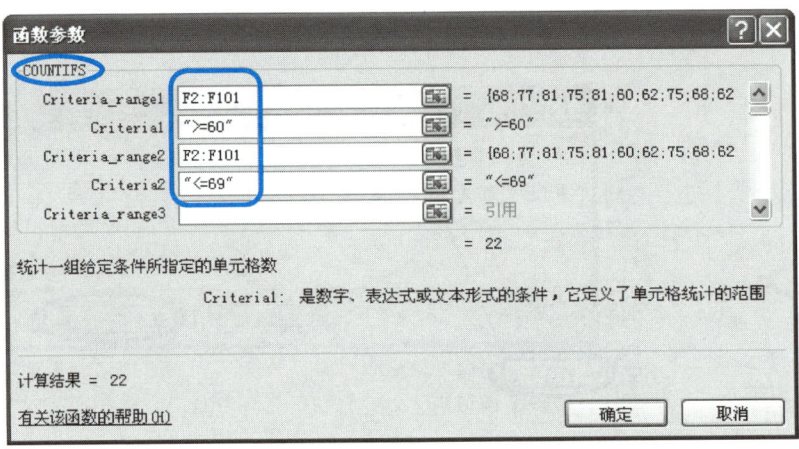

图 2-67 COUNTIFS 函数参数设置

6. 添加并复制工作表可参考操作练习 4 中的题 6。

7. 步骤 1:在 Sheet4 表中,单击 I1 单元格,输入"名次";单击 I2 单元格,再单击编辑栏的"插入函数"按钮 f_x,插入 RANK.EQ 函数,如图 2-68 所示。

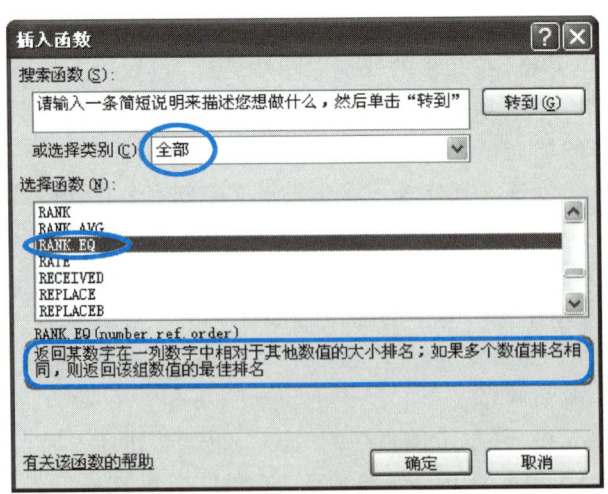

图 2-68 插入 RANK.EQ 函数

步骤2：打开"函数参数"对话框，参数设置如图 2-69 所示（注意"Ref"文本框处的单元格必须是绝对引用，按住鼠标左键并拖曳选择 H2:H101 区域后，直接按下 F4 功能键可快速实现输入），单击"确定"按钮。双击 I2 单元格的填充柄，填充该列的数据。最后单击快速访问工具栏的"保存"按钮保存结果。

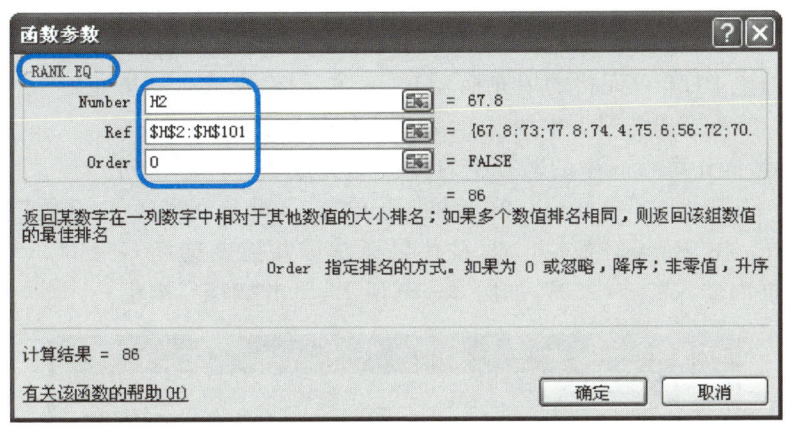

图 2-69 RANK.EQ 函数参数设置

参考答案

专业课成绩表

2.9 操作练习9

利用侧边二维码资源"计算机书籍销售周报表"完成下列操作。

1. 将 Sheet1 表复制到 Sheet2 表中，并将 Sheet1 表更名为"销售报表"。
2. 在 Sheet2 表第 6 行后增加一行"计算机病毒,50,80,40,20,45"。
3. 在 Sheet2 表的 G2 单元格中输入"小计"，A126 单元格中输入"合计"，填写第 G 列和第 126 行相关统计值（G126 单元格不填写）。
4. 将 Sheet2 表复制到 Sheet3 表，在 Sheet3 表中对各种书按"小计"值降序排列（"合计"行位置不变）。
5. 在 Sheet2 表中利用公式统计"周销售量在 650 以上（含 650）"的图书种类，并将数据填入 J2 单元格。
6. 在 Sheet3 表后添加 Sheet4 表，将 Sheet2 表中第 2 行和第 126 行（"合计"行）复制到 Sheet4 表。
7. 在 Sheet4 表中删除"小计"列及其右边各列，在 A1 单元格中输入"图书"（不包括引号）。使用星期一到星期五的数据，生成"三维饼图"，要求：
   (1) 图例项为"星期一、星期二、……、星期五"（图例项位置采用默认）；
   (2) 图表标题改为"图书合计"，并添加数据标签；
   (3) 数据标签格式为"值"和"百分比"（例如：1 234,15%）；
   (4) 将图表置于 A6:G20 单元格区域。

练习资源

计算机书籍销售周报表

操作步骤

1. 复制并重命名工作表可参考操作练习 5 中的题 1。

2. 切换到 Sheet2 表,右击行号"7",选择"插入"命令,依次在 A7:E7 各单元格区域输入"计算机病毒,50,80,40,20,45"。

3. 步骤 1:在 Sheet2 表中,单击 G2 单元格,输入"小计";单击 G3 单元格,输入"=SUM(B3:F3)",按 Enter 键确定(也可以单击"∑自动求和"按钮完成)。双击 G3 单元格的填充柄,填充该列的数据。

步骤 2:单击 A126 单元格,输入"合计";单击 B126 单元格,输入"=SUM(B3:B125)",按 Enter 键确定,拖曳 B126 单元格的填充柄至 F126 单元格,完成自动填充。

4. 步骤 1:参考操作练习 1 中的题 2,完成表的复制。

步骤 2:参考操作练习 6 中的题 4 中的步骤 3,完成表的降序排列。

5. 切换到 Sheet2 表,单击 J2 单元格,再单击编辑栏的"插入函数"按钮 f_x,插入 COUNTIF 函数。在"Range"文本框内,按住鼠标左键并拖曳选择 G3:G125 单元格区域,在"Criteria"文本框内输入">=650",如图 2-70 所示,单击"确定"按钮。

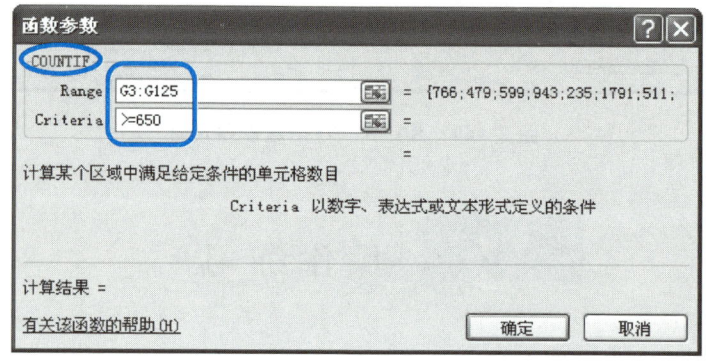

图 2-70 COUNTIF 函数参数设置

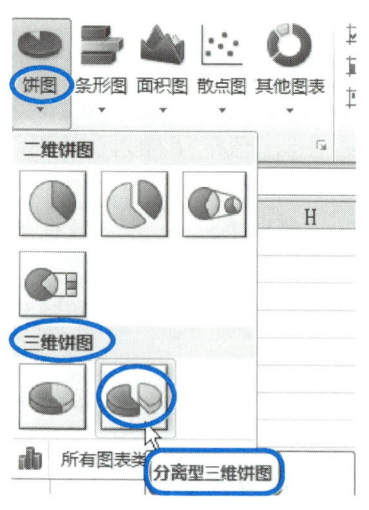

图 2-71 插入"分离型三维饼图"

6. 步骤 1:单击屏幕下方"插入工作表"按钮 ,在 Sheet3 表后添加新工作表,命名为"Sheet4"。

步骤 2:切换到 Sheet2 表,选中 A2:J2 单元格区域,按住 CTRL 键的同时选中 A126:J126 单元格区域,单击鼠标右键,选择"复制"命令;切换到 Sheet4 表,单击 A1 单元格,再单击鼠标右键,选择"粘贴"命令。

7. 步骤 1:在 Sheet4 表中,选中第 G~J 列,单击鼠标右键,选择"删除"命令。

步骤 2:单击 A1 单元格,输入"图书"。

步骤 3:单击 A1:F2 单元格区域的任意一个单元格,切换到"插入"选项卡,单击"图表"组的"饼图"按钮,在弹出的下拉列表中选择"三维饼图"中的"分离型三维饼图",如图 2-71 所示,生成图表。图例项为"星期一、星期二、……、星期五"。

步骤 4:单击图表标题,将其改为"图书合计";在"图表工具"栏"布局"选项卡中单击"数据标签"按钮,在弹出的下拉列表中选择"其他数据标签选项"(图 2-72),打开"设置数据标签格式"对话框。

步骤 5:在"设置数据标签格式"对话框中,勾选"标签包括"下的"值"和"百分比"复选框,如图 2-73 所示。

2.10 操作练习10

图 2-72 选择"其他数据标签选项"

图 2-73 "设置数据标签格式"对话框

步骤 6：设置完成后单击"关闭"按钮，生成如图 2-74 所示的图表，按住鼠标左键并拖曳调整图表位置到 A6:G20 单元格区域。单击快速访问工具栏的"保存"按钮可保存结果。

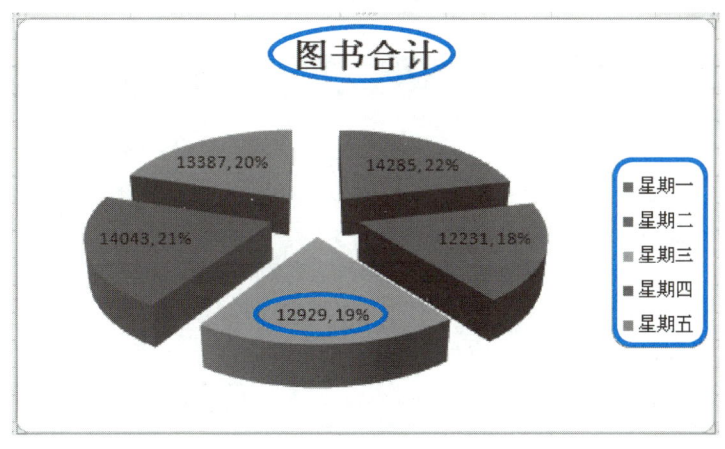

图 2-74 "图书合计"图表

参考答案

计算机书籍销售周报表

2.10 操作练习10

利用侧边二维码资源"档案表"完成下列操作。

1. 将 Sheet1 表复制到 Sheet2 表和 Sheet3 表中，并将 Sheet1 表更名为"档案表"。

练习资源

档案表

2. 将 Sheet2 表第 3～7 行、第 10 行,以及第 B、C 和 D 列共 3 列删除。

3. 将 Sheet3 表中的"工资"列数据每人增加 10％。

4. 将 Sheet3 表中的"工资"列数据保留 2 位小数,并降序排列。

5. 在 Sheet3 表中利用公式统计已婚职工人数,并将数据填入 G2 单元格。

6. 在 Sheet3 表后添加 Sheet4 表,将"档案表"的第 A～E 列复制到 Sheet4 表。

7. 对 Sheet4 表数据进行筛选操作,要求只显示"已婚"且"工资在 3 500 到 4 000 之间"(含 3 500 和 4 000)的信息行。

操作步骤

1. 复制并重命名工作表可参考操作练习 5 中的题 1。

2. 工作表内行和列的删除可参考操作练习 4 中的题 2。

3. 步骤 1: 切换到 Sheet3 表,单击 F2 单元格,输入"＝E2＊1.1",单击"确定"按钮;双击 F2 单元格的填充柄,填充该列的数据。

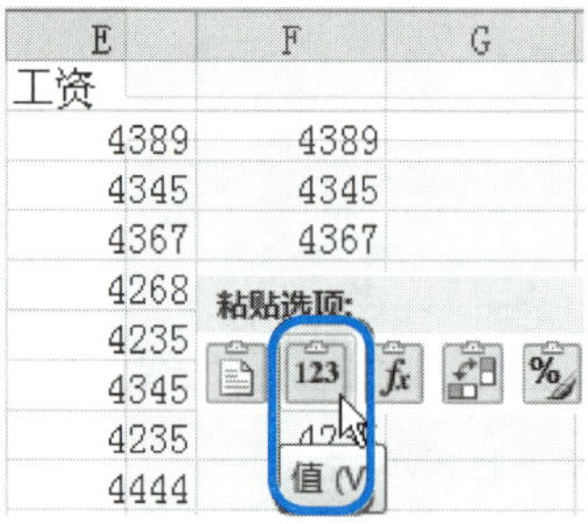

步骤 2: 选中 F2:F101 单元格区域,单击鼠标右键,选择"复制"命令;选中 D2 单元格,单击鼠标右键,选择"粘贴选项"的第 2 项"值"粘贴,如图 2－75 所示,最后删除第 F 列的过渡数据。

图 2－75 "值"粘贴

4. 步骤 1: 在 Sheet3 表中,选中 E2:E101 单元格区域,参考操作练习 1 中的题 3 设置保留 2 位小数。

步骤 2: 参考操作练习 6 中的题 4 的步骤 3 进行降序排列。

5. 在 Sheet3 表中,单击 G2 单元格,单击编辑栏的"插入函数"按钮 f_x,插入 COUNTIF 函数。在"Range"文本框内,按住鼠标左键并拖曳选择 D2:D101 单元格区域,在"Criteria"文本框输入"＝已婚",参数设置如图 2－76 所示,最后单击"确定"按钮。

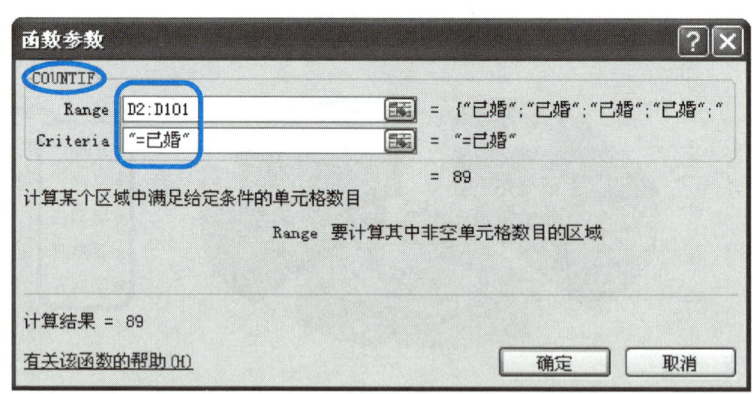

图 2－76 COUNTIF 函数参数设置

6. 添加并复制工作表可参考操作练习 4 中的题 6。

7. 步骤 1: 在 Sheet4 表中,单击任意一个有数据的单元格,切换到"数据"选项卡,单击"排序和筛选"组的"筛选"按钮(此时各字段均出现了筛选下拉按钮)。单击"婚否"列的筛选下拉按钮,在弹出的下拉列表中,勾选"已婚"复选框,如图 2－77 所示,单击"确定"按钮。

步骤 2: 单击"工资"列的筛选下拉按钮,选择"数字筛选→介于",如图 2－78 所示。

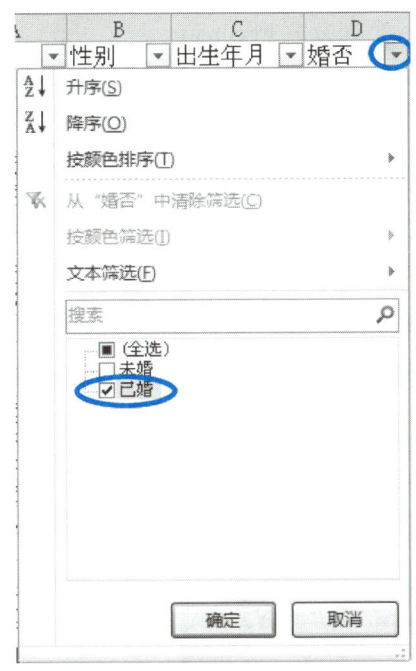

图 2-77 筛选"已婚"数据

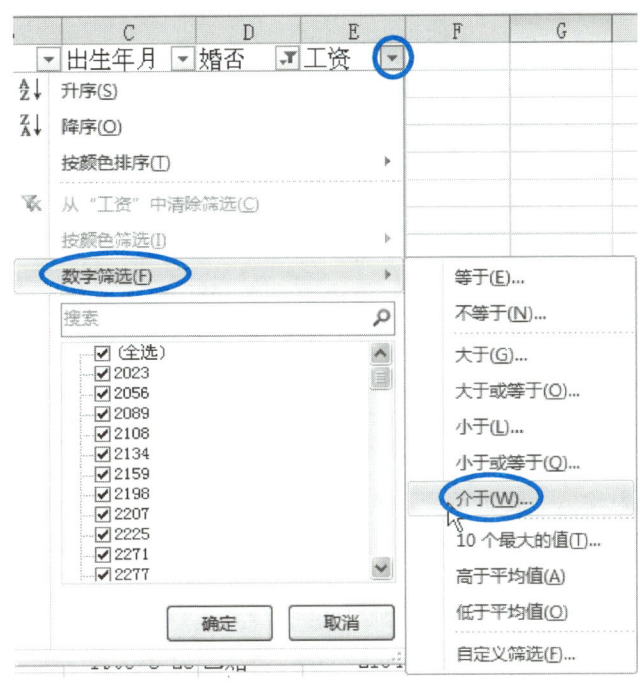

图 2-78 "工资"列筛选

步骤 3：在"自定义自动筛选方式"对话框中进行参数设置，如图 2-79 所示，单击"确定"按钮，最后单击快速访问工具栏的"保存"按钮保存结果。

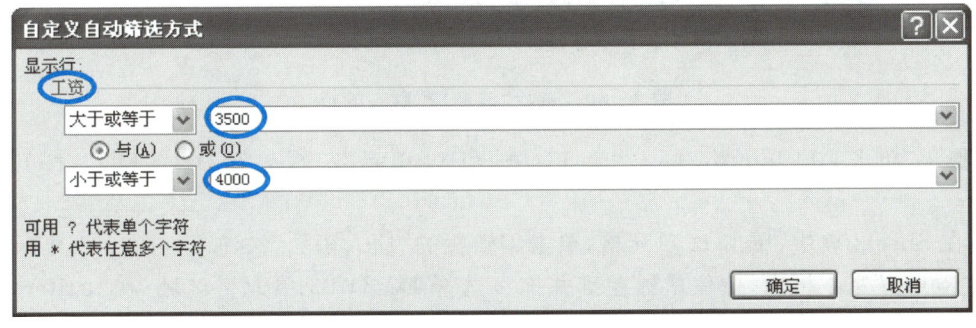

图 2-79 "自定义自动筛选方式"参数设置

2.11　操作练习 11

利用侧边二维码资源"玩具等货物单"完成下列操作。
1. 将 Sheet1 表复制到 Sheet2 表中，并将 Sheet1 表更名为"进货单"。
2. 将 Sheet2 表中"名称""单价"和"货物量"三列复制到 Sheet3 表中。
3. 对 Sheet3 表中的内容按"单价"升序排列。
4. 将 Sheet2 表中的"波波球"的"单价"改为"38.5"，并重新计算"货物总价"。
5. 在 Sheet2 表中，利用公式统计"单价低于 50 元（不含 50 元）"的货物种类数，并将数据

参考答案

档案表

练习资源

玩具等货物单

填入 I2 单元格。

6. 在 Sheet3 表后添加 Sheet4 表,将 Sheet2 表的第 A～F 列复制到 Sheet4 表。

7. 对 Sheet4 表设置第 B 列的列宽为"28",所有行高为"自动调整行高"。对"货物总价"列设置条件格式为"凡是小于 10 000 的,一律显示为红色;凡是大于等于 100 000 的,一律填充黄色背景色"。

操作步骤

1. 复制并重命名工作表可参考操作练习 5 中的题 1。

2. 切换到 Sheet2 表,单击列号"B",按住 Ctrl 键,再单击列号"D"和列号"E",同时选中这三列,右击选择"复制"命令;切换到 Sheet3 表,右击 A1 单元格,选择"粘贴"命令。

3. 设置升序排列可参考操作练习 6 中的题 4 的步骤 3。

4. 步骤 1:使用"查找"命令可参考操作练习 8 中的题 2 的步骤 1,在"查找内容"文本框中输入"波波球",单击"查找下一个"按钮,光标会停在找到数据的单元格上,如图 2-80 所示。

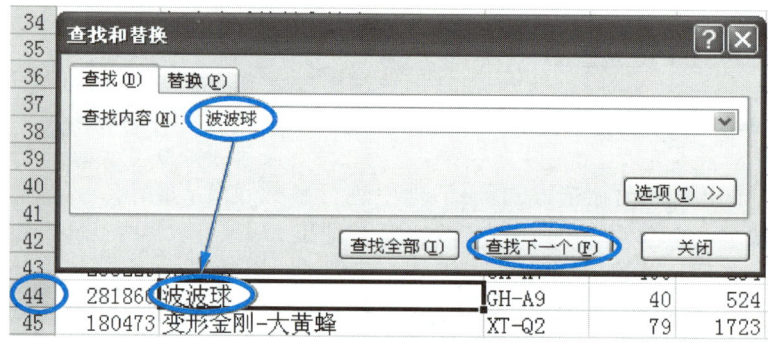

图 2-80　查找"波波球"所在的行

步骤 2:单击 D44 单元格,输入"38.5";单击 F44 单元格,输入"=D44＊E44",按 Enter 键确定。

5. 在 Sheet2 表中,单击 I2 单元格,单击编辑栏的"插入函数"按钮 ，插入 COUNTIF 函数。在"Range"文本框内,按住鼠标左键并拖曳选择 D2:D105 单元格区域;在"Criteria"文本框内输入"＜50",如图 2-81 所示。

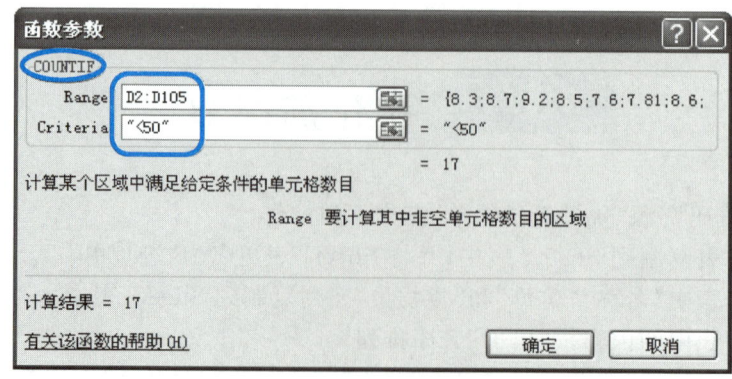

图 2-81　COUNTIF 函数参数设置

6. 添加并复制工作表可参考操作练习4中的题6。

7. 步骤1：参考操作练习6中的题4的步骤1，设置"列宽"为"28"，单击"确定"按钮。

步骤2：选中所有行，切换到"开始"选项卡，单击"单元格"组的"格式"按钮，在弹出的下拉列表中选择"自动调整行高"选项。

步骤3：单击列号"F"，参考操作练习1中的题7的步骤1和步骤2，选择"条件格式→小于"，并输入参数"10 000"。在"设置为"的下拉框中选择"自定义格式"，打开"设置单元格格式"对话框，在"字体"选项卡中，设置"颜色"为"红色"，可参考图2-21中的设置。

步骤4：再次选中第F列，切换到"开始"选项卡，单击"样式"组的"条件格式"按钮，在弹出的下拉列表中选择"突出显示单元格规则"下"其他规则"选项（图2-82），打开"新建格式规则"对话框。

图2-82 "条件格式"设置

步骤5：在"新建格式规则"对话框中设置如图2-83所示的参数。

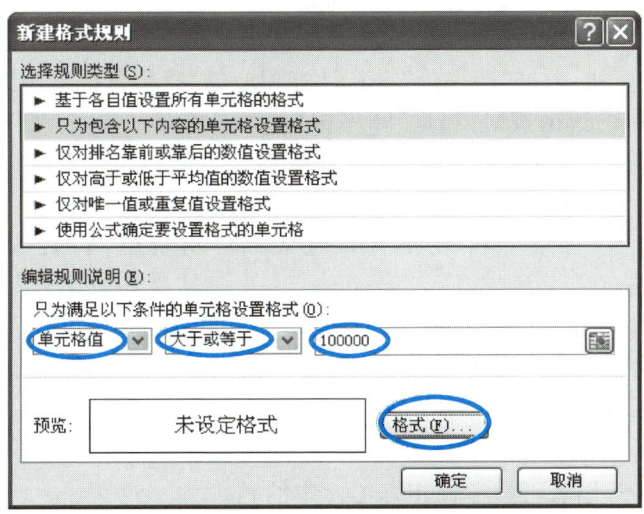

图2-83 "大于等于100 000"的格式规则设置

步骤6：单击"格式"按钮，打开"设置单元格格式"对话框。在"填充"选项卡中，设置"背景色"为"黄色"，如图2-84所示，最后单击快速访问工具栏的"保存"按钮保存结果。

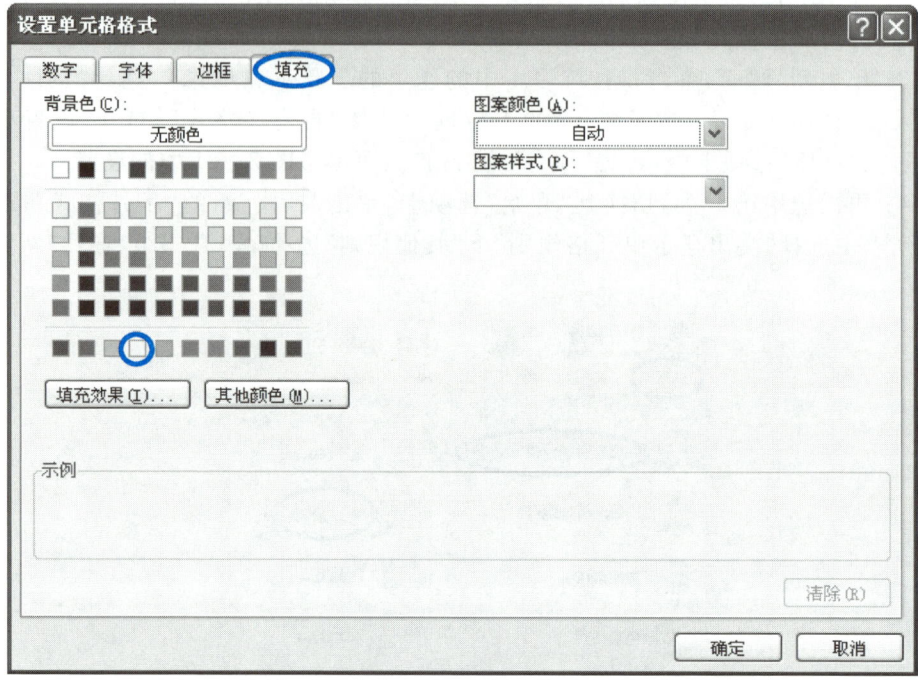

图2-84 "设置单元格格式"对话框

2.12 操作练习12

利用侧边二维码资源"服装等货物单"完成下列操作。

1. 将Sheet1表复制到Sheet2表和Sheet3表中，并将Sheet1表更名为"出货单"。

2. 将Sheet3表的第5～7行以及"规格"列删除。

3. 将Sheet3表中"单价低于50（不含50）"的商品单价上涨10%（小数位取2位），将上涨后的单价放入"调整价"列，根据"调整价"重新计算相应的"货物总价"（小数位取2位）。

4. 将Sheet3表中的数据按"货物量"降序排列。

5. 在Sheet2表第G列后增加一列"货物量估算"，要求利用公式统计每项货物属于量多或量少，判定条件是：若货物量≥100，则显示"量多"，否则显示"量少"。

6. 在Sheet3表后添加Sheet4表和Sheet5表，将"出货单"的第A～G列分别复制到Sheet4表和Sheet5表。

7. 在Sheet4表中删除"调整价"列，再筛选出"单价最高的30项"。

8. 在Sheet5表中筛选出"名称"中含有"垫"（不包括引号）字的商品。

操作步骤

1. 复制并重命名工作表可参考操作练习5中的题1。

2. 删除工作表中的行和列可参考操作练习4中的题2。

3. 步骤 1：参考操作练习 5 中的题 7 步骤 1、步骤 4 和步骤 5 进行"单价"的筛选，参数设置如图 2-85 所示，单击"确定"按钮。

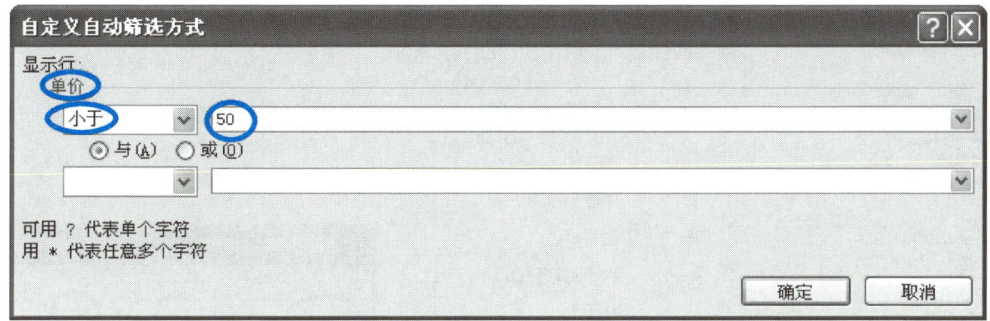

图 2-85　筛选"单价低于 50(不含 50)"的商品

步骤 2：单击 E2 单元格，输入"＝D2＊1.1"；参考操作练习 1 中的题 3 设置 E2 单元格的小数位数；双击 E2 单元格的填充柄，填充该列的数据。

步骤 3：单击 G2 单元格，输入"＝E2＊F2"；参考上一步设置 G2 单元格的小数位数；最后双击 G2 单元格的填充柄，填充该列的数据。

4. 参考操作练习 6 中的题 4 的步骤 3 对"货物量"降序排列。

5. 切换到 Sheet2 表，单击 H1 单元格，输入"货物量估算"；

单击 H2 单元格，再单击编辑栏的"插入函数"按钮 f_x，插入 IF 函数；

在"函数参数"对话框内设置的参数如图 2-86 所示，也可以直接在 H2 单元格中输入"＝IF(F2＞＝100,"量多","量少")"，单击"确定"按钮。

双击 H2 单元格的填充柄，填充该列的数据。

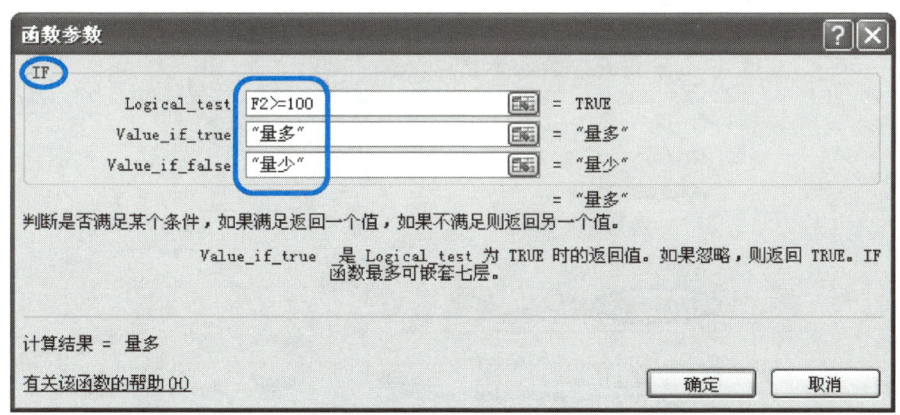

图 2-86　IF 函数参数设置

6. 添加并复制工作表可参考操作练习 4 中的题 6。

7. 步骤 1：切换到 Sheet4 表，右击列号"E"，选择"删除"命令。

步骤 2：单击任意一个有数据的单元格，切换到"数据"选项卡，单击"排序和筛选"组的"筛选"按钮。

单击"单价"列的筛选下拉按钮，在弹出的下拉列表中选择"数字筛选"下的"10 个最大的值"选项(图 2-87)，打开"自动筛选前 10 个"对话框。

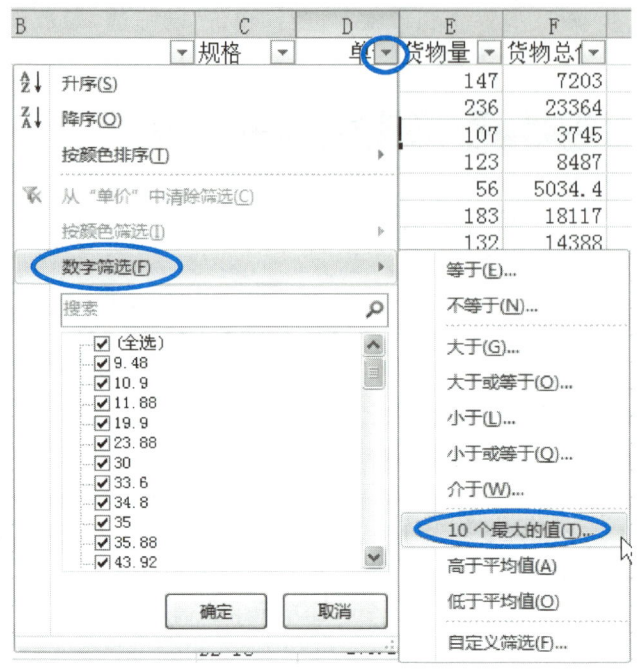

图 2-87 "10 个最大的值"选项　　　　　图 2-88 "自动筛选前 10 个"对话框

步骤 3：在"自动筛选前 10 个"对话框中设置如图 2-88 所示的参数，单击"确定"按钮。

8. 步骤 1：切换到 Sheet5 表，单击任意一个有数据的单元格，切换到"数据"选项卡，单击"排序和筛选"组的"筛选"按钮。

单击"名称"列的筛选下拉按钮，在弹出的下拉列表中选择"文本筛选"下的"包含"选项（图 2-89），打开"自定义自动筛选方式"对话框。

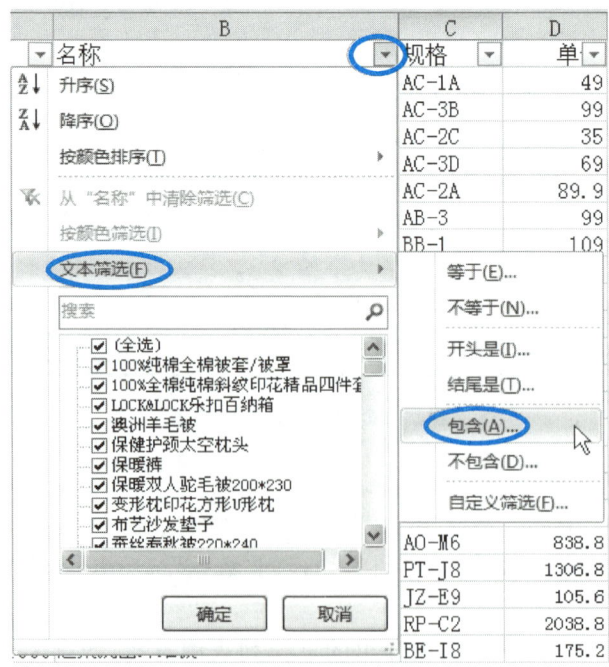

图 2-89　选择"文本筛选"下的"包含"选项

步骤2：在"自定义自动筛选方式"对话框中，设置如图2－90所示的参数，单击"确定"按钮。最后单击快速访问工具栏的"保存"按钮保存结果。

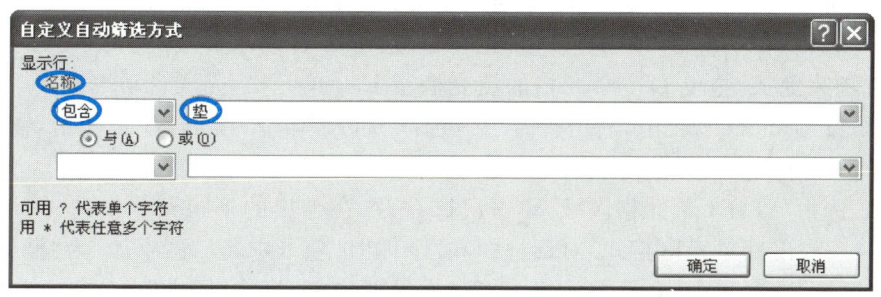

参考答案

服装等货物单

图2－90 "自定义自动筛选方式"对话框

2.13　操作练习13

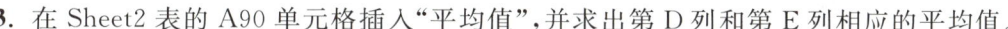

利用侧边二维码资源"化学物质表"完成下列操作。

1. 将Sheet1表复制到Sheet2表和Sheet3表中，并将Sheet1表更名为"材料表"。
2. 将Sheet3表中"物质编号"和"物质名称"分别改为"编号"和"名称"，为"相对密度"（D1单元格）添加批注文字"15.6至21℃"，并将所有"相对密度"等于"1"的行删除。
3. 在Sheet2表的A90单元格插入"平均值"，并求出第D列和第E列相应的平均值。
4. 在Sheet2表的第1行前插入标题行"常用液体、固体、气体相对密度－比热容表"，并设置标题行为"楷体，字号20"，合并A1至E1单元格，选择水平对齐方式为"居中"，设置第A～E列的列宽为"12"。
5. 在Sheet2表中，利用公式统计液态物质种类，并将统计数据填入G1单元格。
6. 在Sheet3表后添加Sheet4表，将"材料表"复制到Sheet4表。
7. 对Sheet4表采用高级筛选，筛选出"相对密度在1～1.5之间（含1和1.5），或比热容大于等于4.0"的数据行。

练习资源

化学物质表

操作步骤

1. 复制并重命名工作表可参考操作练习5中的题1。
2. 步骤1：切换到Sheet3表，双击A1单元格，删除"物质"二字；双击B1单元格，删除"物质"二字。

步骤2：单击D1单元格，切换到"审阅"选项卡，单击"批注"组的"新建批注"按钮（图2－91），打开批注框。

步骤3：在批注框中输入批注内容"15.6至21℃"，如图2－92所示。

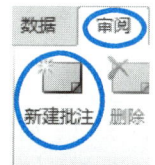

图2－91 "新建批注"按钮

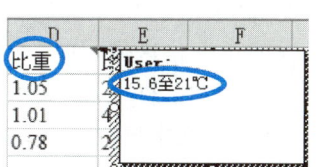

图2－92 输入批注内容

步骤 4：参考操作练习 5 中的题 7，筛选出"相对密度等于 1"的三行数据，并选中后右击，选择"删除行"命令。最后单击"筛选"按钮，取消筛选。

3. 切换到 Sheet2 表，单击 A90 单元格，输入"平均值"，单击 D90 单元格，输入"=AVERAGE(D2:D89)"，单击"确定"按钮，也可以使用"Σ 自动求和"按钮的下拉列表中的"平均值(A)"选项来完成，拖曳 D90 单元格的填充柄至 E90 单元格，完成自动填充。

4. 步骤 1：在 Sheet2 表中，右击行号"1"，选择"插入"命令；单击 A1 单元格，输入"常用液体、固体、气体相对密度－比热容表"。

步骤 2：选中 A1:E1 单元格区域，单击鼠标右键，在弹出的下拉菜单中选择"设置单元格格式"命令，打开"设置单元格格式"对话框。在"字体"选项卡中，设置"字体"为"楷体"，"字号"为"20"；在"对齐"选项卡中，合并单元格，设置"水平对齐方式"为"居中"。

步骤 3：选中第 A~E 列，参考操作练习 6 中的题 4 的步骤 1，设置"列宽"为"12"。

5. 在 Sheet2 表中，单击 G1 单元格，单击编辑栏的"插入函数"按钮 f_x，插入 COUNTIF 函数。在"Range"文本框内，按住鼠标左键并拖曳选择 C3:C90 单元格区域；在"Criteria"文本框内输入"液"，效果如图 2-93 所示。

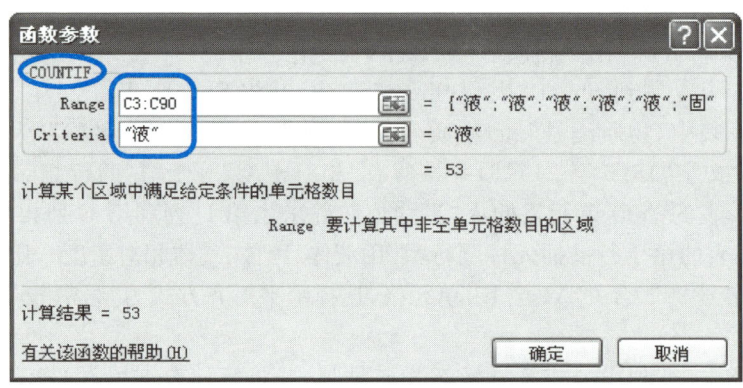

图 2-93 COUNTIF 函数参数设置

6. 添加并复制工作表可参考操作练习 4 中的题 6。

7. 步骤 1：在 Sheet4 表中的空白区域创建筛选条件，如图 2-94 所示。

E	F	G	H	I
比热容		相对密度	相对密度	比热容
2.01		>=1	<=1.5	
4.02				>=4.0
2.15				

图 2-94 创建筛选条件

步骤 2：单击 Sheet4 表中 A1:E89 单元格区域中的任一单元格，切换到"数据"选项卡，单击"排序和筛选"组的"高级"按钮 ，打开"高级筛选"对话框，"列表区域"文本框中已自动填入数据清单所在的单元格区域，如图 2-95 所示。

步骤 3：将光标定位在"条件区域"文本框内，按住鼠标左键并拖曳选择前面创建筛选条件的单元格区域，"条件区域"文本框内会自动填入该区域地址，如图 2-96 所示，再单击"确定"按钮，完成高级筛选设置。单击快速访问工具栏的"保存"按钮保存结果。

图 2-95 设置"列表区域"

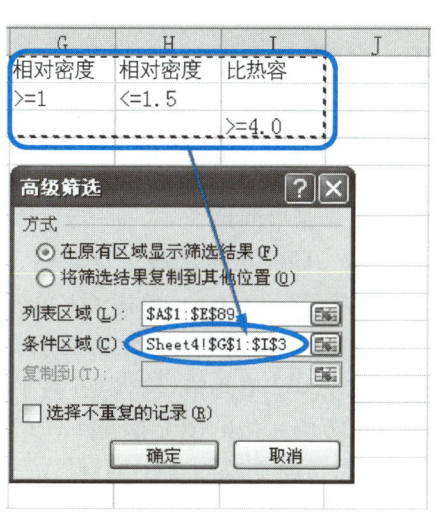

图 2-96 设置"条件区域"

参考答案

化学物质表

2.14 操作练习 14

利用侧边二维码资源"基础课成绩表"完成下列操作。

1. 在 Sheet1 表前插入 Sheet2 表和 Sheet3 表,使三张工作表的次序为"Sheet2、Sheet3 和 Sheet1",并将 Sheet1 表复制到 Sheet2 表中。

2. 在 Sheet2 表第 A 列之前增加一列"学号,0001,0002,0003,…,0100"(…为省略的编号)。

3. 在 Sheet2 表第 F 列后增加一列"平均成绩",在最后一行后增加一行"各科平均"(A102 单元格),并求出相应平均值(不包括第 G 列)。

4. 将 Sheet2 表复制到 Sheet3 表中,并对 Sheet2 表中的学生按"平均成绩"降序排列("各科平均"行位置不变)。

5. 在 Sheet3 表的第 G 列后增加一列"通过否",利用公式判定通过与否:
若平均成绩≥80,则给出文字"通过",否则给出文字"未通过"(不包括引号)。

6. 在 Sheet1 表后添加 Sheet4 表,将 Sheet3 表中"各科平均"行外的第 A~H 列复制到 Sheet4 表。

7. 在 Sheet4 表中进行分类汇总,按"通过否"统计学生人数(显示在"学号"列),要求先显示通过的学生人数,再显示未通过的学生人数,显示到第 2 级(即不显示具体的学生信息)。

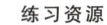

练习资源

基础课成绩表

操作步骤

1. 步骤1:单击屏幕下方"插入工作表"按钮,在 Sheet1 表后添加 Sheet2 表;再次单击该按钮,在 Sheet2 表后添加 Sheet3 表;选中 Sheet1 表内所有内容,右击"复制"后,再单击"粘贴"到 Sheet2 表中。

步骤 2:在工作簿底端,按在鼠标左键并拖曳调整三张工作表次序为"Sheet2、Sheet3 和

Sheet1"。

2. 步骤1：切换到 Sheet2 表，右击行号"A"，选择"插入"命令，再单击 A1 单元格，输入"学号"。

步骤2：右击 A2 单元格，在弹出的快捷菜单中选择"设置单元格格式"命令，打开"设置单元格格式"对话框，在"数字"选项卡中设置"文本"，单击"确定"按钮；在 A2 单元格中输入"0001"，拖曳 A2 单元格的填充柄，向下填充（也可在 A1 单元格中输入"'00001"，在 A2 单元格中输入"'00002"，同时选中这两个单元格，向下填充）。

3. 步骤1：在 Sheet2 表中，单击 G1 单元格，输入"平均成绩"；单击 G2 单元格，输入"＝AVERAGE(C2:F2)"；双击 G2 单元格的填充柄，填充该列的数据。

步骤2：单击 A102 单元格，输入"各科平均"；单击 C102 单元格，输入"＝AVERAGE(C2:C101)"；拖曳 C102 单元格的填充柄至 F102 单元格，完成自动填充。

4. 步骤1：参考操作练习1中的题2，完成工作表的复制。

步骤2：切换到 Sheet2 表，参考操作练习6中的题4的步骤3，按"平均成绩"降序排列。

5. 切换到 Sheet3 表，单击 H1 单元格，输入"通过否"；单击 H2 单元格，单击编辑栏的"插入函数"按钮 f_x，插入函数 IF 函数。"函数参数"对话框中设置的参数如图 2-97 所示，也可以直接在 H2 单元格中输入"＝IF(G2>=80,"通过","未通过")"，单击"确定"按钮。

双击 H2 单元格的填充柄，填充该列的数据。

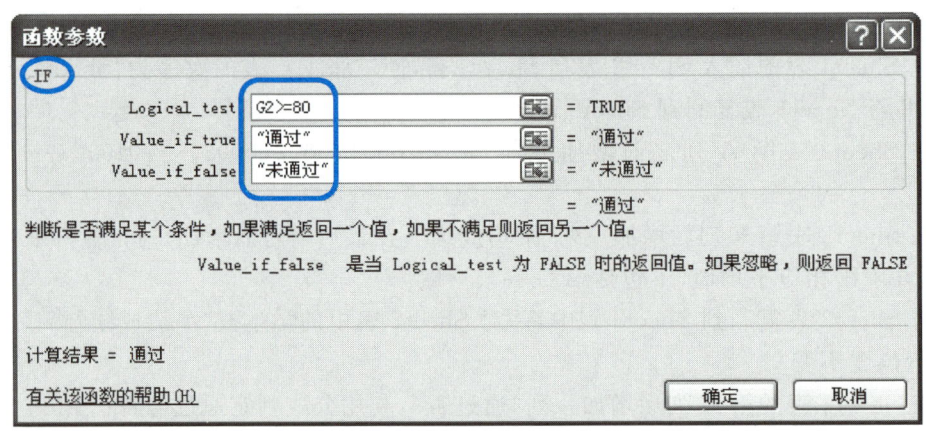

图 2-97 IF 函数参数设置

6. 步骤1：参考操作练习4中的题6进行工作表的添加和复制。

步骤2：删除 Sheet4 表中第 102 行（"各科平均"）的数据。

7. 步骤1：在 Sheet4 表中，单击第 H 列任意一个有数据的单元格，切换到"开始"选项卡，单击"编辑"组的"排序和筛选"按钮，在弹出的下拉列表中选择"升序"选项，使得"通过否"列按照："通过"在前，"未通过"在后排序。

单击任意一个有数据的单元格，切换到"数据"选项卡，单击"分级显示"组的"分类汇总"按钮，在"分类汇总"对话框设置参数，如图 2-98 所示，单击"确定"按钮。

步骤2：在屏幕左侧分级显示处单击"2"，如图 2-99 所示。"分类汇总"后的结果如图 2-100 所示，单击快速访问工具栏的"保存"按钮保存结果。

2.15 操作练习15

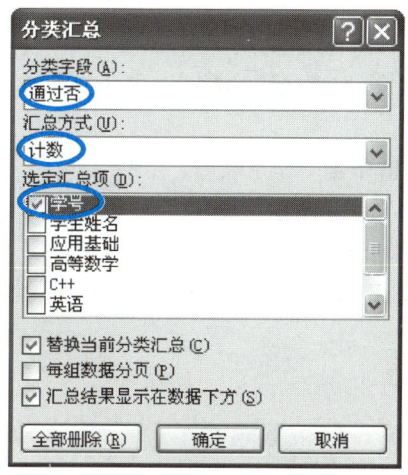

图2-98 "分类汇总"参数设置

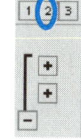

图2-99 显示到第2级

参考答案

基础课成绩表

1 2 3		A	B	C	D	E	F	G	H	I
	1	学号	学生姓名	应用基础	高等数学	C++	英语	平均成绩	通过否	
+	14	12							通过 计数	
+	103	88							未通过 计数	
-	104	100							总计数	

图2-100 "分类汇总"后的结果

2.15 操作练习15

利用侧边二维码资源"第一小组期中考试成绩表"完成下列操作。

1. 删除Sheet1表"平均分"所在的行。
2. 求出Sheet1表中每位同学的总分并填入"总分"列相应的单元格中。
3. 将Sheet1表的A3:B105和I3:I105单元格区域中的内容复制到Sheet2表的A1:C103单元格区域。
4. 将Sheet2表中内容按"总分"降序排列。
5. 在Sheet1表的"总分"列后增加一列"等级",要求使用公式确定每位学生的等级。

要求:若"高等数学"和"大学语文"的平均分大于等于85分,则显示"优秀",否则显示为空。

说明:显示为"空"也是根据公式确定的,若修改了对应的成绩使其平均分大于等于85分,则该单元格能自动由"空"变为"优秀"。

6. 在Sheet2表后添加Sheet3表,将Sheet1表复制到Sheet3表。
7. 对Sheet3表中各科成绩设置条件格式,凡是不及格(小于60分)的,一律显示为"红色,加粗";凡是大于等于90分的,一律使用"浅绿色背景色"。

练习资源

第一小组期中考试成绩表

操作步骤

1. 切换到Sheet1表,选中"平均分"所在的行,单击鼠标右键,选择"删除"命令。

85

2. 参考操作练习 1 中的题 1 完成"总分"计算。

3. 参考操作练习 2 中的题 6 的步骤 2 进行数据的复制。

4. 切换到 Sheet2 表,单击 B2 单元格,切换到"数据"选项卡,单击"排序和筛选"组的"降序" 按钮。

5. 步骤 1:切换到 Sheet1 表,在 J3 单元格中输入"等级"。

步骤 2:单击 J4 单元格,再单击编辑栏的"插入函数" ,插入 IF 函数,在"函数参数"对话框中设置参数,如图 2‐101 所示。注意:第三个参数文本框的值是空值(只输入两个英文的双引号,引号中间没有任何字符),或者直接在 J4 单元格中输入"＝IF(AVERAGE(C4:D4)＞＝85,"优秀","")",单击"确定"按钮。

双击 J4 单元格的填充柄,填充该列的数据。

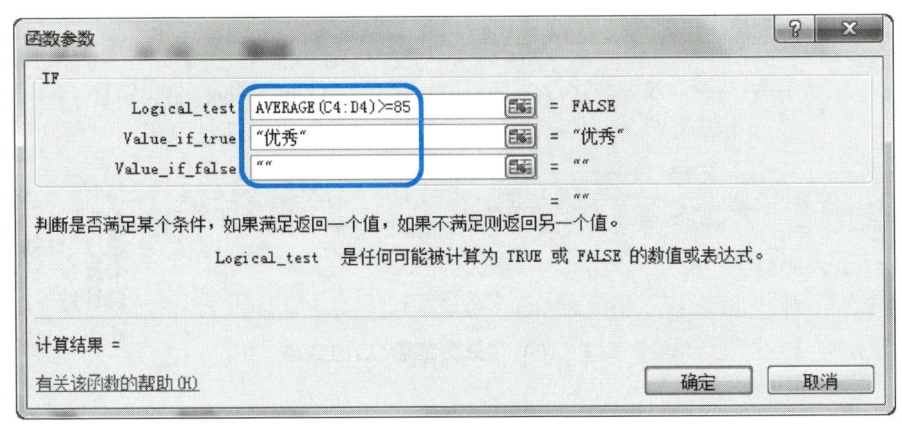

图 2‐101　IF 函数参数设置

参考答案

第一小组期中考试成绩表

6. 参考操作练习 3 中的题 3 完成工作表的添加和复制。

7. 切换到 Sheet3 表,选中 C4:H105 单元格区域,参考操作练习 11 中的题 7 的步骤 3～步骤 6 完成条件格式的设置。

2.16　操作练习 16

练习资源

A公司产值

利用侧边二维码资源"A 公司产值"完成下列操作。

1. 将 Sheet1 表复制到 Sheet2 表中。

2. 将 Sheet1 表中表格的标题设置为"隶书、字号 20、加粗",合并 A1:N1 单元格区域,并设置水平对齐方式为"居中"。

3. 求出 Sheet2 表中"同月平均数"列的值,并填入相应单元格。利用公式统计"十年合计"情况,若月合计数大于等于 6 000,则填上"已达到",否则填上"未达到"(不包含引号)。

4. 将 Sheet2 表中的 C3:L14 单元格区域的数字格式设置为:使用千位分隔符、保留 2 位小数。

5. 将 Sheet2 表中的"同月平均数"列数据设置为"货币"格式,货币符号为"￥",小数位数为"2"。

6. 在Sheet2表后添加Sheet3表,将Sheet1表的第2～14行复制到Sheet3表中从A1单元格开始的区域。删除Sheet3表中的第M列和第N列。

操作步骤

1. 复制工作表可参考操作练习1中的题2。
2. 表格的标题设置可参考操作练习3中的题4。
3. 步骤1:求平均值可参考操作练习1中的题3。
步骤2: 参考操作练习1中的题5,在"函数参数"对话框的第一个参数文本框中输入"sum(C3:L3)>=6 000",在第二个参数文本框中输入"已达到",在第三个参数文本框中输入"未达到"(图2-102),单击"确定"按钮,然后拖曳N3单元格的填充柄至N14单元格,完成自动填充。

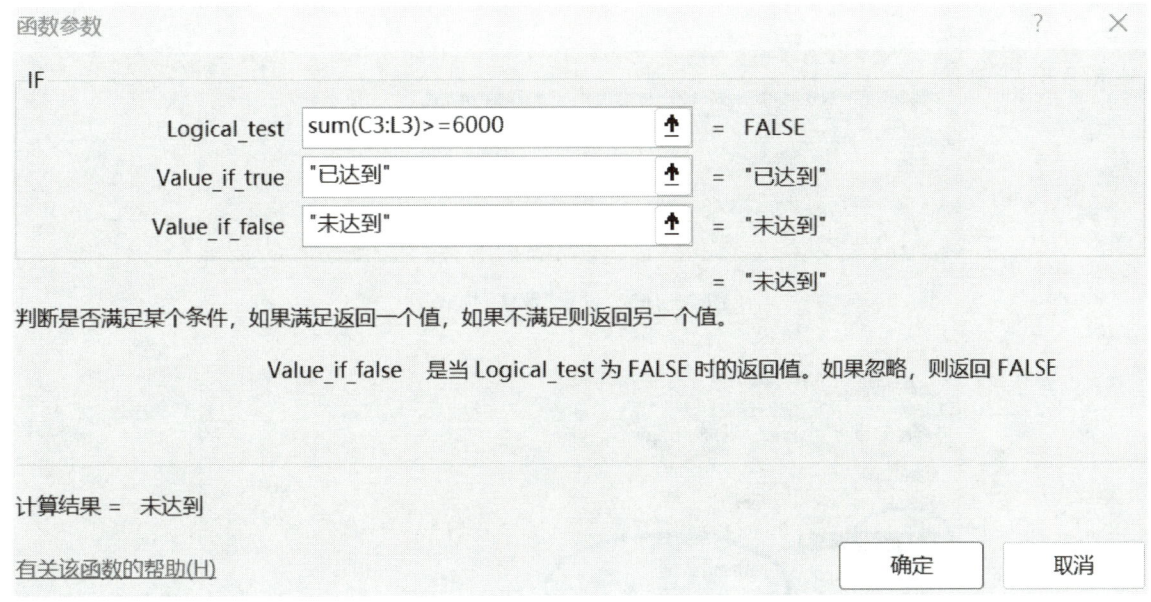

图2-102 IF函数参数设置

4. 在Sheet2表中,选中C3:L14单元格区域后右击,在弹出的快捷菜单中选择"设置单元格格式"命令,打开"设置单元格格式"对话框,在"数字"选项卡中设置"分类"为"数值",设置"小数位数"为"2",勾选"使用千位分隔符"复选框,单击"确定"按钮,如图2-103所示。

5. 在Sheet2表中,选中M3:M14单元格区域后右击,在弹出的快捷菜单中选择"设置单元格格式"命令,打开"设置单元格格式"对话框,在"数字"选项卡中设置"分类"为"货币",设置"小数位数"为"2","货币符号(国家/地区)"选择"¥",如图2-104所示。

6. 添加、复制与删除工作表中的内容可参考操作练习1中的题6和操作练习13中的题2。

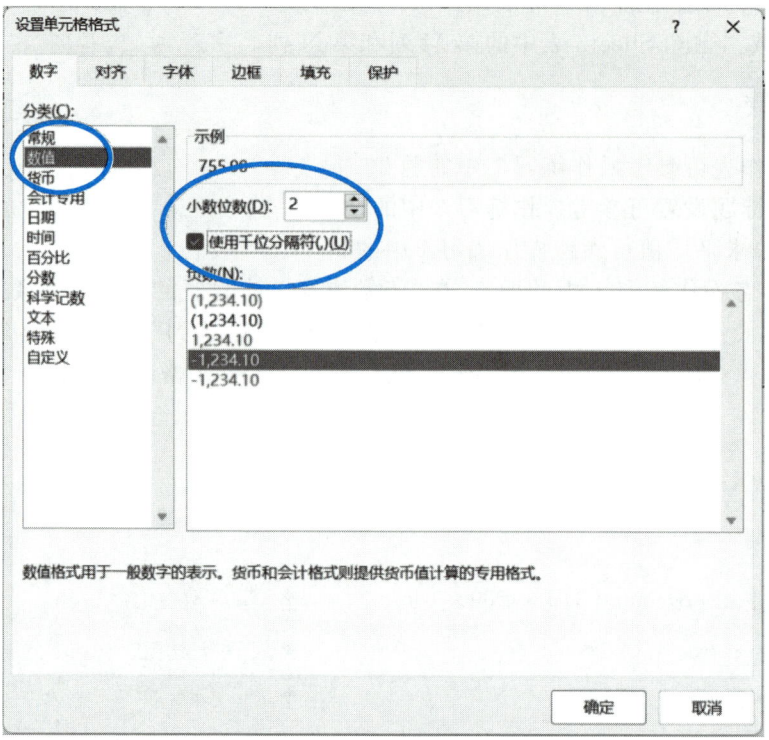

图 2-103 设置"数值"格式

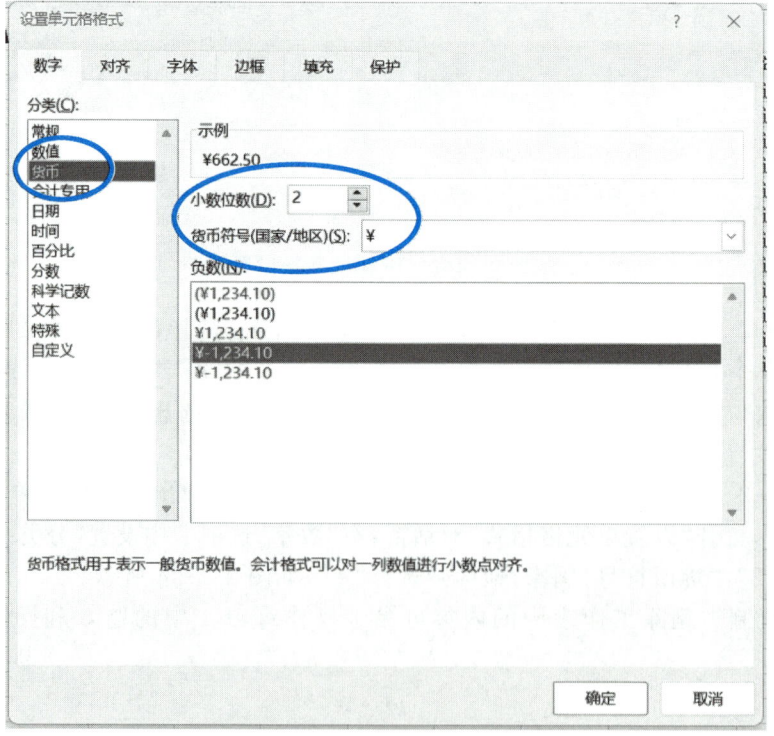

图 2-104 设置"货币"格式

2.17 操作练习 17

利用侧边二维码资源"B 公司季度产值"完成下列操作。

练习资源

B 公司季度产值

1. 将 Sheet1 表中表格的标题设置为"宋体、字号 20、蓝色、倾斜"。

2. 将 Sheet1 表中 C3:L14 单元格区域的数字格式设置为"使用千位分隔符、保留 2 位小数"。

3. 利用公式计算 Sheet1 表中的"十年合计"和"同月平均数"。

4. 将 Sheet1 表复制到 Sheet2 表中,为"十年合计"列设置"自动调整列宽"。

5. 合并 Sheet2 表的 A15:B15 单元格区域,输入"月平均";利用公式在 C15:L15 单元格区域填入相应的内容:若月平均值超过 600(含 600),则填入"较高",否则填入"较低"(不包括引号)。

6. 将 Sheet2 表除第 1 行和最后 1 行的内容,复制到 Sheet3 表中从 A1 单元格开始的区域。在 Sheet3 表中删除第 M、N 列,然后进行分类汇总,统计每年各季度的总产值,要求显示到第 2 级(不显示某月明细)。设置 Sheet3 表中第 A~L 列为"自动调整列宽"。

操作步骤

1. 表格的标题设置可参考操作练习 3 中的题 4。

2. 数字格式设置可参考操作练习 16 中的题 4。

3. 步骤 1: 求和可参考操作练习 1 中的题 1。

步骤 2: 求平均值可参考操作练习 1 中的题 3。

4. 步骤 1: 复制工作表可参考操作练习 1 中的题 2。

步骤 2: 选中第 M 列,切换到"开始"选项卡,单击"单元格"组的"格式"按钮,在弹出的下拉列表中选择"自动调整列宽"选项,然后单击"确定"按钮。

5. 步骤 1: 选中 A15:B15 单元格区域,切换到"开始"选项卡,单击"对齐方式"组的"合并后居中"按钮,在弹出的下拉列表中选择"合并单元格"选项,然后输入"月平均"。

步骤 2: 参考操作练习 1 中的题 5,在 IF 函数的"函数参数"对话框的第一个参数文本框中输入"AVERAGE(C3:C14)>=600",第二个参数文本框中输入"较高",第三个参数文本框中输入"较低"(图 2-105)。单击"确定"按钮,然后拖曳 C15 单元格的填充柄至 L15 单元格,完成自动填充。

6. 步骤 1: 工作表间的复制可参考操作练习 1 中的题 2。

步骤 2: 在 Sheet3 表中选中第 M 列和第 N 列,右击,在弹出的快捷菜单中选择"删除"命令。

步骤 3: 参考操作练习 14 中的题 7,在"分类汇总"对话框的"分类字段"选择"季度","汇总方式"选择"求和",在"选定汇总项"中勾选"2003~2012 年"的复选框(图 2-106),单击"确定"按钮。

步骤 4: 在工作表左侧的分级显示处单击"2"。

步骤 5: 在 Sheet3 表中选中第 A~L 列,切换到"开始"选项卡,单击"单元格"组的"格式"按钮,在弹出的下拉列表中选择"自动调整列宽"选项,然后单击"确定"按钮。

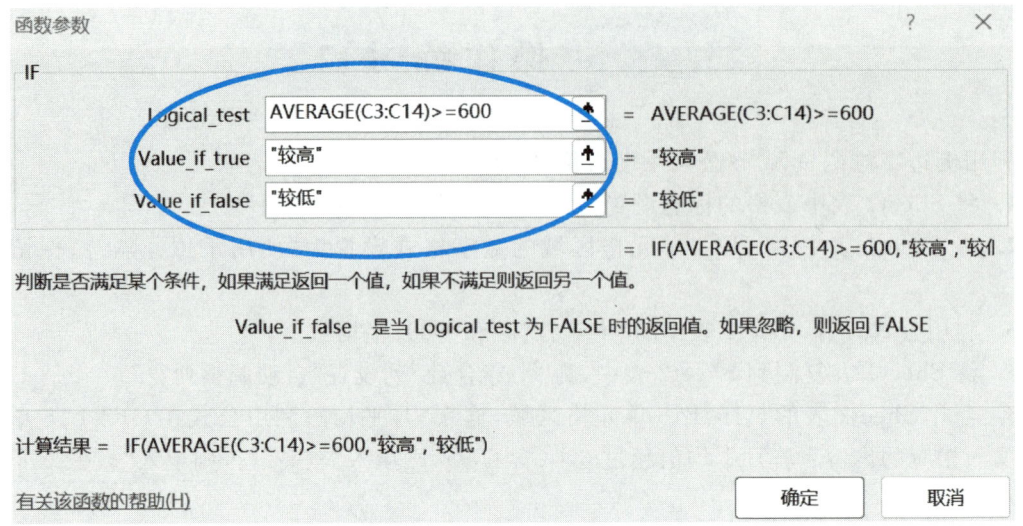

图 2-105 IF 函数参数设置

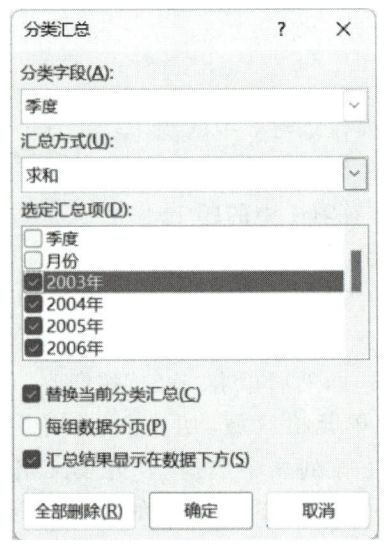

图 2-106 "分类汇总"对话框

2.18 操作练习18

练习资源

C公司产值

利用侧边二维码资源"C 公司产值"完成下列操作。

1. 将 Sheet1 表按"十年合计"升序排列。
2. 将 Sheet1 表复制到 Sheet2 表中。
3. 将 Sheet2 表中的"十年合计"列数据设置为"货币"格式,货币符号为"￥",小数位数为"3"。
4. 将 Sheet2 表中 A2:N14 单元格区域套用"表样式中等深浅 4"的表格格式。

5. 在 Sheet2 表中利用公式统计"十年中产值超过 650（含 650）的月份数"，填入 A16 单元格。

6. 在 Sheet2 表后添加 Sheet3 表，将 Sheet1 表的 A2:L14 单元格区域复制到 Sheet3 表中从 A1 单元格开始的区域。对 Sheet3 表的 C2:L13 单元格区域，设置数据有效性为"允许小数，数据大于或等于 500"。设置出错警告的样式为"警告"，标题为"出错了……"（不包括引号），错误信息为"输入的数据必须大于等于 500！"（不包括引号）。（说明：设置完成后，当该区域输入一个小于 500 的数据时，会弹出一个警告对话框。）

操作步骤

1. 参考操作练习 2 中的题 3，在"排序"对话框中设置"主要关键字"为"十年合计"，"排序依据"为"数值"，"次序"为"升序"。

2. 复制工作表可参考操作练习 1 中的题 2。

3. 设置数据的货币格式可参考操作练习 16 中的题 5。

4. 套用表格格式可参考操作练习 2 中的题 4。

5. 参考操作练习 2 中的题 5，在 COUNTIF 函数的"函数参数"对话框中设置参数。在"Range"文本框内，按住鼠标左键并拖曳选择 C3:L14 单元格区域；在"Criteria"文本框内输入">=650"，单击"确定"按钮，如图 2-107 所示。

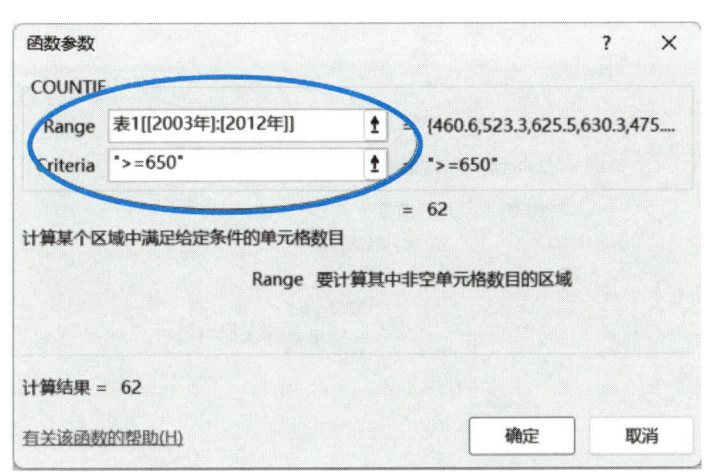

图 2-107 COUNTIF 函数参数设置

6. 步骤 1：单击屏幕下方的"新工作表"按钮 ，在 Sheet2 表后面添加 Sheet3 表。

步骤 2：选中 Sheet1 表的 A2:L14 单元格区域，右击后选择"复制"命令，到 Sheet3 表中 A1 单元格处右击，选择"粘贴"命令。

步骤 3：选中 C2:L13 单元格区域，切换到功能区"数据"选项卡的"数据工具"组中，单击"数据验证"按钮，在弹出的下拉列表中选择"数据验证"选项，如图 2-108 所示。

步骤 4：在"数据验证"对话框的"设置"选项卡中，"验证条件"的"允许"下拉列表框选择"小数"，"数据"下拉列表框选择"大于或等于"，在"最小值"文本框中输入数字"500"，如图 2-109 所示。

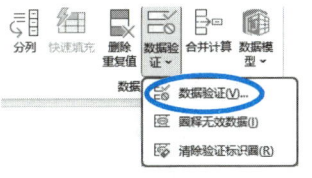

图 2-108 "数据验证"选项

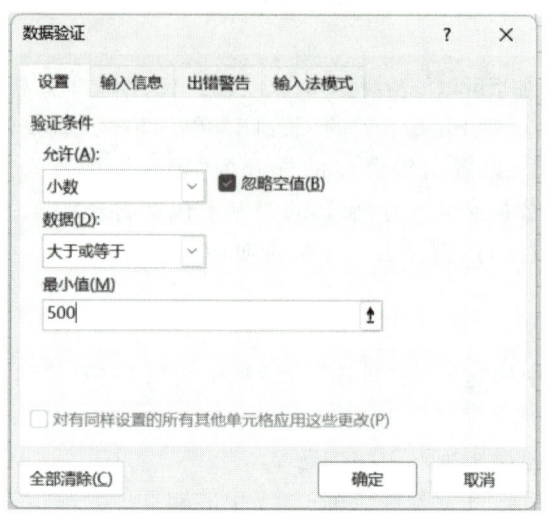

图 2-109 "数据验证"对话框

步骤 5：在"数据验证"对话框的"出错警告"选项卡中，"样式"选择"警告"，"标题"文本框中输入"出错了……"，"错误信息"文本框中输入"输入的数据必须大于等于 500！"，如图 2-110 所示。

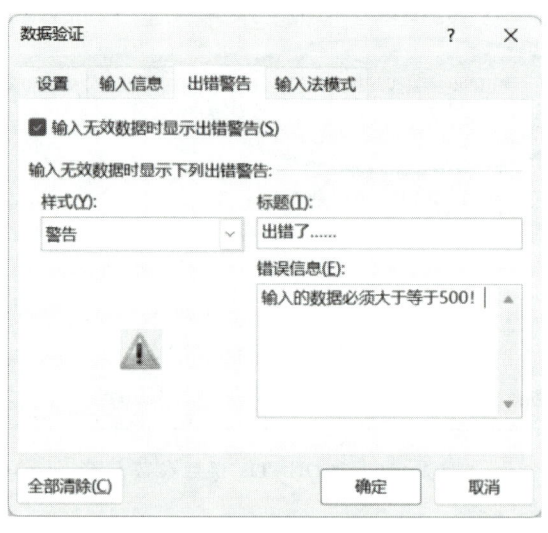

图 2-110 设置出错警告信息

2.19 操作练习19

练习资源

职业成绩总评

利用侧边二维码资源"职业成绩总评"完成下列操作。

1. 将 Sheet1 表复制到 Sheet2 表中。
2. 设置 Sheet2 表的 A2:I101 单元格区域套用"蓝色，表样式深色 2"的表格格式。
3. 将 Sheet1 表的第 F 列删除。

4. 在 Sheet1 表中,利用公式给出各考生的"总评"成绩:

若 40%＊实验成绩＋60%＊考试成绩≥80,则给出"通过",否则给出"未通过"(不包括引号)。

5. 在 Sheet1 表中,使用函数计算"实验成绩"和"考试成绩"的平均分,将计算结果填入第 101 行相应的单元格中。

6. 在 Sheet2 表后添加 Sheet3 表,将 Sheet1 表中除第 1 行和最后 1 行的内容复制到 Sheet3 表。对 Sheet3 表进行分类汇总,根据性别(男在前,女在后)统计其平均年龄,要求显示到第 2 级(不显示具体人员明细)。

操作步骤

1. 复制工作表可参考操作练习 1 中的题 2。

2. 套用表格格式可参考操作练习 2 中的题 4。

3. 在 Sheet1 表中选中第 F 列,右击,在弹出的快捷菜单中选择"删除"命令。

4. 参考操作练习 1 中的题 5,在"函数参数"对话框的第一个参数文本框中输入"40%＊F3＋60%＊G3＞＝80",在第二个参数文本框中输入"通过",在第三个参数文本框中输入"未通过"(图 2-111),单击"确定"按钮,然后拖曳 H3 单元格的填充柄至 H100 单元格,完成自动填充。

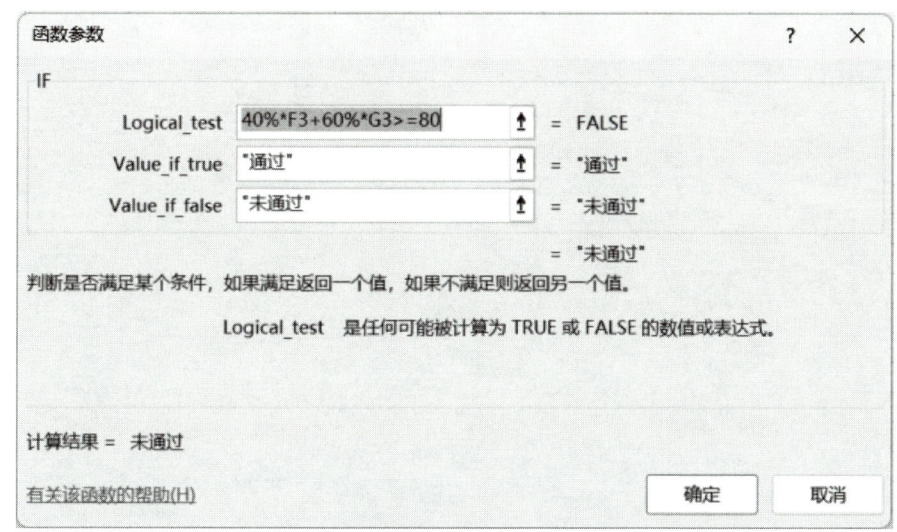

图 2-111 IF 函数参数设置

5. 求平均值可参考操作练习 1 中的题 3。

6. 步骤 1: 单击屏幕下方的"新工作表"按钮,在 Sheet2 表后面添加 Sheet3 表。

步骤 2: 选中 Sheet1 表中的第 2~100 行的内容,右击后选择"复制"命令,选中 Sheet3 表中的 A1 单元格,右击后选择"粘贴"命令。

步骤 3: 在 Sheet3 表中单击任意一个有数据的单元格,切换到功能区"数据"选项卡,在"排序和筛选"组中单击"排序"按钮,将 Sheet3 表中的内容按照"性别"升序排列。

步骤 4: 参考操作练习 14 中的题 7,在"分类汇总"对话框的"分类字段"选择"性别","汇总方式"选择"平均值",在"选定汇总项"中勾选"年龄"复选框,单击"确定"按钮,如图 2-112 所示。

步骤 5: 在工作表左侧的分级显示处单击"2",设置显示到第 2 级。

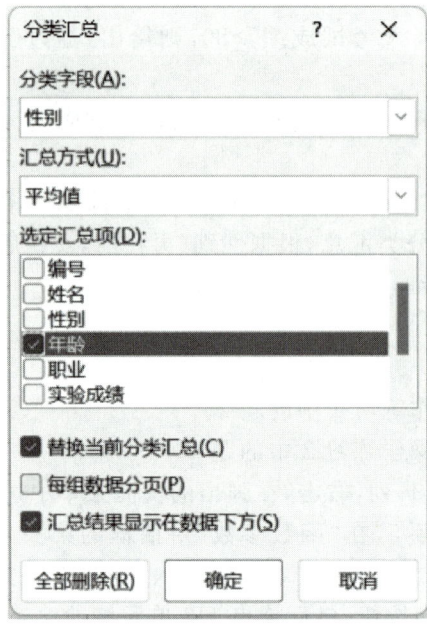

图 2-112 "分类汇总"对话框

第三部分　PowerPoint 2010(2016)典型试题解析

3.1　操作练习1

利用侧边二维码资源"超重与失重"完成下列操作。

1. 将第1张幻灯片的版式设置为"标题幻灯片"。
2. 为第1张幻灯片添加标题,内容为"超重与失重",字体为"宋体"。
3. 将整个幻灯片的宽度设置为"28.8厘米(12英寸)"。
4. 在最后添加1张"空白"版式的幻灯片。
5. 在新添加的幻灯片上插入一个文本框,文本框的内容为"The End",字体为"Times New Roman"。

练习资源

超重与失重

操作步骤

1. 选中第1张幻灯片,切换到功能区的"开始"选项卡,单击"幻灯片"选择项组中的"版式"按钮,在弹出的下拉列表中选择"标题幻灯片",如图3-1所示。

2. 选中第1张幻灯片的标题文本框,输入标题"超重与失重",设置字体为"宋体",如图3-2所示。

3. 切换到功能区的"设计"选项卡,单击"页面设置"组中的"页面设置"按钮(图3-3),打开"页面设置"对话框,将整个幻灯片的"宽度"设置为"28.8厘米",单击"确定"按钮,如图3-4所示。

4. 选中最后1张幻灯片,切换到功能区的"开始"选项卡,单击"幻灯片"组中的"新建幻灯片"按钮,在弹出的下拉列表中选择"空白",如图3-5所示。

5. 选中新插入的空白幻灯片,切换到功能区的"插入"选项卡,单击"文本"组中的"文本框"按钮,在弹出的下拉列表中选择"横排文本框",如图

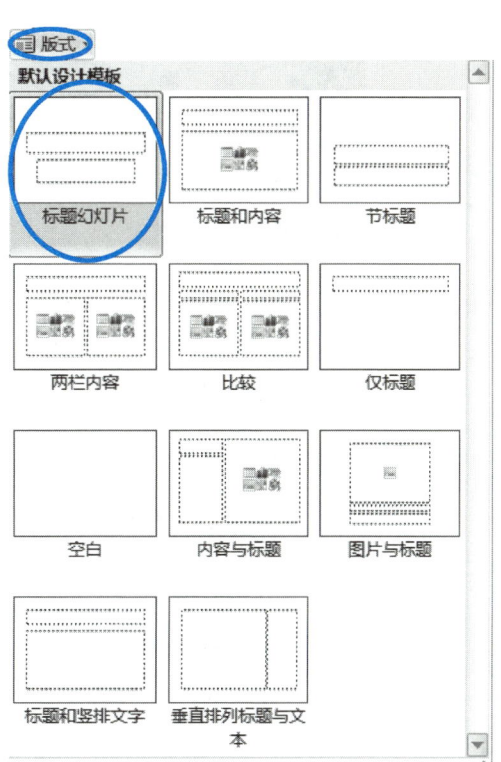

图3-1　设置幻灯片版式

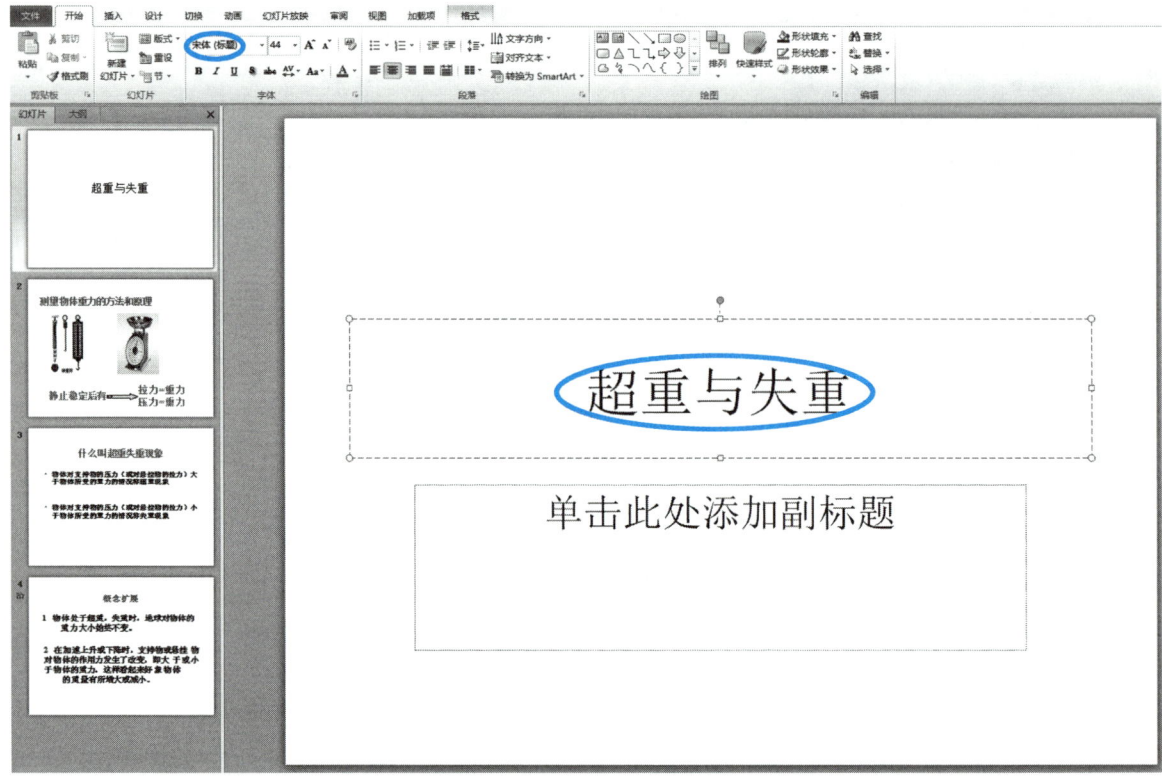

图 3-2 输入标题,设置字体

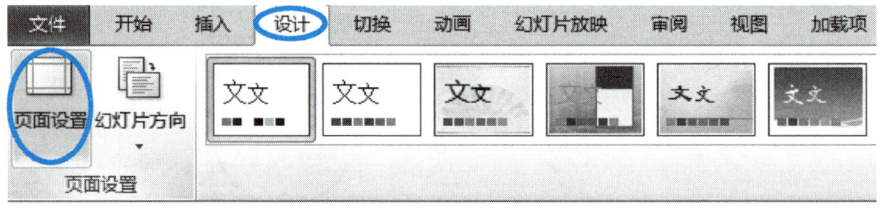

图 3-3 "页面设置"按钮

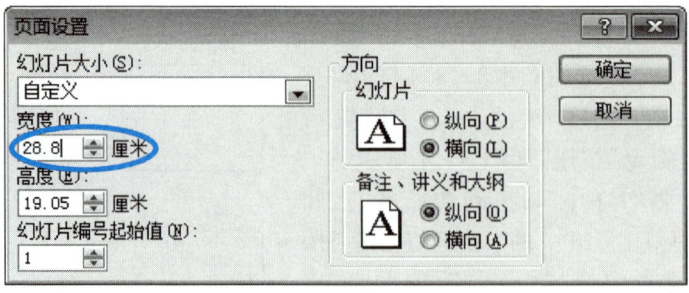

图 3-4 "页面设置"对话框

3-6所示;单击文本框,输入文本"The End",设置其字体为"Times New Roman",如图 3-7 所示。

3.1 操作练习1

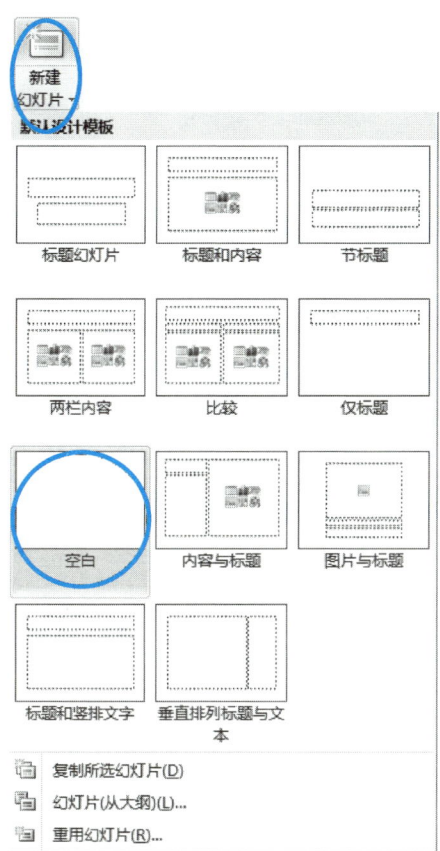

超重与失重

图 3-5 插入"空白"版式幻灯片　　　　图 3-6 选择"横排文本框"

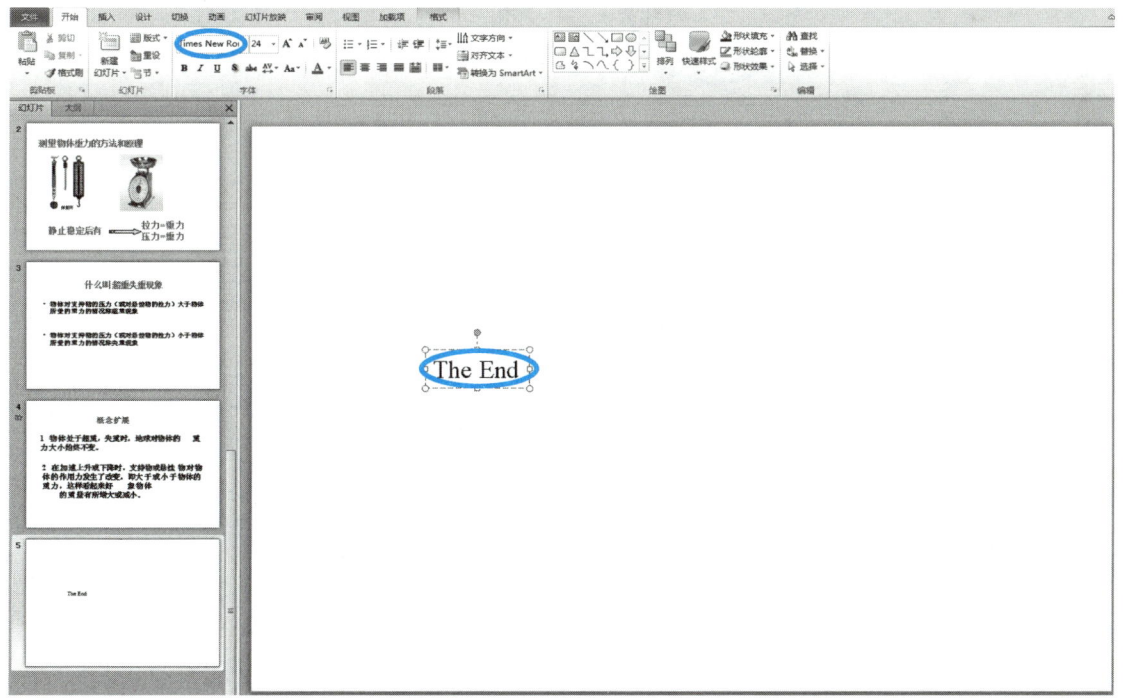

图 3-7 输入文本，设置字体

3.2 操作练习2

利用侧边二维码资源"大熊猫"完成下列操作。

1. 在最后添加1张幻灯片,设置其版式为"标题幻灯片",在主标题区输入文字"The End"(不包括引号)。

2. 设置页脚,除了标题"幻灯片",所有幻灯片(即第2～6张)的页脚文字均为"国宝大熊猫"(不包括引号)。

练习资源

3. 将"作息制度"所在幻灯片中的表格对象,设置动画效果为"自右侧擦除"。
4. 将"活动范围"所在幻灯片中的"因此活动量也相应减少"降低到下一个标题级别。
5. 将"大熊猫现代分布区"所在幻灯片的文本区,设置行距为1.2倍。

大熊猫

 操作步骤

1. 选中最后1张幻灯片,切换到功能区的"开始"选项卡,单击"幻灯片"组中的"新建幻灯片"按钮,在弹出的下拉列表中选择"标题幻灯片"(图3-8);单击新建幻灯片的主标题区,输入文本"The End",如图3-9所示。

图3-8 新建"标题幻灯片"

3.2 操作练习2

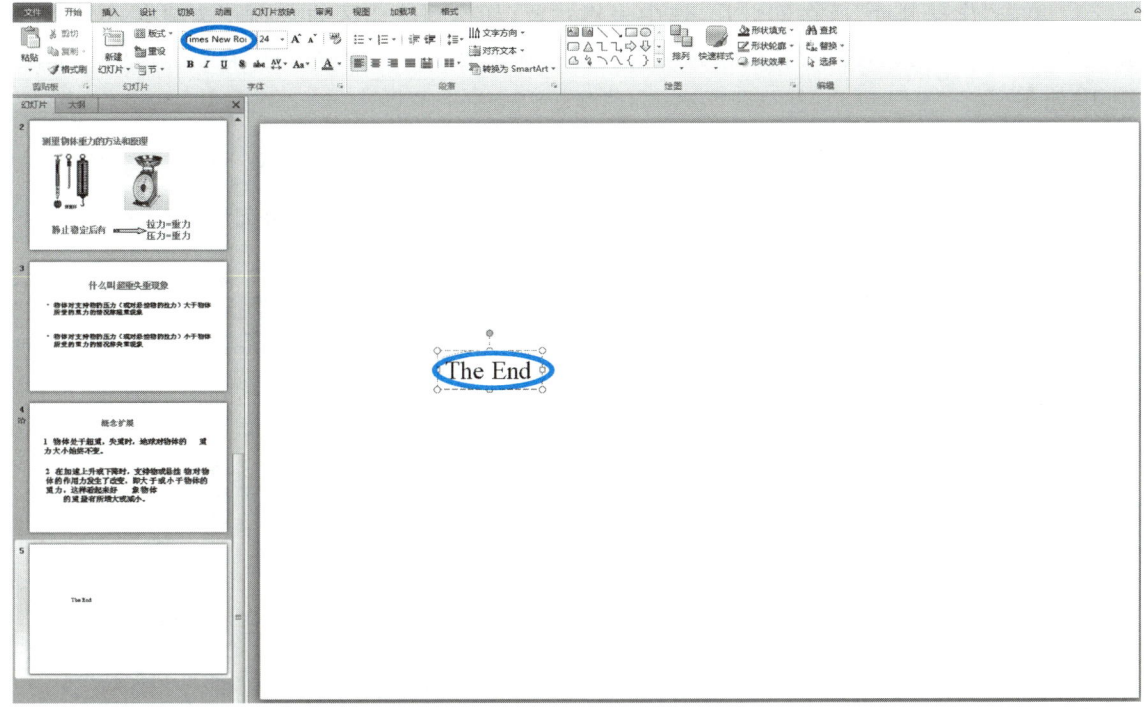

图 3‑9　输入文本"The End"

2. 切换到功能区的"插入"选项卡，单击"文本"组中的"页眉和页脚"按钮，打开"页眉和页脚"对话框（图 3‑10）。在"幻灯片"选项卡中，勾选"页脚"复选框并输入"国宝大熊猫"，勾选"标题幻灯片中不显示"复选框，最后单击"全部应用"按钮，如图 3‑11 所示。

图 3‑10　打开"页眉和页脚"对话框

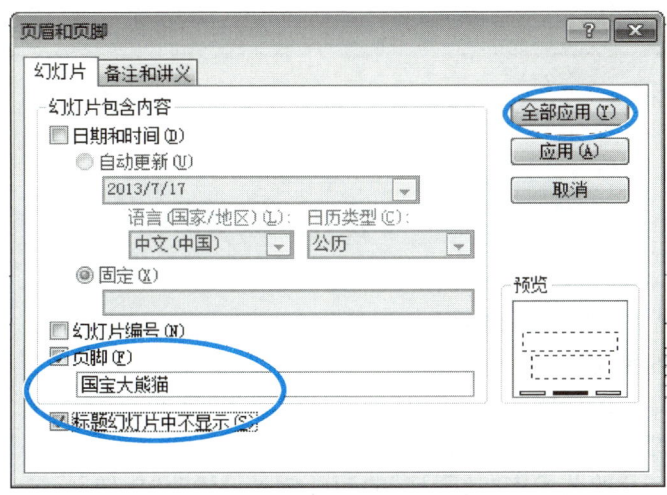

图 3‑11　"页眉和页脚"对话框

99

3. 单击"作息制度"所在幻灯片,选中表格对象,切换到功能区的"动画"选项卡,选择"动画"组中的"擦除"效果,再单击"效果选项"按钮,在弹出的下拉列表中选择"自右侧"选项,如图3-12所示。

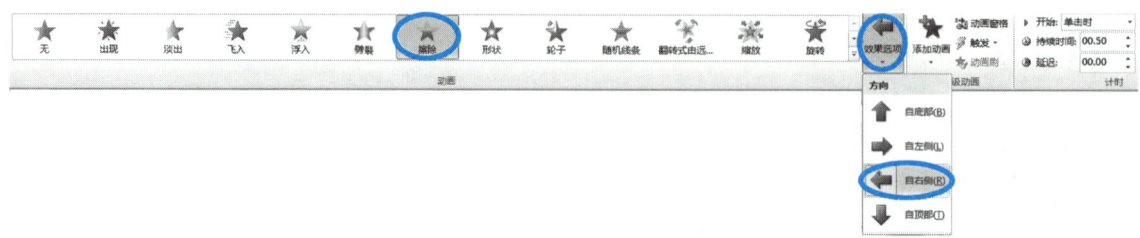

图 3-12 设置"擦除"效果

4. 单击"活动范围"所在幻灯片,将光标定位到"因此活动量也相应减少"前,切换到功能区的"开始"选项卡,单击"段落"组中的"提高列表级别"按钮 ，设置增大缩进级别。

5. 单击"大熊猫现代分布区"所在幻灯片,选中文本区所有内容,切换到功能区的"开始"选项卡,单击"段落"组中的"行距"按钮,选择"行距选项"(图3-13)。打开"段落"对话框,设置"行距"为"多倍行距","设置值"为"1.2",单击"确定"按钮,如图3-14所示。

参考答案

大熊猫

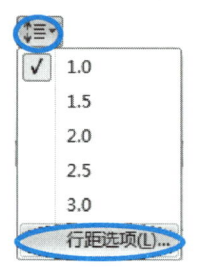

图 3-13 选择"行距选项"

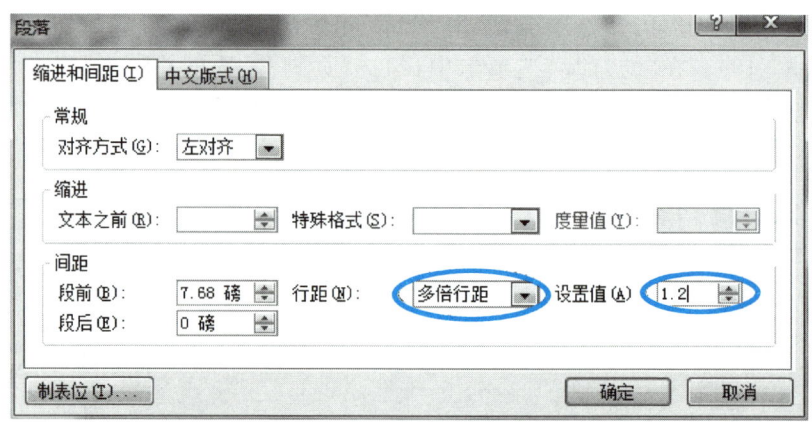

图 3-14 "段落"对话框

3.3 操作练习3

练习资源

动画片

利用侧边二维码资源"动画片"完成下列操作。

1. 将演示文稿的主题设置为"聚合"。

2. 将第2张幻灯片的标题文本"棋魂"的字体设置为"隶书"。

3. 将第4张幻灯片的版式设置为"仅标题"。

4. 将第1张幻灯片的艺术字"动画片"的动画效果设置为"旋转"。

5. 将演示文稿的幻灯片高度设置为"20.4厘米(8.5英寸)"。

3.3 操作练习 3

操作步骤

1. 切换到功能区的"设计"选项卡,单击"主题"组的"其他"按钮(图 3-15),在弹出的下拉列表中选择"聚合"主题,如图 3-16 所示。

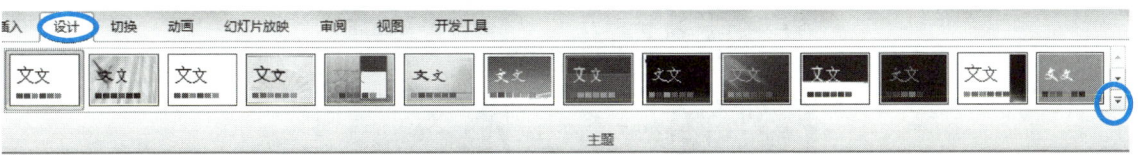

图 3-15 "主题"组的"其他"按钮

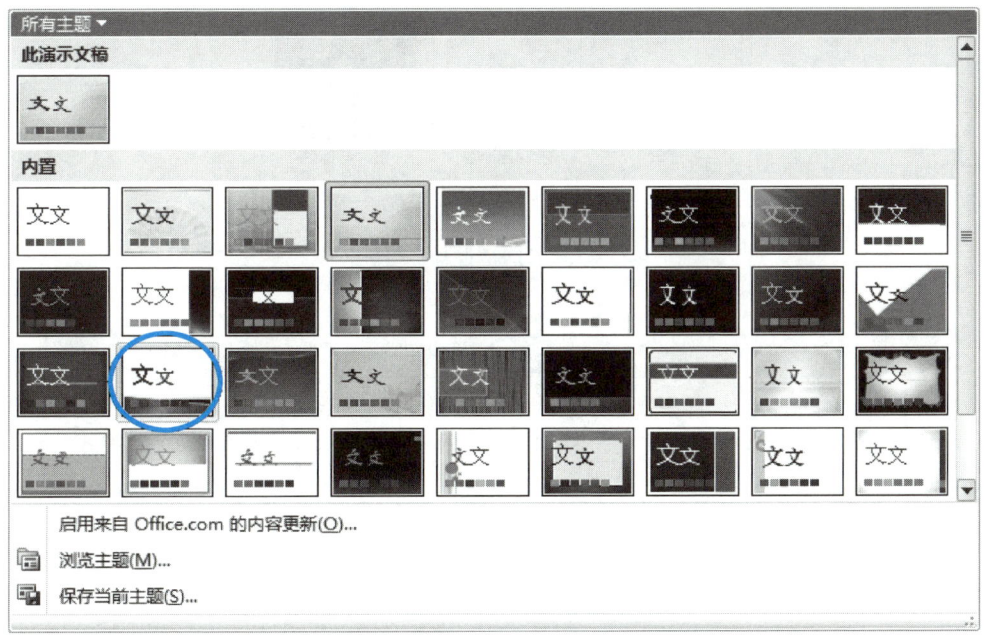

图 3-16 "聚合"主题

2. 单击第 2 张幻灯片,选中标题"棋魂",再切换到功能区的"开始"选项卡,在"字体"组中设置字体为"隶书",如图 3-17 所示。

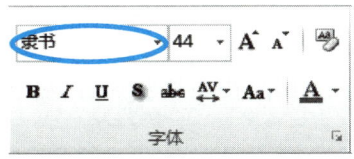

图 3-17 设置"隶书"字体

3. 单击第 4 张幻灯片,切换到功能区的"开始"选项卡,单击"幻灯片"组中的"版式"按钮,在弹出的下拉列表中选择"仅标题",如图 3-18 所示。

4. 单击第 1 张幻灯片,选中艺术字"动画片",切换到功能区的"动画"选项卡,在"动画"组中选择"旋转"动画,如图 3-19 所示。

5. 幻灯片的高度设置可参考操作练习 1 中的题 3。

参考答案

动画片

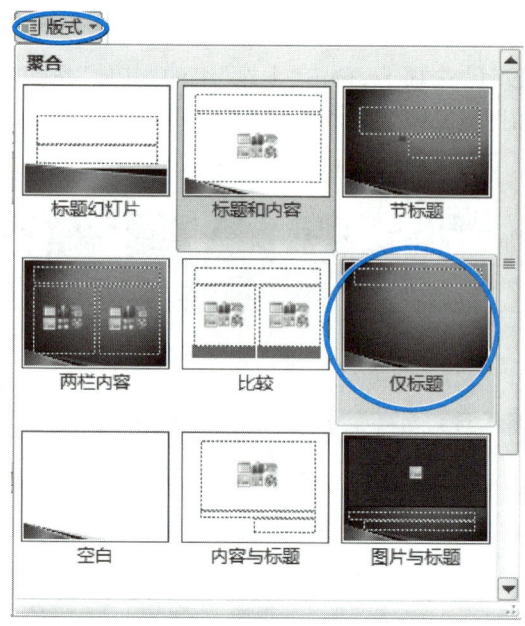

图 3-18 设置"仅标题"版式

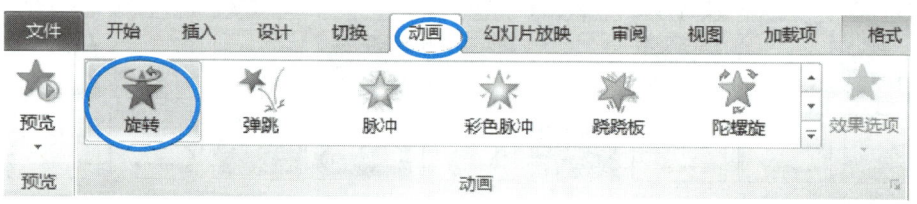

图 3-19 设置"旋转"动画

3.4 操作练习 4

练习资源

发现小行星

利用侧边二维码资源"发现小行星"完成下列操作。

1. 将标题文本"发现小行星"设置为"隶书",文本字号为"60",文字效果使用"阴影"。
2. 将演示文稿的主题设置为"切片",并应用于所有幻灯片。
3. 对第 6 张含有 4 张图片的幻灯片,按照从左到右、从上到下的出现顺序,设置 4 张图片的动画效果为"翻转式由远及近"。
4. 将第 3 张幻灯片中的"气候绝佳"提升到上一个标题级别。
5. 在所有幻灯片中插入幻灯片编号。

参考答案

发现小行星

操作步骤

1. 标题文本的设置可参考操作练习 3 中的题 2。
2. 演示文稿的主题设置可参考操作练习 3 中的题 1。
3. 单击第 6 张幻灯片,选中左上角第 1 张图片,切换到功能区的"动画"选项卡,在"动画"

组中选择"翻转式由远及近"选项,如图3-20所示。同理,其他3张图片按右上、左下、右下的顺序依次进行设置。

图3-20 设置"翻转式由远及近"动画效果

4. 修改标题级别可参考操作练习2中的题4,单击"降低列表级别"按钮 即可。

5. 插入幻灯片编号可参考操作练习2中的题2,选择"文本"组中的"幻灯片编号"选项,单击"全部应用"按钮。

3.5 操作练习5

利用侧边二维码资源"枸杞"完成下列操作。

1. 将第1张幻灯片的主标题"枸　杞"的字体设置为"华文彩云",字号为"60"。
2. 将第2张幻灯片中的图片动画效果设置为"形状"。
3. 给第4张幻灯片中的"其他"建立超链接。
4. 将第3张幻灯片的切换效果设置为"立方体",效果选项设置为"自左侧"。
5. 将演示文稿的主题设置为"丝状"。

练习资源

枸杞

操作步骤

1. 标题字体设置可参考操作练习3中的题2。
2. 图片动画效果设置可参考操作练习3中的题4。
3. 单击第4张幻灯片,选中幻灯片中的文本"其他",切换到功能区的"插入"选项卡,单击"链接"组中的"超链接"按钮(图3-21),也可单击鼠标右键,在弹出的快捷菜单中选择"超链接"命令,打开"插入超链接"对话框。在"地址"文本框处输入如图3-22所示的网址,单击"确定"按钮。

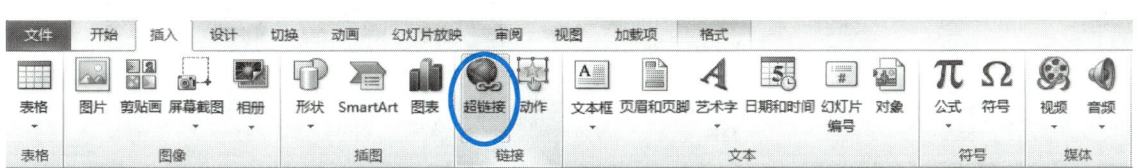

图3-21 "超链接"按钮

4. 单击第3张幻灯片,切换到功能区的"切换"选项卡,单击"切换到此幻灯片"组中的"其他"按钮(图3-23)。在弹出的下拉列表中选择切换效果为"立方体",然后单击"效果选项"按钮并选择"自左侧"选项,如图3-24、图3-25所示。

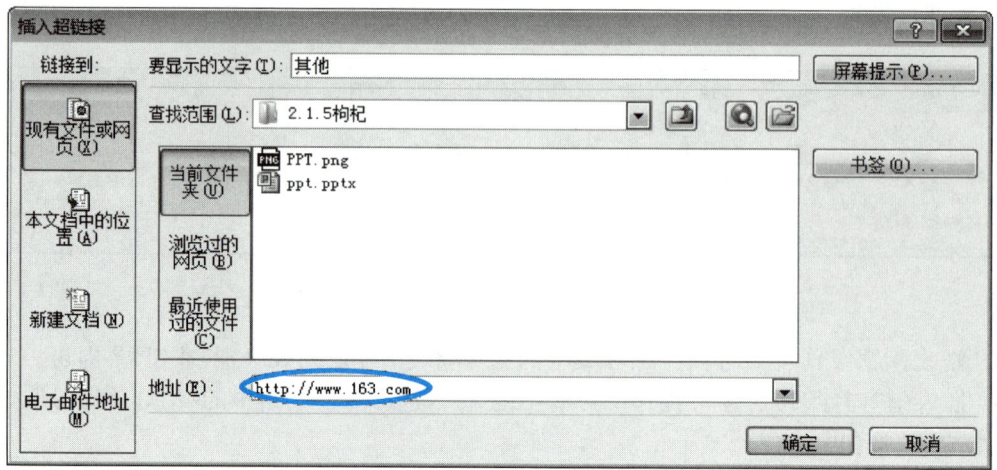

图 3-22 "插入超链接:对话框

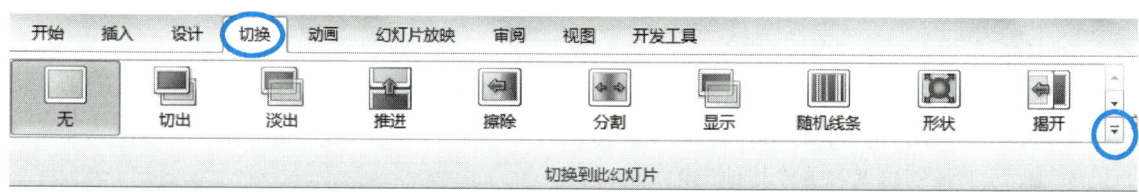

图 3-23 "切换到此幻灯片"组中的"其他"按钮

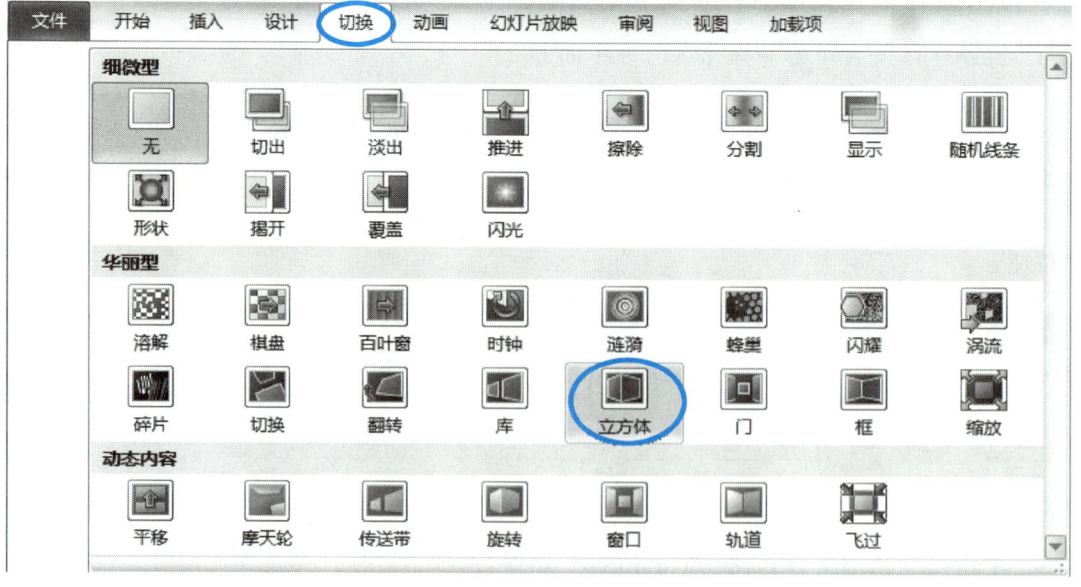

图 3-24 设置"立方体"切换效果

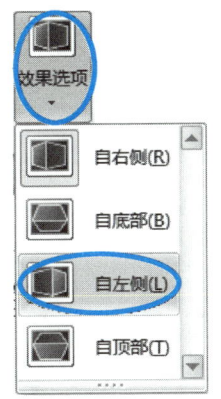

图 3-25 设置"自左侧"效果

枸杞

5. 修改演示文稿的主题可参考操作练习 3 中的题 1。

3.6 操作练习 6

天龙八部

利用侧边二维码资源"天龙八部"完成下列操作。

1. 将第 1 张幻灯片的主标题"天龙八部"的字体设置为"黑体",采用默认字号。
2. 为第 1 张幻灯片添加副标题"金庸巨著",字体设置为"宋体",采用默认字号。
3. 将第 2 张幻灯片的背景设置为"信纸"纹理。
4. 将第 3 张幻灯片的切换效果设置为"随机水平线条",采用默认速度。
5. 取消第 3 张幻灯片中文本框内的所有项目符号。

操作步骤

1. 主标题字体设置可参考操作练习 3 中的题 2。

2. 为幻灯片添加标题可参考操作练习 1 中的题 2,在副标题文本框中输入"金庸巨著"并修改字体为"宋体"。

3. 单击第 2 张幻灯片,切换到功能区的"设计"选项卡,单击"背景"组中的"背景样式"按钮,在弹出的下拉列表中选择"设置背景格式"选项(图 3-26)。打开"设置背景格式"对话框,

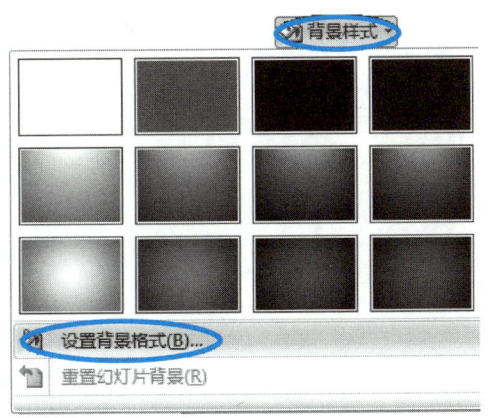

图 3-26 "设置背景格式"选项

选择"图片或纹理填充"选项,在"纹理"下拉列表中选择"信纸",最后单击"关闭"按钮,如图 3-27 所示。

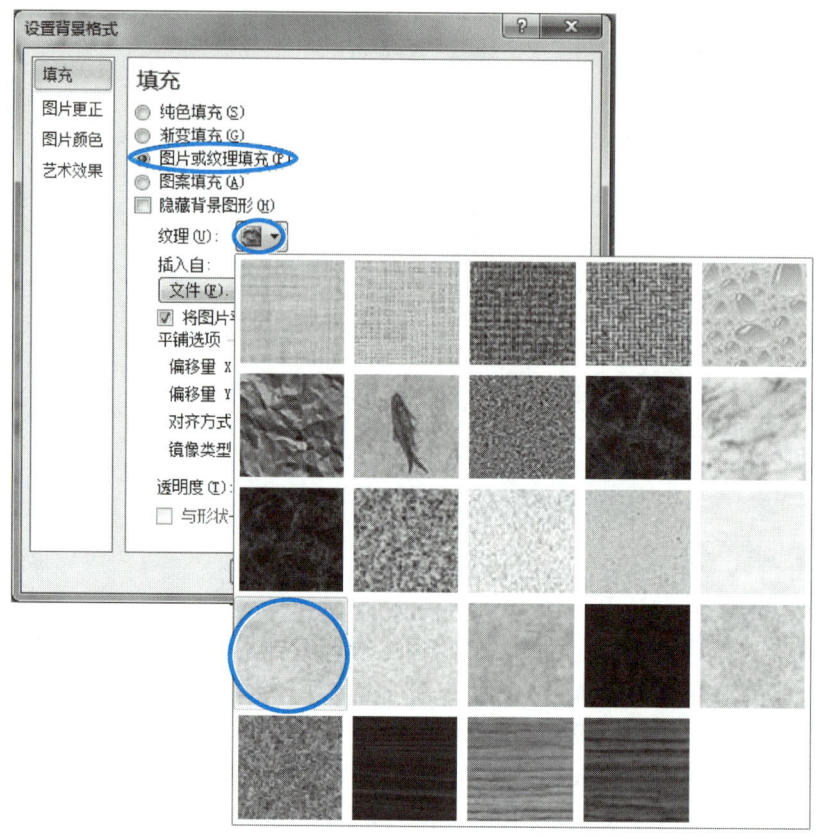

图 3-27 "设置背景格式"对话框

4. 设置幻灯片的切换效果可参考操作练习 5 中的题 4。

5. 单击第 3 张幻灯片,选中文本框内容,切换到功能区的"开始"选项卡,单击"段落"组中的"项目符号"按钮,在弹出的下拉列表中选择"无",如图 3-28 所示。

参考答案

天龙八部

图 3-28 取消项目符号

3.7 操作练习7

利用侧边二维码资源"网络技术实验"完成下列操作。

1. 将第 2 张幻灯片的版式设置为"垂直排列标题与文本",切换效果设置为"水平百叶窗",采用默认速度。
2. 删除第 3 张幻灯片中的所有项目符号。
3. 将第 3 张幻灯片的背景渐变预设颜色设置为"雨后初晴"。
4. 将第 1 张幻灯片的主标题的字体设置为"华文彩云",采用默认字号。
5. 为第 1 张幻灯片的剪贴画建立超链接。

练习资源

网络技术实验

操作步骤

1. 幻灯片的版式设置可参考操作练习 1 中的题 1;幻灯片的切换效果设置可参考操作练习 5 中的题 4。
2. 删除项目符号可参考操作练习 6 中的题 5。
3. 单击第 3 张幻灯片,切换到功能区的"设计"选项卡,单击"背景"组中的"背景样式"按钮,打开"设置背景格式"对话框。选择"渐变填充"选项,设置"预设颜色"为"雨后初晴",最后单击"关闭"按钮,如图 3-29 所示。

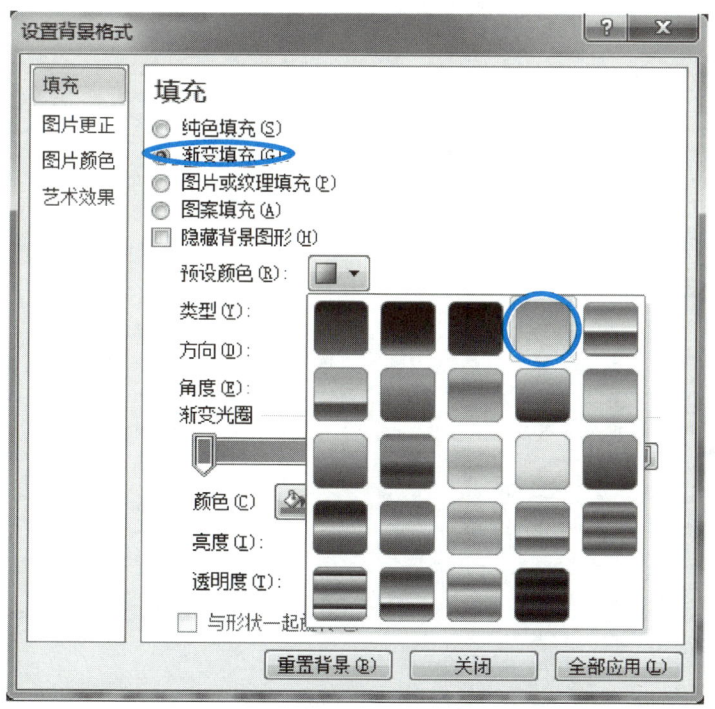

图 3-29 设置"预设颜色"为"雨后初晴"

参考答案

网络技术实验

4. 标题的字体设置可参考操作练习 3 中的题 2。
5. 建立超链接可参考操作练习 5 中的题 3。

3.8 操作练习 8

练习资源
国际单位制

利用侧边二维码资源"国际单位制"完成下列操作。

1. 在第 1 张幻灯片前插入 1 张标题幻灯片，在主标题文本框内输入"国际单位制"（不包括引号）。
2. 设置所有幻灯片背景的填充效果的纹理为"花束"。
3. 对"物理公式在确定物理量"文本所在幻灯片，设置每条文本的动画方式为"螺旋飞入"（共 6 条）。
4. 对"在采用先进的……"文本所在段落删除项目符号。
5. 对"SI 基本单位"文本所在幻灯片中的图片，建立电子邮件超链接。

操作步骤

1. 插入标题幻灯片可参考操作练习 2 中的题 1，并将新建的幻灯片移至第 1 张幻灯片之前。
2. 设置幻灯片背景可参考操作练习 6 中的题 3。
3. 步骤 1：单击"物理公式在确定物理量"文本所在幻灯片，切换到功能区的"动画"选项卡，单击"动画"组中的"其他"按钮（图 3-30），在弹出的下拉列表中选择"更多进入效果"选项（图 3-31）。在打开的"更改进入效果"对话框中，选择"华丽型"的"螺旋飞入"选项，如图 3-32 所示，最后单击"确定"按钮完成设置。

图 3-30　"动画"组中的"其他"按钮

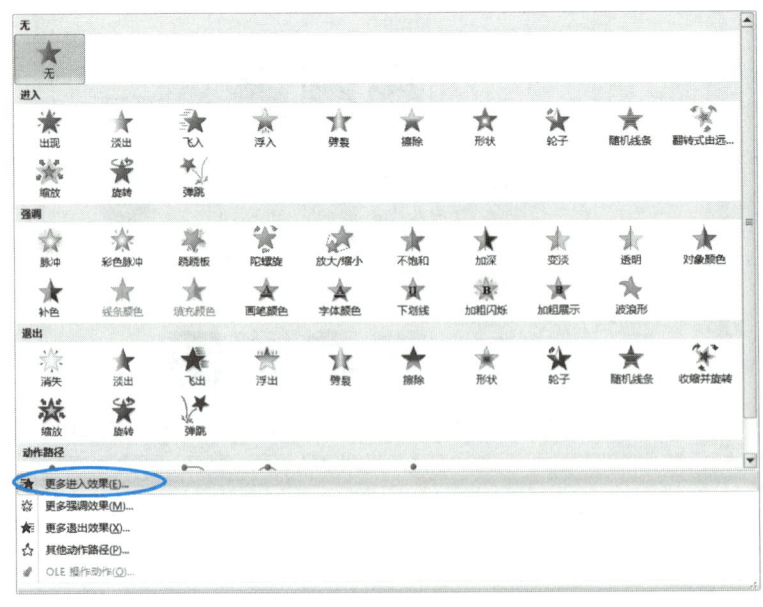

图 3-31　选择"更多进入效果"选项

3.8 操作练习 8

图 3-32 选择"螺旋飞入"选项

4. 删除项目符号可参考操作练习 6 中的题 5。

5. 选中"SI 基本单位"文本所在幻灯片中的图片，切换到功能区的"插入"选项卡，单击"链接"组中的"超链接"按钮，打开"插入超链接"对话框。设置"链接到"选项为"电子邮件地址"，并填写"电子邮件地址"文本框，单击"确定"按钮，如图 3-33 所示。

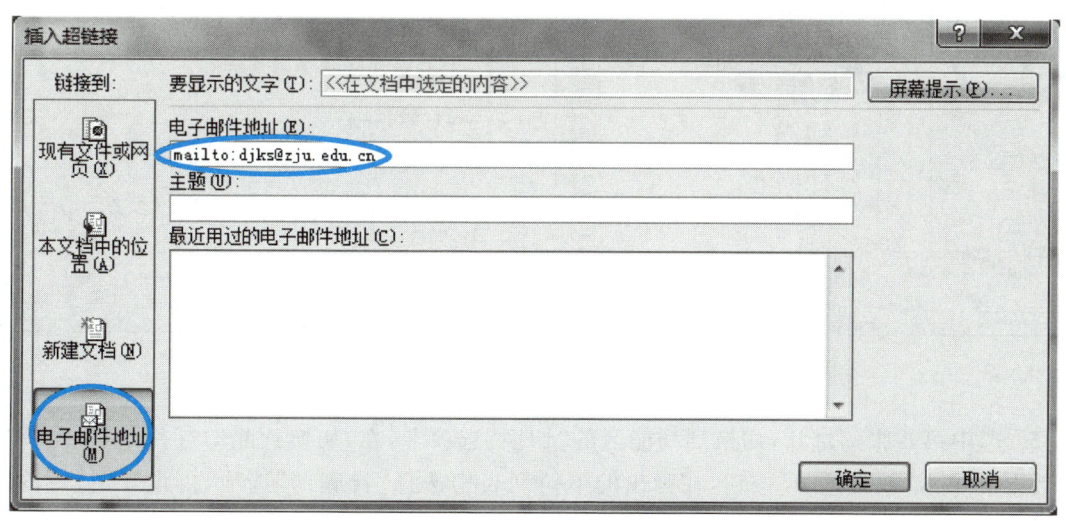

图 3-33 "插入超链接"对话框

参考答案

国际单位制

3.9 操作练习9

练习资源

营养物质的组成

利用侧边二维码资源"营养物质的组成"完成下列操作。

1. 将演示文稿的主题设置为"环保",并应用于所有幻灯片。
2. 将第1张幻灯片的主标题"营养物质的组成"的字体设置为"隶书",采用默认字号。
3. 设置第5张幻灯片的剪贴画的动画效果为"自顶部飞入"。
4. 为第8张幻灯片的剪贴画建立超链接,将其链接到第2张幻灯片。
5. 将第8张幻灯片的切换效果设置为"自底部擦除",持续时间为"2 s"。

操作步骤

1. 演示文稿的主题设置可参考操作练习3中的题1。
2. 标题的字体设置可参考操作练习3中的题2。
3. 设置动画效果可参考操作练习2中的题3。
4. 选中第8张幻灯片中的剪贴画,切换到功能区的"插入"选项卡,单击"链接"组中的"超链接"按钮,打开"插入超链接"对话框。设置"链接到"选项为"本文档中的位置",再选择"幻灯片2",单击"确定"按钮,如图3-34所示。

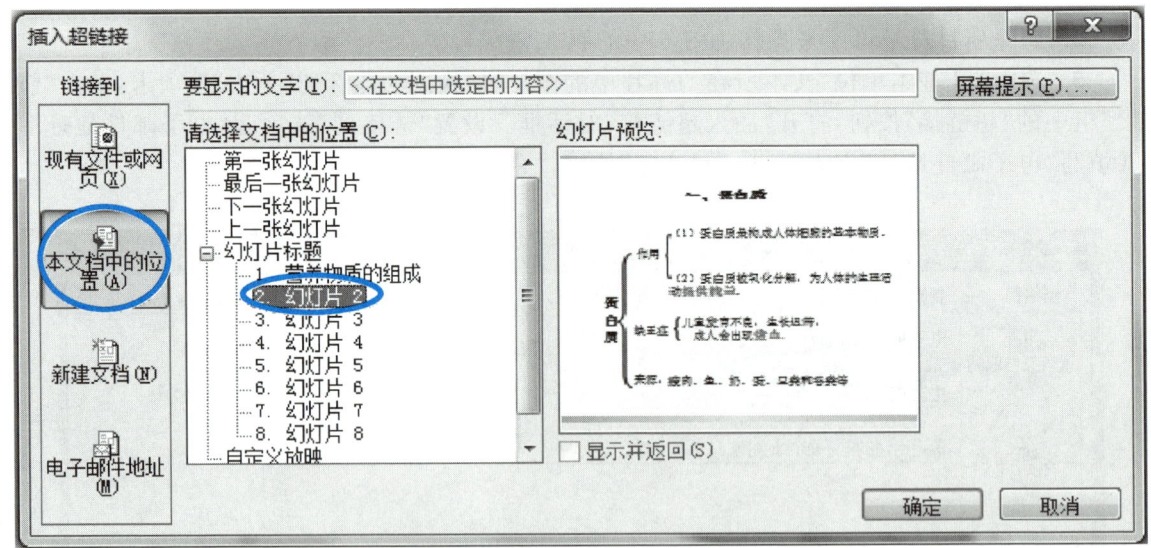

图3-34 "插入超链接"对话框

5. 选中第8张幻灯片,切换到功能区的"切换"选项卡,在"切换到此幻灯片"组中选择"擦除"效果。单击"效果选项"按钮,在弹出的下拉列表中选择"自底部"选项,再设置"持续时间"为"02.00",如图3-35所示。

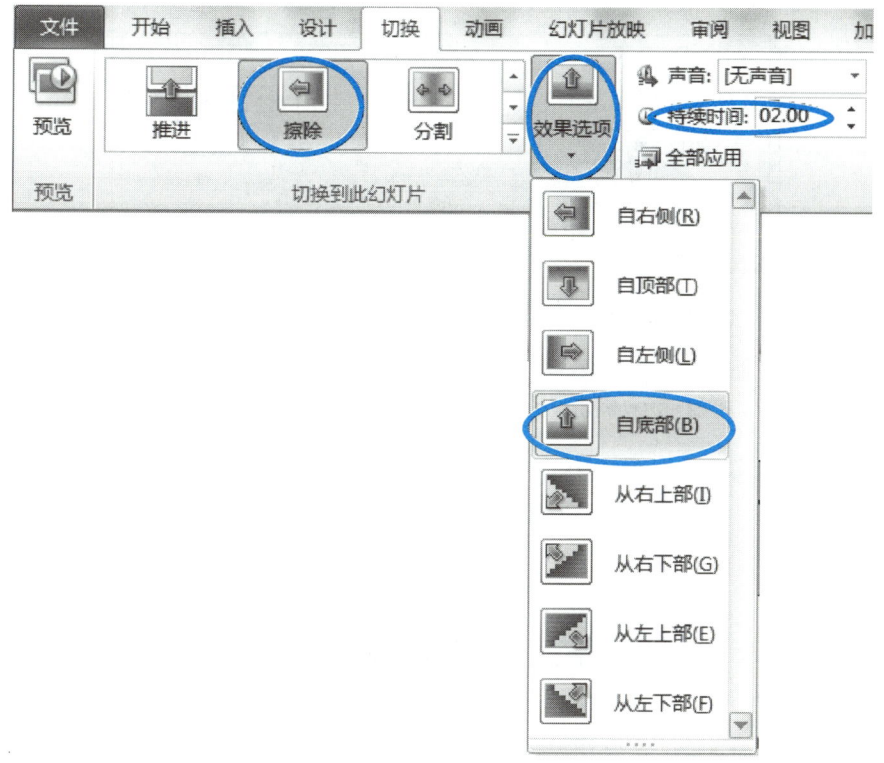

图 3-35 设置"擦除"切换效果

3.10 操作练习 10

利用侧边二维码资源"植物对水分的吸收和利用"完成下列操作。
1. 将第 2 张幻灯片中一级文本的项目符号均设置为"√"。
2. 将第 3 张幻灯片的图片超级链接到第 2 张幻灯片。
3. 将第 1 张幻灯片的版式设置为"标题幻灯片"。
4. 在第 4 张幻灯片的日期区中插入自动更新的日期和时间(采用默认日期格式)。
5. 将第 2 张幻灯片中文本的动画效果设置为"飞入"。

营养物质的组成

操作步骤

1. 设置项目符号可参考操作练习 6 中的题 5,选择"√"即可。
2. 设置幻灯片超链接可参考操作练习 9 中的题 4。
3. 设置标题幻灯片可参考操作练习 1 中的题 1。
4. 单击第 4 张幻灯片,切换到功能区的"插入"选项卡,单击"日期和时间"按钮,打开弹出的"页眉和页脚"对话框,选择"日期和时间→自动更新"选项,单击"应用"按钮,如图 3-36 所示。
5. 设置动画效果可参考操作练习 2 中的题 3。

植物对水分的吸收和利用

第三部分　PowerPoint 2010(2016)典型试题解析

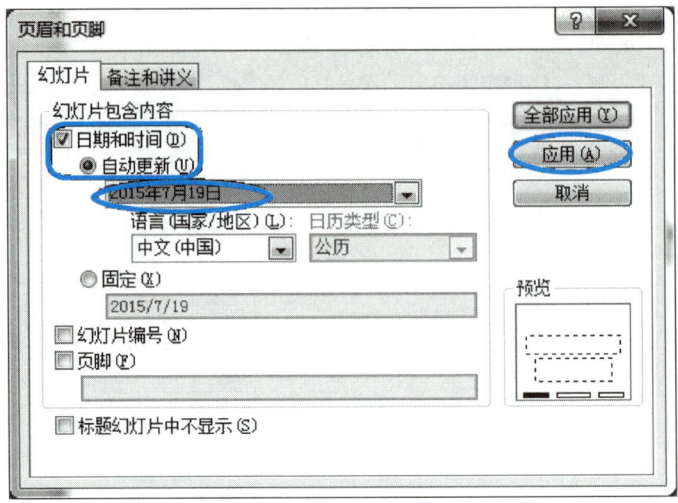

图 3-36　"页眉和页脚"对话框

参考答案

植物对水分的吸收和利用

3.11　操作练习11

练习资源

自我介绍

利用侧边二维码资源"自我介绍"完成下列操作。

1. 隐藏最后1张幻灯片（文本内容为"Bye-bye"）。
2. 将第1张幻灯片的背景纹理设置为"绿色大理石"。
3. 删除第3张幻灯片中所有一级文本的项目符号。
4. 删除第2张幻灯片中的文本（除标题）已经设置的动画效果，重新设置动画效果为"缩放"，并且文本出现的次序早于图片。
5. 对第3张幻灯片中的图片建立超级链接，将其链接到第1张幻灯片。

操作步骤

1. 单击最后1张幻灯片，切换到功能区的"幻灯片放映"选项卡，单击"设置"组中的"隐藏幻灯片"按钮，如图 3-37 所示。

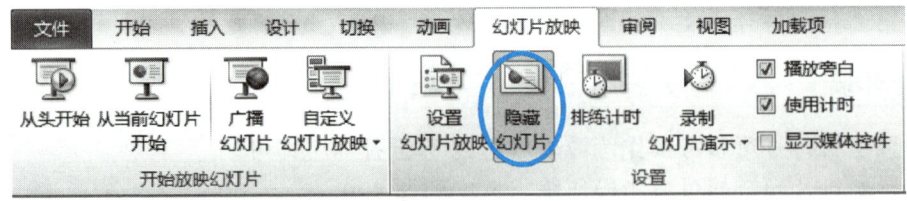

图 3-37　"隐藏幻灯片"按钮

2. 幻灯片的背景设置可参考操作练习6中的题3。

3. 删除幻灯片中的项目符号可参考操作练习6中的题5。

4. 选中第2张幻灯片中的文本（除标题），切换到功能区的"动画"选项卡，先选择"动画"组中的"无"，删除已有动画效果；再选择"动画"组中的"缩放"；最后单击"向前移动"设置文本出现的次序早于图片,如图 3-38 所示。

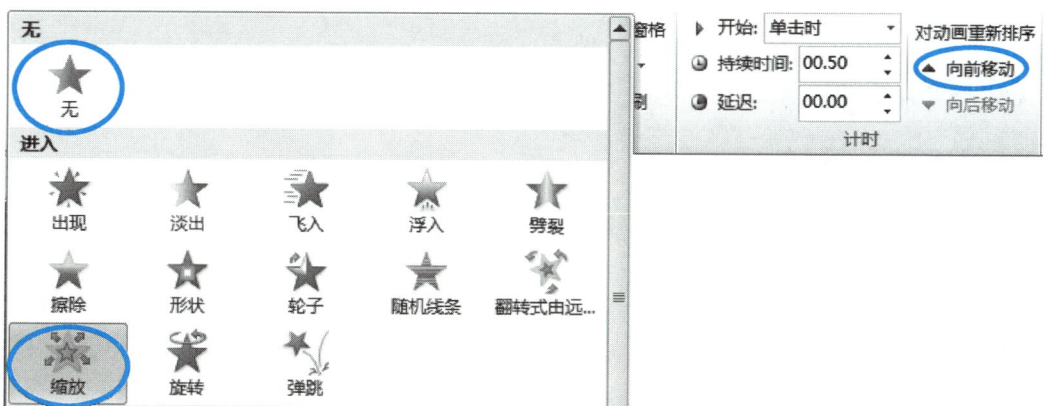

自我介绍

图 3-38　重新设置动画效果

5. 设置超链接可参考操作练习 9 中的题 4,选择"第 1 张幻灯片"即可。

第四部分　信息技术基础理论题训练

4.1　单选题

1. 微型计算机使用的键盘中，Shift 键是_____。
   A. 换挡键　　　　　B. 退格键　　　　　C. 空格键　　　　　D. 回车换行键
2. 以下_____是网卡。

   A.

   B.

   C.

   D.

3. 下列存储器中，存取速度最快的是_____。
   A. 软磁盘存储器　　B. 硬磁盘存储器　　C. 光盘存储器　　D. 内存储器
4. 下面关于显示器的叙述，正确的说法是_____。
   A. 显示器是处理设备　　　　　　B. 显示器是输入设备
   C. 显示器是存储设备　　　　　　D. 显示器是输出设备
5. 二进制数 101.011 转换成十进制数是_____。
   A. 5.175　　　　　B. 5.75　　　　　C. 5.125　　　　　D. 5.375
6. 下列四条叙述中，正确的一条是_____。
   A. 操作系统是一种重要的应用软件
   B. 外存中的信息可直接被 CPU 处理
   C. 用机器语言编写的程序可以由计算机直接处理
   D. 电源关闭后，ROM 中的信息立即丢失
7. _____是 Access 中用户通过显示器对数据库进行操作的工作界面，既可以显示信息，也可以输入数据，包含各种控件。
   A. 表　　　　　B. 查询　　　　　C. 窗体　　　　　D. 报表

8. 在面向对象的程序设计中，_____是指子类可以拥有父类的属性和行为。
A. 接受　　　　　　B. 继承　　　　　　C. 传染　　　　　　D. 遗传

9. 用于存放用户信息的内存使用_____存储器。
A. 磁介质　　　　　B. 半导体　　　　　C. 光　　　　　　　D. 只读

10. Word 文档文件的扩展名是_____。
A. .txt　　　　　　B. .wps　　　　　　C. .dotx　　　　　　D. .docx

11. 对于 R 进制而言，其基数能使用的数字符号个数是_____。
A. R－1　　　　　　B. R＋1　　　　　　C. R　　　　　　　D. 2R

12. 由二进制代码表示的机器指令能被计算机_____。
A. 直接执行　　　　B. 解释后执行　　　C. 汇编后执行　　　D. 编译后执行

13. 一个良好的机房，对_____有一定的要求，不能过高和过低。
A. 楼层　　　　　　B. 电脑桌　　　　　C. 排水管道　　　　D. 温度和湿度

14. Access 表中的行称为_____。
A. 数据项　　　　　B. 属性　　　　　　C. 记录　　　　　　D. 字段

15. 决定个人计算机性能有多种因素，其中最主要的有_____。
A. 计算机的价格　　B. 计算机的外设　　C. 计算机的 CPU　　D. 计算机的电源

16. 十进制数 124 转换成二进制数是_____。
A. 1111010　　　　B. 1111100　　　　C. 1011111　　　　D. 1111011

17. 以下属于 Windows 通用视频文件的是_____。
A. bee.txt　　　　B. bee.avi　　　　C. bee.doc　　　　D. bee.bmp

18. 用汇编语言编写的程序需经过_____翻译成机器语言后，才能在计算机中执行。
A. 编译程序　　　　B. 解释程序　　　　C. 操作系统　　　　D. 汇编程序

19. 2002 年 1 月 1 日起开始执行的《计算机软件保护条例》中，软件著作权自软件_____之日起产生。
A. 开发完成　　　　B. 注册登记　　　　C. 公开发表　　　　D. 评审通过

20. 当表示存储器的容量时，1 GB 的准确含义是_____。
A. 1 000 KB　　　　B. 1 024 KB　　　　C. 1 024 MB　　　　D. 1 000 MB

21. 在 Access 中，数据类型又分为字节、整型、长整型、单精度型和双精度型，其中整型占_____个字节。
A. 1　　　　　　　B. 2　　　　　　　C. 4　　　　　　　D. 8

22. _____是定义演示文稿中所有幻灯片或页面格式的幻灯片视图或页面，每个演示文稿的关键组件幻灯片、标题幻灯片、备注和讲义均包含。
A. 模板　　　　　　B. 母版　　　　　　C. 版式　　　　　　D. 窗格

23. 现在的数码产品，如数码相机、数码摄像机，都支持使用_____连接到计算机上。
A. RJ－45　　　　　B. RS－232　　　　C. USB　　　　　　D. LPT

24. 以下_____可作为计算机输入设备。

A.　　　　　　　　B.　　　　　　　　C.　　　　　　　　D.

25. 借助剪贴板在两个 Windows 应用程序之间传递信息时，在源文件中选定要移动的信息后,在"编辑"菜单中选择_____命令,再将插入点置于目标文件的期望位置,然后从"编辑"菜单中选择"粘贴"命令即可。

  A. 清除   B. 剪切   C. 复制   D. 粘贴

26. 在 Windows 系统中,可以对磁盘进行快速格式化,但是被格式化的必须是_____。

  A. 从未格式化的新盘   B. 无坏道的新盘

  C. 低密度磁盘   D. 以前做过格式化的磁盘

27. 以下对计算机病毒的描述,_____是不正确的。

  A. 计算机病毒是人为编制的一段恶意程序

  B. 计算机病毒不会破坏计算机硬件系统

  C. 计算机病毒的传播途径主要是数据存储介质的交换以及网络的链路

  D. 计算机病毒具有潜伏性

28. 十进制小数 0.687 5 转换成八进制小数是_____。

  A. 0.045   B. 0.054   C. 0.54   D. 0.45

29. 硬盘连同驱动器是一种_____。

  A. 数据库管理系统   B. 外存储器   C. 内存储器   D. 数据库

30. 在信息时代,存储各种信息资源容量最大的是_____。

  A. 报纸杂志   B. 广播电视   C. 图书馆   D. 因特网

31. 网络互联设备中的 HUB 称为_____。

  A. 集线器   B. 网关   C. 网卡   D. 交换机

32. ISO/OSI 是一种_____。

  A. 网络操作系统   B. 网桥   C. 网络体系结构   D. 路由器

33. 系统软件中最重要的软件是_____。

  A. 操作系统   B. 编程语言的处理程序

  C. 数据库管理系统   D. 故障诊断程序

34. 在 Windows 系统中,文件具有多重属性,用户建立的文件一般具有_____属性。

  A. 存档   B. 只读   C. 系统   D. 隐藏

35. LAN 是指_____。

  A. 因特网   B. 广域网   C. 城域网   D. 局域网

36. 硬盘的转速是硬盘的主要技术指标之一,它是硬盘内_____的旋转速度。

  A. 分区   B. 接口   C. 电机主轴   D. 磁头

37. 计算机病毒的特点是_____。

  A. 传播性、潜伏性、破坏性   B. 传播性、潜伏性、易读性

  C. 潜伏性、破坏性、易读性   D. 传播性、潜伏性、安全性

38. 下列叙述中,正确的说法是_____。

  A. 编译程序、解释程序和汇编程序不是系统软件

  B. 故障诊断程序、排错程序、人事管理系统都是应用软件

  C. 操作系统、财务管理程序、系统服务程序都不是应用程序

  D. 操作系统和各种程序设计语言的处理程序都是应用软件

39. 从第一代电子数字计算机到第四代计算机的体系结构都是相同的,都由运算器、控制器以及输入/输出设备组成,称为_____体系结构。

  A. 比尔·盖茨   B. 冯·诺依曼   C. 乔治·布尔   D. 艾伦·图灵

40. 某部门委托他人开发软件，若无书面协议明确规定，则该软件的著作权属于_____。
   A. 受委托者　　　　B. 委托者　　　　C. 双方共有　　　　D. 进入公有领域

41. 在 Excel 中，当公式中出现被零除的现象时，产生的错误值是_____。
   A. ♯N/A!　　　　B. ♯DIV/O!　　　　C. ♯NUM!　　　　D. ♯VALUE!

42. 在 PowerPoint 中，"视图"这个名词表示_____。
   A. 一种图形　　　　　　　　　　B. 显示幻灯片的方式
   C. 编辑演示文稿的方式　　　　　D. 一张正在修改的幻灯片

43. Windows 任务管理器中专门设有"进程"选项卡，可以显示或结束进程，该项工作属于操作系统的_____功能。
   A. CPU 管理　　　　B. 存储管理　　　　C. 设备管理　　　　D. 文件管理

44. 关于基本 ASCII 码，在计算机中的表示方法描述准确的是_____。
   A. 使用 8 位二进制数，最右边一位为 1　　　B. 使用 8 位二进制数，最左边一位为 1
   C. 使用 8 位二进制数，最右边一位为 0　　　D. 使用 8 位二进制数，最左边一位为 0

45. 计算机的存储系统通常分为_____。
   A. 内存储器和外存储器　　　　B. 软盘和硬盘
   C. ROM 和 RAM　　　　　　　D. 内存和硬盘

46. CPU 的中文含义是_____。
   A. 计算机　　　　B. 不间断电源　　　　C. 算术部件　　　　D. 中央处理器

47. 以下列举的关于 Internet 的各种功能中，错误的是_____。
   A. 程序编译　　　　B. 电子邮件传送　　　　C. 数据库检索　　　　D. 信息查询

48. 电子政务的"_____"服务是指一些业务不必按照部门来设置，而是按照业务流程做打包处理，一步步地在某单一的网站上完成所有业务手续。
   A. 信息单向发布　　　　B. 双向互动　　　　C. 在线交易　　　　D. 一站式

49. 用二维表来表示实体及实体之间联系的数据模型是_____。
   A. 关系模型　　　　B. 层次模型　　　　C. 网状模型　　　　D. 链表模型

50. 一台计算机所拥有的指令集称为计算机的_____。
   A. 软件　　　　B. 程序　　　　C. 指令系统　　　　D. 操作系统

51. PowerPoint 中默认的视图是_____。
   A. 大纲视图　　　　B. 幻灯片浏览视图　　　　C. 普通视图　　　　D. 幻灯片视图

52. 十进制小数 0.625 转换成十六进制小数是_____。
   A. 0　　　　B. 0.A　　　　C. 0.0A　　　　D. 0.00A

53. 对于 PC，人们常提到的"Pentium""PentiumⅡ""P4"指的是_____。
   A. 存储容量　　　　B. 运算速度　　　　C. 主板型号　　　　D. CPU 类型

54. 在 Internet 中用于文件传送的服务是_____。
   A. FTP　　　　B. E-mail　　　　C. Telnet　　　　D. WWW

55. 要在一个低版本的 Access 数据库管理系统中使用高版本的 Access 数据库，则_____。
   A. 应在高版本的 Access 中先进行高转低操作
   B. 应在低版本的 Access 中先进行高转低操作
   C. 不用转换，可直接使用

D. 系统自动转换

56. 早前 PC 中的 DOS 系统是_____操作系统。

　　A. 多用户单任务　　B. 多用户多任务　　C. 单用户多任务　　D. 单用户单任务

57. 在 Windows 局域网方式中，欲打开其他计算机中共享文件夹中的文档，使用的地址的完整格式是_____。

　　A. \\计算机名\路径名\文档名　　　　　C. 文档名\路径名\计算机名

　　C. \\计算机名\路径名　文档名　　　　D. \计算机名　路径名　文档名

58. 将存有文件的 U 盘格式化后，下列叙述中正确的是_____。

　　A. U 盘的原有文件仍然存在

　　B. U 盘上的原有文件全部被删除

　　C. U 盘上的原有文件没有被删除，但增加了系统文件

　　D. U 盘上的原有文件没有被删除，但清除了计算机病毒

59. 十六进制 1A8F 转换成十进制是_____。

　　A. 7652　　　　B. 6787　　　　C. 7672　　　　D. 6799

60. Web 地址的 URL 一般格式为_____。

　　A. 协议名/计算机域名地址［路径［文件名］］

　　B. 协议名：/计算机域名地址［路径［文件名］］

　　C. 协议名：/计算机域名地址/［路径［/文件名］］

　　D. 协议名：//计算机域名地址［/路径［/文件名］］

61. 在 Access 中创建表结构可以在_____中进行。

　　A. 数据表视图　　B. 表设计视图　　C. 报表视图　　D. 报表设计视图

62. 用 Word 字处理软件把文章中所有出现的"学生"两字都设置为"粗体"显示，可以选择_____功能。

　　A. 样式　　　　B. 改写　　　　C. 替换　　　　D. 粘贴

63. 在 Windows 系统中，下列叙述正确的是_____。

　　A. 当用户为应用程序创建了快捷方式时，就是为应用程序增加一个备份

　　B. 关闭一个窗口就是将该窗口正在运行的程序转入后台运行

　　C. 桌面上的图标完全可以按用户的意愿重新排列

　　D. 一个应用程序窗口只能显示一个文档窗口

64. 与十进制数 56 等值的二进制数是_____。

　　A. 111000　　　B. 111001　　　C. 101111　　　D. 110110

65. _____是调制解调器的作用之一。

　　A. 将数字信号调制成模拟信号　　　　B. 将二进制数转换为十进制数

　　C. 将传输信号中的干扰信号去掉　　　D. 减少信号传输中的损失

66. _____和_____的集合称为网络操作体系结构。

　　A. 数据处理设备、数据通信设备　　　B. 通信子网、资源子网

　　C. 层、协议　　　　　　　　　　　　D. 通信线路、通信控制处理器

67. 键盘上可用于字母大小写转换的键_____。

　　A. Esc　　　　B. Caps lock　　C. Num lock　　D. Ctrl＋alt＋del

68. 目前世界上最大的计算机互联网是_____。

　　A. ARPA 网　　B. IBM 网　　　C. Internet　　　D. Intranet

69. _____病毒是一种专门偷取用户资料的病毒。
   A. 木马　　　　　B. 冲击波　　　　C. 震荡波　　　　D. CIH
70. 在 Windows 画图软件窗口中,已经进行了多次剪切操作,当使用画图软件再新建一个文件时,则_____。
   A. 可以粘贴第一次剪切的内容　　　　B. 可以粘贴最后一次剪切的内容
   C. 可以粘贴所有剪切的内容　　　　　D. 不能粘贴
71. 下列程序不属于系统软件的是_____。
   A. 编译程序　　　B. 解释程序　　　C. C 源程序　　　D. 汇编程序
72. 通常所说的 24 针打印机属于_____。
   A. 热敏打印机　　B. 击打式打印机　C. 喷墨打印机　　D. 激光打印机
73. 计算机病毒主要会造成_____。
   A. CPU 的烧毁　　　　　　　　　　　B. 磁盘驱动器的损坏
   C. 程序和数据的损坏　　　　　　　　D. 磁盘的物理损害
74. 通常所说的 32 位机,指的是计算机的 CPU _____。
   A. 是由 32 个运算器组成的　　　　　B. 能够同时处理 32 位二进制数据
   C. 包含 32 个寄存器　　　　　　　　D. 一共有 32 个运算器和控制器
75. 1948 年,_____《通信的数学理论》的论述(现在被称为信息理论),明确了信息量的定量表示方法。
   A. 仙农　　　　　B. 西蒙　　　　　C. 维纳　　　　　D. 冯·诺依曼
76. 连入广域网的局域网中通常有一个特殊的节点,是称为"_____"的边界互联设备。
   A. 调制解调器　　B. 网卡　　　　　C. 路由器　　　　D. 中继器
77. 以下_____位于 CPU 内部。
   A. U 盘　　　　　B. ROM　　　　　C. RAM　　　　　D. 寄存器
78. 在 Windows 系统中,可以通过_____管理系统资源。
   A. 任务管理器　　B. 附件　　　　　C. 资源管理器　　D. 任务栏
79. 对 Windows 文件夹叙述正确的是_____。
   A. 文件夹中可以存放 C 语言源程序文件,但不能存放它的目标程序文件
   B. 文件夹中可以存放 C 语言源程序文件和目标程序文件,但是不能存放对应的可执行文件
   C. 文件夹只可以存放文本文件
   D. 文件夹中可以存放 C 语言源程序文件、目标程序文件和对应的可执行文件
80. 十进制小数 0.562 5 转换成二进制小数是_____。
   A. 0.1001　　　　B. 1.0011　　　　C. 0.1011　　　　D. 0.0111
81. 键盘上的基准键指的是_____。
   A. D 和 K 这两个键　　　　　　　　 B. A,S,D,F,J,K,L,;这八个键
   C. 1、2、3、4、5、6、7、8、9、0 这十个键　　D. 左右两个 Shift 键
82. 信息化社会的核心基础是_____。
   A. 通信　　　　　B. 控制　　　　　C. Internet　　　 D. 计算机
83. CAD 软件可以用来绘制_____。
   A. 机械零件　　　B. 建筑设计　　　C. 服装设计　　　D. 以上都对
84. 不属于搜索引擎的是_____。

A. Sohu B. Google C. Yahoo D. Delphi

85. 如果想把一张图片送入计算机,可以使用的输入设备是_____。
A. 鼠标器 B. 扫描仪 C. 键盘 D. 数字化仪

86. 星形结构网络以中央节点为中心,用单独的线路如双绞线与其他节点相连,星形结构网络的主要缺点是_____的"瓶颈"会导致整个网络性能的下降。
A. 双绞线 B. 中央节点 C. 其他节点 D. 同轴电缆

87. 下面关于 Windows 的叙述中,不正确的是_____。
A. Windows 是视窗操作系统 B. Windows 用户通过窗口来使用计算机
C. Windows 与 DOS 兼容 D. Windows 是单任务操作系统

88. 在计算机中应用普遍的字符编码是_____。
A. 国标码 B. ASCII 码 C. EBCDIC 码 D. BCD 码

89. 输入汉字最常用的输入设备是_____。
A. 鼠标 B. 显示器 C. 键盘 D. 硬盘

90. 计算机的软件系统一般分为_____两大部分。
A. 系统软件和应用软件 B. 操作系统和计算机语
C. 程序和数据 D. DOS 和 Windows

91. _____是显示器的一个重要指标。
A. 对比度 B. 分辨度 C. 亮度 D. 尺寸大小

92. 不同网络体系结构的网络互联时,需要使用_____。
A. 中继器 B. 网关 C. 网桥 D. 集线器

93. PowerPoint 演示文稿默认的文件扩展名是_____。
A. .pptx B. .potx C. .dotx D. .ppzx

94. 在面向对象的程序设计中,_____是指把对象的属性和操作结合在一起,构成一个独立的对象。
A. 封装 B. 黏合 C. 缠绕 D. 集合

95. 对于 Windows 中的任务栏,描述错误的是_____。
A. 任务栏的位置、大小均可以改变
B. 任务栏无法隐蔽
C. 任务栏中显示着已打开的文档或已运行的程序图标或标题
D. 可以将频繁使用的应用程序锁定到任务栏,以便随时快速启动

96. 以下_____程序在 Windows 中可以浏览 WWW 网页。
A. Internet Explorer B. Outlook Express
C. Excel D. 超级终端

97. 下列关于系统软件的四条叙述中,正确的是_____。
A. 系统软件与具体应用领域无关 B. 系统软件与具体硬件无关
C. 系统软件是在应用软件基础上开发的 D. 系统软件就是指操作系统

98. 十进制数 89 转换为十六进制数是_____。
A. 95 B. 59 C. 950 D. 89

99. 若显示器的像素点距有 0.33、0.31、0.28、0.24 等规格,则显示质量最好的是_____。
A. 0.33 B. 0.31 C. 0.28 D. 0.24

100. 计算机病毒是一种_____。
 A. 程序　　　　　　B. 电子元件　　　　C. 微生物"病毒体"　D. 机器部件
101. DOS 采用_____界面。
 A. 窗口　　　　　　B. 字符　　　　　　C. 图形　　　　　　D. 对话框
102. 在 Windows 系统中，一个文件夹中可以包含_____。
 A. 文件　　　　　　　　　　　　　　　B. 文件夹
 C. 快捷方式　　　　　　　　　　　　　D. 以上三个都可以
103. 对 Internet 的描述，比较确切的一项是_____。
 A. 一种计算机的品牌　　　　　　　　　B. 网络中的网络，即互联各个网络
 C. 一个网络的顶级域名　　　　　　　　D. 美国军方的非机密军事情报网络
104. 微机中 1KB 表示的二进制位数是_____。
 A. 1000　　　　　　B. 8×1000　　　　C. 1024　　　　　　D. 8×1024
105. 一个计算机系统的硬件一般是由_____构成的。
 A. CPU、键盘、鼠标和显示器
 B. 运算器、控制器、存储器、输入设备和输出设备
 C. 主机、显示器、打印机和电源
 D. 主机、显示器和键盘
106. 在 Access 中定义字段的特殊属性，不包括_____内容。
 A. 字段名　　　　　　　　　　　　　　B. 字段标题
 C. 字段默认值　　　　　　　　　　　　D. 是否为必需字段
107. Java 是一种面向_____的程序设计语言。
 A. 机器　　　　　　B. 软件　　　　　　C. 过程　　　　　　D. 对象
108. 1010001B+1101110B=_____。
 A. 11111111B　　　B. 1011111B　　　　C. 0111111B　　　　D. 111111B
109. 现代计算机的发展是以电子元件划分时代的，第一代主要使用_____。

 A. 　　　　　　　　B. 　　　　　　　　C. 　　　　　　　　D.

110. 输入/输出接口位于_____。
 A. 总线和设备之间　　　　　　　　　　B. CPU 和输入/输出设备之间
 C. 主机和总线之间　　　　　　　　　　D. CPU 和内部存储器之间
111. 二进制数 1111100 转换成十进制数是_____。
 A. 62　　　　　　　B. 60　　　　　　　C. 124　　　　　　D. 248
112. Windows 从软件分类来看属于_____。
 A. 数据库　　　　　B. 应用软件　　　　C. 操作系统　　　　D. 文字处理软件
113. "奔腾"第一代兼容的微型计算机采用的 CPU 芯片型号是_____。
 A. 80286　　　　　B. 80386　　　　　C. 80486　　　　　D. 80586
114. 影响局域网性能的主要因素是局域网的_____。
 A. 通信线路　　　　B. 路由器　　　　　C. 中继器　　　　　D. 调解解调器
115. _____应该是网络改进的组合体，它将科研、商业和娱乐等网络相互连接，以支撑

多媒体,使用方便且自动引导用户去往世界各地。

  A. 信息高速公路　　B. 局域网　　　　C. 城域网　　　　D. Intranet

116. Microsoft Access 是_____数据库管理系统。

  A. 关系模型　　　　B. 层次模型　　　C. 网状模型　　　D. 链表模型

117. CD-ROM 的传输速率是以第一代光盘的传输速率的倍率来表示的,被称为倍速,1 倍数据传输速率为_____。

  A. 100 KB/s　　　　B. 128 KB/s　　　C. 150 KB/s　　　D. 250 KB/s

118. 十进制数 378 转换成十六进制数是_____。

  A. A71　　　　　　B. 1710　　　　　C. 17A　　　　　　D. 1071

119. PC 在工作中,若电源突然中断,则_____全部不丢失。

  A. ROM 和 RAM 中的信息　　　　　　　B. RAM 中的信息

  C. ROM 中的信息　　　　　　　　　　　D. RAM 中的部分信息

120. 电子计算机工作最重要的特征是_____。

  A. 高速度　　　　　　　　　　　　　　B. 高精度

  C. 存储程序和程序控制　　　　　　　　D. 记忆力强

121. CERNET 是_____的简称。

  A. 中国科技网　　　　　　　　　　　　B. 中国公用计算机互联网

  C. 中国教育和科研计算机网　　　　　　D. 中国公众多媒体通信网

122. 当用户希望在 Excel 中使标题位于表格中央时,可以使用_____。

  A. 置中　　　　　　B. 合并后居中　　C. 分散对齐　　　D. 填充

123. Windows 系统的文件夹组织结构是一种_____。

  A. 表格结构　　　　B. 树形结构　　　C. 网状结构　　　D. 线形结构

124. 在计算机内部,一切信息的存取、处理和传送都是以_____形式进行的。

  A. EBCDIC 码　　　B. ASCII 码　　　C. 十六进制　　　D. 二进制

125. 计算机向用户传送计算和处理结果的设备称为_____。

  A. 输入设备　　　　B. 输出设备　　　C. 存储设备　　　D. 微处理器

126. 所谓表现媒体,指的是_____。

  A. 使人能直接产生感觉的媒体

  B. 用于体现感觉媒体和表示媒体的 I/O 设备

  C. 传输感觉媒体的物理载体

  D. 用于存储表示媒体的介质

127. 十制数 267 转换成八进制数是_____。

  A. 326　　　　　　B. 410　　　　　　C. 314　　　　　　D. 413

128. 下列四条叙述中,正确的一条是_____。

  A. 最先提出存储程序思想的人是英国科学家艾伦·图灵

  B. ENIAC 计算机采用的电子器件是晶体管

  C. 第三代计算机中出现了操作系统

  D. 第二代计算机采用的电子器件是集成电路

129. 中文 Windows 中包含的汉字库文件是用来解决_____问题的。

  A. 用户输入的汉字在计算机内的存储　　B. 输入时的键盘编码

  C. 汉字识别　　　　　　　　　　　　　D. 输出时转换为显示或打印字模

130. 在计算机中存储数据的最小单位是_____。
 A. 字节　　　　　　 B. 位　　　　　　 C. 字　　　　　　 D. 记录

131. 在电子邮件中所包含的信息_____。
 A. 只能是文字　　　　　　　　　　 B. 只能是文字与图像信息
 D. 只能是文字与声音信息　　　　　 D. 可以是文字、声音与图像信息

132. 下面关于中文 Windows 文件名的叙述，错误的是_____。
 A. 文件名中允许汉字　　　　　　　 B. 文件名中允许使用空格
 C. 文件名中允许使用多个圆点分隔符　 D. 文件名中允许使用竖线"｜"

133. Internet 采用的标准网络协议是_____。
 A. IPX/SPX　　　 B. TCP/IP　　　 C. NETBEUT　　　 D. 以上都不是

134. 局域网的硬件组成有_____、个人计算机、工作站或其他智能设备、网卡和电缆等。
 A. 网络服务器　　 B. 网络操作系统　　 C. 网络协议　　 D. 路由器

135. _____不是 PowerPoint 允许插入的对象。
 A. 图形、图表　　　　　　　　　　 B. 表格、声音
 C. 视频剪辑、数学公式　　　　　　 D. 数据库

136. 640 KB 等于_____字节。
 A. 655 360　　　 B. 640 000　　　 C. 600 000　　　 D. 64 000

137. 计算机病毒主要是造成_____的破坏
 A. 磁盘　　　　　　　　　　　　　 B. 磁盘驱动器
 C. 磁盘和其中的程序和数据　　　　 D. 程序和数据

138. 关于计算机的启动和关机说法正确的是_____。
 A. 计算机冷启动时应先开主机电源，再开外部设备电源
 B. 计算机冷启动时应先开外部设备电源，再开主机电源
 C. 计算机关机时应先关外部设备的电源，再关主机电源
 D. 计算机关机时应主机电源和外部设备电源一起关

139. 通过计算机网络可以收发电子邮件，除了普通电子邮件外，还可以_____。
 A. 传送计算机软件　 B. 传送语音　 C. 订阅电子报刊　 D. 以上都对

140. PowerPoint 的主要功能_____。
 A. 文字处理　　　　　　　　　　　 B. 表格处理
 C. 图表处理　　　　　　　　　　　 D. 电子演示文稿处理

141. Internet 起源于_____。
 A. 美国　　　　　 B. 英国　　　　　 C. 德国　　　　　 D. 澳大利亚

142. 一般把软件分为两大类_____。
 A. 文字处理软件和数据库管理软件　 B. 操作系统软件和数据库管理系统
 C. 程序和数据　　　　　　　　　　 D. 系统软件和应用软件

143. CPU 每执行一个_____，就完成一步基本运算或判断。
 A. 软件　　　　　 B. 指令　　　　　 C. 硬件　　　　　 D. 语句

144. 因特网中的域名服务器系统负责全网 IP 地址的解析工作，它的优势是_____。
 A. 将 IP 地址从 32 位的二进制地址缩减为 8 位的二进制地址
 B. 不再需要 IP 协议

C. 只需要简单地记住一个网站域名,而不必记住 IP 地址

D. 不再需要 IP 地址

145. 退出 Windows 系统时,直接关闭计算机电源可能产生的后果是_____。

A. 破坏尚未存盘的文件　　　　　　　B. 破坏临时设置

C. 破坏某些程序的数据　　　　　　　D. 以上都对

146. 计算机病毒会造成计算机_____的损坏。

A. 硬件、软件和数据　B. 硬件和软件　　C. 软件和数据　　D. 硬件和数据

147. Intel 80486 是_____位微处理器芯片。

A. 8　　　　　　　B. 16　　　　　　C. 32　　　　　　D. 64

148. PowerPoint 运行的平台是_____。

A. Windows　　　　B. Unix　　　　　C. Linux　　　　　D. Dos

149. 计算机网络的目标是实现_____。

A. 数据处理　　　　　　　　　　　　B. 信息传输与数据处理

C. 文献查询　　　　　　　　　　　　D. 资源共享与信息传输

150. 与十进制数 93 等值的二进制数是_____。

A. 1010011　　　　B. 1111001　　　　C. 1011100　　　　D. 1011101

151. 在计算机中,用文字、图像、语言、情景和现象所表示的内容都可以成为_____。

A. 表象　　　　　　B. 文章　　　　　C. 消息　　　　　D. 信息

152. 软盘连同软盘驱动器是一种_____。

A. 数据库管理系统　B. 外存储器　　　C. 内存储器　　　D. 数据库

153. 电子邮件协议中,_____具有很大的灵活性,并可决定将电子邮件存储在服务器邮箱或是本地邮箱。

A. POP3　　　　　　B. SMTP　　　　　C. MIME　　　　　D. X.400

154. 以下说法正确的是_____。

A. 计算机病毒可能会破坏计算机软件和硬件

B. 学习使用计算机就应该学习编写计算机程序

C. 使用计算机时,用鼠标比用键盘更有效

D. Windows 的"记事本"能查看 Word 文件内容

155. 下列说法错误的是_____。

A. 电子邮件是 Internet 提供的一项最基本的服务

B. 电子邮件具有快速、高效、方便和价廉等特点

C. 通过电子邮件,可向世界上任何一个角落的网上用户发送信息

D. 可发送的多媒体只有文字和图像

156. 硬盘存储容量的基本单位是_____。

A. 字长　　　　　　B. 字节　　　　　C. 二进制位　　　D. 簇

157. 在计算机领域,媒体分为_____这几类。

A. 感觉媒体、表示媒体、表现媒体、存储媒体和传输媒体

B. 动画媒体、语言媒体和声音媒体

C. 硬件媒体和软件媒体

D. 信息媒体、文字媒体和图像媒体

158. 若某台微型计算机的型号是 486/25,其中 25 的含义是_____。

A. CPU 中有 25 个寄存器 　　　　　　B. CPU 中有 25 个运算器
C. 该微机的内存为 25 MB 　　　　　　D. 时钟频率为 25 MHz

159. 构成计算机的电子和机械的物理实体称为_____。
A. 主机 　　　　　　B. 外部设备
C. 计算机系统 　　　　　　D. 计算机硬件系统

160. 现代信息社会的主要标志是_____。
A. 汽车的大量使用 　　　　　　B. 人口的日益增长
C. 自然环境的不断改善 　　　　　　D. 计算机技术的大量应用

161. 当电子邮件在发送过程中有误时，_____。
A. 电子邮件将自动把有误的邮件删除
B. 电子邮件丢失
C. 电子邮件会将原邮件退回，并给出不能寄达的原因
D. 电子邮件会将原邮件退回，但不给出不能寄达的原因

162. 在计算机领域中常用 MIPS(million instruction per second)来描述_____。
A. 计算机的运算速度 　　　　　　B. 计算机的可靠性
C. 计算机的可运行性 　　　　　　D. 计算机的可扩充性

163. 下列字符中，其 ASCII 码值最大的是_____。
A. 9 　　　B. D 　　　C. a 　　　D. y

164. DRAM 存储器是_____。
A. 动态只读存储器 　　　　　　B. 动态随机存储器
C. 静态只读存储器 　　　　　　D. 静态随机存储器

165. 现代大型数据库系统都是基于网络的，B/S 模式中的 B 表示_____。
A. 数据库 　　　B. 客户端 　　　C. 浏览器 　　　D. 网络

166. 以下_____是网络中常用的双绞线。

A. 　　　　　　B.

C. 　　　　　　D.

167. 下列叙述中正确的是_____。
A. U 盘每次使用前都必须进行格式化
B. 在 Windows 系统中，不允许使用长文件名
C. 在 Windows 系统中，文件删除后一定不能恢复
D. 在计算机的外存储器中，数据、程序以文件的形式组织

168. 为达到某一目的而编制的计算机指令序列称为_____.
A. 软件 　　　B. 字符串 　　　C. 程序 　　　D. 命令

169. 十六进制数 FF.1 转换成十进制数是_____.
A. 255.625 　　　B. 250.162 5 　　　C. 255.062 5 　　　D. 250.062 5

170. 计算机的内存主要由 RAM 组成，存储的数据在断电后_____丢失。

A. 不会　　　　　B. 部分　　　　　C. 完全　　　　　D. 不一定

171. 计算机自诞生以来,无论在性能、价格等方面都发生了巨大的变化,但是下列_____并没有发生多大的改变。
    A. 耗电量　　　B. 体积　　　　C. 运算速度　　　D. 基本工作

172. 下列文件格式中,属于网络音乐主要格式的是_____。
    A. WAV　　　　B. AVI　　　　C. MP3　　　　　D. MPEG

173. 如果将 PowerPoint 演示文稿用 Adobe Reader 阅读器打开,则文件的保存类型应为_____。
    A. 演示文稿　　B. PDF　　　　C. 演示文稿设计模板　　D. XPS 文档

174. 在 Access 的日期/时间类型中输入数据时,_____是 Access 能正确接收的时间数据。
    A. 6:07:8　　　B. 27:07:08　　C. 2:77:08　　　D. 2:07:60

175. 办公自动化(OA)是计算机的一项应用,按计算机应用分类,它属于_____。
    A. 数据处理　　B. 科学计算　　C. 实时控制　　　D. 辅助设计

176. 计算机软件的著作权属于_____。
    A. 销售商　　　B. 使用者　　　C. 软件开发者　　D. 购买者

177. 在 Windows 中,下列文件名命名不合法的是_____。
    A. name_1　　　B. 123.dat　　C. my*disk　　　D. about abc.doc

178. 下列四条叙述中,正确的一条是_____。
    A. 在计算机中,数据单位 bit 的意思是字节
    B. 一个字节为 8 位二进制位
    C. 所有的十进制小数都能完全准确地转换成二进制小数
    D. 十进制负数 56 转换成十六进制数是 39H

179. 计算机报刊上出现"C#"一词是指_____。
    A. 一种计算机语言　　　　　　　B. 一种计算机设备
    C. 一个计算机厂商云集的地方　　D. 一种新的数据库软件

180. MMX 技术是继 Intel 386 处理器推出以来,Intel 体系结构最重要的技术增强之一,MMX 表示了_____。
    A. CPU 的系列号　　　　　　　　B. CPU 指令的多媒体扩展
    C. CPU 中增加了一个叫 MMX 的控制器　　D. CPU 增加了一个 MMX 指令

181. 下面是某单位主页的 Web 地址 URL,其中符合 URL 格式的是_____。
    A. Http//www.hziee.edu.cn　　　B. Http:www.hziee.edu.cn
    C. Http://www.hziee.edu.cn　　 D. Http:/www.hziee.edu.cn\

182. 计算机系统软件的核心是_____。
    A. 操作系统　　B. 编译程序　　C. 解释程序　　　D. 杀毒软件

183. 以下_____可作为计算机输入设备。
    A. [相机]　　　B. [打印机]　　C. [显示器]　　　D. [音箱]

184. 在 Windows 系统中,文件夹包含_____。
    A. 只有文件　　B. 根目录　　　C. 文件和子文件夹　　D. 只有子文件夹

185. 下列对 UPS 的作用叙述正确的是_____。
    A. 当计算机运行突遇断电时能紧急提供电源,保护计算机的数据免遭丢失
    B. 使计算机运行得更快
    C. 减少计算机运行时的发热量
    D. 降低计算机工作时发出的噪声

186. 下面几个不同的数中,最大的数是_____。
    A. 二进制数 11000010　　　　　　　B. 八进制数 225
    C. 十进制数 500　　　　　　　　　　D. 十六进制数 1FE

187. 计算机病毒传染的必要条件是_____。
    A. 在计算机内存中运行病毒程序　　　B. 对磁盘进行读/写操作
    C. A 和 B 不是必要条件　　　　　　　D. A 和 B 均要满足

188. 操作系统是_____的接口。
    A. 用户与软件　　　　　　　　　　　B. 系统软件与应用系统
    C. 主机与外设　　　　　　　　　　　D. 用户与计算机

189. 学校的学生学籍管理程序属于_____。
    A. 工具软件　　B. 系统软件　　C. 应用软件　　D. 文字处理软件

190. 按串行方式传送数据,一次传送_____。
    A. 一位二进制码　B. 一位十进制码　C. 一个字节　　D. 一个字

191. 人工智能是让计算机能模仿人的一部分智能。下列_____不属于人工智能领域的应用。
    A. 机器人　　　B. 信用卡　　　C. 人机对弈　　D. 机械手

192. _____是属于局域网中外部设备的共享。
    A. 将多个用户的计算机同时开机
    B. 借助网络系统传送数据
    C. 局域网中的多个用户共同使用某个应用程序
    D. 局域网中的多个用户共同使用网上的一个打印机

193. _____是一种带有虚线或阴影边缘的框,绝大部分幻灯片版式中都有这种框。在这些框内可以放置标题及正文,或者是图表、表格和图片等对象,并且框内往往包含了某种格式。
    A. 由绘画工具栏中"矩形"工具绘制的矩形
    B. 由绘画工具栏中"文本框"工具绘制的文本框
    C. 任务窗格
    D. 占位符

194. 39BH+42BH=_____。
    A. 81BH　　　　B. 7D6H　　　　C. 7BBH　　　　D. 7C6H

195. Word 快速访问工具栏的按钮可以通过_____进行增减。
    A. "文件"菜单中的"选项"命令　　　B. "页面布局"功能区的"页面设置"命令
    C. "视图"功能区"窗口"组中的命令　D. "引用"功能区中的命令

196. 已知英文小写字母 d 的 ASCII 码为十进制数 100,则英文小写字母 h 的 ASCII 码为十进制数_____。
    A. 103　　　　　B. 104　　　　　C. 105　　　　　D. 106

197. 随机存储器简称为_____。
A. CMOS　　　　　B. RAM　　　　　C. XMS　　　　　D. ROM

198. CPU 是计算机硬件系统的核心,它是由_____组成的。
A. 运算器和存储器　　　　　　　B. 控制器和乘法器
C. 运算器和控制器　　　　　　　D. 加法器和乘法器

199. 国际标准化组织定义了开放系统互联模型(OSI),该模型将协议分成_____层。
A. 5　　　　　B. 6　　　　　C. 7　　　　　D. 8

200. 多媒体 PC 是指_____。
A. 能处理声音的计算机
B. 能处理图像的计算机
C. 能进行通信的计算机
D. 能进行文本、声音、图像等多媒体处理的计算机

201. USB 是一种总线标准,它是通用_____总线标准。
A. 并行　　　　　B. 串行　　　　　C. 数字　　　　　D. 模拟

202. 有关 Windows 屏幕保护程序的说法,不正确的是_____。
A. 它可以减少屏幕的损耗　　　　B. 它可以保障系统安全
C. 它可以节省计算机内存　　　　D. 它可以设置等待时间

203. 数字字符 2 的 ASCII 码为十进制数 50,数字字符 5 的 ASCII 码为十进制数_____。
A. 52　　　　　B. 53　　　　　C. 54　　　　　D. 55

204. 杀毒软件能够_____。
A. 清除已感染的所有病毒
B. 发现并阻止任何病毒的入侵
C. 杜绝对计算机的侵害
D. 发现病毒入侵的某些迹象并及时清除或提醒操作者

205. 下列_____软件不是 WWW 浏览器。
A. IE5.0　　　　　　　　　　　B. Netscape Navigator
C. Mosaic　　　　　　　　　　 D. C++Builder

206. 在生产制造、过程控制及特殊领域,如军事上的应用、对时间响应较为严格的要求,因此需要响应及时、处理速度快的_____操作系统。
A. 分时　　　　　B. 实时　　　　　C. 用户　　　　　D. 微机

207. 以下_____是硬盘。

A. 　　　　　B. 　　　　　C. 　　　　　D.

208. Excel 的工作簿窗口最多可包含_____张工作表。
A. 3　　　　　B. 16　　　　　C. 255　　　　　D. 超过 255

209. 十六进制数 10AC 转换成二进制数是_____。
A. 1101110101110　　B. 1010010101001　　C. 1000010101100　　D. 1011010101100

210. 硬盘的容量比内存大得多,速度与内存相比_____。
A. 差不多　　　　　B. 慢一些　　　　　C. 快得多　　　　　D. 慢得多

211. 在 Access 中,以下_____是不正确的字段类型。

A. 数值型　　　　　B. 文本型　　　　　C. 日期型　　　　　D. 主键型

212. 台式机、笔记本计算机等通常被称为_____。
A. 专用计算机　　　B. 小型计算机　　　C. 微型计算机　　　D. 模拟计算机

213. 十进制小数0.687 5转换成二进制数是_____。
A. 0.1101　　　　　B. 0.0111　　　　　C. 0.1011　　　　　D. 0.1100

214. _____称为完整的计算机软件。
A. 供大家使用的程序　　　　　　　　B. 各种可用的程序
C. 程序及其有关文档　　　　　　　　D. CPU能够执行的所有指令

215. _____是目前家庭用户与Internet连接的最常用方式之一。
A. 将计算机与Internet直接连接
B. 计算机通过电信数据专线与当地ISP连接
C. 通过ADSL专线接入
D. 计算机与本地局域之间连接,再通过本地局域网与Internet连接。

216. 记事本是可用于编辑_____文件的应用程序。
A. ASCII文本　　　B. 表格　　　　　　C. 扩展名为.doc的　D. 数据库

217. 在Access中,通过_____菜单中的命令,可以设置默认数据库文件夹。
A. 文件　　　　　　B. 开始　　　　　　C. 创建　　　　　　D. 数据库工具

218. 一个应用程序窗口被最小化后,该应用程序将_____。
A. 将中止执行　　　　　　　　　　　B. 暂停执行
C. 在前台执行　　　　　　　　　　　D. 被转入后台执行

219. 下列数据中,有可能是八进制数的是_____。
A. 488　　　　　　　B. 317　　　　　　C. 597　　　　　　D. 189

220. 下列哪一种接口不能连接鼠标_____。
A. 并行接口　　　　B. 串行接口　　　　C. PS/2接口　　　　D. USB接口

221. 喷墨打印机是一种_____。
A. 输入设备　　　　B. 存储设备　　　　C. 输出设备　　　　D. 以上都错

222. 计算机的启动方式有_____。
A. 热启动和复位启动　　　　　　　　B. 热启动和冷启动
C. 加电启动和冷启动　　　　　　　　D. 只能是加电启动

223. 有些高级语言源程序在计算机中执行时,采用的是解释方式。在解释方式下,源程序由_____边解释边执行。
A. 编译程序　　　　B. 解释程序　　　　C. 操作系统　　　　D. 汇编程序

224. 计算机网络中,数据的传输速度常用的单位是_____。
A. bit/s　　　　　　B. MHz　　　　　　C. Byte　　　　　　D. 字符/秒

225. 可以用"媒体播放机(Windows Media Player)"播放的是_____。
A. 录像带　　　　　B. 文本文件　　　　C. Excel文件　　　　D. 视频文件

226. 有一个数值152,它与十六进制数6A相等,那么该数值是_____。
A. 十进制数　　　　B. 二进制数　　　　C. 四进制数　　　　D. 八进制数

227. 以下_____协议属于TCP/IP网络模型的传输层。
A. HTTP　　　　　　B. TCP　　　　　　C. FTP　　　　　　D. IP

228. 在下列各种设备中,读取数据快慢的顺序为_____。

A. 软驱、硬驱、内存和光驱 B. 软驱、内存、硬驱和光驱
C. 内存、硬驱、光驱和软驱 D. 光驱、软驱、硬驱和内存

229. 以下_____不是 Access 数据库对象。
A. 窗体 B. 报表 C. 关系模型 D. 查询

230. 操作系统的存储管理,把要执行的程序_____。
A. 从外存调到内存运行 B. 从内存调到外存运行
C. 从内存调到虚拟内存运行 D. 从 U 盘调到硬盘运行

231. 因特网中某主机的二级域名为"edu",表示该主机属于_____。
A. 营利性商业机构 B. 军事机构
C. 教育机构 D. 非军事性政府组织机构

232. 下列有关信息的描述不正确的是_____。
A. 模拟信号能够直接被计算机处理
B. 声音、文字、图像都是信息的载体
C. 调制解调器能将模拟信号转化为数字信号
D. 计算机以数字化的方式对各种信息进行处理

233. 计算机的内存储器简称内存,它是由_____构成的。
A. 随机存储器和软盘 B. 随机存储器和只读存储器
C. 只读存储器和控制器 D. U 盘、光盘盒硬盘

234. 用户需要使用某一个文件时,告诉计算机_____是必要的。
A. 文件的性质 B. 文件的内容 C. 文件路径 D. 文件名

235. _____是机器语言符号化后的第一个程序设计语言。
A. BASIC 语言 B. 汇编语言 C. C 语言 D. Java 语言

236. 关于下列叙述,说法正确的是_____。
A. 所有软件都可以自由复制和传播
B. 受法律保护的计算机软件不能随意复制
C. 软件没有著作权,不受法律保护
D. 应当使用自己花钱买来的软件

237. 多任务是一种分时处理技术,它将_____的执行时间划分为若干个时间片,在一个时间片内执行一个任务。
A. 应用程序 B. 内存 C. CPU D. 系统程序

238. _____的任务是将计算机外部的信息送入计算机。
A. 输入设备 B. 输出设备 C. 寄存器 D. 电源线

239. 接口电路通过_____总线与 CPU 和存储器相连接。
A. 内部 B. 外部 C. 系统 D. 模拟

240. 在 Windows 中,用 A?1 能找到的文件有_____。
A. A21.TXT B. A716.DOC C. AE1.BAK D. AG123.PRG

4.2 多选题

1. 计算机工作时,以下_____中可能存储着程序或数据。

A. 寄存器　　　　　B. ROM　　　　　C. RAM　　　　　D. 继电器

2. 计算机病毒通常容易感染扩展名为_____的文件。

A．.hlp　　　　　B．.exe　　　　　C．.com　　　　　D．.bat

3. 安装 Microsoft Windows 7 所需的条件有_____。

A. 1 GHz 32-bit 或 64-bit 处理器　　　B. 1 GB 系统内存
C. MS-DOS 3.0 以上　　　　　　　　D. 5 GB 可用硬盘空间

4. 下列软件中属于系统软件的有_____。

A. 编译程序　　　　　　　　　　　B. 图形图像处理程序
C. 汇编程序　　　　　　　　　　　D. 学生学籍管理系统

5. 下列说法中,_____是正确的。

A. 简单地说,指令就是给计算机下达的一条命令
B. 指令系统有一个统一的标准,所有计算机的指令系统都是相同的
C. 为解决某一问题而设计的一系列计算机指令就是程序
D. 指令是一组二进制代码,规定了计算机要执行的操作

6. 以下_____是计算机理想的工作环境。

A. 远离电磁干扰　　　　　　　　　B. 稳定的电源供给
C. 潮湿的环境　　　　　　　　　　D. 10～35℃的环境温度

7. 以下_____属于网络操作系统。

A. DOS　　　　　B. NetWare　　　　C. Windows NT　　　D. Windows 3.1

8. 信息系统要靠人来开发,也要靠人来使用,这些人员可以是_____。

A. 开发者　　　　B. 领导者　　　　C. 决策者　　　　D. 普通百姓

9. 计算机能执行的有_____。

A．.txt　　　　　B．.exe　　　　　C．.c　　　　　　D．.com

10. 下列有关指令的说法,_____是正确的。

A. 指令是计算机处理器执行的二进制代码
B. 指令是整个程序的最终形态
C. 一条指令由操作数和立即数两部分组成
D. 指令是计算机执行的最基本的操作

11. 下列有关计算机病毒的说法,正确的是_____。

A. 计算机病毒是一种人为编制的特殊程序
B. 计算机病毒能够破坏程序和数据
C. 玩电脑游戏一定会感染计算机病毒
D. 如果 A 计算机染上了病毒,若某人在使用 A 计算机后,又去使用 B 计算机,则 B 计算机也一定会感染计算机病毒

12. 下列项中,属于多媒体输入设备的有_____。

A. 录像机　　　　B. 光盘　　　　　C. 绘图仪　　　　D. 音响

13. 在 Internet 上_____。

A. 能够查询检索资料　　　　　　　B. 能够货物快递
C. 能够传送图片资料　　　　　　　D. 不能够点播电视节目

14. 密码学是一门古老而深奥的学科,是常用的维护信息安全的有力手段之一,内容涉及_____。

A. 口令 B. 加密 C. 用户名 D. 解密

15. 可信网络技术攻克_____高层业务应用的融合中的网络体制、节点设备、融合业务等关键技术,构建一个柔性可重构的、实现多网融合的、跨区域的国家试验示范网络。

A. 电信网络 B. 广电网络 C. 交通网 D. 互联网络

16. 设 A=true,B=false,C=true,以下表达式结果为 true 的是_____。

A. A and B B. A or B C. not B D. A and B or C

17. _____中可能或可以存储用户数据。

A. 寄存器 B. ROM C. RAM D. 继电器

18. 有关计算机病毒的叙述,正确的是_____。

A. 计算机病毒的传染途径不但包括 U 盘、移动硬盘,还包括网络

B. 如果一旦被任何病毒感染,那么计算机都不能够启动

C. 写保护开关是闪存盘防止病毒入侵的重要防护措施

D. 计算机一旦被病毒感染后,应马上用消毒液清洗磁盘

19. 关于计算机外部设备的知识,_____是正确的。

A. 喷墨打印机是击打式打印机

B. 键盘和鼠标都是输入设备,它们的功能相同

C. 显示系统包括显示器和显示适配器

D. 光盘驱动器的主要性能指标是传输速度和纠错性能

20. Windows 中对磁盘文件的管理,可以通过资源管理器进行,打开资源管理器可以使用_____。

A. 任务管理器 B. "开始"菜单中的"附件"命令

C. "开始"菜单按钮 D. 回收站

21. 在 Excel 中有关图表的叙述,_____是正确的。

A. 图表的图例可以移动到图表之外

B. 图表绘图区可以显示数据值

C. 选中图表后再键入文字,文字会取代图表

D. 一般只有选中了图表才会出现"图表工具"功能区

22. 以下_____可以作为计算机网络节点。

A. 中继器 B. 调制解调器 C. 通信信道 D. 路由器

23. 下列关于显卡的说法,_____是正确的。

A. 显卡又称显示适配器

B. 显卡在显示驱动程序的控制下工作

C. 显卡接受 CPU 输出的显示数据并进行变换

D. 显卡把显存中的数据以显示器要求的方式输出到显示器

24. 正常情况下,如果通过电子邮件发送一张照片给朋友,则该电子邮件一般应报告_____。

A. 主题 B. 内容 C. 用户计算机名 D. 附件

25. _____是常见的信息系统模型。

A. 决策模型 B. 信息模型 C. 网络模型 D. 集中模型

26. 软件著作人享有的权利有_____。

A. 发表权 B. 署名权 C. 修改权 D. 发行权

27. _____ 技术对高性能计算技术的发展也起到了推进作用。
   A. 电视　　　　　　B. 网络　　　　　　C. 集群　　　　　　D. 集合
28. 以下 _____ 是 TCP/IP 参考模型应用层使用的协议。
   A. UDP　　　　　　B. TCP　　　　　　C. SMTP　　　　　　D. TELNET
29. 数据管理经历了 _____ 几个阶段。
   A. 人工管理　　　　B. 文件系统　　　　C. 系统文件　　　　D. 数据库系统
30. 视频信息数字化过程中包括 _____ 等过程。
   A. 采样　　　　　　B. 量化　　　　　　C. 编码　　　　　　D. 传播
31. 为了执行使用高级语言编写的程序,必须要先对它进行翻译,可以翻译高级语言源程序的是 _____ 。
   A. 编译程序　　　　B. 解释程序　　　　C. 操作系统　　　　D. 汇编程序
32. 非击打式打印机的主要性能指标有 _____ 。
   A. 分辨率　　　　　B. 接口方式　　　　C. 打印速度　　　　D. 色彩多少
33. 以下 _____ 一定是外存储器。
   A. 光存储器　　　　B. 磁表面存储器　　C. 半导体存储器　　D. 磁芯存储器
34. Linux 是一个 _____ 的操作系统。
   A. 多用户　　　　　B. 多任务　　　　　C. 分时　　　　　　D. 实时
35. 下列关于网卡的说法, _____ 是正确的。
   A. 网卡又称网关
   B. 网卡又称网络接口卡
   C. 台式机网卡插在主板扩展槽中
   D. 网卡是局域网所需硬件
36. 嵌入式系统可用于 _____ 等。
   A. 工业机器人　　　B. 航空航天　　　　C. 医疗设备　　　　D. 汽车设计
37. 个人电脑上使用的 Windows 系统具有 _____ 的特点。
   A. 多任务　　　　　B. 单用户　　　　　C. 硬件即插即用　　D. 与DOS不兼容
38. 下列关于网卡的说法, _____ 是正确的。
   A. 有线网网卡上有一个 RJ-45 插孔,可以与网线相连
   B. 有线网网卡上有一个 USB 插口,可以与网线相连
   C. 网卡可读取来自网络的数据包,拆包后变成计算机可以识别的数据
   D. 网卡可将计算机中要发送的数据,打包输送到网络设备中
39. 一幅不经压缩的图像数据量(字节数)的计算,与 _____ 有关。
   A. 分辨率　　　　　B. 颜色深度　　　　C. 线条多少　　　　D. 是否加边框
40. 美国计算机伦理协会总结、归纳了计算机职业道德规范,称为"计算机伦理十戒"。以下属于其中规范的是 _____ 。
   A. 不应该用计算机伤害他人　　　　　　B. 不应该影响他人的计算机工作
   C. 可以去他人的计算机里窥探　　　　　D. 不应该用计算机偷窃
41. 程序设计的一般过程主要有: _____ 、调试运行和文档书写。
   A. 问题的定义　　　B. 数据保存　　　　C. 算法设计　　　　D. 程序编制
42. 键盘的接口主要有 _____ 。
   A. PS/2　　　　　　B. LPT　　　　　　C. USB　　　　　　D. LEEE 488
43. 以下属于数据库的数据模型的是 _____ 。
   A. 关系模型　　　　B. 层次模型　　　　C. 网状模型　　　　D. 链表模型

44. 下列计算机外围设备中，可以作为输入设备的是_____。
   A. 鼠标　　　　　B. 绘图仪　　　　　C. 扫描仪　　　　　D. 条形码阅读器

45. 计算机中 32 位二进制表示真彩色时，需要分别使用 8 位表示_____和亮度。
   A. 红　　　　　　B. 白　　　　　　　C. 绿　　　　　　　D. 蓝

46. 下列_____等软件是 MS Office 的组件。
   A. Notepad　　　　B. Outlook　　　　C. Internet Explore　D. PowerPoint

47. 将 Windows 对话框与窗口做比较，对话框只能移动，不能进行最大化等操作，而窗口则可以_____。
   A. 改变大小　　　B. 移动　　　　　　C. 最大化　　　　　D. 最小化

48. 按计算机是否专门用于某一方面，可以把计算机分为_____。
   A. 通用计算机　　B. 分时计算机　　　C. 实时计算机　　　D. 专用计算机

49. 程序由_____组成。
   A. 数据结构　　　B. 界面　　　　　　C. 文档　　　　　　D. 算法

50. 在 Windows 系统中的桌面是指_____。
   A. 电脑桌　　　　　　　　　　　　　B. 活动窗口
   C. 窗口、图标和对话框所在的屏幕背景　D. A、B 均不正确

51. 以下_____用于存储数据。
   A. Cache　　　　　B. 寄存器　　　　　C. 中继器　　　　　D. RAM

52. 关系数据库中的表应具有_____性质。
   A. 同一列的数据类型应相同　　　　　B. 表中记录的顺序可以任意
   C. 表中字段的顺序可以任意　　　　　D. 表中允许出现多个字段名相同的字段

53. 信息技术的核心是_____。
   A. 制造技术　　　B. 计算机技术　　　C. 现代通信技术　　D. 控制技术

54. 下列有关计算机病毒的说法，正确的是_____。
   A. 计算机病毒是一个标记或一条指令　B. 计算机病毒是程序
   C. 计算机病毒容易通过网络传播　　　D. 计算机病毒能实现自身复制

55. 以下_____是计算机算法的特点。
   A. 时效性　　　　B. 确定性　　　　　C. 有效性　　　　　D. 虚拟性

56. 计算机主板上的芯片组，对主板的性能具有关键性作用，芯片组通常包括_____。
   A. 东桥　　　　　B. 南桥　　　　　　C. 西桥　　　　　　D. 北桥

57. 一个 IP 地址由两部分组成，它们是_____字段。
   A. 网络号　　　　B. 域名　　　　　　C. 地区号　　　　　D. 主机号

58. 微型计算机中的内存存储器与硬盘相比，具有_____的特点。
   A. 读写速度快　　　　　　　　　　　B. 存储容量大
   C. 每位的价格高　　　　　　　　　　D. 存放的程度可以更大

59. 美国计算机理论协会总结、归纳了计算机职业道德规范，被称为"计算机伦理十戒"。以下_____属于其中的规范。
   A. 可以用计算机去做假证明
   B. 可以复制或利用没有购买的软件
   C. 不应该剽窃他人的精神作品
   D. 应该注意编写的程序和设计的系统的社会效益

60. 根据硬盘连接接口的电缆不同,目前主要有_____接口的硬盘。
A. IDE/ATA B. RJ-45 C. RS-232 D. SATA

61. 按携带信息的信号形式可以将信号分为_____。
A. 模拟信号 B. 图形信号 C. 文本信号 D. 数字信号

62. 以下关于子网掩码的说法,正确的是_____。
A. 子网掩码以 IP 地址的形式来表示
B. A 类 IP 地址的默认子网掩码 255.0.0.0
C. C 类 IP 地址的默认子网掩码 0.0.0.C
D. 子网掩码和 IP 地址进行逻辑"或",可以知道通信发生在子网内还是子网外

63. 软件著作权人享有_____等权利。
A. 发行权 B. 出租权 C. 信息网络传播权 D. 翻译权

64. 关系数据库表中的列称为_____或_____。
A. 属性 B. 元组 C. 字段 D. 记录

65. 下列软件属于系统软件的有_____。
A. 操作系统 B. 编译程序
C. 数据库管理系统 D. 汇编语言源程序

66. 以下_____可以作为存储容量单位。
A. MIPS B. BYTE C. BPS D. GB

67. 下列有关快捷方式的说法,正确的是_____。
A. 一个文件可以建立多个快捷方式 B. 可以为文件夹建立快捷方式
C. 删除快捷方式时会同时删除对应的文件 D. 快捷方式只能移动,不能复制

68. 在 Window 资源管理器中,文件夹树的某个文件夹前有透明三角形,则表示_____。
A. 一定存在子文件夹 B. 一定存在隐藏文件
C. 子文件夹未展开 D. 子文件夹已开展

69. 下列关于 CMOS 的说法正确的是_____。
A. CMOS 中信息将随着关机而丢失
B. CMOS 不使用系统电源,只使用机器主板上的扣型锂电池
C. CMOS 实际是 ROM,不需要供电
D. CMOS 中存放了设备的参数

70. ALU 的功能是完成_____。
A. 公式运算 B. 算术运算 C. 多项式运算 D. 逻辑运算

71. WinRAR 可以将文件压缩成_____文件。
A. .rar B. .exe C. .pdf D. .zip

72. 在正常情况下,以下_____文件可以被 Windows 记事本打开编辑。
A. .htm B. .txt C. .c D. .bmp

73. 以下_____与汉字编码有关。
A. ASCII 码 B. GB2312-80 编码 C. BCD 码 D. GBK 编码

74. 下列关于 Windows 文件名的叙述中,正确的是_____。
A. 文件名中允许使用汉字 B. 文件名中允许使用多个圆点分隔符
C. 文件名中允许使用空格 D. 文件名中允许使用竖线"|"

75. 不属于电子表格软件的有_____。
   A. WPS   B. AutoCAD   C. Excel   D. Word
76. 计算机网络的拓扑结构有_____。
   A. 星形   B. 环形   C. 总线型   D. 关系型
77. Windows 应用程序窗口中一般包含了_____。
   A. 标题栏   B. 菜单栏   C. 回收站   D. 滚动条
78. 冯·诺依曼原理是指_____原理。
   A. 存储程序   B. 网络传播   C. 程序控制   D. 数据编码
79. 显示系统由_____组成。
   A. 显示像素   B. 显示器   C. 显示适配卡   D. 显示分辨率
80. 在下列设备中,_____不能作为微型计算机的输入设备。
   A. 打印机   B. 显示器   C. 条形码阅读器   D. 绘图仪
81. 下列_____是网页或网页元素的制作软件。
   A. Dreamweaver   B. Flash
   C. Firework   D. Microsift Access
82. 本地计算机被病毒感染的途径可能是_____。
   A. 使用 U 盘   B. USB 口受损   C. 机房电压不稳定   D. 上网
83. 完整的计算机硬件系统一般包括_____。
   A. 外部设备   B. 存储器   C. 中央处理器   D. 主机
84. 办公自动化把计算机技术、_____和系统科学等结合在一起,将各种先进设备有机地组合起来,综合处理各种办公信息,提高办公效率。
   A. 制造技术   B. 通信技术   C. 行为科学   D. 管理学
85. 以下_____是 Windows 7 的功能。
   A. 更快、响应性更强的功能
   B. 可以设置任务栏图标的顺序
   C. 借助跳转列表,可以快速找到最近使用过的文件
   D. 借助改进的搜索功能,可以更快地查找更多的内容
86. 以下属于输出设备的有_____。
   A. 显示器   B. 鼠标   C. 扫描仪   D. 绘图仪
87. 计算机网络的主要功能有_____。
   A. 网络通信   B. 海量计算   C. 资源共享   D. 分布处理
88. 下列有关电子邮件的说法中,正确的是_____。
   A. 电子邮件的邮局一般在接收方的个人计算机中
   B. 电子邮件是 Internet 提供的一项最基本的服务
   C. 通过电子邮件可以向世界上任何一个 Internet 用户发送信息
   D. 邮件转发自动将原附件一起转发
89. 计算机病毒会造成计算机的_____损坏。
   A. 硬件   B. 软件   C. 数据   D. 程序
90. 数据结构包括了数据的逻辑结构、存储结构和对数据的操作。数据的逻辑结构可以分为_____。
   A. 线性结构   B. 树形结构   C. 平面结构   D. 图结构

91. 操作系统有多种分类方式,按用户数目来分,可把操作系统分为_____几类。
A. 无用户(由计算机自动执行)　　　　B. 单用户
C. 双用户　　　　　　　　　　　　　　D. 多用户

92. 商用软件是市场上销售的软件产品,商用软件一般有_____。
A. 价格保护　　B. 版权保护　　C. 许可证保护　　D. 编程者人身保护

93. 固定硬盘与U盘相比,固定硬盘具有_____的特点。
A. 价格便宜　　B. 容量大　　C. 速度快　　D. 携带方便

94. _____属于外存储器。
A. RAM　　B. 硬盘　　C. ROM　　D. 磁带

95. 以下关于Windows回收站的说法,_____是正确的。
A. 文件删除一定要先进回收站　　　　B. 回收站是外存中的一块区域
C. 回收站中的内容,不会因断电而丢失　D. 删除时放入回收站的文件可以被恢复

96. 以下_____属于Internet的接入方式。
A. ISP　　B. DDN　　C. ADSL　　D. ISDN

97. 在Word的标尺栏上可以实现的功能有_____。
A. 设定制表位　　　　　B. 改变段落的缩进
C. 改变左右页边距　　　D. 设定边框可拆分

98. _____等都是嵌入式系统的应用实例。
A. 数码相机　　B. DVD播放器　　C. 数字机顶盒　　D. 电子商务

99. 以下关于U盘的说法中,正确的是_____。
A. U盘采用了一种可读写的非易失性半导体存储器
B. U盘已经代替了软盘作为常用的可移动存储器
C. U盘的速度比Cache要快
D. U盘使用USB接口

100. 打印机接口一般有_____。

A.　　　　B.　　　　C.　　　　D.

101. 关于Modem的说法,_____是正确的。
A. Modem是集线器
B. Modem支持将模拟信号转换为数字信号
C. Modem支持将数字信号转换为模拟信号
D. Modem是调制解调器

102. 在Windows系统中,一个文件夹具有几种属性,包括_____。
A. 只读　　B. 隐藏　　C. 牵引　　D. 只写

103. 在Excel电子表格中,设A1、A2、A3、A4单元格分别输入了"3、星期一、5a、2008-10-20",则下列可以进行计算的公式是_____。
A. =A1^5　　B. =A2+1　　C. =A3+10a+2　　D. =A4-2

104. 计算机存储器中的两个字节可以存放_____。
A. 一个汉字　　B. 两个汉字　　C. 一个西文字符　　D. 两个西文字符

105. 在Excel中,下列叙述正确的是_____。

A. Excel 是一种表格数据综合管理与分析系统，实现了图、文、表的完美结合

B. 使用条件格式可以直观地查看和分析数据，可以突出显示所关注的单元格或单元格区域

C. 在 Excel 中，图表一旦建立，其标题的字体、字形是不可改变的

D. 在 Excel 中，工作簿是由工作表组成的

106. 面向对象的程序设计语言具有_____等主要特点。
A. 封装 B. 多态 C. 继承 D. 简单

107. PC 的集成主板将计算机的_____和外设连接的端口集中在一个印制电路板上。
A. 光驱 B. 处理器 C. 控制电路 D. 内存储器

108. 计算机辅助技术包括了_____。
A. COM B. CAM C. AI D. CAI

109. 下面一组文件中，不能在 Windows 环境下运行的文件是_____。
A. PRO.com B. PRO.bak C. PRO.bat D. PRO.sys

110. 在 Word 中，表格处理具有_____功能。
A. 分类汇总 B. 排序 C. 转换为文本 D. 记录筛选

111. 以下_____可以作为计算机的输入设备。
A.   B.   C.   D.

112. 一个 IP 地址由三个部分组成，分别是_____字段。
A. 类别 B. 网络号 C. 主机号 D. 域名

113. 操作系统有多种分类方式，按照功能可把操作系统分为_____等操作系统。
A. 批处理 B. 实时 C. 分时 D. 网络

114. 以下_____可作为存储容量的单位。
A. KB B. MB C. GB D. TB

115. 一条计算机指令一般由_____组成。
A. 操作码 B. 地址码 C. 原码 D. 补码

116. 以下_____属于计算机的主要性能指标。
A. 主频 B. 是否安装操作系统 C. 接口数量 D. 存储容量

117. RAM 又分为_____。
A. SRAM B. ERAM C. DRAM D. PRAM

118. 在本机网络的某个连接的属性对话框中，列出或可添加用户计算机（本机）上的_____。
A. 服务类型 B. 适配器型号 C. 协议名称 D. 网络客户类型

119. 数据库用户一般分为_____。
A. 服务员 B. 程序员 C. 数据库管理员 D. 终端用户

120. 从计算机的角度看，信息系统只是一个"计算过程"，_____应该是构成信息系统的部分要素。
A. 测量 B. 用户 C. 处理 D. 通信

121. 一般地，计算机中的数的表示格式有_____。

A. 定点格式　　　B. 存储格式　　　C. 管理格式　　　D. 浮点格式

122. 将所有与计算机相关的_____等都归类为软件。

A. 文档　　　　B. 磁盘　　　　　C. 程序　　　　　D. 计算机语言

4.3　判　断　题

1. 字长是衡量计算机精度和运算速度的主要技术指标之一。　　　　　　　(　　)
2. 磁道上每个扇区中存放的信息量是相等的,但扇区的物理空间是不相等的。(　　)
3. 在完成同一任务的情况下,用机器语言编写的程序,其执行速度比用高级语言编写的程序慢。　　　　　　　　　　　　　　　　　　　　　　　　　　　　　　(　　)
4. 超媒体就是节点加多媒体信息。　　　　　　　　　　　　　　　　　　(　　)
5. 在 Windows 环境下,控制菜单位于窗口的右上角。　　　　　　　　　(　　)
6. 若一台计算机感染了病毒,只要删除所有带病毒的文件,就能消除所有病毒。(　　)
7. 1991 年,我国首次颁布了《计算机软件保护条例》。　　　　　　　　　(　　)
8. Windows 的附件中提供了造字程序或专用字符编辑程序。　　　　　　(　　)
9. 地址码提供参与操作的数据存取地址,这种地址称为操作数地址。　　　(　　)
10. 二进制数的逻辑运算是按位进行的,位与位之间没有进位和借位的关系。(　　)
11. CD-ROM 既可代表 CD-ROM 光盘,也可指 CD-ROM 驱动器。　　　　(　　)
12. Windows 下无须安装相应的多媒体外部设备驱动程序就可以操作某种特定的多媒体任务文件。　　　　　　　　　　　　　　　　　　　　　　　　　　　(　　)
13. 当发现病毒时,它们往往已经对计算机系统造成了不同程度的破坏,即使清除了病毒,受到破坏的内容有时也是很难恢复的。因此,对计算机病毒必须以预防为主。(　　)
14. 工作站是网络的必备设备。　　　　　　　　　　　　　　　　　　　　(　　)
15. AVI 格式是指音频、视频交互文件的格式。　　　　　　　　　　　　　(　　)
16. 在 Excel 中,可以选择一定的数据区域建立图表。当该数据区域的数据发生变化时,图表保持不变。　　　　　　　　　　　　　　　　　　　　　　　　　(　　)
17. 在 Windows 环境下,系统工具中的磁盘扫描程序主要用于清理磁盘,把不需要的垃圾文件从磁盘中删掉。　　　　　　　　　　　　　　　　　　　　　　　(　　)
18. Windows 提供了一个基于图形的多任务、多窗口的操作系统。　　　　(　　)
19. 微型计算机就是体积很小的计算机。　　　　　　　　　　　　　　　　(　　)
20. 主存储器和 CPU 均包含于处理器单元中。　　　　　　　　　　　　　(　　)
21. 一个用户若想使用电子邮件功能,其计算机必须通过网络得到一个 E-mail 服务器的服务支持。　　　　　　　　　　　　　　　　　　　　　　　　　　　　(　　)
22. 一台带有多个终端的计算机系统可称为计算机网络。　　　　　　　　　(　　)
23. 由于盗版软件的泛滥,各国的软件产业受到很大的损害。　　　　　　　(　　)
24. 冷启动和热启动的区别是主机是否重新启动电源以及是否对系统进行自检。(　　)
25. 电子表格软件是对二维表格进行处理并可制作成报表的应用软件。　　　(　　)
26. 半导体动态 RAM 是易失的,而静态 RAM 存储的信息即使切断电源也不会丢失。
　　　　　　　　　　　　　　　　　　　　　　　　　　　　　　　　　(　　)
27. 设某字符的 ASCII 码十进制数值为 72,则其十六进制数值为 48。　　　(　　)

28. 分辨率是计算机中显示器的一项重要指标，若某显示器的分辨率为 1024×768，则表示其屏幕上的总像素个数是 1024×768。 （   ）
29. 计算机通信协议中的 TCP 称为传输控制协议。 （   ）
30. 计算机系统的资源是数据。 （   ）
31. 在 OSI/RM 网络模型中，帧是两个数据链路实体之间交换的数据单元。 （   ）
32. FTP 是 Internet 中的一种文件传输服务，可以将文件下载到本地计算机中。 （   ）
33. 局域网传输介质一般采用同轴电缆或双绞线。 （   ）
34. 高速缓存存储器（Cache）是 CPU 与主存储器之间进行数据交换的缓冲，其特点是速度快，但容量小。 （   ）
35. 计算机中用来表示内存存储容量大小的最基本单位是位。 （   ）
36. 所谓互联网，指的是将同种类型的网络及其产品相互联结起来。 （   ）
37. 互联网是通过网络适配器将各个网络互联起来。 （   ）
38. 多媒体的实质是将以不同形式存在的媒体信息（文本、图形、图像、动画和声音）数字化，然后用计算机对它们进行组织、加工并提供给用户使用。 （   ）
39. 若一台计算机的字长为 4 个字节，这意味着它能处理的字符串最多由 4 个英文字母组成。 （   ）
40. AVI 格式存储视频文件。 （   ）
41. 计算机内所有的信息都是以十六进制数码形式表示的，其单位是比特（bit）。 （   ）
42. 在 Windows 系统中，屏幕保护程序是为降低硬盘的功耗。 （   ）
43. 文件传输和远程登录都是互联网的主要功能之一，它们都需要在双方计算机之间建立通信联系，两者的区别是文件传输只能传输文件，远程登录则不能传输文件。 （   ）
44. 计算机职业道德包括不应该复制或使用没有购买的软件，不应该在未经他人许可的情况下使用他人的计算机资源。 （   ）
45. 计算机系统是由 CPU、存储器、输入设备组成。 （   ）
46. DVD 是一种存储设备。 （   ）
47. MIDI 文件和 WAV 文件都是计算机的音频文件。 （   ）
48. 把站点发布到 Web 服务器实际上就是将站点包含的所有网页复制到 Web 服务器上。 （   ）
49. 在 Windows 系统中，嵌入和链接是有区别的，对于嵌入对象的修改涉及嵌入对象及其原件，而对链接对象的修改只涉及链接对象本身。 （   ）
50. ROM 中存储的信息断电即丢失。 （   ）
51. 具有调制和解调功能的装置称为路由器。 （   ）
52. 不支持即插即用的硬件设备不能在 Windows 环境下使用。 （   ）
53. 网关具有路由器的功能。 （   ）
54. 在计算机内部用于存储、交换、处理的汉字编码叫作机内码。 （   ）
55. Windows 本身不带有文字处理程序。 （   ）
56. 计算机的所有计算都是在内存中进行的。 （   ）
57. 在微型计算机系统中，鼠标属于输入设备。 （   ）
58. 指令系统与 CPU 无关。 （   ）
59. Windows 的计算器可实现二进制实数的运算。 （   ）
60. 在 PowerPoint 的幻灯片浏览视图中，可以调整幻灯片中图片的位置。 （   ）

4.3 判断题

61. 学生档案管理系统属于计算机信息处理方面的应用。（　）
62. 针对同一幅画，用 BMP 格式存储所占的存储空间比用 JPEG 格式存储所占的存储空间小。（　）
63. 共享软件是指人们共同享有的软件，用户可以运用、拷贝、改变或改善该软件。（　）
64. 在一个局域网内，每台计算机的 IP 地址是唯一的。（　）
65. USB 是并行、串行数据传输模式之外的第 3 种传输模式。（　）
66. 域名地址中的"www"称为顶级域名。（　）
67. 从进入 Windows 系统到退出 Windows 系统前，随时可以使用剪贴板。（　）
68. 微型计算机是随着大规模集成电路的发展而诞生的。（　）
69. 用户可以运用、拷贝、改变、自由使用软件，而不必购买该软件。（　）
70. 在 Excel 中，有时空格也可以作为运算符。（　）
71. 图像编码属于表现媒体。（　）
72. MIPS 是一种总线标准。（　）
73. PowerPoint 演示文稿中，在插入了一张来自文件的图片后，可以对该图片进行复制、移动、删除、改变大小等操作。（　）
74. 在 Access 中，创建查询的数据来源可以是多个表。（　）
75. 信息社会中，电脑可以完全代替人脑工作。（　）
76. 计算机具有逻辑判断能力，而逻辑操作是由控制器完成的。（　）
77. BIOS 是基本输入输出系统。（　）
78. 反码是对原码的每一位求反得到的数据。（　）
79. 用助记符编写程序需要将其翻译为机器码。（　）
80. Windows 中的"回收站"用来暂时存放被删除的文件及文件夹，放入"回收站"中的内容只能执行恢复操作，不能再执行删除操作。（　）
81. Windows 操作系统和 DOS 操作系统一样，关机时可以直接关闭电源。（　）
82. 在字符显示方式下，显示模式以字符数（即每屏行数×每行字符数）来区分。（　）
83. 计算机内存就是指主板上的随机存储器。（　）
84. 目标程序通过连接程序形成可执行程序文件，该连接程序就属于应用软件。（　）
85. 微机上最大的一块电路板是显卡。（　）
86. 信息技术的发展离不开软件技术（包括数据库技术）的发展。（　）
87. 计算机的性能指标完全由 CPU 决定。（　）
88. DOS 是命令行操作系统。（　）
89. 对于一台裸机，可以先安装 Office 软件，再安装操作系统。（　）
90. 在 Windows 环境下，系统工具中的磁盘碎片整理程序主要用于清理磁盘，把不需要的垃圾文件从磁盘中删掉。（　）
91. 在 Windows 环境下磁盘碎片整理程序重新安排计算机硬盘上的文件、程序以及未使用的空间。（　）
92. CPU 能从它所管理的随机存取存储器的任意存储地址读出和写入内容。（　）
93. 点距是彩色显示器的一项重要技术指标，点距越小，可以达到的分辨率越高，画面就越清晰。（　）
94. 系统软件是负责管理、控制、维护、开发计算机软硬件的软件。（　）

95. SQL 语言是结构化查询语言。（　　）
96. DNS 协议是动态主机配置协议。（　　）
97. 电子商务包含两方面的内容,一个是电子方式,二是商贸活动。（　　）
98. 中文 Windows 操作系统本身就带有智能 ABC 全拼和五笔字型等输入法。（　　）
99. 用户可以创建 D 盘根目录。（　　）
100. 计算机病毒具有传染性,隐蔽性,潜伏性和破坏性等特征。（　　）
101. 在 Windows 资源管理器中,双击".ppsx"文件,会自动进行幻灯片放映。（　　）
102. VPN 借用公网物理线路,只为提供网络连接。（　　）
103. 在 Access 中,不小心删除一条记录后,可以利用撤销命令恢复被删除的记录。（　　）
104. 安装在主机箱内的硬盘属于主存储器。（　　）
105. 关系数据库表中的每一列必须具有相同的数据类型。（　　）
106. 使用五笔字型输入法输入的汉字与使用拼音输入的同一个汉字,在计算机内部将使用相同的编码进行储存。（　　）
107. 在 Word 中,利用文本框可以实现对象的随意定位、移动和缩放。（　　）
108. 广域网中的分组交换网采用 X.25 协议。（　　）
109. 互不兼容的计算机系统具有不同机器语言和汇编语言。（　　）
110. Excel 文档又称为工作表。（　　）
111. 静态 RAM 与 CPU 之间交换数据的速度高于动态 RAM,所以一般作为高速缓冲存储器。（　　）
112. CPU 的中文名称是中央处理器。（　　）
113. 在计算机分类中,有一类称为工作站,工作站的数据处理能力比微型计算机要弱一些。（　　）
114. 在微型计算机中,寄存器是一种特殊的内存储器。（　　）
115. Internet 中信息资源的基本构成是超级链接。（　　）
116. 文字处理、电子表格都属于数据库软件。（　　）
117. 平时同学们经常使用的 QQ 属于应用软件。（　　）
118. 硬盘与主机之间的接口类型有 IDE、SATA 等,这些标准与 CPU 型号无关。（　　）
119. 语言处理程序属于系统软件。（　　）
120. Word 软件可以把正在编辑的 Word 文档保存为纯文本文件。（　　）
121. OSI 的中文含义是开发系统互联参考模型。（　　）
122. 关系模型中的数据具有树形结构特点。（　　）
123. GB2312 中有 6 000 多个汉字,而 GB18030－2000(简称 GBK)则收录了 27 000 多个汉字。（　　）
124. 打印机可以连接到本地,也可以连接到网络上,但后者对用户文档的打印输出结果有影响。（　　）
125. 图像处理程序属于应用软件。（　　）
126. Adobe Reader 是一种 PDF 文件阅读器。（　　）
127. 低级语言程序必须翻译成高级语言才能执行。（　　）
128. 网络中的文件传输可以用 FTP。（　　）

4.3 判 断 题

129. 在一所大学里,每个系(或学院)都有自己的局域网,而连接各个系(或学院)的校园网也是局域网。（   ）
130. 在计算机中,1 024 K 字节等于 1 M 字节。（   ）
131. CAD 是指计算机辅助制造。（   ）
132. 机器数用 0 或 1 来表示正或负的符号。（   ）
133. CMOS 实际上也是 RAM,但它使用主板上的扣型电池,所以不会因关机而丢失数据。（   ）
134. 计算机硬件的某些功能可以由软件来完成,软件的某些功能也可以用硬件来实现。（   ）
135. 域名是用分层的方法为 Internet 中的计算机取直观的名字。（   ）
136. 各类存储器的主要性能可以用存储时间、存取周期和存储容量 3 个指标来表述。（   ）
137. 一个 16 * 16 点阵的汉字,其字形需要占 256 个字节的存储空间。（   ）
138. 几乎所有的关系数据库管理系统都含有 SQL 语言的功能。（   ）
139. 在 Word 中使用命令可使选中的文字倾斜。（   ）
140. ![网络接口图] 是一种网络接口,它所使用的传输介质是同轴电缆。（   ）
141. 计算机的性能完全由 CPU 决定。（   ）
142. 二进制是由 1 和 2 两个数字组成的进制方式。（   ）
143. 在 Access 中,设置输入掩码是在输入字段数据时,根据已设置的某种特定输入格式,使数据中的固定部分不必输入。（   ）
144. 就存取速度而言,内存比硬盘快,硬盘比 U 盘快。（   ）
145. 工具软件是系统软件的一部分,诊断程序就属于工具软件。（   ）
146. "云计算"是基于网络的。（   ）
147. 工作簿是 Excel 中存储电子表格的一种基本文件,其系统默认扩展名为". xlsx"。（   ）
148. 10 KB 等于 1 MB。（   ）
149. 在一个信息系统中,计算机是必要的组成部分。（   ）
150. 在微型计算机系统中,鼠标属于输入设备。（   ）
151. 在 Windows 环境中,在打开了多个窗口后,窗口排列可以层叠显示,也可以并排显示。（   ）
152. 显示器属于表现媒体。（   ）
153. Windows 的开始菜单不能进行自定义。（   ）
154. Word、Excel、AutoCAD 等软件都属于应用软件。（   ）
155. 计算机中的字符,一般采用 ASCII 编码方案。若已知'H'的 ASCII 码值为 48H,则可推断出'J'的 ASCII 码值为 50H。（   ）
156. 星形、总线型和环形结构是局域网拓扑结构。（   ）
157. 网页中的超链接源可以是图片、动画或文字。（   ）
158. C++是在 C 语言的基础上开发的程序设计语言。（   ）
159. CAX 是集成电路的统称。（   ）

160. USB 是通用串行总线。（   ）
161. 在 Internet 中，域名中的字母不分大小写。（   ）
162. PowerPoint 中提供了预防宏病毒的功能，可以只允许运行可靠来源的宏，禁用无数字签署的所有宏。（   ）
163. 只要安装了杀毒软件，计算机就安全了。（   ）
164. 负数的原码、补码、反码相同。（   ）
165. 文字处理、电子表格都属于 OA 软件。（   ）
166. 操作系统把刚输入的数据或程序存入 RAM，为防止信息丢失，用户在关机前，应先将信息保存到外存储器中。（   ）
167. 从进入 Windows 系统起到退出 Windows 系统前，剪贴板一直处于工作状态。（   ）
168. SQL 是一种面向对象的程序设计语言。（   ）
169. 在 PowerPoint 中，若隐藏幻灯片，就可以在编辑时不出现该幻灯片。（   ）
170. 服务器应该安装网络操作系统。（   ）
171. 在 Excel 中，冻结字段在光标已经左移到后面的字段上时，某些列始终显示在"表"的浏览窗口内。（   ）
172. UNIX 是一种单用户单任务的分时操作系统。（   ）
173. 计算机病毒可通过各种可能的渠道，如 U 盘、移动硬盘和计算机网络去传染其他计算机。（   ）
174. 在 Windows 环境下，CON 可以作为用户文件名。（   ）
175. 最基本的逻辑运算包含"与""或""非"三种。（   ）
176. USB 是通用并行总线。（   ）
177. 计算机的编译系统本身也是程序。（   ）
178. 在 Windows 环境下，有一些图标上有一个箭头 ，它表示该图标是某个项目的一个快捷方式。（   ）
179. 计算机信息系统是由计算机及其相关和配套的设备、设施（含网络）构成，按照一定的应用目标和规则对信息进行采集、加工、存储、传输和检索等处理的人机系统。（   ）
180. 音箱属于表现媒体。（   ）
181. 远程医疗、远程教育、虚拟现实技术、电子商务和计算机协同工作等都属于计算机的应用。（   ）
182. 计算机病毒只能感染可执行文件。（   ）
183. Windows 工作时，任务栏上高亮显示的按钮对应的应用程序是在前台执行的程序。（   ）
184. Windows 是 Microsoft 公司研制开发的操作系统。（   ）
185. 超文本是非线性结构的文本。（   ）
186. 十六进制的运算规则是逢十六进一。（   ）
187. 计算机程序与计算机软件是相同的概念。（   ）
188. 计算机中的程序和运行的数据都采用二进制存放在存储器中。（   ）
189. 主存储器用于存储当前运行时所需要的程序和数据。其特点是存取速度快，但与辅助存储器相比，其容量小、价格高。（   ）
190. 在 E-mail 客户端软件中，一般可以通过设置相应的规则进行邮件过滤。（   ）

191. PowerPoint 中的打印命令,可以实现在一张打印纸上输出九张幻灯片。（   ）
192. 服务器上安装的一般是操作系统 Home 版。（   ）
193. 关机之前,必须先将 U 盘从 USB 口中取下,避免其中的信息被破坏。（   ）
194. 因特网发展的背景是 1979 年美国的 ARPANET。（   ）
195. Access 数据库不能安装在 DOS 操作系统环境下。（   ）
196. 无论哪类设备,也无论使用什么标准,设备和主机的数据传输模式只有两种,并行或串行。（   ）
197. Windows 的计算器可实现二进制整数的加法运算。（   ）
198. 网页制作中,每个表单域都是网页上的一个数据项。（   ）
199. 世界上第一台公认的电子计算机的主要电子元件为晶体管。（   ）
200. 在 Access 中,一个表可以有多个索引字段。（   ）
201. 显示控制适配器(显卡)是系统总线和显示器之间的接口。（   ）
202. WWW 是一种基于超文本文件的多媒体检索工具。（   ）
203. 在 Excel 中,符号":"属于文本运算符。（   ）
204. 《中华人民共和国刑法》将计算机犯罪纳入刑事立法体系中。（   ）
205. Adobe Reader 属于系统软件,用来阅读系统信息。（   ）
206. 在 Internet 中域名与域名之间加";"分隔。（   ）
207. 最早的计算机应用于科学计算。（   ）
208. ROM 是只读存储器,ROM 中的内容只能读出一次,下次再读就读不出来了。（   ）
209. 在 Windows 环境下,DIR 不能作为用户文件名。（   ）
210. 互不兼容的计算机,其指令系统是不同的。（   ）
211. 根据传递信息的种类不同,系统总线可分为地址总线、控制总线和数据总线。（   ）
212. 只读存储器是专门用来读出内容的存储器,但在每次上电开机前,必须由系统为它写入内容。（   ）
213. CIH 病毒能够破坏任何计算机主板上的 BIOS 系统程序。（   ）
214. 第一台电子数字计算机诞生于英国。（   ）
215. 在 Windows 系统中,被删除的文件放在回收站中,一旦清空回收站后,清空的文件仍然能够方便地恢复。（   ）
216. 计算机控制器包含了指令寄存器和指令译码器。（   ）
217. 为了防止软件非法拷贝,可以在自己编写的软件中插入病毒程序,一旦有人非法拷贝了软件,就让病毒发作。（   ）
218. 八进制数据的运算规则是逢八进一。（   ）
219. 系统软件主要包括 Windows 和 Office 等软件。（   ）

参考答案

信息技术基础理论题训练

郑重声明

高等教育出版社依法对本书享有专有出版权。任何未经许可的复制、销售行为均违反《中华人民共和国著作权法》，其行为人将承担相应的民事责任和行政责任；构成犯罪的，将被依法追究刑事责任。为了维护市场秩序，保护读者的合法权益，避免读者误用盗版书造成不良后果，我社将配合行政执法部门和司法机关对违法犯罪的单位和个人进行严厉打击。社会各界人士如发现上述侵权行为，希望及时举报，我社将奖励举报有功人员。

反盗版举报电话　（010）58581999　58582371
反盗版举报邮箱　dd@hep.com.cn
通信地址　北京市西城区德外大街4号　高等教育出版社知识产权与法律事务部
邮政编码　100120